《毒品、艾滋病问题的法律与政策研究》

主　编： 陈云乐

副主编： 董晓松　高　巍

云南大学禁毒防艾研究丛书

毒品、艾滋病问题的法律与政策研究

DUPIN AIZIBING WENTI DE
FALU YU ZHENGCE YANJIU

陈云东　主编

云南大学出版社
YUNNAN UNIVERSITY PRESS

图书在版编目（CIP）数据

毒品、艾滋病问题的法律与政策研究/陈云东主编.
—昆明：云南大学出版社，2010
（云南大学禁毒防艾研究丛书）
ISBN 978-7-5482-0249-3

Ⅰ. ①毒… Ⅱ. ①陈… Ⅲ. ①毒品—刑事犯罪—刑法—研究—中国②禁毒—政策—研究—中国③艾滋病—传染病防治—卫生法—研究—中国④艾滋病—传染病防治—政策—研究—中国 Ⅳ. ①D924.364②D922.164③D669.8

中国版本图书馆 CIP 数据核字（2010）第 187861 号

毒品、艾滋病问题的法律与政策研究

陈云东 主编

责任编辑：李兴和 和六花
封面设计：丁群亚
出版发行：云南大学出版社
印　　装：昆明卓林包装印刷有限公司
开　　本：787mm×1092mm 1/16
印　　张：28.25
字　　数：380 千
版　　次：2010 年 6 月第 1 版
印　　次：2010 年 6 月第 1 次印刷
书　　号：ISBN 978-7-5482-0249-3
定　　价：76.00 元

地　　址：昆明市翠湖北路 2 号云南大学英华园内
邮　　编：650091
发行电话：0871-5031071 5033244
E-mail：market@ynup.com

总　序

毒品和艾滋病问题是全球面临的重大社会问题。在我国，这一问题早已引起社会的广泛关注和党和国家的高度重视。胡锦涛总书记强调："禁毒工作事关人民群众的身心健康和安居乐业，事关社会主义精神文明建设，事关经济社会协调发展，事关全面建设小康社会宏伟目标的顺利实现，事关国家安危和民族兴衰。禁毒工作必须全社会共同参与，各部门通力合作，综合治理。首先要抓教育，第二要抓戒毒，第三要抓打击，第四要抓管理，最后要抓法制，加强立法。""艾滋病防治是关系我中华民族素质和国家兴亡的大事，各级党政领导需提高认识，动员全社会从教育入手，立足预防，坚决遏制其蔓延势头。"

地处祖国西南边疆的云南，因其特殊的地理位置和地缘情况，毒品和艾滋病问题较为突出，是国家禁毒防艾工作的前沿。近年来，按照国家的统一部署，通过持续不断地开展禁毒防艾人民战争，云南的毒品和艾滋病问题得到有效控制和治理。但因受国际、国内多种因素的影响，我们还必须充分认识到这一问题的长期性、复杂性和艰巨性。特别是从我国建设和谐社会、和谐边疆，进一步扩大对外开放，把云南建设成面向西南开放的桥头堡等重大战略需要来看，我们要做的工作还很多，任务依然十分艰巨。新的形势、新的任务给我们提出了新的更高的要求。

云南大学作为云南省唯一一所“211 工程”重点建设大学、西部大开发重点建设院校和省部共建高校，一直致力于服务地方经济社会发展和国家战略需要。自 20 世纪 80 年代初以来，针对毒品和艾滋病问题，就有一批学者相继投入此方面的研究。1995 年，在前期研究积累的基础上，云南大学与美国迈阿密大学合作，联合成立了毒品综合研究中心。2004 年，学校成立云南大学法律援助中心，专门为艾滋病患者提供法律援助。2007 年，学校又进一步组建了禁毒防艾研究与援助中心。2008 年，经云南省教育厅批准，“云南省学校禁毒防艾志愿者培训基地”在云南大学成立。2009 年初，云南大学禁毒防艾研究与援助中心被列为“云南省省院省校合作研究基地”。与此同时，学校还在校外的一些禁毒防艾机构和社区建立了一批实践基地和社会工作站。经过长期的建设与发展，云南大学对禁毒防艾问题的研究及其工作取得了显著的进展，并形成了三个突出的特色，即：一是充分发挥多学科的优势，综合开展禁毒防艾问题研究；二是理论研究与实践运用相结合；三是注重国际间的交流与合作，彰显国际性。这为进一步的建设与发展奠定了坚实的基础。

为进一步加强禁毒防艾问题的研究，更好地适应形势发展的需要，2009 年 5 月，我校在整合相关资源和力量的基础上，组建了云南大学禁毒防艾研究中心。中心围绕禁毒防艾的法律与政策问题、国际禁毒防艾合作、禁毒防艾的技术控制、禁毒防艾的社会控制，以及禁毒防艾与公共卫生安全等主要研究方向，科学研究、人才培养、社会服务并举，正在全力推进建设与发展，力争将其建设成国内外具有较高水平和重要影响的禁毒防艾研究中心和基地。

为集中反映云南大学禁毒防艾研究中心的成果，增进与国内外学术界和相关部门的交流，我们组织编辑出版了“云南大学禁毒防艾研究丛书”。丛书的出版和中心的建设与发展，得到了许多部门、机构和专家学者的关心与支持，在此，谨致谢忱！同时，我们也将更加努力地工作，争取有更多的新的成果奉献给大家。

林文勋

2010年6月26日

序　言

中国自近代以来便饱受毒品之祸。尽管新中国成立后曾一度禁绝毒品，但近三十多年来，受国际国内各方面因素的影响，毒品问题再次成为考验中国社会稳定和繁荣的严峻挑战。云南省毗邻的“金三角”所在地缅北地区仍是对我国危害最大的境外毒源地。通过中缅边境陆路进入云南省并进而流向内地或过境贩运到境外的毒品，已占“金三角”毒品总量的80%。特殊的地缘因素导致云南省的毒品犯罪、吸食毒品现象长期呈现居高不下态势，由此衍生的艾滋病感染者人数亦不断攀升，已经严重威胁到边疆地区公众身心健康及和谐社会的构建。

面对上述局面，云南大学法学院始终从民族兴衰和国家安危的高度，深刻认识禁毒防艾工作的极端重要性和紧迫性。云南大学自1923年设立法科教育，历经八十余年的建设和发展，已经成为云南省乃至西部地区最重要的法学教育与科研基地。学院从云南大学“立足边疆、服务云南、面向东南亚”的办学宗旨出发，重视教学科研、重视服务社会、重视特色学科建设，在禁毒防艾的研究方面一直处于全国领先水平，并形成了一支拥有高中级专业技术职称与海内外博士学位人员组成的科研团队。该团队围绕党和政府提出的禁毒战略、方针，利用云南省特殊的地理位置，充分运用现有资源，长期以来致力于禁毒与刑事法律、毒品与艾滋病问题的法律社会学研究、法律与毒品、艾滋病社会工作领域的研究和社会工作，完成多项国家级和省部级课题及重大攻关项目。

此外，云南大学法学院作为全国重点综合性大学唯一在本科开设禁毒学专业的学院，在抓好本科生学科教育的同时，不仅在法学硕士生、在职法律硕士生教育中设有禁毒学研究方向，而且在民族法学专业法律人类学方向博士生中培养从事毒品问题研究的学生，为国家培养了大量高层次的禁毒专业人才。

但我们也应清醒地看到，我国禁毒防艾研究也面临着严峻挑战与发展机遇并存的局面。当此之际，全面、客观地检阅、总览禁毒防艾研究的发展历程和现状，准确地了解和把握既往禁毒防艾研究的热点、难点及争议问题，科学地分析和展望禁毒防艾研究的发展方向和趋势，不仅有助于揭示当代中国禁毒防艾工作开展的历史必然性、发展联系性和阶段性，而且对我国禁毒防艾研究的开拓创新和社会进步具有重要的理论和实践意义。

回顾过去，尊重历史，是为了立足现实，展望和开辟未来。有鉴于此，我们一直注意分析和总结我院禁毒防艾研究的理论成果和发展状况。呈现在读者面前的《毒品、艾滋病问题的法律与政策研究》一书就是围绕上述目标所进行的努力。本书以专题为经，以时代为纬，在体系结构上共分为五编，收录了41篇论文，分别从禁毒政策的多维视角、毒品问题的域外考察、毒品犯罪的定罪量刑、戒毒康复的实证研究和艾滋病人的权益保护方面对我院近年来禁毒防艾的学术成果加以梳理。本书是一部力图客观、全面、系统并较为翔实地介绍和反映我院禁毒防艾研究工作逐步发展、完善之历程的学术研究资料书、参考书。在一定意义上，该书亦是反映我国禁毒防艾研究历史进程与发展状况的一个缩影。我们希望并相信，本书的出版会对我国禁毒防艾研究的回顾总结、反思提升、继续开拓和繁荣发展，对服务于禁毒防艾人民战争大局的各条战线从业者研究禁毒防艾理论与实务问题，提供参考并有所裨益。

需要说明的是，本书收录的论文，绝大部分已在国内知名期刊公开发表过，为真实地反映我院禁毒防艾研究的发展轨迹，将其收入本书时，只做文字性、技术性的编辑加工，而不做观点和内容的实质改动。已经发表的均在篇末注明原载出处，少量未发表而首次收入本书的也以适当方式予以注明。

最后，特别感谢云南大学出版社对本书出版工作的重视和大力支持。责任编辑认真、高效的编辑工作为本书增色良多并保证了本书及时面世，在此一并表示衷心的感谢和崇高的敬意。

本书若有不当和疏漏之处，敬祈读者批评指正。

陈云东　谨识

2010年6月15日

目　　录

第一编　禁毒政策的多维视角

第二编　毒品问题的域外考察

第三编　毒品犯罪的定罪量刑

第四编　戒毒康复的实证研究

第五编 艾滋病人的权益保护

第一编

禁毒政策的多维视角

社会法视角的毒品问题

马骊华*

摘　要：毒品问题已成为我们这个时代的一个主要的社会问题。本文从社会法的角度来分析毒品问题，并期望对解决毒品问题有所裨益。

关键词：社会法①　贫穷　毒品问题　对策

分析我国毒品问题的现状，可以看出，相当一部分参与毒品犯罪的犯罪分子都是生活极端贫困，在经不住金钱诱惑的情况下走上毒品犯罪之路的，因此，许多学者认为，贫穷也是诱发毒品犯罪的原因之一。

毒品问题是一个社会问题，这已经成为全球的共识。所谓社会问题，是指社会变迁中所发生的具有一定社会危害的社会部分失调，这种失调需要全社会齐心协力才能得到解决或者恢复协调。贫穷是一个公认的社会问题，贫穷是指缺乏必要的生活资料和生产资料，

---

*马骊华，云南大学法学院副教授，刑法学专业硕士研究生导师，主要从事刑事法的教学与研究。

①文中的社会法，指《劳动法》和《社会保障法》的总和。笔者赞同竺效博士关于社会法的界定，参见竺效．法学体系中存在中义的“社会法”吗？——“社会法”语词使用之确定化设想［J］．法律科学（西北政法学院学报），2005（2）：61－65.

生活困难。从现实来看，贫穷引发毒品问题，如为急于摆脱贫困而贩卖、运输毒品，因贫穷颓废而吸毒。而毒品问题也会引发贫穷，如吸毒使众多富豪的家产变成了“一缕青烟”。在边疆少数民族地区，我们看到的是，贫穷因素同其他因素共同作用，诱发了一起又一起的毒品案件，因贫穷、精神无所寄托而吸毒，越吸毒则越穷，恶性循环。

贫穷是指缺乏必要的生活资料和生产资料，生活困难。导致贫穷的原因很多，失业、疾病、残疾、年老失去劳动能力等等，都会使某一社会成员陷入生活困难的境地。而为了解决贫穷等社会问题，世界各国都建立了不同层次的社会保障制度，目的在于，当社会成员因生、老、病、死、伤而丧失劳动能力或因自然灾害而面临生活困难的问题时，国家和社会有义务为这些社会成员提供物质保障，保障他们的基本生活，以维持这个社会的劳动力再生产及社会的繁荣发展。对英国、欧洲乃至整个世界的社会保障制度的建设和发展进程产生过重要影响的《贝弗里奇报告——社会保障和相关服务》也认为，要消除贫困，首先要改进国家保险，即国家要为中断或丧失谋生能力者提供生活保障。

尊老爱幼，扶贫帮困，友爱助人，和谐共存，这是我国传统道德的重要内容，也是我国社会保障理论的伦理基础。就目前我国的社会保障制度而言，国家期望通过在国家、用人单位和公民个人三者之间合理地分配社会保障责任和义务，形成风险共担的保障机制，使富裕的扶助贫困的，年轻的扶助年老的，身体健全的帮助残疾的，社会中的弱者与贫困人口得到关心与照顾，全体社会成员共同发展。

经过多年的发展，我国已经初步构建起了具有中国特色的社会保障体系，其中的社会保险制度是整个社会保障制度的支柱，而社会救济是针对流浪乞讨人员等临时陷入困境的人们设立的最低层次的保障制度，社会福利制度是我们所追求的最高层次的保障制度。根据我国的国情，我国还建立了针对复转军人、革命烈士及其家属这个特殊群体的社会优抚制度。从理论上讲，任何国家都期望国家繁荣，人民安居乐业、社会向前发展。但是，理想和现实总是有差距的。就我国的社会保障制度而言，我们现在的社会保障层次仍然很低，由于历史及经济的原因，许多社会成员并没有被纳入社会保障的范围。例如，依据现行《劳动法》及《劳动合同法》的规定，用人单位与劳动者签订劳动合同时，社会保险的条款是劳动合同的必备条款，即用人单位的劳动者必须参加社会保险，保险费由用人单位和劳动者共同缴纳，用人单位不得规避法律规定的义务，否则须承担相应的法律责任。但从《社会保险费征缴暂行条例》的规定来看，国家并没有把所有的劳动者纳入社会保险的覆盖范围，例如依据《社会保险费征缴暂行条例》第三条的规定，基本养老保险费的征缴范围只包括国有企业、城镇集体企业、外商投资企业、城镇私营企业和其他城镇企业及其职工，实行企业化管理的事业单位及其职工。基本医疗保险和失业保险的覆盖范围也与此大致相同。如此规定，就把我国广大的农民及城镇的无“单位”的人员排除在了社会保险的范围之外，而这些人中的大部分却是这个社会中最需要帮助和救济的人，虽然社会救济制度可以帮助他们解决一部分困难，但由于社会救济制度的救济水平较低，因此很难从根本上解决问题。我国现在所有的大中城市都制定了城市居民最低生活保障标准，例如，昆明市2007年的城市居民最低生活保障标准为156～210元，如此低的标准，与飞涨的物价相比，显然难解低保人群的燃眉之急。在农村，虽然我国自2007年开始在全国范围建立农村最低生活保障制度，但按照国务院扶贫办的统计，到2005年底，我国还有2 365万农村贫困人口，其生活标准低于国家划定的人年均收入683元的绝对贫困线标准。就云南省的情况来看，2007年云南省还有200万农村人口处于国家绝对贫困线下，而由于经济的原因，云南省的农村低保主要保障因残疾丧失主要劳动能力的农村困难家庭成员、因病丧失主要劳动能力的农村困难家庭成员及因各种原因形成的群众公认的生活常年贫困的特殊困难成员。而从司法实践的角度来审视这一问题，现实中的许多毒品涉案人员，大都是因为疾病、贫穷等问题而铤而走险走上犯罪不归路的。

从我国的社会保障制度的发展历史来看，国家已经充分重视到了社会底层的保障需要，并已经着手对制度进行调整和改革。在前述农村最低生活保障制度建立的基础之上，政府已经开始着力解决城镇和农村居民的养老和医疗保障问题，并把解决贫困人口的养老和医疗待遇问题作为重中之重。

我国是一个经济发展极不平衡的国家，西部地区尤其是西南边疆少数民族地区的经济发展水平远远低于东部地区。我国现有的近600个国家级贫困县（市），多数就分布在西部。毒品重灾区之一的云南省，有73个国家级贫困县，国家级贫困县数量居全国首位，贵州有50个，居第二位，广西也有28个之多。

以云南省为例，2007年年末，云南省总人口4 514万人，其中城镇人口1 426.4万人，农村人口3 087.6万人，少数民族人口已超过了1 400万。2005年，云南省官方统计的劳动力资源为3 256.2万人，其中有2 461.4万人实现了就业，而这当中，402.63万人为城镇就业人数。[①] 由此可见，云南省尚有794.8万人处于非就业状态。在2007年4月28日召开的云南省第十八次全省民政工作会议上，省长秦光荣指出："全省还有228万多农村绝对贫困人口、74万多城镇低保对象、20余万农村五保户、每年近千万灾民以及288万残疾人和483万老龄人，他们的基本生活、基本住房、基本医疗，包括子女上学、就业等方面都存在着很大困难。"这些数据表明，云南的经济发展确实处于一个较落后的状态，贫穷问题已经成为构建和谐社会的一大障碍。而统观云南省的国家级贫困县，你会发现，它们大

①劳动力资源及就业人数统计，来源于云南省劳动和社会保障事业发展历年基础和核心统计数据［EB/OL］．（2006－12－28）［2007－04－09］http：//www.ynl.gov.cn/tjzl/readinfo.aspx？B1＝911.

都是少数民族聚居的地区或是毒品过境的必经地带，如普洱市的8个国家级贫困县，临沧市的7个国家级贫困县，这些地区都是受毒品危害严重的地区，其中有些还是毒品问题极严重的地区，如大理白族自治州的巍山县。

这些毒品问题严重的边境地区，在改革开放之后，尤其是在云南边境沿岸全方位开放之后，大量的内地及邻近地区的人员自发流入，使这些地区的毒品问题更加复杂多变。早在20世纪90年代，云南沿边外来流动人口的吸毒、贩毒及种毒问题就已经引起当地政府的重视。如云南省的德宏州，1990—1992年8月，共抓获毒贩4 147人，其中本省其他州市的381人，外省（区、市）298人，港澳台11人，外国籍799人。纵观全省情况，云南沿边抓获的贩毒罪犯，外来人员所占比重较大，在40%～50%之间，而且他们往往是参与大宗走私贩毒，较少夹带。如已经查获的缅甸掸邦东部的“兰必成案”、“温源和案”、“戴文煊案”等等。

随着时间的推移，到了21世纪初期的今天，改革开放的政策继续得以推行，而国家对人口流动的管制力度相对减弱。交通的便利，经济的持续发展，科技水平的日新月异导致资讯更加畅通，这也使云南沿边的毒品问题呈现出一种不同于以往的态势。根据调查，2001年，云南省德宏傣族景颇族自治州（以下简称德宏州）共抓获涉毒犯罪嫌疑人3 020人，其中外流贩毒的2 646人，占抓获总数的87.62%。2006年，德宏州共破获涉及新疆籍犯罪嫌疑人的毒品案件380件，抓获犯罪嫌疑人428人，缴获毒品96.009千克，破获四川凉山籍犯罪嫌疑人涉毒案件255起，抓获犯罪嫌疑人373人，缴获毒品71.668千克。[①] 从这些资料来分析，外流毒品犯罪涉案人员呈现明显的区域性。另外，由于国家加大了对毒品犯罪的打击力度，如海、陆、空、邮立体防控体系的建立，使大宗的毒品贩运受到重

①文中涉及的云南省的相关资料数据，如无特别说明，均系笔者调研所得。在此一并感谢曾给予笔者支持的所有司法部门的干警们。

创。为此，毒品犯罪集团转变了策略，他们不再明目张胆地大宗贩运毒品，而是采用秘密的、不易被发现的方式进行毒品贩运，如在毒品的运输方式上，蚂蚁搬家式的人体带毒已成为近期云南省毒品运输案件中的常规方式。尤其在云南省的德宏州近年查获的毒品案件中，人体带毒运输案件占据了案件总数的60%以上，如2006年，全州共查获利用孕妇、哺乳期妇女贩运毒品的案件437件，抓获涉案的孕妇、哺乳期妇女486人。在抓获的怀孕妇女中，有67人在公安机关羁押场所羁押排毒期间生育，7名体内藏毒者因体内毒品包装破裂而中毒死亡。在此要强调的是，德宏州抓获的利用人体带毒的犯罪嫌疑人，在2003年左右还带有一定的地域性，比如犯罪嫌疑人多来自新疆、四川、贵州以及云南的昭通等地，但就目前的情况来看，犯罪嫌疑人身份的地域特色已不明显，据审理案件的法官介绍，近期抓获的犯罪嫌疑人来自全国各地，即使是经济较发达的江浙地区也有外流人员加入毒品犯罪的群体之中，而这部分人，几乎都是被犯罪分子从各地的劳动力市场“征集”来的，他们为了找一份工作来到劳动力市场，而我国目前供大于求的市场行情使许多身无专长的应聘人员到处碰壁，最终被犯罪分子所利用而成为运输毒品的“骡马”。其实，这种现象，在广西、贵州以及西北地区同样得到了印证。广西的靖西县，既是国家级贫困县，也是国家禁毒委员会和公安部要求进行重点整治的毒品问题严重地区之一，同样情形的还有甘肃省临夏回族自治州的东乡县和广河县、贵州省的六盘水地区、宁夏的同心县等等。外流毒贩，主要由这些地区的农民和无业者构成，如前述贵州省的织金县、云南省的巍山县即是。

分析了毒品犯罪的区位特点和原因，在禁毒人民战争中就应当做到有的放矢，对症下药。既然“毒因穷起”，那么，我们就应当改变贫困地区的经济落后状态，在解决群众的温饱问题的基础上，逐步引导他们走光明的致富路。

众所周知，自我国改革开放以来，一方面，随着农村城市化进程的加快，广大农村的富余劳动力纷纷涌入城市，他们为城市的繁荣作出了很大的贡献，但由于受体制及相关条件的制约，进城的农民并没有享受到城市繁荣带来的益处，他们被排斥在城市繁荣之外，过着艰难的日子。另一方面，经济体制的改革，国家经济布局的调整，导致大量的产业工人的下岗或失业，为了一家人的生活，这些失业人员也需要重新就业，而劳动力市场，各种各样的人才招聘会，也成为他们再就业的希望。但就我国的劳动力市场来看，其管理、运作并不十分规范，尤其是其中的职业中介机构，更是鱼目混珠。少数不法分子正是利用了这种漏洞和缺陷，花言巧语或威逼利诱，使不少初出家门而又急于找到工作的人陷入了毒品的泥潭。笔者认为，基于为每个劳动者提供就业的机会和岗位是国家和社会的责任，因此，国家应当加大对劳动力市场的管理和规范，进一步讲，国家应当以 2008 年开始施行的《就业促进法》为基础，继续履行自己在促进就业方面的职责，不仅要消灭城市的“零就业家庭”，也要关注农村富余劳动力的流向，更要对在校的大中专学生等潜在的劳动力进行合理的教育和疏导，培养他们树立正确的职业观，认准自己在社会中的角色地位，以免定位不准而迷失了人生的方向。

就我国的现实而言，值得庆幸的是，我国从上到下，已经开始关注贫穷的群体，并已经认识到贫穷也会诱发其他的社会问题。从最初的仅关注城市贫民，到目前将农村绝对贫困人口纳入低保的范畴，纳入社会保障体系的覆盖范围，这些转变，都表明了国家消灭贫困的决心。温家宝总理在 2007 年《政府工作报告》中指出，国家除了要继续完善社会保险制度外，还要认真解决农民工和被征地农民的社会保障问题。要加快完善城乡社会救助体系。2007 年，要在全国范围建立农村最低生活保障制度。另外，还要在巩固既有成果的基础上进一步规范农村医疗救助，在总结试点经验的基础上加快推进城市医疗救助。国家要完善临时救助制度，帮助低保边缘群体、低收入群体解决特殊困难。2007 年，中央财政安排了 2 019 亿元资金投入社会保障事业，而地方各级财政也增加了对社会保障的投入。[①] 由于上述措施的落实，在2007年，我国已有3 451.9万农村居民被纳入农村低保的范围，城镇职工基本医疗保险参保人数达到1.8亿，比2002年增加近1倍；全国88个城市启动了城镇居民基本医疗保险试点，新型农村合作医疗制度不断完善，已扩大到全国86%的县，参加农村合作医疗的农民达到了7.3亿人。[②] 2008年，中央财政安排了2 762亿元投入社会保障事业，这比2007年增加了743亿元，温家宝总理在2008年的政府工作报告中指出，建立和完善覆盖城乡的社会保障体系，让人民生活无后顾之忧，直接关系经济社会发展，是我国全面建设小康社会的一项重大任务。

当然，由于经济发展水平及人口基数的制约，从整体而言，我国的社会保障还只能是一个较低层次的保障，因此对于当前毒品犯罪中的特殊群体而言，[③] 还应当根据他们的具体情况，采取具体的措施，在帮助他们渡过难关的基础上，再对他们进行宣传教育，让他们切身感受社会的温暖，找到自己在社会中的位置，从而自觉自愿地远离毒品，自食其力。笔者认为，虽然国家在农村和城镇都建立了最低生活保障制度，但这种保障只能解决人们的温饱问题，一个人要真正地活得有尊严，必须能自食其力，而且有自身的价值。例如对残疾人而言，由于身体的残疾，许多人失去了参与社会活动的机会，而身体的残疾也易引发心理的疾病，因此，帮助残疾人就业，让他们融入社会，在工作中体现自身的价值就显得尤为重要，而残疾人就业保障成为保障残疾人基本生活和参与社会的重要途径。2007年，国务院发布了《残疾人就业条例》，其中规定，用人单位按不低于1.5%的比例安排残疾人就业，国家对从事个体经营的残疾

①数据来源于温家宝2007年《政府工作报告》。

②数据来源于温家宝2008年《政府工作报告》。

③毒品犯罪司法实践中的特殊群体一般指由残疾人、未成年人、老年人、孕妇、哺乳期妇女以及身患艾滋病、性病或其他严重疾病的人员组成的特殊群体。

人，免除行政事业性收费。如果这些规定能得到落实，相信残疾人大都能在社会上找到自己的一席之地。而对于因身患重症，不得已走上毒品犯罪道路的这部分特殊人群而言，解决其医疗问题，就基本上能从根本上杜绝这一问题。湖南省邵东县无疑在这一问题上走在了全国的前列。“罪犯治病，政府买单”，2007 年，湖南省邵东县公安局、检察院、法院、司法系统首开全国先河，出台了一份《邵东县羁押患有严重疾病的犯罪嫌疑人、被告人、罪犯的管理办法（试行）》，试图在预防重症病人犯罪与保障此类病人的治疗之间，探求一条新路，找到一个平衡点。邵东县有着良好的地域交通优势和人流物流进出频繁的便利条件，因此贩毒团伙、毒枭把邵东县作为毒品交易的中转站和集散地，尤其是把高危病人作为他们毒品脱手的主要对象，借重症病人的特殊身份，遥控操纵贩毒。2006 年，41 名存在贩毒行为的特殊人群中，有 38 名系尿毒症患者、艾滋病患者和癌症患者，占总人数的 92.7%。41 名特殊人群中有 32 名长期频繁贩毒，靠贩毒挣钱养病和生活，由此形成了较大规模的零包贩毒网络。高危病人贩毒与贩毒团伙、毒枭互为需求，互为依赖，社会危害性不断增大。针对这一现象，邵东县公安局会同县人民法院、检察院、司法局研究下发了前述管理办法，规定对于上述羁押的特殊对象，进行隔离关押，统一看守；建立羁押有严重疾病的犯罪嫌疑人、被告人、罪犯联席会议制度；县看守所里安排一名副所长专门负责“病号”监管工作；对每个羁押对象由县财政划拨医疗、生活保障金每人 3 万元，设单独账户管理，专款专用，接受相关部门的审计和监督。另外，还为每一名重症人员配备必要的医疗器械和常用药品，并安排专业医生一名。零星贩毒的人都到看守所或监狱安心治病去了，毒品来源萎缩了，吸食的人也少了，办法出台仅两个月，邵东县海洛因吸食人数比 2006 年下降了 20%。当地人的直观印象是，“以前青年伢子‘试试’毒品的越来越多，当地发生的抢劫偷盗案件也多。现在一部分瘾君子跑到外面去了，才吸了一两次的就下狠心戒掉了，当地吸毒的从十几人只剩下四五个了”。当然，如此做法，也可以经过改良后适用于怀孕或哺乳期的妇女，例如将她们羁押于一定的场所或在看守所划出特定的区域，在解决其基本生活需要的基础上对其进行感化教育，促使她们悔过自新。而所有的这一切，需要有财政的投入且有制度的保障，最终还是需要完善我国的社会保障体系，提高保障水平。

笔者相信，国家加大构建社会保障体系的力度，加大社会保障资金的投入，必定会使我国的低保人群的生活状况得到有效改善，但是，国家的财力是有限的，仅靠财政投入并不能从根本上解决问题。资金的投入、政策的倾斜以及科学技术的发展必须同步进行，唯此，才能从根本上消除贫困。同时，我们也应当看到，贫穷并非一定会引发其他社会问题，解决了温饱的人们，更加需要在精神上有所寄托。自觉抵御不良风气，提高自身修养，遵纪守法，远离毒品，珍爱生命，这是我们在禁毒人民战争中应当倡导的精神风貌。

参考文献

[1]蒋月．社会保障法概论[M]．北京：法律出版社，1999.

[2][英]贝弗里奇．贝弗里奇报告——社会保险和相关服务[M]．劳动和社会保障部社会保险研究所组织翻译．北京：中国劳动社会保障出版社，2004.

[3]陈二厚，车玉明．我国提出在全国范围建立农村最低生活保障制度[EB/OL]．(2006－12－23)[2007－04－12] http：//news. tom. com/2006－12－23/000T/50677300. html.

[4]魏炳锋．云南省排查农村绝对贫困人口200余万人年内可享农村低保[EB/OL]．(2007－03－27)[2007－04－14] http：//yn. people. com. cn/GB/78538/5527048. html.

[5]最新国家级贫困县名单[EB/OL]．(2007－01－23)[2007－

05 - 03] http://www. bokee. net/bloggermodule/blog_ viewblog. do? id =518299.

[6]傅碧东，张瑾. 云南省共有贫困人口 228.4 万[EB/OL]. (2007 - 04 - 29)[2007 - 05 - 01] http://www. newsyn. com/news/yunnanxinwen/jingji/jingji/2007/429/07429152050KDK5IJ9A14AK7B0HCHA. html.

[7]李寿:《云南沿边外来流动人口中的毒品问题》，载罗秉森，梁晋云:《云南禁毒研究论文集》，群众出版社，1999 年版.

[8]绝望中的希望　全国首部重症罪犯管理办法出台前后[EB/OL]. (2008 - 03 - 30)[2008 - 06 - 06] http://www. legaldaily. com. cn/bm/2008 - 03 - 30/content_ 824489. htm.

(原载《云南大学学报》(法学版)2009 年第 2 期)

毒品犯罪治理的法经济分析

蔡　磊　蒋跃金*

摘　要：在目前，我们国家的毒品犯罪形势仍然严峻。毒品犯罪是一种具有极强负外部性的犯罪，其产生的原因非常复杂，传统的限制毒品供应量的治理方法仍然没能有效地阻止毒品犯罪的蔓延。因此，本文旨在通过对传统的限制毒品供应量的治理方法进行法经济学分析，找出其存在的不足。治理毒品犯罪的方法有多种，通过对各种方法进行法经济分析，有可能设计出一套既科学合理，又经济实惠的毒品治理方法。

关键词：毒品犯罪　治理　法经济分析

一、产生毒品犯罪的原因

从经济学上看，“法律不被遵循是因为不遵循某法律对经济人而言有着更大的利益，经济人积极违法是因为违法行为对其自身有利可图，而经济人不作为违法是因为积极的作为对其自身无利可图。”①毒品犯罪活动的产生，是因为实施毒品犯罪活动能给行为人带来巨

---

*蔡磊，云南大学法学院副教授、经济法博士、硕士生导师；蒋跃金，云南大学法学院2008级经济法专业硕士研究生。

①应乙，顾梅．论后果模式与法律遵循——基于法经济分析的视角［J］．法学，2001（9）．

大的利益，这种利益可能是物质利益，也可能是非物质利益。对毒品的生产者和经营者来说，可能是为了实现更多的利润，而吸毒者追求的可能是一种生理上的满足和精神上的需要。毒品犯罪活动的形成原因很复杂，是社会、经济、政治等原因单独或者共同作用的结果。

（一）社会原因

社会风气的好坏，能够直接影响一个社会的犯罪行为的多与少。中国的近代史可以说是一部屈辱史，从鸦片战争开始到新中国成立初期，中国人民饱受鸦片的毒害，在那段时期，吸食鸦片不是什么新鲜事。新中国成立后，在全国开展的肃毒运动，曾使毒品在中国销声匿迹了一段时间。但改革开放以后，一些国外不好的风气被带了进来，毒品犯罪又重新出现，且呈逐年递增的趋势。如今，毒品犯罪已逐渐呈现出裙带犯罪的特征，即以家庭关系、亲属朋友关系作为毒品犯罪的基础，毒品犯罪以家庭犯罪、家族犯罪为表现形式，一个家庭其成员都贩毒的案例并不少见。在一个特定的社会环境里，违法现象越普遍，违法行为就越没有人揭发，违法犯罪就成为普遍的事情。

社会贫富差距的不断扩大，地区发展的不平衡，促使两极分化日趋严重，加上错误的舆论导向和高收入群体的炫富，低收入群体中的一些人就会呈现出不平衡的心理状态，心理的不平衡促使他们迫切希望改变自己的生活状况和社会地位。只要能改变结果，不在乎过程和手段，毒品犯罪恰能为他们提供这样一个平台。因为毒品犯罪能够快速地获得超额利润，而不需要为此付出巨大的体力和花费漫长的时间，也能够加快他们脱离低收入群体的步伐。这类人，他们进行毒品犯罪不是因为无法生活，而是想拥有高收入群体所能拥有的一切，脱离低收入群体，步入高收入阶层。毋庸置疑，“在犯罪有利可图时，有些人也许会受此诱惑而脱离合法的劳动大军”①。每年查获的毒品犯罪只是所有毒品犯罪活动中的一小部分，从统计学上来说，如果一件事情发生的概率很小，那么可以把它看成是不可能发生的事情。“如果违法行为被查处的概率越低，则预期的违法成本就越低，违法总成本就越低，核算出的违法的净收益就越大，潜在的违法者就越有可能作出不遵循法律的行为。”② 如果毒品犯罪被查获的概率越小，获利越大，人们就越容易去实施毒品犯罪。马克思曾说：“资本如果有百分之五十的利润，它就会铤而走险，如果有百分之百的利润，它就敢践踏人间一切法律，如果有百分之三百的利润，它就敢犯下任何罪行，甚至冒着被绞死的危险。”③

（二）政治原因

不同的利益集团为了谋取一定的政治利益，往往会不择手段。从事毒品交易来换取活动资金，以便实现自己的政治利益，在一些国家的分离组织或者非法武装组织中表现得比较明显，它们从事毒品交易的最终目的不是为了钱，赚钱只是为了能更好地实现自己的政治利益。比如阿富汗的塔利班组织，阿富汗是全球的毒品主产地之一，阿富汗的塔利班组织为了实现自己的政治利益，不断从事毒品交易活动以获取活动资金。

（三）经济原因

生活贫困与犯罪之间的关系，没有人进行过系统的研究，也没有得到最终证实，我们只能假设生活贫困是潜在的犯罪诱因。在我国目前的毒品犯罪中出现“边、无、少”现象，即来自边远山区，没有文化的少数民族的毒品犯罪案件日渐增多，他们的生活相对贫困，他们进行毒品犯罪也许是为了摆脱贫困。毒品犯罪大多数都是

①罗伯特·考特，托马斯·尤伦．法和经济学［M］．张军，译．上海：上海人民出版社，1994：729－730.

②应乙，顾梅．论后果模式与法律遵循——基于法经济分析的视角［J］．法学，2001（9）.

③马克思，恩格斯．马克思恩格斯全集：第23卷［M］．北京：人民出版社，1972：829.

复杂犯罪，有明确的分工合作。贫困的生活易导致他们被大毒枭或者贩毒集团利用，成为大毒枭或者贩毒集团进行毒品犯罪的工具，也就是人们常说的“马仔”。马仔在整个毒品犯罪中从事的就是与毒品直接接触的工作，大毒枭或者贩毒集团在幕后远程操控，马仔和大毒枭们往往是只有一面之缘，甚至从来没有见过面，相互间通过高科技手段进行联系。这样的话即使马仔被查获，幕后操控的人也很难被查获，轻易就逃脱了法律的制裁，转而为下一次犯罪做准备，毒品犯罪活动当然也就不会因为马仔被抓获而有所减少。马仔的犯罪可以说是生活所迫，但大毒枭或者贩毒集团的犯罪却是为了牟取更多利润或者达到其他非法的目的，因为他们能从毒品犯罪中找到物质或者精神上的满足感，而这种满足感是他们无法从其他地方找到的。

（四）其他原因

以贩养吸的案件逐渐增多，对于毒品上瘾者来说，如果其家庭条件不能够满足其吸食毒品的需要，他就会选择别的途径来获取吸食毒品的资金及贩毒途径。对于他们，毒品的可替代品是很少的，毒品的用途也不广泛，毒品也算是生活必需品，相应地，毒品需求的价格弹性往往就很小，无论毒品价格多高，他们都会毫不犹疑地选择，为了牟取高额的吸食毒品的资金，犯罪成了他们的首选，因为犯罪能在较短时间内筹集到他们所需的资金。

价值观缺失、精神空虚是现在一些年轻人的写照。他们没有自己的人生观和价值观，缺乏精神追求，往往不知道自己要做什么，对未来也没什么希望，而且对新鲜事物总是充满好奇，喜欢寻找刺激，以释放内心的压力。他们对毒品充满了好奇，这种好奇心易导致他们染上毒瘾，走上犯罪的道路。

二、毒品犯罪治理的法经济分析

产生毒品犯罪的原因很复杂，吸食毒品与犯罪之间的关系比人们想象的还要复杂。但毒品市场的形成在很大程度上是毒品消费者追求的结果。因为无消费即无市场。毒品犯罪的治理是一项复杂的工程，它涉及国内国外的问题，涉及一国的社会、政治、经济、文化方面等问题。对毒品犯罪的治理，我们不能一味地单靠打击毒品犯罪活动，以此限制毒品的供应量来达到减少毒品犯罪。毒品犯罪的形成往往有更深层次的原因，我们只有对各种原因进行剖析，并找出相应的对策，才能较好地控制毒品犯罪。当然，治理毒品犯罪也不能无节制地投入，如果治理毒品犯罪的投入远远大于毒品犯罪给社会造成的损害，这种治理是不经济的。因此，制定一套科学合理的毒品治理政策，显然是很有必要的。治理毒品犯罪的方法有多种，通过对各种方法进行法经济分析，可得出一套既科学合理，又经济实惠的毒品治理方法。

（一）限制毒品供应量的法经济分析

在世界各国，毒品犯罪都被认为是严重危害社会的犯罪，每个国家都在严厉打击毒品犯罪活动，希望借此来减少毒品的供应量，提高毒品价格，进而减少毒品的需求量，以遏制毒品犯罪。毒品市场虽然是一个非法的隐性市场，但它也具有市场的特征，价格也是能够调节毒品的市场配置。如下图：

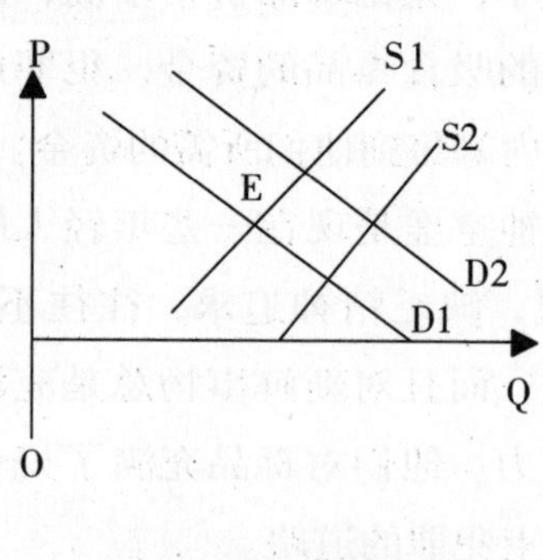

毒品供给和需求曲线图

从上图可以看出，D1 是一条斜率为负的需求曲线，在毒品需求状况不变的情况下，毒品的价格与毒品的需求量呈反方向变化关系。

当毒品的价格上升时，毒品的需求量就下降；当毒品的价格下降时，毒品的需求就上升。S1 是一条斜率为正的供给曲线，毒品的价格与毒品的供给量呈正方向的变化，当毒品的价格上升时，毒品的供给量上升；当毒品的价格下降时，毒品的供给量也相应下降。S1 和 D1 的交叉点 E 为毒品市场中价格和数量的均衡点。

从上图我们可以知道，政府通过加大对毒品犯罪活动的打击和处罚力度，借此增加毒品犯罪者的防御成本和风险成本，促使一些毒品犯罪者退出毒品犯罪活动领域或者非毒品犯罪者不能涉及毒品犯罪活动领域，毒品犯罪活动的成本增加或者说毒品犯罪者的减少，都能减少毒品供应量。对因利益而进行毒品犯罪活动的人来说，加大对毒品的打击和处罚力度，能够使毒品犯罪者把增加的成本通过价格转移到毒品使用者的身上来，提高毒品的价格。而毒品价格的提高能减少毒品使用者的数量，降低毒品的市场需求量，最终减少毒品的犯罪活动。当然，完全消灭毒品市场是不可能的，或者说理论上是能够完全消灭毒品市场、杜绝毒品犯罪活动的，但实践起来却是不经济的，如果我们对打击毒品犯罪活动的投入大于毒品犯罪活动带来的损害，显然这是一个非理性的行为。打击毒品犯罪活动的出发点不是消灭一切毒品犯罪活动，而是力求毒品市场中的毒品供需处于一个社会能够容忍的范围。根据图中的需求曲线，毒品价格的下降，促使毒品需求量的上升；而根据供求曲线，毒品价格的上升，又导致了毒品供应量的上升，最终毒品的供应量和需求量维持在了一个均衡点上。我们应该采取多种措施，使这个均衡点属于社会所能容忍的范围。

减少毒品供应量的另外一种方法是减少制毒植物的种植，即减少毒品的生产量，毒品生产量减少了，毒品的市场流通量相应地也减少，而毒品消费者的毒品需求量不变，这就促进毒品价格的上升。制毒植物供应量的减少，也能够提高制毒植物的收购价格，进而增加了毒品生产者的生产成本，增加的生产成本往往被毒品生产者以价格的形式转移到毒品的销售价格上。而毒品价格的上升，能够减少毒品使用者数量，进而使毒品的市场需求量下降，最终也能够减少毒品犯罪活动的产生。减少制毒植物种植的最有效方法是政府向制毒植物种植地区免费提供其他农作物种子、种苗，以代替制毒植物的种植，对制毒植物种植地区进行帮扶，以改善该地区的经济生活。在20世纪70年代，美国曾对土耳其和墨西哥进行了帮扶，限制罂粟生产，用其他农作物替代罂粟的种植或者补贴他们种植其他农作物，取得了一定的成功。①

在毒品消费者的需求量不变的前提下，通过减少毒品的供应量，提高毒品价格，似乎是能够减少毒品犯罪活动。但在毒品消费领域，上瘾者和非上瘾者对毒品的需求程度是不同的，毒品供应量和毒品价格的变动对他们的影响也不同。对此问题可用经济学上需求的价格弹性系数来予以解释，需求的价格弹性表示在一定时期内一种商品的需求量变动对于该商品的价格变动的反应程度。或者说，表示在一定时期内当一种商品的价格变化百分之一时所引起的该商品的需求量变化的百分比，其公式为：②

$$\text{需求的价格弹性系数} = -\frac{\text{需求量变动率}}{\text{价格变动率}}$$

影响毒品需求的价格弹性的因素很多，主要包括以下几方面：①毒品的可替代品的多少。毒品的可替代品越多，毒品需求的价格弹性就越大，反之就越小。②毒品的用途是否广泛。毒品的用途越广泛，毒品需求的价格弹性就越大，反之就越小。③毒品对毒品使用者生活的重要程度。一般说来，生活必需品的需求的价格弹性较小，非生活必需品的需求的价格弹性较大。

对上瘾者来说，毒品显然是生活必需品，不具有可替代性或者说可替代品很少，毒品的用途一般也仅是在毒瘾发作时用于缓解毒

①罗伯特·考特，托马斯·尤伦．法和经济学［M］．张军，译．上海：上海人民出版社，1994：729－730.

②高鸿业．西方经济学：第三版［M］．北京：中国人民大学出版社，2005：38.

瘾发作所带来的痛苦。因此，对于上瘾者，毒品需求的价格弹性很小。毒品价格的提高，显然不能减少上瘾者对毒品的需求量，无论毒品价格有多高，上瘾者为了满足自己对毒品的需要，往往都会不择手段，犯罪也就成了他们的一种选择，通过犯罪手段来获取毒资，以贩养吸的方法可能会是他们的首选。这样，即使减少了毒品犯罪活动，也增加了其他危害社会的活动；如果上瘾者通过以贩养吸的方法来满足其对毒品的需求，毒品犯罪活动显然也是没有减少。所以，对上瘾者来说，治理毒品犯罪的最好方法不是限制毒品的供应量，而是政府对上瘾者的毒品需求的合法提供，以减少毒品市场里的毒品需求量，达到减少毒品犯罪的目的。具体操作方法是政府对毒品上瘾者进行登记，毒品在政府指定的场所以成本价销售或者免费提供，上瘾者只能在政府指定的场所吸食毒品，且由政府对上瘾者的毒品吸食全过程进行监控。此种方法最关键的是对登记的上瘾者的信息保密，因为很多毒品上瘾者很忌讳别人知道他们是毒品吸食者，怕招来非议，他们常会顾忌此而不去登记。政府以成本价提供毒品，对经济困难者免费提供毒品，能够让毒品销售者失去或者减少毒品市场份额，进而退出毒品市场。

对于非上瘾者来说，毒品不是生活必需品，毒品的用途也就是满足其好奇心或者填补其精神空虚，而我们可以通过其他途径来满足他们的好奇心或填补他们的精神空虚，比如通过各种文体活动就能够分散他们对毒品的过度关注，降低他们的好奇心和填补他们的精神空虚，毒品不是填补精神空虚的唯一办法，具有可替代性。因此，对于非上瘾者，毒品需求的价格弹性很大，毒品价格的提高，能让他们失去对毒品的消费能力，进而减少他们的毒品需求量，阻止了他们对毒品的追求，迫使他们把精力转移到其他的事情上。

通过以上分析可以知道，以限制毒品的供应量来减少毒品犯罪活动的治理方法不是最有效的方法，它对毒品上瘾者几乎不起作用，但它对非上瘾者的作用却是巨大的。因此，针对上瘾者和非上瘾者存在的区别，我们应该采取不同的方法，才能更有效地预防毒品犯罪活动的发生。针对非上瘾者，我们应该采取限制毒品供应量的方法，针对上瘾者，我们应该采取政府提供毒品的方法，只有两种方法相结合，才能更有效地防止毒品犯罪活动的发生。

（二）削减毒品需求量的法经济分析

从经济学的角度思考，当某一种商品的消费主体消失或受到限制，换一个角度来说就是当一种商品的市场需求量减少或者完全没有市场需求量时，那么这一商品的市场就会缩小或者消失。所以，削减毒品市场的毒品需求量，能够使毒品的生产者、销售者减少其毒品的市场份额，进而退出毒品市场。削减毒品需求量的方法主要有三种：用毒性较小的毒品替代海洛因等毒性较大的毒品，通过法律途径禁止吸毒和政府合法提供毒品。

（1）用毒性较小的毒品替代海洛因等毒性较大的毒品。目前大多数国家都是用美沙酮来替代海洛因，美沙酮能够解除吸毒者戒毒时的痛苦，并帮助毒品吸食者恢复正常的生活，但口服美沙酮不会产生注射海洛因所能带来的“快感”。对于那些厌倦吸毒的吸毒者来说，美沙酮确实能够代替海洛因，他们的毒品需求的价格弹性也相对大一点，毒品价格的上升也能阻却其对海洛因等毒品的需求。但对于年青一代的吸毒者来说，他们喜欢寻找刺激，享受毒品带来的“快感”，口服美沙酮是不能满足他们对“快感”的需求的，所以，他们不会轻易接受以美沙酮代替海洛因，他们的毒品需求的价格弹性不会因美沙酮的出现而改变，毒品价格的上升改变不了他们对海洛因等毒性较大毒品的需求。

（2）通过法律途径禁止吸毒。以法律的形式来明文规定吸毒行为的非法性，通常的做法是把吸毒行为定性为犯罪行为，借此来打击毒品的消费群体，以减少毒品的市场需求量，达到减少毒品犯罪活动的效果。理论上似乎可行，但实际操作起来却相当困难。首先，一般情况下，吸毒者的吸毒行为是一种私人行为，不宜过多干涉。其次，取证困难。吸毒者吸食毒品往往是在较隐蔽的场所进行，这就造成司法机关的取证困难，往往是不能够及时有效地惩罚吸毒者，法律的作用也就会大打折扣。最后，成本高昂。毒品吸食者是一个特殊的群体，他们无法脱离毒品而生活，如果宣布吸毒行为为犯罪行为，对他们予以监禁，国家就得免费为他们提供所需的毒品，而我们国家的吸毒者有上百万，这就需要一笔庞大的开支；如果不处以监禁刑，而处以罚金刑，试图剥夺吸毒者购买毒品的能力，如果吸毒者一旦丧失购买毒品的能力，他们便会去实施其他犯罪以获取毒资或者“以贩养吸”。我国刑法中并没有规定吸食毒品行为是犯罪行为，但持有毒品数量较大的，以非法持有毒品罪论处。可是却把为他人吸毒创造条件的行为或者强迫、引诱、教唆、欺骗他人吸毒的行为定性为犯罪行为。因此，我们应当加大对娱乐服务场所、酒店等经营性场所的管制力度，防止其成为助长毒品吸食和毒品犯罪活动的温床。

（三）开展国际禁毒合作的法经济分析

现在国际贩毒集团日益猖獗，跨国贩毒活动逐渐增多，而国家之间的关系很复杂，往往涉及一国的主权、领土、司法独立等问题，常会引起国与国之间的政治纠纷。主权、领土等问题的存在，可以说在一定程度上为国际贩毒集团提供了生存的空间，打击跨国毒品犯罪显然比我们想象中的复杂，但不可否认的是：开展国际禁毒合作是有利于打击跨国贩毒活动的。开展国际禁毒合作可以从以下几方面进行：①订立双边或者多边协议、条约。协议或者条约是国家之间开展禁毒合作的依据，有助于开展国家间的司法合作。②互享毒品犯罪活动的情报。情报互享一方面有利于及时侦破案件，打击毒品犯罪活动，另一方面也在一定程度上节约了侦查成本。因为情报互享简化了侦查机关的信息收集、处理过程，降低了信息收集、处理成本。③跨国互助。种植罂粟的国家或地区相对来说也是比较贫穷的国家或地区，由经济相对发达的国家对贫穷的国家或地区进行帮扶，以限制毒品的生产。④开展反洗钱国际合作。打击贩毒集团的洗钱活动，能够切断贩毒集团实施贩毒活动的资金来源。

开展国际禁毒合作可以从根源上限制毒品的生产量，相应地降低了毒品市场的毒品流通量，在毒品消费者的需求量不变的前提下，毒品供应量减少了，毒品价格会随之提高，进而遏制非上瘾者的毒品需求，以减少毒品的吸食人数，最终减少了毒品犯罪活动。除此之外，国际禁毒合作的开展还能及时有效地打击毒品犯罪活动，减少毒品对社会造成的危害，进一步强化法律的威慑、警示作用，使那些社会上的危险分子或者不稳定分子不敢涉足毒品犯罪活动，同时也能降低侦查机关的侦查成本。

（四）加快经济发展和完善社会保障制度的法经济分析

生活贫困与违法犯罪之间没有必然联系，但毒品犯罪的超高利润对生活贫困的人是极具诱惑力的，加上毒品犯罪不是什么高科技的犯罪，一般的正常人都能实施，所以生活贫困的人极易被大毒枭或者毒品犯罪集团所利用，成为他们犯罪的工具。人的生存本能能够促使人去做任何事情，任何法律法规、道德规范，在一个求生存的人面前是毫无约束力的，为了生存，他敢做任何事情，哪怕是冒着生命危险。因此，“从宏观上讲，在发展经济的同时，必须要调整社会财富的分流结构，增加合法致富的渠道，建立完善的社会保障体系，减少社会冲突”①。加快边远贫困地区的经济发展，缩小社会贫富差距，完善贫困地区的社会保障制度，使他们老有所养，病有所医，有利于减少贫困地区的人参与毒品犯罪活动。从长远看，加快贫困地区的经济发展，完善贫困地区的社会保障制度，有助于缓解社会矛盾，增加国家财政收入，增强国家的综合国力。从外部性看，毒品犯罪活动具有极强负外部性，毒品犯罪给国家、社会和他人造成的危害是极大的，但发展经济的行为是正外部性的行为，能够为国家、社会和他人带来巨大的财富。

（五）悬赏举报制度的法经济分析

悬赏举报制度的建立，是为了克服侦查机关的信息失灵，降低

---

①李卫国，孟钢．试论毒品犯罪与社会化治理［J］．新疆警官高等专科学校学报，2009（4）．

侦查机关的信息收集、处理成本，增加毒品犯罪分子的防御成本，从而使侦查机关能以较低成本获得较多信息，及时有效地打击毒品犯罪活动。“在实践中，悬赏举报制度不仅能够使公权机关以较低的成本获得较多的信息，还能获得在其他制度下所不能获得的信息，从而增强公权机关的信息能力。”[①] 相对侦查机关来说，群众具有人数众多的优势，能够获取较广范围内的信息，特别是边民，他们能够及时地分辨出陌生人，在第一时间内提供情报。同时群众还具有侦查机关不具有的优势，即与侦查机关相比，犯罪分子对群众的防御心理是较弱的。通过建立悬赏举报制度，能够激励相关知情主体说出真相，同时还可能打破毒品犯罪者之间的利益同盟关系。当然，我们不能否认社会上确实存在为了社会利益而不计报酬的举报者，但这毕竟只是少数，少数人掌握的信息也是少数，不足以克服侦查机关的信息失灵。何况，对于信息举报者来说，可能还会承受因信息举报带来的不利后果，而物质奖励还可以起到弥补的作用，同时侦查机关还应做好对举报者的保密工作，只有这样，才能让知情者放心地为侦查机关提供情报，降低侦查机关的信息收集、处理成本。

（六）加强宣传教育的法经济分析

加强法制宣传教育、禁毒教育和社会主义文化教育，能够在一定程度上消除当前纷乱复杂、冲动浮躁的思想文化，使人们的精神风貌更加昂扬向上，从根本上抑制犯罪动机的产生。通过普法教育，使人们了解什么行为是犯罪行为，实施犯罪行为的后果；通过禁毒教育，“从科学的角度向人们剖析新型毒品药理、毒理作用和滥用造成的成瘾性，从社会的角度用典型案例向人们宣传新型毒品使人产生心理扭曲和精神依赖的精神危害性，让人们真正从内心深处憎恶毒品、拒斥毒品，不受毒品的诱惑”[②]。通过社会主义文化教育，树立正确的人生观和价值观，树立社会主义荣辱观，大力弘扬社会主义精神文明和中

---

①应飞虎．我国悬赏举报制度建立之探讨［J］．社会科学研究，2003（1）．

②李卫国，孟钢．试论毒品犯罪与社会化治理［J］．新疆警官高等专科学校学报，2009（4）．

华民族优秀传统文化，加强各种道德教育，以此来引导人们积极向上的健康生活方式，同时也能消除各种错误、腐朽的文化思想的影响。宣传教育需要资金投入，但宣传教育所产生的积极影响却是无法估量的。一定程度上宣传教育能够降低犯罪行为，进而减少犯罪产生的负外部性，同时宣传教育能够凝聚人心，创造更多的财富。

三、不完全竞争条件下毒品犯罪治理的法经济分析

以上对毒品犯罪治理的法经济分析，是建立在毒品市场是完全竞争的市场的假设条件下的。现实中，毒品市场与合法的市场一样，也会出现垄断等不完全竞争的现象。垄断的产生是自由竞争的结果，是适者生存的体现，也是市场经济的参与者追求利益最大化的结果，因为通过垄断能够获得超高的垄断利润。但与合法市场不一致的是，“毒品市场的竞争与交易没有必要的规范约束。对于市场竞争中出现的利益冲突或者矛盾，毒品供应者往往通过暴力途径解决，暴力成为毒品市场出现冲突时的内部协调机制”①。不完全竞争条件下的毒品市场具有以下几方面的特征：①毒品交易无序化。在毒品交易市场，毒品交易没有既定模式，不需要遵循什么规则、习俗，交易方式随时在变动着，解决交易纠纷的方式常常是暴力。②毒品犯罪集团化。通过竞争、暴力等手段，在毒品市场中出现了集团化的毒品犯罪，他们或者通过竞争手段把竞争者淘汰出毒品市场，或者以暴力手段把竞争者赶出毒品市场。③较强隐秘性。毒品犯罪集团具有严密的组织性和较强的纪律性，且有明确的分工合作。与其他的犯罪方式相比，集团犯罪更隐秘，更难被侦破，且犯罪集团常常是披着合法的外衣。④毒品销售网状化。毒品犯罪集团的毒品销售常采用分销模式，犯罪集团下面设有多个销售下家，而下家下面又可能还设有下家，一层一层的呈网状结构。之所以出现不完全竞争的毒

①王志华．毒品控制政策的经济分析［J］．黑龙江省政法管理干部学院学报，2004（6）．

品市场，一方面是为了牟取超高的垄断利润、减少毒品供应者之间的竞争消耗，另一方面是为了增强与政府相抗衡的能力。由于犯罪集团具有严密组织性和较强纪律性，往往很难被侦破，从而降低了犯罪集团的风险成本，在一定程度上却增加了侦查机关的侦查成本。网状化的销售模式和集团的分工合作，侦查机关是很难抓到真正的主犯和犯罪积极分子的，抓到的常常是一些从犯，因此，侦查机关很难从根源上铲除毒品犯罪活动。

除了自由竞争和暴力行为能形成不完全竞争的毒品市场外，政府对毒品犯罪活动的严厉打击也会产生不完全竞争的毒品市场，政府通过加大对毒品犯罪活动的打击和处罚力度，限制毒品的市场供应，从而减少毒品犯罪活动。若从长远来看，为了维持生存或者增加利润，增强与政府相抗衡的能力，以及降低毒品犯罪活动的风险成本，毒品犯罪分子就会走向联合，结成犯罪同盟，把曾经的竞争对手变为合作伙伴，把以前分割毒品市场的利润变为共同分享毒品市场的利润。毒品犯罪集团的形成，无疑是增加了侦查机关的侦查难度，进而增加了侦查机关的侦查成本。

四、结　论

综上所述，毒品犯罪的形成原因很复杂，它涉及国内国外问题，涉及一国的社会、政治、经济等问题。因此，治理毒品犯罪活动不能简单地依靠某一种方法，而是多种方法相结合，只有这样才能达到较好的治理效果。通过以上的法经济分析，我们知道，传统的通过限制毒品供应量的治理方法有很大的缺陷，它忽略了毒品消费者中存在上瘾者和非上瘾者之分，限制毒品供应量仅能减少或者限制非上瘾者的毒品犯罪活动，对上瘾者是没有用的，因为上瘾者的毒品需求的价格弹性很小。因此，对毒品犯罪活动的治理，应该把限制毒品供应量的方法与削减毒品需求量、开展国际禁毒合作、加快经济发展、完善社会保障制度、建立悬赏举报制度和加强宣传教育等方法相结合，才能有效地减少或者限制毒品犯罪活动的发生。

昆明市毒品问题现状及遏制对策

陈　飞*

摘　要： 毒品问题已成为当今世界严重的社会问题，由于特殊的地理区位，昆明市毒品问题呈现出集毒品流通、集散、中转、消费于一体的严重格局，成为影响昆明市社会稳定和经济发展的重要因素。本文在对目前昆明市毒品问题现状及其形成原因进行充分论证的基础上，提出了广泛开展毒品预防宣传教育、严厉打击毒品犯罪、积极探索禁吸戒毒新路子等遏制对策。

关键词： 毒品问题　毒品犯罪　吸毒　现状　遏制

当前，国际毒潮日益泛滥，严重影响政治稳定，危害社会安定，毒品问题已成为当今世界严重的社会问题。目前，我国的毒品问题呈现“四面包围、南北夹击、多头入境、全线渗透”的严重态势，云南省由于毗邻世界毒源地之一的“金三角”地区，云南省会城市昆明市是云南省的政治、经济、文化中心，交通枢纽和中国面向东南亚的口岸，交通四通八达，人员流动量大，境内外不法分子借助这样的便利条件在市内大肆进行走私贩运毒品的犯罪活动。特殊的地理区位，使昆明市的毒品问题呈现出集毒品流通、集散、中转、消费于一体的严重格局，成为全国禁毒斗争的前沿阵地。

---

*陈飞，云南大学法学院讲师。

一、昆明市毒品问题现状

自20世纪70年代末以来，受国际毒潮泛滥的影响，毒品问题在我国又死灰复燃，来势迅猛，吸毒人群也在迅速发展蔓延。毒品问题大多与抢劫、抢夺、凶杀、盗窃、黑恶势力犯罪联系在一起，是滋生、诱发严重刑事犯罪和治安问题的重要因素。云南省由于毗邻世界毒源地之一的"金三角"地区，昆明市作为云南省的省会城市，特殊的地理位置使得昆明市的毒品问题形势十分严峻，并呈现出以下特点：

（一）毒品犯罪猖獗，毒品过境、中转、集散犯罪活动问题严重

当前，在世界毒品问题日益泛滥的影响下，我国已成为世界上毒品问题较为严重的国家之一，"金三角"地区仍是对我国危害最大的境外毒源地，所生产的海洛因主要贩入我国。2003年全国查获万克以上贩卖海洛因案件156起4.13吨，所缴获的海洛因全部来自于"金三角"地区。近年来，在国际、国内多种因素的综合影响下，"金三角"地区罂粟种植面积和海洛因产量持续大幅减少，缅北地区毒品生产向新型毒品转型，冰毒产量已超过海洛因，新型毒品对我国的渗透明显加剧，流入我国的数量也逐年增多。2005年，全国大部分地区均发现来自缅北的冰毒片剂，仅云南省就缴获冰毒2.62吨，创历史新高。2006年，云南省查破冰毒案件1 544起，缴获冰毒3.85吨，缴获数量居全国首位。

由于特殊的地理区位，昆明市的毒品犯罪猖獗，毒品问题的形势更加严峻，毒品在昆明市形成的过境、中转、集散犯罪活动问题十分严重。受毒品暴利的刺激，一些犯罪分子以家族、地缘为纽带，形成职业贩毒犯罪团伙，他们与境外贩毒势力相互勾结，大肆将毒品走私入境，并以昆明市为中转和集散地，通过铁路、公路、水路、民航、邮政等渠道贩运到各地。2002年，昆明市共查破各类贩毒案件6 809起，同比增加了72.3%；抓获毒品违法犯罪嫌疑人7 241

名，同比增加了72.7%；缴获各类毒品846.07千克，同比增加了34%，其中，海洛因649.64千克，冰毒121.8千克，同比分别增加了24.9%和15%，当年的案件数、缴获数、抓获数均创下历史最高纪录，与2001年相比，案件数、缴获数、抓获数分别增加了99%、99.1%和45.3%。同时，大宗过境贩毒案件呈逐年上升趋势，千克以上的大宗毒品案件直线攀升，2002年全市查破千克以上毒品大案127起（其中万克以上案件15起），同比增加了119%，如2002年6月、7月，昆明警方和香港警方首次联手，历时两个月，侦破了滇港“DG 6·26”贩毒案，缴获毒品海洛因23.4千克，缴获毒资人民币100万余元，港币26.5万余元，抓获缅甸毒枭等13名违法犯罪嫌疑人。2005年，昆明市打击毒品犯罪力度增强，共查破毒品案件6 877起，缴获毒品753.9千克，冰毒576.5千克，千克以上毒品案件134起，同比上升了1%。

随着冰毒、摇头丸、氯胺酮等新型毒品对我国的渗透不断加剧，“金三角”地区的毒品生产向新型毒品转型，昆明市也成为新型毒品的主要过境、中转和集散地。2005年，昆明市破获冰毒、摇头丸、氯胺酮等新型毒品案件80起，其中千克以上大宗案件29起，缴获冰毒576.5千克，缴获量比2004年增长了4倍，抓获涉毒人员近200名，打掉贩卖新型毒品网络、团伙5个，摧毁吸、贩新型毒品窝点13个。2005年11月份，昆明市公安局禁毒支队成功破获了“11·18”特大冰毒案，一案就缴获冰毒110千克，创下了昆明禁毒之最。冰毒的大量侵入，已成为继鸦片、海洛因等传统毒品之后对昆明市危害极大的新型毒品。

从已侦破的毒品案件来看，60%以上为外省籍毒贩所为，且涉及全国21个省（区、市），其中尤以四川、贵州、新疆籍人员贩毒最为突出。他们内部组织严密，分工明确，警觉性高，以做生意为掩护，与境内外毒贩相互勾结进行贩毒活动。他们在昆明或直接到境外购买毒品，通过昆明中转分销至北京、上海、广东等经济发达地区，牟取暴利，呈现出外来人员贩毒活动猖獗，且具区域化、团伙化、武装化的特点。

（二）毒品种类从单一的传统毒品向多元化的新型毒品转化

20世纪70年代末至90年代中期，我国主要受“金三角”过境海洛因的危害，相对而言，当时的毒品问题较为单一。自1990年我国破获首起冰毒案开始，特别是进入21世纪以来，冰毒、摇头丸、氯胺酮等新型毒品违法犯罪开始在一部分地区蔓延，在海洛因等传统毒品问题尚未得到有效遏制的情况下，新型毒品问题又日趋严重，我国既面临鸦片类传统毒品继续蔓延，又面临冰毒、摇头丸、氯胺酮等多元化的新型毒品迅速蔓延的双重压力，昆明市的情况也不例外。

因“金三角”地区制贩毒势力受国际、国内各种因素的影响，罂粟种植面积和海洛因产量持续大幅减少。据联合国监测，2004年“金三角”地区罂粟种植面积为95万亩，2005年为49.2万亩，2006年为32.3万亩，2007年为27.9万亩，比2004年减少了70%，下降到30年来的最低点。加之冰毒、摇头丸、K粉等新型毒品具有原料容易获取、生产成本低、工序简单、利润高、有较大市场空间、国际关注力低的特点，同样可以满足“金三角”地区制贩毒组织“以毒养军”的需要，因此，“金三角”地区毒品生产已由传统单一的鸦片类毒品向多元化的冰毒、摇头丸、氯胺酮等新型毒品转型，冰毒产量已超过海洛因，新型毒品流入昆明市的数量也逐年增多，2002年昆明市共破获冰毒案件15起，缴获冰毒121.7千克，与2001年相比，分别增加了3%和2%；2003年昆明市共查破吸贩新型毒品案件28起，比2002年的15起大幅上升了86%；2005年全市共缴获冰毒576.5公斤，缴获量比2004年增长了4倍。

（三）毒品消费市场不断扩大，滥用毒品种类多元化

目前，全国已有2 000多个县、市、区发现吸毒人员，约占县、市、区总数的70%以上，其中，吸毒人数在1 000人以上的200多个。2003年，全国累计登记在册的吸毒人员达105万人，除已死亡、

逮捕、劳教和部分戒断巩固人员外，实有吸毒人员超过74万人；截至2005年底，我国有吸毒人员78.5万名。我国已经从一个毒品过境国发展成为重要的毒品消费国，贩毒分子已经把过去的“中国通道”变成了今天的“中国市场”，并且毒品消费市场不断扩大。从昆明市登记在册吸毒人员的情况来看，吸毒人员总数呈逐年上升趋势，2000年登记在册数为12 453 名，2001 年为14 022 名，2003 年为14 463 名，2004年为17 661 名，2005 年为17 974 名，到2006年在册吸毒人员已增至18 294 名，与2000 年相比，吸毒人员上升了46.9%。

受国际和国内日趋严重的新型毒品犯罪的影响，毒品消费市场中滥用毒品的种类也日渐多元化，冰毒、摇头丸、氯胺酮等新型毒品的滥用问题较为严重，吸食大麻、扎吸杜冷丁、滥用安钠咖等情况在局部地区日益突出。2002年，全国共发现吸食冰毒、摇头丸、氯胺酮人员3.56万人，同比上升了73%。昆明市一些歌舞娱乐场所内滥用冰毒、摇头丸、氯胺酮等新型毒品问题日益加剧，涉毒的场所和滥用人群还在进一步扩大，吸食冰毒、摇头丸等毒品的场所，过去主要是在迪斯科舞厅、KTV包房等，现在已逐步向茶艺吧、咖啡厅、酒店、宾馆等蔓延，甚至出现家庭派对群体吸毒现象；滥用人群已由过去以社会无业青年为主，逐步向公司职员、演员、大学生和国家公职人员等其他社会阶层扩散。由于过去对新型毒品的宣传教育力度不够，社会和群众对新型毒品的危害认识不足，加之部分娱乐场所、经营者和从业人员为了牟取高额利润，纵容、包庇甚至直接参与新型毒品的散播，将部分场所作为传播毒品的载体，因此，新型毒品的扩散速度已远远超过传统毒品，因吸食新型毒品而引发斗殴、伤害、杀人等案件已屡见不鲜，对社会治安构成了严重威胁。

从近年来收戒吸毒人员情况来看，昆明市本地吸毒人员人数总体呈下降之势，而外来吸毒人员人数总体呈上升之势。2000年昆明本地吸毒人员收戒6 149 名，2001 年收戒3 624 名，总体下降了

41%；2000 年外来吸毒人员收戒 2 652 名，2001 年收戒 3 690 名，外来吸毒人员收戒数超过昆明本地人数，总体上升了 39%；2006 年，昆明本地吸毒人员收戒 4 181 名，与 2000 年相比减少 1 968 名，下降了 32%；而收戒外来吸毒人员 4 100 名，与 2000 年相比增加 1 448 名，总体上升了 55%，吸毒人员由过去以本地吸毒人员为主转化为本地和外来滞昆吸毒人员并存的格局。

(四) 吸毒人员戒断巩固难，复吸率高

从昆明市公安机关收戒吸毒人员情况来看，收戒数呈逐年上升之势，从 2000 年的 8 801 名增至 2005 年的 18 665 名，达到了历史最高纪录。但在戒断之后因复吸毒而送劳教人员也从 2000 年的 1 463 名增至 2004 年的 6 083 名，同样创下了历史最高纪录，戒断数和戒断巩固率都非常低，吸毒人员屡戒屡吸，复吸率居高不下，成为禁吸戒毒工作的瓶颈。

二、遏制昆明市毒品问题的对策

“毒品一日不绝，禁毒一刻不止。”针对昆明市面临的复杂而严峻的毒品问题形势，必须以“四禁并举、预防为本、严格执法、综合治理”的禁毒工作方针为指导，坚持专门机关与发动群众相结合，依法治理与教育帮扶相结合，严厉打击与预防教育相结合的原则，紧紧围绕毒品来源、毒品危害和新滋生吸毒人员这三大关键环节，统筹兼顾，综合治理。

(一) 广泛开展毒品预防宣传教育

预防宣传教育是通过各种途径让人们了解和认识造成毒品问题的基本因素和有关知识，揭示毒品对个人、家庭、社会的巨大危害，提高全民尤其是青少年认识毒品、拒绝毒品的能力，防患于未然，从而构筑全社会防范毒品侵袭的有效体系，防止滋生新吸毒人员，是禁毒工作的治本之策。充分发挥各种渠道的大众媒体和各种宣传形式的作用，广泛开展内容丰富多彩、形式灵活多样、群众喜闻乐见的禁毒预防宣传教育活动，增强全民禁毒意识，提高公众识毒、拒毒、防毒能力，全力遏制毒品蔓延的势头。充分发挥社会各部门优势，共同推进宣传教育活动进学校、进单位、进家庭、进社区、进农村，合力打造防范毒品危害的铜墙铁壁。根据目前昆明市毒品问题的实际，青少年、社会无业人员、外来务工人员和娱乐场所经营人员、从业人员等吸毒高危人群，是毒品预防宣传教育的重点对象，要加强对他们的预防宣传教育，提高他们认知和抵御毒品的能力。尤其是针对新型毒品问题日益加剧的现状，要重点宣传新型毒品的种类和特征，新型毒品蔓延发展的趋势，新型毒品泛滥的规律，使广大人民群众，尤其是青少年真正认清新型毒品的危害，掌握抵制新型毒品侵害的正确方法，用科学的知识消除吸食新型毒品不会成瘾的认识误区，从而切实提高人民群众对新型毒品的认知能力和自觉抵御能力，减缓新型毒品的蔓延。各级部门和工会、共青团、妇联等群众组织，要针对无业人员和外来人员深入开展禁毒教育，努力消除预防宣传教育的盲区和死角，使其深刻认识毒品对个人、家庭、社会、民族和国家的极大危害，了解当前国际、国内毒品问题的严峻形势，增强自觉抵御毒品的能力，提高外来务工人员同毒品违法犯罪作斗争的法律意识。通过普及教育，减少外来人员新滋生吸毒的蔓延势头。

（二）严厉打击毒品犯罪

严厉打击毒品犯罪是切断毒品来源、减少毒品危害、萎缩毒品消费市场的重要手段。要加强对毒品犯罪规律特点的研究，树立“破大案、打团伙、抓毒枭、摧网络、追毒资”的破案指导思想，充分利用现代科学技术，大力开展毒品违法犯罪情报调研和禁毒信息化建设，完善情报信息机制；增强专案经营意识，强化经营理念，坚持打击大宗过境贩毒和零星贩毒并重，打击传统毒品和新型毒品犯罪活动并重，积极开展专案侦查，深挖毒品源头和流向；强化堵源截流措施，坚决堵塞毒品流通渠道，加大对进出昆明毒品中转贩运通道的双向公开查缉力度，外堵毒品走私入境，减少毒品内流，减轻毒品对全国的危害，内截易制毒化学品非法出境，遏制境外毒品加工生产能力；针对新型毒品不断蔓延的势头，加强娱乐场所的管理，对涉毒违法娱乐场所进行坚决打击，消除新型毒品违法活动载体，最大限度地遏制毒品的渗透和危害，萎缩毒品消费市场，坚决遏制新型毒品滋生蔓延势头。

（三）积极探索禁吸戒毒新路子

要解决日益严峻的毒品问题，仅靠打击是不够的，毒品消费是关键。因此，必须积极进行禁吸戒毒，减少毒品需求，萎缩毒品消费市场，减轻毒品对社会的危害。有关职能部门应树立人文关怀和爱心教育的指导思想，坚持以人为本，教育、挽救戒毒人员的戒毒工作理念，依靠规范化、人性化的管理模式，通过多种戒毒形式，完善戒毒功能，帮助吸食、注射毒品成瘾人员戒除毒瘾，从而整治毒品消费市场，减少毒品需求量。

为进一步教育挽救吸毒人员，有效解决吸毒人员复吸率居高不下的问题，在吸毒人员生理脱毒的基础上，应积极进行戒毒康复劳动，通过开展法制教育、道德教育，参加适当的生产劳动，并辅以就业技能培训，帮助戒除毒瘾人员巩固脱毒效果，重新树立生活的信心，使其心理和身体得到逐渐矫正和康复，为其彻底摆脱生理上和心理上的毒瘾，切实增强戒毒效果，降低戒断复吸率，为其重返社会、走向新生奠定坚实的基础。

社区矫助是禁吸戒毒工作的一个重要方面，是以社区为依托，通过社会资源的整合，对戒毒出所人员建立健全矫正帮助和监控措施，实施监督、扶持、矫正、帮助等系统的后续照管，并提供心理、专业或职业辅导培训及其他方面的支持和帮助，巩固戒断成果，降低复吸率，使其尽快适应并融入正常的社会生活之中。社区矫助是减少乃至逐步消除毒品危害，促进社会稳定和经济发展的有效途径，它使禁毒工作向社会延伸，形成发动群众、社会各界共同参与的禁毒工作格局，为构建社会主义和谐社会、创造和谐稳定的社会治安环境奠定坚实的基础。

我国毒品问题现状及禁毒对策分析

戴　琳*

摘　要：由于受地缘结构和经济发展状况等因素的影响，我国禁毒工作所面临的形势依然十分严峻，毒品问题蔓延的势头尚未得到根本扭转，禁毒工作的任务依然非常艰巨繁重。本文通过介绍我国毒品问题的成因及现状，提出几点关于禁毒工作方面的对策性建议。

关键词：毒品问题　现状　对策

毒品，已成为当前国际社会的一大公害，其所造成的社会危害正日益加剧。据初步统计，全世界每年生产鸦片约5 000吨，海洛因1 000吨，可卡因10万吨。毒品的年销量总额可达8 000亿~10 000亿美元，约占国际贸易总额的8%~12%。全世界约有5 000万“瘾君子”，吸毒人数已达2亿人之多，每年至少有100万人因吸毒而丧失正常的智力和能力……这一系列触目惊心的数据足以说明毒品正威胁着全人类的生存与发展。于1988年12月通过的《联合国禁止非法贩运麻醉药品和精神药物公约》中明确指出：“麻醉药品和精神药物的非法生产、需求及贩运的巨大规模和上升趋势，构成了对人类健康和幸福的严重威胁，并对社会的经济、文化及政治基础带来

---

*戴琳，法学硕士，云南大学法学院讲师。

了不利的影响。”毒品不仅对吸食者的身心健康造成严重危害，给无数家庭带来灾难，同时经常成为其他犯罪的诱发源，阻碍经济发展和社会进步，还会导致社会财富的多方面损失，据美国政府公布的数字，仅20世纪90年代前后，美国人每年用于非法毒品的总开销实际上约为1 000亿美元。为有效打击和惩治毒品犯罪，世界各国普遍重视国内的禁毒立法，并逐步反映配合国际社会禁毒协作的内容，在立法上大多采取严刑峻法，保留和增加死刑和重刑，这一趋势逆背当代世界刑法改革——刑罚轻刑化的潮流——是比较突出的。在此基础上，各国纷纷展开规模宏大的缉毒行动，严惩毒品犯罪。然而，毒品并没有因此而被有效遏制，仍在快速蔓延。于是各国均达成共识：禁毒，须标本兼治，堵源截流。

一、我国毒品问题现状

毒品问题在我国局部地区死灰复燃近20年，至今，其发展势头令人担忧。20世纪80年代，毒品问题的主要表现是过境贩毒，吸毒现象在西南局部地区存在，其危害局限于部分地区；90年代，随着境外毒品的全面渗透，促成境内毒品的地下消费市场形成，发展为过境贩毒与国内消费并存，毒品问题在全国大部分地区蔓延开来；近两年，在过境贩毒势头不减的同时，国内毒品消费市场已形成相当规模。据介绍，1997年全国仅统计在册的吸毒人员就达52万多人，遍及1 600多个县市，吸毒、制毒、贩毒活动日益突出。吸毒人数急剧增加诱发了种种违法犯罪行为，给社会治安带来严重危害。据调查，80%左右的吸毒人员都有抢劫、盗窃、卖淫等违法犯罪行为。面对这一严峻形势，江泽民同志指出：“现在不把吸毒、贩毒问题解决掉，从某种意义上说是涉及中华民族兴衰的问题。”

在我国，毒品泛滥的原因是多方面的，探求毒品犯罪的原因有助于我们掌握犯罪规律，制定防范犯罪对策，从而减少并根除毒品犯罪。

（1）因受经济发展状况的影响，部分人在畸形经济意识的影响下从事毒品犯罪活动，不断壮大贩毒队伍。我国实行改革开放以来，经济快速增长，但由于受历史原因的影响和自然环境的限制，各区域的经济发展呈不平衡状态。现阶段，我国仍处于社会主义初级阶段，社会总供给与总需求之间还存在着矛盾，并且随着经济体制改革的深化，社会利益分配发生了变化，贫富差距逐渐拉开，商品经济在得到发展的同时其消极影响也在增大，一些人的贪利欲望畸形膨胀，因经不住暴利的诱惑，置国法于不顾，不惜以牺牲自由甚至生命为代价，决然走上毒品犯罪道路。据介绍，1 克海洛因，在云南巍山县的黑市价为 50 元，在内蒙的包头则可高达 2 000 元，如贩运到更大的城市、港澳地区或国外利润就更大。从毒品犯罪人员构成来看，主要是两种：一是来自贫困地区，文化层次相对较低，农民、流动人口居多；二是有预谋、有组织、高智商、高科技、高收入，运输、贩卖“一条龙”的集团犯罪，两者的共同点都是为了追求高额利润，这正是毒品犯罪日趋严重的重要诱因。

（2）国际毒品犯罪猖獗，境外贩毒分子利用我国部分省（区、市）毗邻毒源地的特殊地理位置，营建贩毒通道和毒品消费市场。近年来，国际毒品犯罪呈现出贩毒渠道网络化、贩毒组织集团化、贩毒手段间谍化和贩毒数量大宗化的特点，已形成种植、加工、贩运、消费的“国际化”体系，几乎没有哪个国家和地区能够免遭毒品之害。许多毒贩子拥有现代化的交通通信设备，有的还带有精良的武器以逃避、对抗打击，这表明毒品犯罪趋于专业化，贩毒组织具有黑社会组织的特征，致使多种犯罪相互交织，彼此催化，给社会治安造成的冲击不断增大。在当前国际交往日益频繁的情况下，毒品犯罪的境内外勾结现象普遍存在。国际贩毒势力为打通中国通道，千方百计在中国境内寻找、培养代理人，境内贩毒分子为增强实力也会结成团伙跨省、区、市和跨国作案，并形成“产、供、销”一条龙的职业贩毒体系。其中，云南省因毗邻世界上最大的毒品生产基地“金三角”，贩毒者利用边贸活跃、边民来往频繁之机，借道云南进行走私贩毒活动，使云南省禁毒形势异常严峻，同时严重影响当地社会治安。

（3）因受历史余毒侵蚀，靠毒品发财的思想并没有根除。目前毒患较严重的地区，大都是旧社会毒品盛行的区域，在这里，许多人认为，种植、贩卖毒品是上辈传下来的维持生计的本领，有些地方甚至流行“想致富，种罂粟；快翻番，种大烟”的怪论。20世纪90年代，种植罂粟的现象除云南以外，昔日传统罂粟种植区的贵州、四川及东北、西北的森林地带也开始有局部栽培。如1990年，甘肃省种植罂粟的县市已达14个，同年7月，四川茂县一次就铲除罂粟6 000株。

（4）毒品消费量日益增大，促进了制毒、贩毒活动的发展。当前，由于社会竞争压力加大、生活节奏加快，一些人经不住诱惑，借吸毒带来的片刻欢愉逃避现实的烦扰，还有相当一部分吸毒者是10～20岁的青少年，他们缺乏对毒品危害性的全面认识，极易受人引诱，成为规模庞大的低龄化吸毒群体。毒品消费的恶性发展，刺激了制毒、贩毒者的犯罪积极性，而且多数吸毒者本人也参与制毒、贩毒，即所谓的“以贩养吸”，这对毒品犯罪起着推波助澜的作用。美国是世界上最大的毒品消费国，其每年毒品交易额达1 500亿～1 800亿美元，比通用汽车公司全年的销售额还要多。

二、我国禁毒工作的对策分析

为遏制毒患蔓延，我党及各级政府均不断加大打击查禁及宣传教育力度，与此同时不断完善禁毒法规，加强禁毒组织机构的建立和建设，全国各省（区、市）也相继出台各项禁毒具体规定，明确提出“三禁并举（禁吸、禁种、禁贩），堵源截流，严格执法，标本兼治”的禁毒方针，并经各方努力，已取得可喜成绩。例如云南省，仅从1990年至1999年的10年间，共查破贩毒案件55 156起，缴获鸦片和海洛因等毒品41.92吨，抓获贩毒分子76 314名，累计缴获的海洛因占全国缴获总量的80%左右，鸦片占60%～70%左右。然而，禁毒斗争毕竟是一项系统工程，在重视查缉个案的同时，更应加强禁毒工作的系统研究和长远规划，变被动防御为主动进攻，切实做到堵源截流、标本兼治。笔者认为，具体应做好以下几个方面的工作：

（1）抓住机遇，发展贫困地区经济，改善当地居民生活环境是禁毒堵源的重要环节。目前，我国毒品泛滥的重灾区主要集中在中西部地区和东南沿海地区。其中，中西部大部分省（区、市）经济发展较为落后，人民受教育程度普遍偏低，人为破坏生态环境较为严重，而自然环境的劣势与人口素质的劣势相结合，导致该地区长期处于贫困状态，为尽早“脱贫致富”，一部分人在暴利的诱惑下铤而走险，加入毒品犯罪的行列。例如，宁夏回族自治区的东乡县历来缺水严重，随着近几年沙漠化的进一步加重，该县22万人的基本生活用水已不能自给，须到28公里外的地方取水，生存环境每况愈下，于是该县外出贩毒的人逐年增加。又如，云南省巍山县的永平村因人均占有耕地少，靠种田致富比较困难，部分人又不满足于温饱，便抱着“坐牢一阵子，享受一辈子”、“杀了我一个，幸福几代人”的畸形观念涌入贩毒行列。可见，大力加强贫困地区的经济建设是堵源战略不可或缺的重要环节。目前，我国的经济发展形势较好，千禧之年，又吹响了开发中西部地区的号角，作出加快经济结构调整、促进地区经济协调发展的重大战略部署。在国家重点扶持、政策倾斜的同时，该地区应把握历史机遇，加快产业结构调整步伐，优化资源配置，因地制宜，促进特色经济发展，改善人民群众的生产、生活条件，营造良好的投资开发环境，使人民安居乐业，这样，人们自然会加倍珍惜幸福的生活和宝贵的生命，能自觉远离毒品。

（2）严格执法，加强社会治安综合治理工作，增加人力、财力、物力的投入，加大打击毒品犯罪力度，是巩固禁毒成果的重要保证。目前，毒品引起的社会犯罪不断增加，严重扰乱了社会治安，吸毒者以贩养吸，以偷、抢、卖淫养吸的现象相当普遍。在我国某城市调查180名吸毒者中，只有2人没有偷摸行为。某区在50天严打过程中抓获40名刑事惯犯，其中36名有吸毒史。随着社会人口流动愈加频繁，加之毒品犯罪手段愈发隐蔽，无形中增加了治安管理的难度，导致破案率相对较低，也严重影响法律威慑力的发挥。所以，努力培养造就一支能适应新形势的、高素质的禁毒专业队伍成为当务之急。同时，要坚定走科技强警之路、在需要和可能的前提下，不断加大科技投入，提高禁毒工作的科技含量，不断改善查缉装备，提高工作效率，改善工作环境。

加强对毒品犯罪的打击，是大多数国家的共识。联合国 1961 年麻醉品专门会议提出了要对毒品犯罪采取刑罚控制的基本措施，各国纷纷在立法中加强了惩治力度。我国现行刑法对毒品犯罪的罪名设置及刑罚制裁等内容规定得比较全面，与原来的单行法规相比，拓宽了财产罚的适用面，强调从经济上制裁罪犯，从而彻底击垮毒贩的资本积累。在有法可依的前提下，我们必须层层落实，严格执法，从而增强全社会与毒品犯罪作斗争的信心和决心。

（3）加强国际间的禁毒合作，全面惩治与防范国际贩毒活动。近年来，国际社会逐渐突破重重政治、经济制度和文化意识不同的障碍，区域性和全球性的禁毒合作，使国际禁毒活动进入一个新的阶段。从我国的地理环境来看，由于西南、西北地区邻近毒源，有长达几千公里的边境线，在多个地段没有天然屏障，地形复杂，贩毒者便于绕开关卡，加上边贸活跃、边民往来频繁，使贩毒集团有机可乘；而东南沿海地区则因其作为改革开放的前沿阵地，商贸繁荣，社会人口流动量大，境外的冰毒、LSD 等毒品及加工技术不断流入境内……这说明：禁毒必须要走国际合作的道路。

在这方面，云南西双版纳州的“勐海模式”就是一个成功的典范。所谓“勐海模式”，就是指替代种植，即通过发展粮食作物和经济作物解决种毒边民的吃饭问题和发展问题，从而达到根除毒源的目的。中国西双版纳州的勐海县打洛镇与缅甸掸邦第四特区勐拉镇山水相连，由于历史的原因，紧邻毒品产地“金三角”的勐拉镇多年来以种植罂粟、贩卖毒品为生，中国边民也因此受到毒品的侵蚀，打洛镇成了贩卖毒品的主要通道，中缅边民深受其害。1990 年，中缅揭开联合禁毒的序幕；至1995年，勐拉镇铲除罂粟地1.65万亩，销毁毒品10 000多千克，捣毁了数十家海洛因加工厂。为解决长期以来以种毒为生的缅甸边民的吃饭问题，在中缅地方政府的努力与协作下，由中方派出科技人员，拨出专项资金，帮助勐拉人民进行农田改良，培育种植粮食作物和经济作物，明显改善了罂粟大户的生活水平，从根本上防止他们重操旧业。这样，使当地海洛因的年产量减少了30吨，流入我国境内的毒品也大幅减少。

（4）重视对青少年的教育引导工作，有效遏制毒品消费市场的发展与壮大。目前，我国的毒品非法使用者逐渐增多，已成为各类毒品犯罪的一大动因。毒品消费量的增加，必然会促进生产的增加或销售旺盛；反之，消费量小，必定会导致生产减少或销售疲软。在全国登记在册的吸毒人员中有80%是青少年，吸毒人员的低龄化发展正日益危及社会进步。由于身心发育尚未成熟，青少年缺乏判断力，凭冲动和好奇行事，极易受不良环境的影响而走上邪路，所以，如何为青少年营造一个良好的学习、生活环境，是家庭和社会面临的一个重大课题。随着缺损家庭数量的增加，学校素质教育的减少，社区文化活动的匮乏，许多青少年很难树立正确的人生观和世界观，使毒品有机可乘，他们极易沦为毒犯侵蚀、掠夺的对象。因此，关心青少年成长，应从家庭、学校、社区的每一个环节入手丰富他们的精神文化生活，使他们深刻认识毒品的危害，远离毒品。只有这样，才能有效控制毒品消费市场的扩张，堵住制毒、贩毒者的掠财之道。

总之，禁毒斗争有其艰巨性和渐进性，只有坚决铲除毒患，才能还我们一个清新的世界。

（原载《久安之路》2000年第9期）

调整策略，严厉打击非法毒品消费

马骊华*

摘　要：吸毒导致刑事犯罪率上升，且引发卖淫、艾滋病感染、性病传播等一系列社会问题。为解决吸毒及其引发的社会问题，我国政府投入了大量的人力、物力和财力，但吸毒现象仍屡禁不止，且呈愈演愈烈之势。笔者认为，要根除吸毒问题，除需继续加大对制毒、贩毒、运毒等的打击力度外，还须正确认识毒品供应与毒品需求之间的关系，加大对非法毒品消费的打击，并将非法毒品消费纳入刑法的调整范围。

关键词：非法毒品消费　吸毒　劳动教养　弊端　策略

非法毒品消费，俗称吸毒，药物滥用流行病学将其称为药物滥用（drug abuse），它是指违反毒品管制法规，出于非医疗和科研目的而使用毒品。从客观方面来分析，非法毒品消费除了行为人主动消费毒品的吸毒外，还应包括引诱、教唆、欺骗他人吸毒，强迫他人吸毒，容留他人吸毒，以及非法向他人提供毒品供其吸食。

从目前世界各国的现状来看，非法毒品消费不仅损害吸毒者的身体健康，更严重的是它引发了一系列的社会问题，诱发了其他犯

*马骊华，云南大学法学院副教授，刑法学专业硕士研究生导师，主要从事刑事法的教学与研究。

罪，为此，各国政府均从不同角度采取了一系列的措施来打击和控制非法毒品消费。但由于各国的政治制度、经济制度、历史文化背景等方面各不相同，因此各国对非法毒品消费的价值评判和调控方法也就存在差异。从各国的法律规定来看，对非法毒品消费的控制，目前主要存在两种做法，一种是将非法毒品消费的严重行为作为犯罪予以刑事处罚，另一种则是将非法毒品消费的一般行为当做病态行为，仅以医疗措施加以限制。① 例如，印度尼西亚法律规定，非法消费古柯、大麻毒品的，处2年以下监禁，而非法消费其他毒品的，处3年以下监禁；② 我们的邻国日本，由于其既是毒品的最终消费地，也是亚洲向欧美走私毒品的中转站之一，因而日本对毒品犯罪的打击力度较大，依据日本《刑法典》第一百三十九条的规定，吸食鸦片烟者，处6个月以上7年以下惩役，而在其1955年颁布的《麻醉品控制法》中，非法消费海洛因及其盐类或其他含有这些成分的麻醉品的，处1年以上15年以下惩役，而消费海洛因以外的麻醉品的，处7年以下惩役。③ 此外，泰国、斯里兰卡、我国的台湾地区也都将非法毒品消费纳入刑法的调整范围。而德国在其《麻醉品控制法》中则明确规定，个人吸毒并非犯罪，因为“持有毒品只是为个人消费的，可以免除处罚”④。

从我国现行的法律规定来看，我国刑法对非法毒品消费并非持全部否定态度。依据我国现行《刑法》第六章第七节的规定，一些非法毒品消费行为被列入刑法的调整范畴，例如，《刑法》第三百五十三条规定了引诱、教唆、欺骗他人吸食、注射毒品罪和强迫他人

①崔庆森，陈宝树．中外毒品犯罪透视［M］．北京：社会科学文献出版社，1993：189.

②邱创教．毒品犯罪惩治与防范全书［M］．北京：中国法制出版社，1998：493.

③邱创教．毒品犯罪惩治与防范全书［M］．北京：中国法制出版社，1998：498.

④邱创教．毒品犯罪惩治与防范全书［M］．北京：中国法制出版社，1998：473.

吸食、注射毒品罪，而第三百五十五条则规定了非法提供麻醉药品、精神药品罪。此外，《刑法》第三百五十四条还在原《关于禁毒的决定》的基础上，增设了容留他人吸毒罪。但是，对于行为人自己主动的吸毒行为，我国刑法并未将其作为犯罪进行处罚，而由相应的行政法律及法规将其纳入行政法律、法规调整的范围。例如，依据《中华人民共和国治安管理处罚条例》第二十四条第一款第三项的规定，违反政府禁令，吸食鸦片、注射吗啡等毒品的，处15日以下拘留，200元以下罚款或者警告；而1995年国务院发布的《强制戒毒办法》则规定对吸食、注射毒品成瘾人员，由公安机关主管的强制戒毒所进行药物治疗、心理治疗和法制教育、道德教育，使其戒断毒瘾，对于强制戒除之后又复吸的，可对他们进行劳动教养。这些做法，虽然对于遏制毒品蔓延起到了暂时作用，但从目前我国的实际情况来看，吸毒人员仍然有增无减。因此，笔者认为，应当将全部的非法毒品消费行为纳入刑法的调整范畴，也就是说，应当在现行刑法规定的基础上，增设吸毒罪。

一、从供、需两方面入手，真正消除毒品犯罪

要遏制直至彻底消除毒品犯罪这一丑恶现象，仅仅靠狠狠打击毒品供应是不够的，因为非法毒品消费行为为毒品供应，即毒品的制造、贩卖、运输及走私提供了巨大的市场。因此，只有将供、需两个方面都卡死，才能真正消除毒品犯罪。

从毒品的发展史来看，毒品最早被人类所利用，是因其有治疗疾病的效用，但随着毒品被滥用，其负面影响日渐暴露出来，今天，各国都明令禁止非法使用毒品。而从世界各国的禁毒斗争史来看，最初，人们都把减少毒品的供应，即把打击毒品的制造、贩卖和运输作为禁毒的根本策略，并且在国际社会采取了多项联合禁毒措施。例如，在联合国主持倡导下，形成了《1961年麻醉品单一公约》、《1971年精神药物公约》以及《联合国禁止非法贩运麻醉药品和精神药物公约》，这些公约均把打击毒品的生产、贩卖、运输和走私作

为禁毒的重要措施和手段，但是毒品的供应并没有因此而减少，反而与日俱增，且花样翻新。1985 年，全球海洛因查获量为 6 748 千克，涉及 53 个国家和地区；到 1994 年，则上升为 13 613 千克，涉及了 66 个国家和地区。[①] 而从我国的情况来看，1991 年全国查获的海洛因是 1 919 千克，而到 1996 年，则猛增到 4 347 千克。[②] 就毒品的种类而言，也从原先单一的鸦片、大麻类逐渐繁衍，产生新的品种，出现了冰毒、摇头丸等合成毒品。针对上述状况，人们开始反思原来的禁毒策略。1990 年，联合国第十七届特别会议通过了《政治宣言》和《全球行动纲领》，《政治宣言》将消除非法吸食毒品作为禁毒的有效措施，并呼吁各国采取必要的行动打击吸毒，而在《全球行动纲领》中，则要求世界各国将取缔吸毒的国家战略计划和方案通过必要的政策和立法调整方式加以拟定、实行和实施，“还应认识到，无论是对于麻醉品的非法需求和供应，还是对麻醉品的贩运来说，一个重要的威慑因素是存在着有效的和强制执行的法律制裁”——联合国 1987 年 6 月的《控制麻醉品滥用今后活动的综合性多学科纲要》把法律的制裁作为打击毒品滥用的措施。[③]

毒品犯罪愈演愈烈，非法毒品消费群体也日趋膨胀。据世界卫生组织估计，全球吸毒者已超过 5 000 万人，而实际情况可能更为严重。[④] 就我国的情况来看，到 1997 年底，我国登记在册的吸毒者已达 54 万人，而实际存在的吸毒者估计应有 216 万人以上。[⑤] 从吸毒和毒品犯罪的现状以及世界各国禁毒斗争史来看，笔者认为，要铲除毒品犯罪，必须认真分析导致毒品犯罪愈演愈烈的根源，即我们必须清楚地认识到，非法毒品消费与毒品犯罪之间存在着双向互动

①邱创教．毒品犯罪惩治与防范全书［M］．北京：中国法制出版社，1998：72.

②顾慰萍，刘志民．毒品预防与管制［M］．北京：经济科学出版社，1997：7.

③国家禁毒委员会办公室．毒品法规和公约［M］．北京：经济科学出版社，1997：184.

④顾慰萍，刘志民．毒品预防与管制［M］．北京：经济科学出版社，1997：15.

⑤崔敏．毒品犯罪发展趋势与遏制对策［M］．北京：警官教育出版社，1999：460.

关系，这种关系一方面推动毒品市场的扩张，另一方面又推动了毒品犯罪的增长。

首先，毒品犯罪的存在是非法毒品消费存在的客观基础。

1561年，鸦片烟毒开始在中国泛滥，1813年，清政府明令禁止吸食鸦片，此后，各个时期的统治阶级均对吸毒采取了不同的整治措施，但毒品仍使中国成为“东亚病夫”。新中国成立后，经过全国人民的不懈努力，1953年，我国终于成为世人称赞的无毒国。但是，20世纪70年代末，随着我国国门的打开，国际贩毒集团及贩毒分子有了可乘之机，中国成了东南亚毒品销往欧美的通道，毒品的入侵，使已经灭绝的吸毒又死灰复燃，且愈演愈烈。

其次，非法毒品消费市场的存在和扩张，推动着毒品犯罪的发展。

吸毒者的大量存在，为制毒、贩毒提供了广阔的市场，而对制毒、贩毒的严厉打击，则使毒品的供给受到了遏制，供需矛盾导致毒品价格不断上涨，一本万利成为贩毒的催化剂。正是因为能获取暴利，刺激着毒品犯罪分子甘愿冒生命危险而且“前赴后继”。

综上所述，正是由于毒品犯罪与吸毒之间存在着这种双向互动关系，才使得毒品犯罪愈演愈烈，故而要消除毒品犯罪，不仅要打击非法毒品供应，即打击非法的制造、贩卖、运输毒品，也要采取措施，打击遏制吸毒，减少毒品需求，直至彻底清除非法毒品消费市场。

二、吸毒的社会危害性不容忽视

吸毒者通过吸食或注射的方式吸毒成瘾后，一般很难戒除，而长期的吸毒，会损坏人的肌体，最终导致吸毒者死亡。20世纪80年代末以来，全世界因吸毒而死亡的人数每年为10万人。在云南省，每年吸毒致死的人数达到了200余人。①

吸毒还导致犯罪率上升。实际调查表明，吸毒常常与贩毒、杀人、抢劫、强奸、盗窃等刑事犯罪紧密相连。据有关资料显示，在我国的吸毒人员中，90%的女性有卖淫行为，而70%以上的男性有坑、蒙、拐、骗行为。女性从事色情业赚取金钱以支付吸毒费用，而男性为了吸毒则不择手段地进行刑事犯罪，不少的抢劫、盗窃、诈骗、杀人等恶性案件为吸毒人员所为。例如，成都市1996年连续发生60余起系列撬盗保险柜案件，其中35起即是4名吸毒人员组成的盗窃团伙所为。②

吸毒导致艾滋病的交叉感染，引起肝炎、性病等恶性传染病的传播。据云南省艾滋病监测中心负责人指出，目前在国外的吸毒者中，艾滋病静脉注射吸毒者的感染率为23%，而我国边境一带的毒品流行重灾区，吸毒群体艾滋病感染率高达68%。③ 根据统计，截至1998年9月底，我国已发现11 170名艾滋病病毒携带者，但专家估计实际存在的艾滋病病毒携带者可能已达30万人，其中绝大多数是通过共用注射器吸毒所致。吸毒除造成艾滋病感染外，还传播性病、皮肤病、肝炎等恶性疾病。广州曾对一个戒毒班进行调查，发现半数以上吸毒者患有肝炎，1/3以上患有性病。④

从经济发展的角度而言，吸毒破坏了经济的正常发展。我国在1997年已登记在册的吸毒者为54万人，他们中至少有2/3，也就是38万人是吸食海洛因成瘾者。如果按每人每天吸食0.3克海洛因的最低量计算，则每年的海洛因消耗量就达40吨。按我国内地海洛因零售的中间价每克500元计算，这些吸毒者每年因吸食海洛因消耗

---

①崔敏．毒品犯罪发展趋势与遏制对策［M］．北京：警官教育出版社，1999：460.

②顾慰萍，刘志民．毒品预防与管制［M］．北京：经济科学出版社，1997：64－65.

③顾慰萍，刘志民．毒品预防与管制［M］．北京：经济科学出版社，1997：67.

④顾慰萍，刘志民．毒品预防与管制［M］．北京：经济科学出版社，1997：76－77.

的资金即超过200亿元人民币。这些财富大部分流入贩毒集团和贩毒分子手中，他们往往又利用这部分资金作毒资，进行更大规模的制毒、贩毒活动。为了打击毒品犯罪，各国政府都专门拨出了缉毒、戒毒资金。我国政府从1991年起，每年拨出3 000万元人民币作为缉毒补贴。另外，从1991年到1997年，我国共强制戒毒55万人次，劳教戒毒9万人次，而据戒毒部门反映，每名戒毒者入所戒毒一次，以3个月的时间计算，每人需花费1 700元人民币，那么，在这7年中，我国仅戒毒一项就花费了10亿元人民币。① 缉毒、戒毒资金的列支，无疑会导致其他建设资金的压缩。因此，吸毒导致的资金耗费，阻碍、破坏了国家经济建设的正常发展。

三、我国现行的法律、法规规定存在弊端和失误，不利于打击和遏制毒品犯罪

（1）依据现行《刑法》第三百四十七条第一款的规定，走私、贩卖、运输、制造毒品，无论数量多少，都应当追究刑事责任，予以刑事处罚。这表明走私、贩卖、运输、制造毒品的犯罪没有“起刑点”，但在司法实践中，对于那些涉及的毒品数量较少，且情节轻微的此类犯罪，司法机关往往依据《刑法》第十三条“但书”的规定，未将它们作为犯罪进行处罚。这些做法则往往导致贩毒分子改变策略，化整为零，贩卖毒品，因此，零星贩毒、以贩养吸现象猛增。为了遏制这种现象，各地都采取了不同的做法，如对那些零星贩毒而又未被追究刑事责任者实行劳动教养。1994年，云南省昆明市破获毒品案件764件，其中零星贩毒案件465件，占61%，比1993年上升了92.9%。同年，全市抓获532名零星贩毒人员，比1993年上升了56.4%，但仅批捕了154人，仅占28.9%。为了打击零星贩毒，昆明市人大常委会在1995年7月制定了《昆明市对贩卖

①顾慰萍，刘志民．毒品预防与管制［M］．北京：经济科学出版社，1997：79－80.

少量毒品人员实行劳动教养的规定》。依据这个地方法规的规定，贩卖少量毒品，情节轻微，不需要判处刑罚的，可以实行劳动教养。

（2）我国《刑法》第三百四十八条设立了非法持有毒品罪。但该罪有起刑点，即必须是非法持有鸦片200克以上或者海洛因10克以上，才构成本罪。假如犯罪嫌疑人非法持有海洛因仅为8克，如何处理，现行《刑法》没有作出规定。全国人大常委会《关于禁毒的规定》第三条、第八条对此的规定是，由公安机关给予行政处罚，即可对该非法持有毒品者处予拘留、罚款，直至送劳动教养。上述提及的昆明市的地方法规规定，对非法持有少量毒品的，由公安机关处十五日以下拘留，可以单处或并处2 000元以下罚款，经治安处罚后又非法持有少量毒品的，可以实行2年以下劳动教养。

（3）由于人们已认识到毒品供应和毒品需求之间存在着双向互动关系，因此，在打击制造、贩卖毒品的同时，也对遏制非法毒品消费采取了相应的措施，但由于法律未将吸毒作为犯罪进行惩罚，因此行政处罚就成为首选。各地依照《关于禁毒的决定》第八条以及《强制戒毒办法》的规定，制定了相应的处罚措施。云南省作为毒品犯罪的重灾区，省人大常委会在1991年即制定了《云南省禁毒条例》，该条例第十三条即规定，吸食、注射毒品的人经强制戒除后又吸食、注射毒品的，可以实行劳动教养，并在劳动教养中强制戒除。

在上述三个方面的论述中，我们均提到了劳动教养这一行政处罚措施，而笔者认为，由于劳动教养这种制度本身就具有违法性，因而用劳动教养来遏制吸毒，有以非对非之嫌，故应该摒弃。

具有中国特色的劳动教养制度，发端于1955年展开的内部肃反运动，它是对违反法纪而尚不够追究刑事责任的人实行强制性教育改造的行政措施，是处理人民内部矛盾的一种方法。国务院制定的相应行政法规是劳动教养的法律依据。究其产生而言，笔者认为它是人治的产物，与我们今天追求的法治社会格格不入，为此，劳动教养受到了人权学者的抨击。另外，从法律的角度来分析，它也是违反法律规定的。

首先，依照《行政处罚法》第四条的规定，限制人身自由的行政处罚只能由法律规定，劳动教养这种限制人身自由的处罚却是由国务院在其制定的行政法规中规定，因此，这种做法违反了《行政处罚法》的规定。

其次，依据劳动教养法规的规定，劳教的期限为1～3年，而行政拘留，其最长期限仅为15天。《刑法》针对那些罪行较轻的犯罪分子规定的拘役，其最长期限也只是6个月。换句话说，刑法未将吸毒规定为犯罪，因此，吸毒者不承担刑事责任，他只是毒品的受害者，但是，对这个受害者，公安机关可用劳动教养的方法使其人身自由受限至少一年。我们再换个角度来看，假设一个贩毒分子因贩卖海洛因被处拘役6个月，这意味着他失去人身自由6个月，而另一个以贩养吸的零星贩毒者，因几次贩卖海洛因的总量相加仅为0.7克，因而被送劳教2年，其人身自由受到2年限制，相比之下，这显然有失法律的公正价值。因此，从加强我国法制建设的目的出发，应用刑罚取代劳动教养。

（4）如前所述，非法毒品消费除吸毒外，还包括了引诱、欺骗、教唆他人吸毒，强迫他人吸毒以及容留他人吸毒等行为，而后面这些行为，我国刑法已将它们纳入调整范围。同是非法毒品消费，若不把吸毒作为犯罪进行惩处，这将有失平衡。例如，吸毒者在自己家里吸毒不构成犯罪。某人自己并不吸毒，只是容留吸毒者在自己家吸毒，从而触犯刑律，构成容留他人吸毒罪，而吸毒者本人倒不构成犯罪。如此操作，似乎有违情理。因此，于情于理，都应将吸毒作为犯罪惩罚。

综上所述，应将明知是毒品而故意吸食、注射且情节严重的行为作为犯罪进行惩罚，只有这样，才能标本兼治，彻底铲除毒品。

（原载《云南法学》2000年第3期）

边疆少数民族地区毒品问题之对策研究

——以构建和谐社会为视角

马骊华*

摘　要：毒品问题已成为全球性问题。毒品与贫穷搅和在一起，引发了更严重的社会问题。中国要构建社会主义和谐社会，必须正确应对毒品问题。西南边疆少数民族地区，由于地理和历史等诸多的原因，经济发展水平远远落后于我国东部地区；毒品的过境及由过境引发的吸毒等问题，更加制约了这里的经济发展速度。毒品、贫穷、民族矛盾等交织在一起，成为一道难解之题，而只有破解了西南边疆少数民族地区的毒品问题，全国其他地方的毒品问题才能从根本上得以解决。事实也证明，西南边疆少数民族地区所采取的一些政策和措施，值得其他地区借鉴和推广。

关键词：西南边疆　少数民族地区　毒品　和谐社会　对策

第四十四届联大主席约瑟夫·加尔巴在1990年2月召开的禁毒特别联大会议上声称，全球性的毒品问题已成为威胁国际和平与安全的大问题。为解决毒品问题，国际社会采取了各种措施，从严厉

---

*马骊华，云南大学法学院副教授，刑法学专业硕士研究生导师，主要从事刑事法的教学与研究。

基金项目：本文为云南大学周平教授主持的“教育部哲学社会科学研究重大课题攻关项目”——“边疆多民族地区构建社会主义和谐社会研究”的阶段性成果之一。

打击的刑事法律到宽和人道的替代政策，但时至今日，毒品问题仍然是一个难题。

新中国成立之前，中国人民饱受了鸦片之苦。在中国共产党的领导下，中国人民摆脱了毒魔的纠缠，以“无毒国”屹立于世界的东方。但自20世纪80年代以来，毒品在我国实施改革开放，国门刚刚打开，监管不严时乘虚直入，我国从最初的毒品过境国演变成今天的过境及消费国，近些年，毒品制造也露出端倪。从现实来看，毒品不但损害了吸毒者的身心健康，破坏了经济的发展，也引发了其他的社会问题，从而破坏了整个社会秩序。毒品问题，成为阻碍我国构建和谐社会的一大障碍。

一、和谐社会应有之义

中国共产党的十六届四中全会通过的《中共中央关于加强党的执政能力建设的决定》，首次完整地提出了“构建社会主义和谐社会”的概念，将构建社会主义和谐社会正式列为中国共产党全面提高执政能力的五大能力之一。此后，在2006年10月11日中国共产党第十六届中央委员会第六次全体会议上，通过了《中共中央关于构建社会主义和谐社会若干重大问题的决定》，对构建社会主义和谐社会的目标、任务、原则等作了明确的规定。胡锦涛主席进一步指出：“构建社会主义和谐社会，是我们党从全面建设小康社会、开创中国特色社会主义事业新局面的全局出发提出的一项重大任务，适应了我国改革发展进入关键时期的客观要求，体现了广大人民群众的根本利益和共同愿望。我们所要建设的社会主义和谐社会，应该是民主法治、公平正义、诚信友爱、充满活力、安定有序、人与自然和谐相处的社会。”

从理论上讲，所谓和谐社会，就是指社会的各个群体能够实现良性的互动，整个社会能够表现出一种公正的状态，社会能够实现安全的运行和健康的发展。而社会公平、稳定有序等则是现代和谐社会的标志。①

依据上述标准，我国社会总体上是和谐的。但是，也存在不少影响社会和谐的矛盾和问题，比如城乡、区域、经济社会发展很不平衡，就业、社会保障、收入分配、教育、医疗、社会治安等关系群众切身利益的问题还比较突出；一些社会成员诚信缺失、道德失范等。笔者认为，只有稳定，社会才能发展，也才能达到和谐。此外，西南边疆少数民族地区作为我国社会主义大家庭的重要组成部分，在地理位置、人口结构、经济发展等方面都不同于内地，但社会的和谐是整体的和谐，只有民族地区和谐了，社会才能达到真正的和谐。

从分析问题的角度出发，笔者认为，社会问题是一个严重破坏社会稳定的因素。而追寻社会问题产生的原因，毒品问题难脱其咎。毒品不仅危害人体健康，引发各种严重的传染病；也破坏经济的协调发展，引发各种政治冲突；同时，毒品还引发其他的刑事案件，破坏社会治安。当然，其他社会问题也可能引发毒品问题，如贫穷、分配不均等。从目前的司法实践来看，其一，毒品问题引发了健康、医疗问题，导致疾病传播。截至 2005 年 9 月底，在国家累计报告的 135 630 例艾滋病病毒感染者中，有 40.8% 因静脉注射毒品而感染，居艾滋病传播途径的首位。全国登记在册的吸毒人员中 80% 患有各种传染病。其二，毒品的买卖、消费导致了经济的畸形发展。其三，毒品引发的盗窃、抢劫、卖淫嫖娼等行为严重地破坏了社会治安。吸毒人员中以贩养吸、以盗养吸、以抢养吸、以骗养吸、以娼养吸现象严重，一些地区抢劫、抢夺和盗窃案件中 60% 甚至 80% 是吸毒人员所为。② 其四，贫穷、得不到救济、分配不公等易使道德沦丧者走上毒品制造、贩卖、运输的犯罪不归路。少数毒品犯罪分子为了

---

①吴忠民．关于构建和谐社会的几个问题［J］．邓小平理论学习研究，2005（7）．

②毒情介绍来源于国家禁毒委．2006 中国禁毒报告［EB/OL］．（2006－06－23）［2007－03－04］http：//legal. people. com. cn/GB/42735/4522113. html.

几千元甚至几百元的金钱就铤而走险走上了运输毒品的犯罪道路。西南边疆少数民族地区，是我国毒品问题的重灾区，这里的毒品问题既带有特殊性也有普遍性，分析研究这一地区的毒品问题，可以以点带面，总结经验，推向全国。更重要的是，解决了西南边疆少数民族地区的毒品问题，我国其他地方的毒品问题也就可以迎刃而解。

二、西南边疆少数民族地区的毒品问题现状

众所周知，"金三角"、"金新月"、"银三角"是世界知名的三大毒源地，而我国却与其中的两大毒源地——"金三角"和"金新月"毗邻，如此特殊的地理位置，带给了中国人民更多的需要解决的毒品问题。尽管我国政府作出了卓有成效的努力，这些成效也得到了世界各国的认可，但正如 2006 年的中国禁毒报告所描述的那样："当前，我国禁毒人民战争取得了明显的阶段性成效，但毒品问题发展蔓延的总体趋势尚未得到根本扭转，禁毒工作面临的形势依然严峻。"首先，"金三角"地区仍是对我国危害最大的毒源地，流入我国的海洛因绝大部分来自该地区；其次，"金新月"地区对我国的现实危害逐步加大，阿富汗毒品直接或经周边国家向我国渗透的趋势进一步加剧；再次，海洛因问题尚未得到有效解决，新型毒品问题却又来势迅猛；最后，易制毒化学品走私出境和以非法渠道流入国内的问题依然突出。①

翻开世界地图，查找与"金三角"、"金新月"邻近的中国地区，映入眼帘的新疆维吾尔自治区、云南、广西壮族自治区、贵州这些省、自治区，都是我国西部经济欠发达的少数民族地区。

新疆维吾尔自治区地处中国西北边陲，亚欧大陆腹地。正是由于这种"地利"之便，新疆成了"金新月"毒品向外渗透必须经过

①国家禁毒委.2006 中国禁毒报告［EB/OL］.（2006－06－23）［2007－02－03］http：//legal. people. com. cn/GB/42735/4522113. html.

的一个重要地区。新疆上千公里的边境线上的17个口岸，成为“金新月”毒品向中国渗透的“通道”。据相关报道，2006年前9个月，乌鲁木齐市已破获十五六起“金新月”毒品案，缴获毒品20多千克。而在2005年，全自治区查获的同类案件仅为10起。①

与新疆相比，西南边疆少数民族地区的毒品问题更加严峻。正如国家禁毒委员会在《2006年中国禁毒报告》中所指出，虽然“金新月”毒品对我国的现实危害在加大，但“金三角”地区仍是对我国危害最大的毒源地，我国消费的海洛因绝大部分仍然来自该地区，此外，虽然海洛因的输入数量在下降，但冰毒等新型合成类毒品的数量却呈明显上升趋势。

据报道，过去，“金三角”地区的毒品先是运往泰国，后再转运到欧美和世界各地，而现在却有40%的毒品经由中国转口，其转运路线主要有三条：第一条是从东缅甸—昆明—南宁—香港；第二条是从东缅甸—昆明—西部（乌鲁木齐）—哈萨克斯坦；第三条是从缅甸、老挝—越南北部—广西凭祥—内地。② 从毒品的转运路线我们也可以看出，西部边疆少数民族地区已经成为毒品转运的必经之路。

地处西南边疆少数民族地区的云南省，直接与“金三角”地区山水相连。从最早的毒品过境到今天的过境及消费，毒品问题严重制约了云南经济的发展，也影响着这里的民族团结和各民族的共同发展。云南与缅甸、老挝和越南接壤，全省4 060余公里的边境线为毒品进入中国提供了天然的通道。1999年，云南省被公安部列为毒品问题重点整治省份之一，而所属的巍山彝族自治县被国家禁毒委员会和公安部列为全国毒品重点整治地区之一。2005年，云南缴获

①危害将超过金三角金新月毒品向中国渗透[EB/OL].（2007-01-19）[2007-03-04]http：//www.ynjd.gov.cn/pubnews/doc/read/zbdq/437047890.190889783/index.asp.

②金三角新毒情给中国及东盟国家提出新课题[EB/OL].（2006-10-23）[2007-03-04]http：//www.ynjd.gov.cn/pubnews/doc/read/jsj/590284016.183296095/index.asp.

冰毒 2.62 吨，占全国缴获的冰毒总量的 48%。[①] 而据公安部统计，2006 年云南省缴获海洛因占全国缴获总数的 73%，缴获鸦片占全国缴获总数的 88.7%，缴获冰毒占全国缴获总数的 58.5%。而抓捕的毒枭、重要毒贩和重大涉案在逃嫌疑人占全国抓获总数的 97.2%。[②] 2006 年，云南省各级法院所审理的刑事案件中，81.9% 是毒品犯罪案件。[③] 2007 年 4 月，中缅边境云南临沧边防警方开展声势浩大的"夏季扫毒"行动。活动开展的头五天，平均每天查获一起毒品案件。[④]

这些数据告诉我们，云南已经成为毒品重灾区。为了帮助云南人民早日解决毒品问题，国家加大了在云南的禁毒资金和人力投入，如扩充了缉毒警察队伍，配置了缉毒警犬，建立了专门的禁毒培训基地，等等。

广西壮族自治区也是一个多民族聚居的省份，其西南部与越南接壤，凭祥地区是"金三角"毒品自越南北部运往中国内地的必经之地。继云南之后，广西成为又一个毒品"中转站"，毒品对广西渗透危害越来越大。随着"金三角"核心毒区逐步北移，毒品种植和加工主要集中在紧靠云南的缅北地方武装势力控制地区，这对广西造成了直接的威胁；随着欧亚大陆桥的开通和西部大开发，西北境外"金新月"毒品对广西的潜在威胁也很大；东南沿海境外贩毒集团则不断将一些新型毒品和制毒技术传入广西境内，致使区内制毒风起，臭名昭著的"制毒专家"林棋桐、李雪岚即出自广西。上述

①国家禁毒委. 2006 中国禁毒报告［EB/OL］.（2006－06－23）［2007－02－03］http://legal.people.com.cn/GB/42735/4522113.html.

②苏琦. 云南成立中国首支禁毒社会工作者队伍［EB/OL］.（2007－05－01）［2007－05－03］http://www.newsyn.com/news/yunnanxinwen/shizheng/shizheng/2007/51/075118645506BG016KA921IB7I4BD.html.

③云南省法院审理案件情况参见去年我省重刑极刑案下降了五成［EB/OL］.（2007－02－25）［2007－03－04］http://www.ynjd.gov.cn/pubnews/doc/read/ynxw/437555863.194088659/indcx.asp.

④罗利华，李顺才. 中缅边境开展"夏季扫毒"行动　平均每天查获一起毒品案［EB/OL］.（2007－04－20）［2007－05－02］http://www.newsyn.com/news/meiti/haiwaimeiti/haiwaimeiti/2007/420/074201714200819BKFJAHFCI3EJ0457.html.

因素，导致广西境内的海洛因问题尚未解决，冰毒、摇头丸等苯丙胺类兴奋剂问题又来势凶猛；从而也使广西境内的毒品消费市场更加活跃。全自治区内现已有5万多在册吸毒人员，其中4万多人流落于社会上，而这些人中的60%以上靠以贩养吸来度日，这无疑又激活了零星贩毒市场，从而给公安机关打击毒品犯罪增加了压力。1999年，广西被公安部列为毒品重点整治省份之一，区内的靖西县被国家禁毒委员会和公安部列为全国毒品重点整治地区之一。

贵州是西南地区的内陆省，由于地理及历史原因，贵州的经济发展水平一直低于全国的平均水平，全省的国家级贫困县有50个，仅次于云南省。自20世纪80年代以后，贵州已经从毒品通道转变为通道与消费并存，并形成了以贵阳、六盘水、安顺、毕节、遵义为中心的毒品地下消费市场，吸毒者已经接近6万人。此外，由于云南省加大了对毒品的缉查力度，境外毒贩原先苦心经营的一些通道或中转地被打掉或被控制，这导致大量的毒品通道及批发地转到了贵州境内，贵州开始成为毒品的二线集散地。1999年，贵州被公安部列为毒品重点整治省份之一，而贵州辖区内的六盘水市被国家禁毒委员会和公安部列为全国毒品重点整治地区之一。为了逃避打击，降低成本，零星的毒品贩运取代了原先的大宗贩运，大量的贫困山区的农民加入“贩运大军”的行列之中，外出贩毒人员逐年增多，据调查，在北京、上海、浙江、广东、云南等地都有贵州籍的农民从事贩毒犯罪活动。2000年6月，温州市禁毒办通报，1999年以来，当地抓获贵州籍贩毒人员181人（其中绝大部分是农民），分别占当地贩毒人员总数和外省籍贩毒人员总数的13.6%和55.5%；贵阳市公安局通报，2001年1—6月破获的毒品犯罪案件中，有65%以上的贩毒犯罪分子系贵州织金籍的农民。① 在一些少数民族聚居的贫困山区，为了治病和快速改变经济状况，在不良风气的诱使

①唐文．我省毒品犯罪的现状、预测及对策研究［J］．贵州警官职业学院学报，2002（2）．

下，他们又开始种起了罂粟。

三、对我国禁毒方针及措施的思考

针对我国的毒情，全国上下开展了齐心协力的全民大禁毒运动。2005 年，国家禁毒委员会部署在全国开展禁毒人民战争，要求各地充分发动各种社会力量，整合各种社会资源，采取各种有效措施，着力解决当前我国突出的毒品问题。遏制毒品危害，遏制毒品来源，遏制新吸毒人员滋生被确定为禁毒人民战争的目标。围绕这一目标，国家禁毒委员会部署了禁毒人民战争的五大战役，即：（1）禁毒预防战役。紧紧抓住全民、青少年、吸毒高危人群三个层次，坚决遏制新吸毒人员的滋生。（2）禁吸戒毒战役。通过对吸毒人员进行“大普查、大收戒、大帮教”，坚决遏制毒品危害。（3）堵源截流战役。从西南、西北、东北、东南四个方向，坚决遏制境外毒品对我国走私渗透。（4）禁毒严打战役。以开展破案攻坚仗、外流贩毒歼灭仗、禁种铲毒仗、娱乐场所禁毒仗为重点，坚决遏制国内毒品犯罪的高发势头。（5）禁毒严管战役。通过开展治理易制毒化学品和麻醉药品、精神药品管理秩序“两个专项行动”，坚决遏制易制毒化学品和精神药品、麻醉药品流入非法渠道。

上述五场战役，在全国均取得了阶段性成果，一些地方毒品问题严重的局面明显好转，总体上控制了海洛因等传统毒品问题的蔓延发展，初步掌握了禁毒斗争的主动权。但是，毒品问题不是几场战役就能彻底解决的，笔者认为，在这场禁毒人民战争中，我们应当认清毒品问题的实质，把毒品问题看成一个社会问题，把它放在整个社会背景下来考察。从这样的视角出发，以下几个方面的问题应当是禁毒人民战争要考虑的。

（一）宽严相济的刑事政策应当在毒品案件中得到体现

从全国人大常委会《关于禁毒的决定》到现行《刑法》，我国对毒品犯罪施以严刑峻法。例如，现行《刑法》第三百四十七条将死刑规定为走私、贩卖、运输、制造毒品罪的最高法定刑，而且

“走私、贩卖、运输、制造毒品，无论数量多少，都应当追究刑事责任，予以刑事处罚”。在司法实践中，各地人民法院也依照《刑法》的规定判处了相当的犯罪分子以极刑，乃至在一些地方出现了“寡妇村”、“老人村”。但是，如此的严刑峻法并没有产生立法者和执法者所期望的威慑作用，毒品犯罪案件仍然是刑事案件中的高发案件，毒品犯罪分子为了金钱仍然敢于冒死而“前赴后继”。以近几年云南省的情况为例，虽然每年全省因毒品犯罪而被处以重刑的人数不少（为集中管理改造毒品犯罪分子，还设置了毒品犯罪监狱），但毒品案件的发案率仍然居高不下。近些年，为了逃避打击，毒品犯罪分子改变了传统的贩卖运输方式，不再搞集中的大批量贩运，而是化整为零，贩运毒品。他们用低廉的佣金雇佣那些贫困地区的人们作“马仔”或“骡子”，从事毒品的贩运。一些弱势群体，如妇女，尤其是怀孕和处于哺乳期的妇女、老人、未成年人、残障人士成为毒贩们寻找的主要对象。云南省查获的大量案件证明，从事毒品的贩卖或运输，尤其是运输的许多犯罪分子，都是抵制不了金钱的诱惑而走上犯罪道路的。在笔者接触的一个案件里，几个边远贫穷地区的妇女，其中还有两名孕妇和三名怀抱婴儿的妇女，她们为了能拿到2 000元的酬劳，需要辗转换乘三天的长途汽车，把毒品从千里之外的边境地区运输到昆明，而这些妇女所在地的人均年收入不足千元。另外，基于云南省特殊的区位优势，大量的外来人员涌入云南省从事毒品的贩运犯罪活动，如四川大小凉山的彝族妇女，她们身背幼儿或婴儿，在固定的地域范围从事“丢零包”的贩毒活动，被抓获后，由于涉及的毒品数量特少，因而往往被遣返回原籍，但数日后，这些妇女又返回各地“重操旧业”。

如果我们刻板地依照《刑法》的相关规定来处理所有的案件，那么，势必会造成一种“唯数量论”的错误（因为毒品的数量是定罪和量刑的一个主要依据），为此，在全国第五次刑事审判工作会议上，最高人民法院提出了在刑事审判工作中要贯彻宽严相济的刑事政策的主张。宽严相济刑事政策的提出，体现了刑罚理性主义的观念。刑罚不是万能的，更不是消灭犯罪的工具。犯罪源于社会基本矛盾，是社会矛盾和社会结构中诸多致罪因素综合作用的结果，刑罚作为一种来自外部的心理威慑力量，不可能与促成犯罪的社会基本矛盾等深层次原因相抗衡。有了这样的刑罚理念作支撑，在处理毒品案件时，就应当对轻罪实行更轻缓的处理，而对重罪则要进行更严厉的打击。比如，对《刑法》第三百四十七条规定的毒品犯罪集团的首要分子，武装从事毒品犯罪的犯罪分子，参与有组织的国际贩毒的犯罪分子以及严重地以暴力抗拒检查、拘留或逮捕的犯罪分子，都要根据案件事实，从严惩处；而对于那些因生活窘迫、意志不坚定而偶尔从事毒品犯罪的犯罪分子，则应当适用轻缓的刑事政策。比如，在侦查阶段，能作为治安处罚的就不作为犯罪追究；在起诉阶段，可适用《刑事诉讼法》第一百四十二条第二款的规定，作出不起诉的决定；审判阶段，能不定罪的就不定罪。对于前述笔者提及的“马仔”或“骡子”贩运毒品的现象，事实证明，仅靠峻罚是解决不了的。轻缓的刑罚，辅之以其他的社会措施，从整个社会大局出发，持之以恒，这也许才是我们解决问题的思路。

其实，作为毒品重灾区的云南省，其处理毒品问题所采取的某些措施是值得肯定和借鉴的，这些措施和做法其实已经体现了宽严相济的刑事政策观念。

如前所述，云南省在1999年时就被公安部列入毒品问题严重的13个省份之一，而云南省的巍山彝族自治县则是公安部和国家禁毒委员会确定的全国毒品重点整治地区之一。20世纪80年代以来，在国际毒潮的侵袭下，云南省局部地区毒品犯罪情况严重，由于暴利驱使，巍山县永建地区少数不法分子相继卷入毒品走私活动，在他们的带动下，永建逐步形成了“贩毒致富”的小气候，致使永建地区毒品犯罪活动恶性发展，成为殃及全省、波及全国的“毒瘤”。2000年前后，云南省在国家禁毒委员会和公安部的领导和支持下，对巍山县进行了重点整治，并取得了阶段性的成果。而在此之前的1992年，云南省曾对文山壮族苗族自治州平远地区进行“严打”，目的也是为了解决该地区的毒品等社会问题。平远的“严打”与巍山永建的整治，其实体现的就是宽严相济的刑事政策。在对平远进行“严打”之前，其基层政权为恶势力所把持，而且当地武装、暴力抗拒执法情况相当严重，因而对平远的“严打”采用的是突击、迅速抓捕罪犯的做法。在武力稳定形势之后，再制定并兑现宽严政策，宣传发动群众，惩处毒品犯罪分子。与平远的“严打”相比，巍山永建采用的是循序渐进式的整治方式。巍山永建的毒品问题虽然严重，但基层党政组织建设完备并能发挥积极作用，当地宗教界人士也大多拥护党和国家的政策。在这样的形势下，对巍山永建的整治是在依靠基层组织及宗教界人士发动群众的基础上开展的，在群众的支持下，对保外就医和假释的罪犯收监，对吸毒者强制收戒，对毒品犯罪分子公开执行财产刑，对投案自首者从宽处理。巍山永建的整治中，依据宽严相济的刑事政策，对42名投案自首的毒品犯罪分子作了从宽处理，对顶风作案的43名毒品犯罪分子从重惩处，对罪大恶极的10名毒品犯罪分子执行了死刑和财产刑，拆毁其房屋，收回宅基地使用权。在这次整治中，财产刑的适用发挥了积极的作用，这是针对巍山永建毒品犯罪的“死得穷不得”的特点所采取的专门措施。①

（二）禁吸固然重要，但提高戒断率更应当得到重视

解决毒品问题，其中重要之举，就是遏制毒品消费市场的扩大和蔓延，最终消灭吸毒，掐断毒品的供应链，使毒品失去消费市场，从而最终解决毒品问题。为此，戒毒，成了解决毒品问题的重要环节。时至2005年，我国登记在册的吸毒人员已达116万人，2005年，全国强制戒毒29.8万人次，劳教戒毒7万人，比2004年分别上升了9.3%和8.6%。其中，云南省强制戒毒6.14万人次，劳教戒毒

①关于巍山整治的相关资料，来源于孙大虹．巍山永建毒品违法犯罪整治行动的实践与启示［J］．云南公安高等专科学校学报，2000（3）：20－23.

1.26万人。[1] 2006年，全国强制戒毒26.9万人次，劳教戒毒7.1万人，与2005年相比，强制戒毒人数有所下降。[2]

从全国的情况看，各地都加大了戒毒的力度，强制戒毒、劳教戒毒、自愿戒毒，各种措施一起上阵，戒毒人数增加不少。但是，我们也应当看到，毒瘾的戒断并非易事。据临床统计，脱瘾后吸毒者的操守率不到10%，这意味着有90%以上的吸毒者会复吸，而云南省的有关调查证实，云南吸毒者的复吸率远远高于一般的临床统计。[3] 复吸的原因是多方面的，而心理依赖、容易获得毒品、旧环境的影响、治疗不彻底、错误的认知、缺少社会及家庭支持和后续照管不力等是吸毒者脱瘾后复吸的主要原因。而许多调查者认为，我国的禁毒戒吸体制过分强调了强制性戒毒的脱瘾治疗，而忽略了脱瘾后进一步的康复治疗和社会、家庭的后续支持，这在边疆贫穷落后地区尤为突出。居高不下的复吸率一再表明，吸毒者脱瘾仅仅是治疗的开始，重要的是长期的康复和后续照管。

值得庆幸的是，社会已经开始关注吸毒者脱瘾后的康复和后续的照管问题。“无毒社区”、评选民间禁毒人士、禁毒青年志愿者活动等等，这些都表明人们开始关注戒毒之后的戒断巩固问题。

云南省作为毒品的重灾区，其脱瘾治疗和戒断之后的康复治疗均走在了其他省区的前面。2005年，在中央政府及公安部的大力关怀支持下，中央投资5 585万元，省里投入2 470万元，使云南省79个戒毒所的建设与管理、经费与装备、生产项目的开发得到积极发展，截至2006年10月底，云南全省收戒床位增加至33 541张。2001年至2005年，全省共收戒吸毒人员301 405人次。另外，云南各级公安机关还转变观念，解放思想，把戒毒人员作为特殊病人医

①数据来源于国家禁毒委发布．2006中国禁毒报告［EB/OL］．（2006－06－23）［2007－02－03］http：//legal. people. com. cn/GB/42735/4522113. html.

②数据来源于国家禁毒委发布．2007中国禁毒报告［EB/OL］．（2007－06－20）［2007－06　30］http：//www. customs. gov. cn/YWStaticPage/7018/32e05b4f. htm.

③任玉华，李淳娥．云南边境地区280例吸毒者脱瘾后复吸原因分析［J］．社区医学杂志，2006（3）．

治，实施人性化管理，积极探索各具特色的、帮助戒毒人员解决生存和康复的发展之路。①

云南省昆明市公安局强制戒毒所自成立以来，励精图治，创出了“昆明戒毒模式”品牌，其经验被各地学习借鉴。2007 年 5 月，昆明市强制戒毒所改扩建工程完工，这个可收容 8 000 名到 10 000 名吸毒人员的戒毒所，是目前中国规模最大的戒毒所。在扩大规模的同时，昆明市强制戒毒所还准确地把握了戒毒所的性质和今后发展的方向，以戒毒为主，生产劳动为辅，最终使戒毒人员康复身体，矫正心灵，摒弃恶习，成为回归社会的健康劳动者。比如，昆明市强制戒毒所积极发挥区位优势，建成了经国家 GMP 认证的制药厂，同时大力发展农业和种植业、养殖业、加工业，形成综合发展格局，2005 年生产总值近 1 000 万元，纯利润达 300 万元；而大理市强制戒毒所则以融资的方式与民营企业合作，引进资金 3 000 余万元，建起现代化的蔬菜种植大棚，建起可养 1 000 头猪和 1 000 头奶牛的养殖场，开发园林苗圃生产项目，创造了“戒毒所 + 农场 + 基地”的生产发展模式，成为大理白族自治州高科技农业示范区、国家无公害蔬菜种植试验示范基地，2005 年实现生产总值 329. 7 万元，纯利润 100 万元。开远市强制戒毒所开展了宝石加工、太阳能热水器、鞋帮、套装门加工等 10 个生产项目，842 名戒毒学员有 815 个工作岗位，创造了“企业 + 工厂 + 戒毒康复社区”的戒毒模式，2005 年生产总值达 205. 08 万元，纯利润 90 万元。普洱市（原思茅市）强制戒毒所与市重生预制板厂合作，接纳戒毒出所的艾滋病人在厂里工作，并纳入低保，受到社会各界的好评与支持，厂长李继东被国家禁毒委员会、中共中央宣传部评为全国“十大民间禁毒人士”。而戒毒康复项目的发展，缓解了政府财政上的压力，减轻了吸毒人员家庭的经济负担，弥补了戒毒人员生活费不足，改善了戒毒人员的伙

①关于云南省的戒毒情况介绍，参见公安部．云南戒毒新模式：企业 + 工厂 + 戒毒康复社区［EB/OL］．（2006 - 12 - 14）［2007 - 03 - 05］http：//www. mps. gov. cn/cenweb/brjlCenweb/jsp/common/article. jsp？ infoid = ABC00000000000036648&category = 700723006.

食和健康状况，促进了戒断巩固率的提高，增强了戒毒康复场所的发展后劲。“企业+工厂+戒毒康复社区”的模式，被称为云南戒毒新模式，在全国推广。

除戒毒所转变观念，巩固脱瘾效果外，“无毒社区”活动所倡导的“无吸毒、无贩毒、无种毒、无制毒”也为吸毒者的康复治疗提供了社会大环境。广西将吸毒人数超过500人的县（市、区）列入挂牌整治的“黑名单”，启动党委、政府“一把手工程”，对毒品问题严重的县（市、区）的禁毒工作实行党委、政府一把手负责制。而2004年新年刚过，贵州省政府就与17个吸毒人员超千人的禁毒重点县（市、区），分别签订禁毒目标责任书，各县若不能完成禁毒目标，党政一把手将被追究领导责任：一套禁毒工作的目标责任成为考量贵州部分地方领导人政绩的新指标。① 此外，在2002年6月，由贵州省禁毒办、团省委正式启动的贵州省“禁毒志愿者帮扶吸毒人员”工作，开创了全国先例。青年志愿者在戒毒青少年及家长的配合支持下，开展与脱毒青少年的结对帮扶活动。志愿服务走进禁毒事业，这项开创性的帮扶工作积累了宝贵的经验，现已在全国广泛铺开。②

从上述分析我们可以看出，目前，全国确实已经形成一个禁毒的大气候，但是，笔者认为，禁毒毕竟不是一个指日可待的目标，要在全社会消除吸毒这一丑恶社会现象，需要我们长久而又有耐心的奋争。“目标责任书”、“青年志愿者”的帮扶活动，都不能是一时的应景，更不能是一场“禁毒秀”。

（三）解决贫困，从社会保障的角度审视毒品问题

从上述对毒品的现状的分析我们可以看出，相当一部分的参与毒品犯罪的犯罪分子，都是生活极端贫困，在经不住金钱的诱惑的

---

①孙海涛．贵州：禁毒工作考核地方领导政绩［EB/OL］．（2006－04－28）［2007－04－13］http：//www.jcrb.com/zyw/n589/ca369145.htm.

②张泉森．贵州青年志愿者服务禁毒工作一年回顾［EB/OL］．（2003－06－30）［2007－01－02］http：//news.rednet.com.cn/Articles/2003/06/434394.HTM.

情况下走上毒品犯罪之路的，因此，许多学者认为，贫穷也是诱发毒品犯罪的原因之一。

笔者在文中指出，毒品问题是一个社会问题。所谓社会问题，是指社会变迁中所发生的具有一定社会危害的社会部分失调，这种失调需要全社会齐心协力才能得到解决或者才能恢复协调。贫穷是一个公认的社会问题，贫穷是指缺乏必要的生活资料和生产资料，生活困难。[①] 从现实来看，贫穷引发毒品问题，如为急于摆脱贫困而贩卖、运输毒品，因贫穷颓废而吸毒；而毒品问题也会引发贫穷，如吸毒使众多富豪的家产变成了“一缕青烟”。而在边疆少数民族地区，我们看到的是，贫穷因素同其他因素共同作用，诱发了一起又一起的毒品案件，因贫穷，精神无所寄托而吸毒，越吸毒则越穷，恶性循环。

我国是一个经济发展极不平衡的国家，西部地区尤其是西南边疆少数民族地区的经济发展水平远远低于东部地区。我国现有的近600个国家级贫困县（市）中，多数就分布在西部。毒品重灾区之一的云南省，有73个国家级贫困县，国家级贫困县的数量居全国首位，贵州有50个，居第二位，广西也有28个之多。[②] 以云南省为例，云南省总人口4 400多万，其中城镇人口1 000多万，乡村人口3 000多万，少数民族人口超过1 400万。2005年，云南省官方统计的劳动力资源为3 256. 2万人，其中有2 461. 4万人实现了就业，而这当中，402. 63万人为城镇就业人数。[③] 由此可见，云南省尚有794. 8万人处于非就业状态。在2007年4月28日召开的云南省第十八次全省民政工作会议上，省长秦光荣指出：“全省还有228万多农村绝对贫困人口、74万多城镇低保对象、20余万农村五保户、每年

①蒋月．社会保障法概论［M］．北京：法律出版社，1999.

②关于国家级贫困县的相关统计数据，来源于最新国家级贫困县名单［EB/OL］．（2007－01－23）［2007－05－03］http：//www. bokee. net/bloggermodule/blog_ viewblog. do? id＝518299.

③劳动力资源及就业人数统计，参考云南省劳动和社会保障事业发展理念基础和核心统计数据［EB/OL］．（2006－12－28）［2007－04－09］.

近千万灾民以及 288 万残疾人和 483 万老龄人，他们的基本生活、基本住房、基本医疗，包括子女上学、就业等方面都存在着很大困难。”① 这些数据表明，云南的经济发展确实处于一个较落后的状态，贫穷问题已经成为构建和谐社会的一大障碍。而统观云南省的国家级贫困县，你会发现，它们大都是少数民族聚居的地区或是毒品过境的必经地带，如普洱市的 8 个国家级贫困县，临沧市的 7 个国家级贫困县，这些地区都是受毒品危害严重的地区，其中有些还是毒品问题极严重的地区，如云南大理州的巍山县。其实，这种现象，在广西、贵州以及西北地区同样得到了印证。广西的靖西县，既是国家级贫困县，也是国家禁毒委员会和公安部要求进行重点整治的毒品问题严重地区之一，同样情形的还有甘肃省临夏回族自治州的东乡县和广河县、贵州省的六盘水地区、宁夏的同心县等等。外流毒贩，主要由这些地区的农民和无业者构成，如前述贵州省的织金县、云南省的巍山县即是。

分析了毒品犯罪的区位特点和原因，在禁毒人民战争中就应当做到有的放矢，对症下药。既然“毒因穷起”，那么，我们就应当改变贫困地区的经济落后状态，在解决群众的温饱问题的基础上，逐步引导他们走光明的致富路。

值得庆幸的是，我国从上到下，已经开始关注贫穷的群体，并已经认识到贫穷也会诱发其他的社会问题。从最初的仅关注城市贫民，到目前将农村绝对贫困人口纳入低保的范畴，纳入社会保障体系的覆盖范围，这些转变，都表明了国家消灭贫困的决心。温家宝总理在《2007 年政府工作报告》中指出，国家除了要继续完善社会保险制度外，还要认真解决农民工和被征地农民的社会保障问题。要加快完善城乡社会救助体系。2007 年，要在全国范围建立农村最低生活保障制度。另外，还要在巩固既有成果的基础上进一步规范

①傅碧东，张瑾．云南省共有贫困人口 228.4 万 [EB/OL]．(2007－04－29) [2007－05－01] http：//www.newsyn.com/news/yunnanxinwen/jingji/jingji/2007/429/07429152050KDK5IJ9A14AK7B0HCHA.html.

农村医疗救助，在总结试点经验的基础上加快推进城市医疗救助。国家要完善临时救助制度，帮助低保边缘群体、低收入群体解决特殊困难。2007年，中央财政将安排2 019亿元资金投入社会保障事业，而地方各级财政也将增加对社会保障的投入。

笔者相信，国家加大构建社会保障体系的力度，加大社会保障资金的投入，必定会使我国的低保人群的生活状况得到有效改善，但是，国家的财力是有限的，仅靠财政投入并不能从根本上解决问题。资金的投入、政策的倾斜以及科学技术的发展必须同步进行，唯此，才能从根本上消除贫困。同时，我们也应当看到，贫穷并非一定会引发其他社会问题，解决了温饱的人们，更加需要在精神上有所寄托。自觉抵御不良风气，提高自身修养，遵纪守法，远离毒品，珍爱生命，这是我们在禁毒人民战争中应当倡导的精神风貌。

（四）德治教育不能放弃

从现实的情形来看，诱发毒品犯罪的原因是多方面的，而价值观念的严重扭曲是一个重要原因。我们的社会正处于转型的时期，市场经济的理念已经深入人心，但是，“君子爱财，取之有道”的传统思想已被许多人抛之脑后，取而代之的是“笑贫不笑娼”，更有甚者——“死得穷不得”。某些因违法而一夜暴富的事例，严重地刺激着那些因贫穷而处于社会底层的人们的神经，一些道德沦丧者，经不住金钱的诱惑，成为毒品的奴隶。也有的人，由于遭受社会的不公正待遇，心理失去平衡，为报复社会而走上毒品犯罪道路。就毒品消费而言，多数人是出于好奇而吸毒，也有的人是为了“显摆”而吸毒，当然也有少部分人是将吸毒作为报复或发泄的手段。尽管毒品犯罪的动机多种多样，吸毒的动机也形形色色，但是，笔者认为，缺乏正确的人生观的指引是所有毒品问题的共性。

尽管普法教育已进行了很多年，“远离毒品、珍爱生命”就连幼儿园的小朋友们都能记挂于心，但笔者认为，这只是表面现象而已。因为我们所处的这个时代发生了信仰危机。多年的正面教育积攒起来的正义感和责任心，竟被一些个别的社会丑态所颠覆，“昔日的禁毒英雄，今日的毒品罪犯”[1] 也就不会引起太多人的惊讶。许多的年轻人吸毒也仅是为了“猎奇”或是“显摆”，我们可以说边远贫穷地区的农民是因为知识贫乏，“借毒消愁”，但对于城市的白领阶层来说，他们衣食无忧，而“毒品有害于身体健康”是人人皆知的常识。诸多类似的现象说明，加大宣传力度，倡导社会主义精神文明，提高每个公民的自身修养，确立正确的人生观，才能从思想根源上解决毒品问题。

其实，在正在开展的这场人民禁毒战争中，许多的宣传也已经关注了这些问题。笔者前述的贵州省青年志愿者的结对帮扶活动，也已经使吸毒者们感受到了来自社会各界的温暖和关爱，“无毒社区”等活动也是为了维护国家、社会及每个人的合法权益。近日在云南省昆明市官渡区成立的中国首支禁毒社会工作队，其设立的目的和初衷，是为了配合基层禁毒部门在社区和农村组织开展禁毒工作，从最基层开始，关注毒品问题，关心吸毒者。在此笔者还要提及的一点是，学校教育仍然是我们不能放弃的阵地，学校不仅要教学生生活技能，更要教其在社会上如何做人。正如爱因斯坦所言，学校的目的始终应当是，青年人在离开学校时，是作为一个和谐的人，仅用专业知识教育人是不够的，“通过专业教育，他可以成为一种有用的机器，但是不能成为一个和谐发展的人，学生必须获得对美和道德上的善有鲜明的辨别力，达到科学精神和人文精神的和谐”。

（五）应当充分发挥宗教组织及民族习俗在禁毒斗争中的作用

西南边疆是我国少数民族聚居的地区，民族问题较为突出。而以往的经验告诉我们，民族地区的问题，要充分依靠宗教界的进步

---

①典型案例为贵州省六盘水市水城县公安局缉毒大队大队长周鲲从一名全国的缉毒英雄变成了大毒枭．详细报道见张泉森．全国缉毒英雄变成毒枭被捕后亲述蜕变历程[EB/OL]．(2003－06－23)[2007－02－01] http：//news. rednet. com. cn/Articles/2003/06/431609. HTM.

人士，民族风俗习惯在解决民族问题时发挥着不可替代的作用。前述分析的云南省对文山平远的“严打”及对巍山永建的“整治”，伊斯兰教组织在其中发挥了积极的，甚至是不可替代的作用。此外，宗族制度以及有宗教内容的村规民约在引导、约束和控制族人的行为方面也有极高的权威。四川与云南交界的大小凉山彝族的“虎日”戒毒模式，其效果就引起了人类学家的关注，被称为“一次传统文化的胜利”。另外，被中央电视台评为“2006 年度十大法治人物”的由景颇族妇女组成的瑞丽市卡南村女子护村队队员们，她们在村里的男人几乎都吸毒、贩毒的情况下，奋起抗争，制定村规，捍卫自己的家园。她们的勇气和执著令人难以忘怀，她们的奉献让中国人的法制生活更添精彩。

上述诸种在国家法律和传统文化之间寻求新的结合点的禁毒模式，取得的成效是有目共睹的。民族地方的党委和政府，应当对由宗教或宗族所倡导的禁毒活动进行正确的引导和支持，这样或许可以借助宗教意识形态来整合许多由毒品问题引发的社会问题。①

上述思考仅涉及禁毒人民战争的几个方面，基于这场战争解决的是一个复杂的社会问题，因此它需要全社会的齐心协力。要解决边疆乃至全国的毒品问题，政府应当担负起自己的责任，民间各种组织也要发挥各自的作用和优势，而作为一名普通民众，尤其是得益于社会转型的民众，应当把自己置身于一个社会人的角度，除自己抵御毒品、远离毒品外，还要帮助其他的同胞远离毒品的危害，而这所有的工作都是任重而道远的。

（原载《学术探索》2007 年第 12 期）

①张晓春．浅析毒品问题的社会控制及手段［J］．广西警官高等专科学校学报，2005（1）．

对德宏州境外罂粟替代产业发展的思考

董晓松　张景邦*

摘　要：本文通过分析德宏州在开展替代种植、发展替代产业中的有利条件和存在的问题，提出促进替代发展的对策和措施，以期得到同行共识，引起各级政府、有关部门和各界同仁的关心、帮助和支持，共谋境外罂粟替代产业的发展有效路径，为早日实现境外罂粟基本禁种、减少毒品危害作出应有的努力。

关键词：德宏州　禁毒　替代种植

20世纪80年代末，来自“金三角”的毒品开始通过我国边境地区大量流入我国，对我国造成巨大危害。为从根源上消除毒品威胁，中央各级领导高度重视替代发展，2004年底，为深入推进“禁毒人民战争”，国务院责成商务部会同云南省、国家发改委、公安部、财政部、农业部、海关总署、外汇管理局、国家边防委员会办公室具体负责进一步加强对缅、老开展替代发展工作。2006年4月，国务院出台了《国务院关于在缅甸老挝北部开展罂粟替代种植发展替代产业问题的批复》（国函〔2006〕22号），鼓励国内企业前往缅甸和老挝北部开展替代发展工作，为云南省境外罂粟替代发展工作指明了方向。2006年，云南省政府召开全省境外罂粟替代种植动员

*董晓松，法学博士，云南大学法学院讲师；张景邦，德宏州商务局干部。

大会，标志着云南省替代发展工作的全面启动。近年来，在德宏州境外罂粟替代发展领导小组的领导下和云南省商务厅境外罂粟替代发展办公室的指导下，在开展境外罂粟替代种植一系列优惠鼓励政策的引导和市场机制的作用下，德宏企业积极赴缅北开展了境外罂粟替代种植业务，根据企业上报的自查报表统计，截至目前，全州共有20家企业在缅甸北部开展了境外罂粟替代种植业务，已开展种植42.79万亩（为估测数），其中企业独资完成1.65万亩，合资完成7.85万亩，合作完成25万亩，带动完成8.29万亩。种植品种有橡胶、木薯、甘蔗、麻竹、香蕉、茶叶、玉米、芝麻、豆类及水果等农业经济作物。通过各级各有关部门和企业的共同努力，全州境外罂粟替代种植工作取得了较大发展，表现出了起点高、规模大、项目多、发展快等特点，对带动种植区群众和当地百姓就业，推动双方贸易增长、促进当地经济社会的发展及早日实现境外罂粟基本禁种目标产生了积极作用。当前，支持和鼓励企业走出去开展替代种植发展替代产业，既面临难得的历史机遇，也存在许多需要切实解决的问题和困难，德宏州作为云南省实施替代发展的一个重要组成部分，应充分发挥自身优势，用好用足现行优惠政策，努力克服工作中存在的问题和困难，巩固、发展和壮大替代产业，使之造福于中缅两国人民，为国际禁毒作出应有的贡献。

一、机遇与优势

（1）德宏州具有开展替代种植、发展替代产业的特殊优势。德宏州与缅北的克钦邦和掸邦山水相连，边境线长达503.8公里，有两个国家一类口岸和两个国家二类口岸与缅对开，是祖国大西南通往南亚和东南亚的桥头堡。历史上，两国人民通婚互市、友好往来，习俗相近，建立了深厚的胞波情谊。改革开放以来，德宏对缅贸易一直居于云南全省之首，通过多年对缅贸易及经济技术合作的开展，双方企业间建立了良好的合作伙伴关系，具有携手开展境外罂粟替代产业的先决条件。此外，与德宏州相连的克钦邦和掸邦地区大多地势平缓，土地、水利、森林、矿产等资源丰富，交通运营条件相对较好，气候、土壤等自然条件适宜多种农经作物种植，成为德宏州开展境外罂粟替代产业得天独厚的优势。

（2）《中华人民共和国政府和缅甸联邦政府关于禁止非法贩运和滥用麻醉药品和精神药物的合作协议》框架内开展替代种植的行动方案，于2007年11月20日在缅甸新都内比都签署，从两国的国家层面上对开展替代种植、发展替代产业提供了强有力的保障。

（3）国家和云南省相继出台了一系列管理办法和措施，为开展替代种植、发展替代产业指明了方向，从政策和资金上给予了大力支持。主要文件有《国务院关于在缅甸老挝北部开展罂粟替代种植发展替代产业问题的批复》（国函〔2006〕22号）、《财政部、商务部、国家禁毒委员会关于禁毒境外替代种植专项资金管理有关问题的通知》、《云南省财政厅、云南省商务厅、云南省禁毒委办公室关于印发〈云南省禁毒境外替代种植发展专项资金管理实施暂行办法〉的通知》（云财企〔2007〕114号，2007年5月9日发布）、《云南省财政厅、云南省商务厅、云南省禁毒委办公室关于印发〈云南省省级境外罂粟替代种植发展专项资金管理实施暂行办法〉的通知》（云财企〔2007〕340号，2007年10月12日发布）、《云南省人民政府办公厅关于印发云南省境外罂粟替代企业（项目）管理暂行办法的通知》（云政办发〔2007〕41号，2007年3月6日发布），这些办法和措施极大地调动了社会各界参与替代种植、发展替代产业的积极性，构成了当前发展替代产业政策体系，政策导向作用明显。

二、存在的困难和问题

（1）现行政策的执行与境外罂粟替代发展实际情况相脱节的现象突出。为加快推进我省境外罂粟替代种植、发展替代产业，打好禁毒防艾人民战争，云南省政府出台了《云南省境外罂粟替代企业（项目）管理暂行办法》，这是当前云南省开展境外罂粟替代发展产业的重要规范性文件，但就执行情况看，其总体运行机制还不够成熟。

在项目核准方面，多数种植企业认真按要求上报了项目核准申请材料，但目前只有少数企业取得了批复，企业不同程度地产生了消极心理，不利于调动和发挥企业的积极性。

在替代项下商品返销方面，一是替代种植返销商品计划指标有限，以致大量指标外返销商品不具备价格竞争优势而不能进入国内市场；二是由于项下返销商品计划报批手续繁杂、周期较长，指标下达较晚，超出了商品的收获返销期，使企业在一定程度上蒙受了损失，同时有的企业以保证金形式进行报关，使企业资金大量占压，不利于企业经营发展；三是替代项下业务批准证的执行期较短，易错过产品收获季节，导致替代种植产品不能即时进口；四是在通关环节中，收取的各种费用过高，加大了企业的经营成本，在很大程度上影响着替代种植企业的种植积极性及种植规模的不断扩大。

此外，在替代项下带出种苗、肥料等农资方面，有关口岸查验部门严格执行国家商品出口管理规定，项下带出物资通关不畅的现象时有发生。

（2）核查工作急需加强。对替代企业实际种植面积的核查，直接关系到企业项目资金补助的享受和落实，种植企业迫切需要省级专家核查组进行核查。但由于诸多客观原因尚不能对所有替代种植企业进行全面核查，这一方面影响着企业的种植积极性，另一方面也难以准确掌握企业的实际种植面积情况。

（3）替代发展缺乏科学合理的规划。在境外罂粟替代种植工作中，企业只能从自身发展角度出发各自为政来开展和实施，不可能对某一区域或整个区域的作物种植进行全面科学的规划，难以在更大程度上形成规模化和产业化，需要双方政府间共同组织专家组进行研究论证，针对缅北特殊的地理环境、生物资源、矿产资源及人文资源与政治经济环境制定一个全省性的科学合理的总体发展规划来指导工作的有序开展，以利于各有关州市根据总体规划制定具体的、切合实际的实施计划。

（4）替代发展工作是一项新的工作领域，涉及面较广，由于境外政治因素复杂，必要的区域合作机制尚待建立。不仅需要两国政府从国家层面上给予根本保障，也需要双方省及各级政府之间建立良好的合作机制，提高合作层次和效率，更需要各级各有关部门的通力合作和整体联动，为境外罂粟替代种植产业的发展营造良好的合作条件。

（5）发展替代产业的部分项目受商品管理政策制约。《云南省境外罂粟替代企业（项目）管理暂行办法》把采矿业和畜牧业纳入替代发展范围，但就现行政策看，却难以实施。在采矿业方面，滇缅矿业合作一直有良好的基础，但随着近年来滇缅木材、矿产品贸易摩擦的加剧，云南省政府加强了对缅甸木材、矿产品贸易整治规范的力度，严禁我方人员非法出入境伐木采矿，规定凡自缅进口木材和矿产品需取得缅中央政府有关部门的批准，并经我国驻缅使、领馆核实后方能办理进口核准证，凭证办理进口报关业务。许多企业都想涉足缅甸矿业开发，但因政策的变化，企业争取缅中央政府有关部门的批文较为困难而使与缅开展矿业合作搁浅；在畜牧业方面，缅甸是口蹄疫高发国家，我国对其进口实行严格管制，企业开展畜牧养殖的经济效益难以实现；在甘蔗种植加工方面，在境外投资办厂，其加工产品属我国专控商品，进口返销指标难以落实，这些因素使替代种植向替代发展的转型较为困难。

（6）资金短缺制约着境外罂粟替代种植的发展。境外罂粟替代种植基本上靠企业本身的实力来开展，由于企业规模小，经济实力弱，受替代种植作物生产周期制约，加之银行审贷严格，企业获取贷款困难，随着种植规模的不断扩大，企业将面临发展后劲不足的严峻现实，成为制约境外罂粟替代发展的关键因素。

三、对策与措施

替代发展工作是国家为降低和消除境外毒品对我国危害，通过与毒源地国家（缅甸、老挝）进行合作而开展的一项重要工作，主要目的是通过开展替代发展工作，减少和消除境外毒源，从根本上解除毒品国际危害，是造福中、缅、老三国乃至全世界的光荣事业，具有十分重要的国际意义、经济意义和社会意义。替代发展工作要以减少和消除境外毒源为宗旨；以在境外开展种植、养殖、加工以及能带动当地居民充分就业，有利于经济社会发展的项目为方式；以“始终坚持政府引导确保替代种植规范有序发展，始终坚持以企业为主体，充分发挥企业的主体作用，始终坚持市场化运作，为企业开展替代种植提供动力，始终坚持互利共赢，为合作发展拓展空间”为原则，促进境外罂粟替代发展工作扎实有效开展。

（1）要尽快制定云南省替代发展规划，并征得国务院有关部委的认可和邻国政府的同意，确定境外罂粟替代发展的产业政策和产业布局，为从事境外罂粟替代发展项目的企业提供投资指南和政策引导。

（2）建立健全信贷保险支持体系。各有关金融机构应适当放宽信贷担保条件，积极为企业开展境外罂粟替代发展提供信贷担保服务。

（3）进一步加大对企业的业务支持力度，在项下返销、带出商品、项目核准以及通关等方面，尽可能为企业创造良好的条件和环境，促进替代工作更好地发展。

（4）加大对替代企业实际种植面积的核查力度，适当增加核查的次数，或对企业进行 GPS 操作技能培训，由企业提供准确的种植区经纬度，通过专家运用卫星遥感技术进行核查，确保种植面积的客观真实和企业项目资金的及时补助。

（5）做好境外罂粟替代种植发展示范基地建设工作。开展境外罂粟替代种植，发展替代产业，单靠企业的努力是不够的，只有通过企业的参与来产生示范带动效应，使当地百姓积极投身于替代种植与发展工作并将其变成一种自觉的行动，才是实现罂粟基本禁种的最有效方式，因此，搞好替代种植发展示范基地建设工作十分必要。要按照“统一领导、统筹规划、合理布局、稳步推进、长期示范”的原则，采取政府主导、企业参与、烟农受益的方式，选择有实力、种植有规模、项目前景好、能真正起到带动示范作用的企业，开展和实施境外罂粟替代种植发展示范基地项目。通过示范项目的实施扩大项目辐射范围，使烟农种植替代农作物的自觉性和积极性明显提高，劳动力的劳动技能有所提高，农业综合发展能力明显增强，示范区内群众生产生活条件得到改善。

（6）替代发展工作是一项涉及多部门多领域的系统工程，要充分发挥各级替代领导小组及其办公室的作用。一方面，要积极加强与各级相关部门的沟通联系，密切部门之间的关系，为替代工作营造相互协作、整体联动、高效运作的良好氛围；另一方面，要积极加强与境外政府和相关机构联系协调，促使缅方出台相应的优惠便利举措，建立双边长期性和规范性的制度安排，尽可能降低企业运营成本和风险，为替代产业的发展提供宽松的合作发展空间。

开展替代种植、发展替代产业，一直受到国家和各级政府的高度重视与支持，也备受社会各界的广泛关注，成为大家共同关心的热点话题。毕竟这一工作起步时间不长，仍有许多困难和关系需要解决和理顺。我们有理由相信，在现行优惠鼓励政策的引导下，充分发挥德宏州的自身优势，不断总结推广成功经验，努力开拓进取，德宏州将成为我国发展境外罂粟替代产业，实现境外罂粟基本禁种，减少毒品危害的一支重要力量。

发挥社区警务功能有利于解决城市毒品问题

邬　江　骆寒青*

摘　要：面对毒品问题，如何寻找解决的有效办法历来为禁毒专业人士和社会各界所关注。然而，以社区警务工作的地缘优势、行业优势和人员优势为依托，发挥警务功能，即警察与公众结为伙伴，彼此合作、彼此协商，对社区存在的毒品问题，通过打击、预防、治疗、康复、心理矫正和回归社会，以及建立毒品问题援助中心等手段，从而建立和巩固无毒社区。

关键词：社区警务　毒品　禁毒

面对毒品问题，人们常常叹息找不到解决的有效办法；面对毒品危机，善良的人们越来越忧心忡忡，一筹莫展。实际上，以社区警务工作为依托，来解决城市毒品问题，不失为良好途径。

一、社区警务思想的内涵

社区警务是20世纪70年代以来西方国家比较流行的警务思想。社区警务经过三十多年的实践，已成为当前的世界警务准则，被越来越多的国家所接受。社区警务就是警察与公众结为伙伴——彼此合作，共同预防犯罪、惩罚犯罪，寻求解决社区中影响公众正常生

---

*邬江，云南大学法学院副教授；骆寒青，云南警官学院副教授。

活的隐患的办法——彼此协商，以提高公众的生活质量——彼此满意的警务思想。

二、毒品问题在社区的影响

在社区警务工作中，公众普遍关心的是社会治安的形势，在诸多影响社会治安的不安定因素中，毒品是一大问题。毒品问题在社区治安层面上的突出反映，或者说一直困扰着警察和公众的问题是吸毒问题。吸毒给人的身心健康和社会治安带来极其严重的危害，并且正以迅速蔓延的趋势越来越引起全社会的关注。根据中国禁毒委员会的统计，中国内地到2002年底已有登记在册的吸毒人数达九十余万人。中国广州市越秀区公安机关在一次集中打击违法犯罪分子活动中，共抓获本地违法犯罪分子150名，其中竟有91名是因吸毒走上刑事犯罪道路的，占总数的61.1%。通常，在毒瘾的驱使下，不少吸毒者为获取毒资而不顾一切地去实施杀人、诈骗、抢劫、盗窃、勒索、卖淫、赌博、走私等违法犯罪活动，使良好的社会风气遭到破坏，社会丑恶现象恶性蔓延。人们对于吸毒者的心理不亚于面对瘟疫的到来，或避之若浼，或群起而攻之，搞得人与人之间关系紧张，人人自危，互不信任，社会风气一落千丈，社区精神文明建设遭到严重破坏，因吸毒而导致艾滋病的蔓延更是把社会风气推向恶化的边缘。通常，社区警察对属于自己管辖范围内的吸毒人员以及与吸毒人员有联系的青少年进行监视，一旦他们进行吸毒或者其他违法活动，就立即把他们抓起来，或强制戒毒，或劳动教养。不可否认，警察的这些活动在清除吸毒人员吸毒以及其他违法犯罪活动方面起到很大的作用。但是，毒品问题屡禁不止，我国的吸毒登记在册人数仍呈上升趋势，严重威胁到人类的健康与生存环境。并且由此而引发其他违法犯罪活动，使公众对毒品问题的恐惧感与日俱增。

三、社区警务解决城市毒品问题的优势

在社区性警务理论中，特别强调寻根求源地解决问题，同时又

重视解决问题的过程。具体到日常工作中就是发现问题、分析问题、解决问题。故称“解决问题的警务”。要解决城市毒品问题，警务工作首先要分析研究城市吸毒问题产生的原因。

第一是环境因素的影响。在城市吸毒人员调查中，许多吸毒人员受居住环境的影响，吸毒人员的家庭环境大多处于旧式建筑群体，院坝、巷道密布，交友串门非常方便，相互影响也随之增多；加之家庭主要成员对于处于这样环境中的子女很难及时发现、及时管教、及时约束，形成了放任的个性，一旦外部大环境形成某种气候，马上互相影响。而一些家庭居住条件相对较好，属于机关或单位住宅区，管理相对严格，加之家庭因素的影响，子女结交朋友单纯，住所环境单纯，父母容易监管。

第二是就业因素的影响。据昆明市区的统计，全区 2 831 名吸毒人员中，无业、无工作、无经济来源的吸毒人员有 2 443 人，占吸毒人员总数的 86. 3% 。因为无经济来源，生活单调乏味，精神空虚，吸毒成为他们最好的精神麻醉剂。加之越是无经济来源，越容易产生反社会心理，政府越是明令禁止的行为他们就越是要反其道而为之。

第三是认识因素的影响。认识因素由两个方面的因素组成，一是知识结构因素的影响，二是心理认识因素的影响。在知识结构方面，70% 以上的吸毒人员是初中以下的文化程度，文化知识贫乏，生活目的不明确，特别是待业期间，受教育机会相对少，结交朋友时选择的余地也相对小。由于文化程度的限制，不能够正确地认识和看待自己，有时过高地估计自己的能力，并且在生活中容易相互攀比。所以，当追求理想遭受挫折，当向往舒适的生活得不到满足时，这些人往往容易走极端。单调乏味的生活，空虚颓废的精神，使吸毒成为他们最好的精神麻醉剂。故文化程度低的人吸毒的相对较多。在心理认识方面，许多吸食毒品的人在刚接触毒品和吸毒人员时，并没有真正认识到毒品的危害性。他们所接受的对毒品的知识，或者是来源于政府机构的宣传，或者是吸毒人员的吹嘘，或者是贩毒分子的引诱。他们中的多数人对正面的宣传教育难以接受，而对反面的宣传却容易吸收，无聊的生活加之强烈的好奇心理，使他们成为吸毒人群中的一员。

作为社区警务人员，由于其对社区内的环境、人员的熟悉了解，对解决社区毒品问题有其优势：

首先是地缘优势，由于对社区的环境熟悉了解，能够更好地掌握社区内存在吸毒隐患的地点和容易引发吸毒问题的人员，及时给予帮教，对控制和预防毒品问题有较好的效果。

其次是行业优势，社区警务工作的内容，不仅是为了打击犯罪，更主要是体现人民警察全心全意为人民服务的宗旨；帮助社区内需要帮助的人们，尽警察的所能给予他们真正的帮助，用真情去感化他们，用社区警察的行为去温暖他们。

最后是人员配置优势。以昆明市公安局的社区警务站人员配置为例，警务站的工作人员由下列人员组成：一是警区民警；二是社区治保会主任；三是社区巡防分队长。其工作职责之一就是负责开展社区安全防范工作，充分发动群众，建立健全群防群治组织。其另一工作职责是熟悉人口基本情况，落实重点对象的各项管理措施，加强帮教工作，预防和减少违法犯罪。由于社区警务人员配置的特殊性和其工作的规定性，社区警务站的警务人员长期和社区的居民以及各界人士打成一片，可以共同对付社区内的犯罪活动和毒品问题，这种警民联防对解决毒品问题大有益处。

四、社区警务预防控制城市吸毒问题的措施

（一）依靠社区民众，建立切实有效的社会预防宣传机制

一种良好生活习惯的养成，需要内因和外因的相互作用。在社区内开展以家庭、学校、社区相结合的预防宣传教育活动必不可少。并且在开展毒品宣传教育活动时，一定要集中在与问题人员切身利益有关系的敏感的问题上，才能发挥作用。当然，仅仅揭示现象、说明危害不一定能改变一个人的态度和行为。如果说单纯向他们揭

示吸毒的危害，特别是向青少年揭示吸毒的危害，反而会激起他们的好奇心，结果尝试吸毒的人会更多。所以，在揭示吸毒危害的同时，还要向社区居民明确表明禁止吸毒的态度和立场。只有滥用毒品的行为在社区各阶层变得越来越不受欢迎，变得越来越为社区的人们所抵制，才能期望吸毒人数逐渐减少。就像很多年以前，将敬烟看成是礼貌的行为，而现在则把“我可以吸烟吗?”的询问视为有教养一样。事实说明，只要不懈地努力，人们的认识和态度是会转变的，社会环境也会改变的。

（二）以社区警务为依托，依靠各界力量建立毒品问题援助中心

1. 建立社区警务毒品问题援助中心的必要性

吸毒给人体造成了极大的危害，从医学的角度来说，由于毒品对人类健康的损害，吸毒是一种病理的反应。从被害人的角度来看，吸毒现象是一种没有加害人的被害行为。作为病人和被害人，按常规应该得到社会的同情和帮助。但是，作为一种病理反应和被害反应，它与其他的病痛和被害不同，吸毒者得不到社会的同情和帮助，人们用鄙视态度对待吸毒者，就像避瘟疫一样远离他们，将他们孤立出去。这使得他们的吸毒行为变本加厉，引发更多的犯罪问题。甚至为了报复社会对他们的歧视，引诱、教唆、欺骗、强迫更多的人吸毒，加大了社会危害性，使得毒品问题在社区内越来越恶劣。而那些有问题的社区居民，在不知道如何去解决自己心理和生活中的压力而又有可能面临毒品诱惑时，同样需要有人对他们提供毒品问题方面的援助。因此，在社区警务工作中有必要设立毒品问题援助中心。

建立切实有效的毒品问题援助中心，单纯依靠社会民间组织的力量，难以解决这一当今社会如此庞大的社会问题。因为毒品问题援助中心需要具有戒毒知识和技能的专业知识，帮助其从生理上远离毒品；需要具有心理学方面的知识，帮助其从心理上戒断和拒绝毒品；并且还需要有管理社区预防毒品和毒品犯罪问题的专业禁毒知识。通过打击、预防、控制、治疗、康复、心理矫正和回归社会

等手段，唤起他们克服恶习的愿望，增强他们的意志，使他们坚定信心，重新回到社会，成为对社区有用的人。这些工作单纯依靠社会民间组织无法从根本上解决，只有通过具有专业知识的警务人员的工作与指导，才能收到良好的效果。

2. 建立社区警务毒品问题援助中心的可行性

建立社区警务毒品问题援助中心，以社区警务工作站为重心，依靠社会各界的力量，特别是可以依靠云南公安高等专科学校禁毒系的教学和科研力量。学校可以分期分批派学生和指导教师定时定点到中心参与工作。相信社区警务工作依靠社会各方面的共同努力，能够解决好城市毒品问题。

（原载《云南公安高等专科学校学报》2003 年第 1 期）

宽严相济的刑事政策在毒品犯罪案件中的应用

马骊华*

摘　要：从刑法及实践层面来看，我国对毒品犯罪无疑持严惩的态度，但毒品犯罪问题并没有在严刑峻法之下灰飞烟灭，反而有愈演愈烈之势。实践证明，“严打”并不能从根本上解决毒品犯罪问题，“宽严相济”的刑事政策在现阶段也许是一个正确的选择。

关键词：毒品犯罪　宽严相济　刑事政策

从全国人大常委会《关于禁毒的决定》到现行《中华人民共和国刑法》（下文简称《刑法》），我国对毒品犯罪施以严刑峻法。例如，现行《刑法》第三百四十七条将死刑规定为走私、贩卖、运输、制造毒品罪的最高法定刑，而且规定“走私、贩卖、运输、制造毒品，无论数量多少，都应当追究刑事责任，予以刑事处罚”。在司法实践中，各地人民法院也依照《刑法》的规定判处了相当的犯罪分子以极刑，乃至在一些地方出现了“寡妇村”、“老人村”。但是，如此的严刑峻法并没有产生立法者和执法者所期望的威慑作用，毒品犯罪案件仍然是刑事案件中的高发案件，毒品犯罪分子为了金钱仍然敢于冒死而“前赴后继”。以近几年云南省的情况为例，虽然每

*马骊华，云南大学法学院副教授，刑法学专业硕士研究生导师，主要从事刑事法的教学与研究。

年全省因毒品犯罪而被处以重刑的人数不少（为集中教育改造毒品犯罪分子，还设置了毒品犯罪监狱），但毒品案件的发案率仍然居高不下。近些年，为了逃避打击，毒品犯罪分子改变了传统的贩卖运输方式，不再搞集中的大批量贩运，而是化整为零，蚂蚁搬家式地贩运毒品。同时，毒品犯罪分子用低廉的佣金雇佣那些贫困地区的人们作“马仔”或“骡子”，从事毒品的贩运。一些弱势群体，如妇女，尤其是怀孕和处于哺乳期的妇女、老人、未成年人、残障人士成为毒贩们寻找的主要对象。云南省查获的大量案件证明，从事毒品的贩卖或运输，尤其是运输的许多犯罪分子，都是抵制不了金钱的诱惑而走上犯罪道路的。在笔者接触的一个案件里，几个边远贫穷地区的妇女，其中还有两名孕妇和三名怀抱婴儿的妇女，她们为了能拿到2 000元的酬劳，需要辗转换乘三天的长途汽车，把毒品从千里之外的边境地区运输到昆明，而这些妇女所在地的人均年收入不足千元。另外，基于云南省特殊的区位优势，大量的外来人员涌入云南省从事毒品的贩运犯罪活动，如四川大小凉山的彝族妇女，她们身背幼儿或婴儿，在固定的地域范围从事“丢零包”的贩毒活动，被抓获后，由于涉及的毒品数量特少，因而往往被遣返回原籍，但数日后，这些妇女又返回各地“重操旧业”。据笔者的调查，近几年，在云南省的一些毒品案件多发地区，运输毒品案件几乎占到毒品案件的6成以上。如云南省某中级人民法院在某一时间段共受理毒品案件568件，涉及被告人960人，其中有387件为运输毒品案件，涉及被告人572人，由此，运输毒品案的案件数和被告人人数分别占到了全部毒品案件的68.1%和59.6%。从最近三年的情况来看，在该地区，无论是案件数还是被告人人数，运输毒品案在全部毒品犯罪案件中所占比例都超过了60%。而据审理查明，毒品运输案件中的被告人，多为无业人员、边民、进城务工人员和城市下岗人员，此类人员，占到了全部毒品运输案件中被告人总数的70%左右。由于经济的原因，这部分人多将自己的身体作为工具——将毒品分包后吞入腹中实行人体藏毒，人体藏毒式的毒品运输案件占到了全部毒品案件的40%左右，在这40%的人群中，有大部分妇女，尤其是怀孕或带孩子的妇女。①

如果我们刻板地依照《刑法》的相关规定来处理所有的案件，那么，势必会造成一种“唯数量论”的错误（因为毒品的数量是定罪和量刑的一个主要依据），为此，在全国第五次刑事审判工作会议上，最高人民法院提出了在刑事审判工作中要贯彻宽严相济的刑事政策的主张。

对我国学者而言，“刑事政策”是一个外来词。学术界认为，刑事政策这一概念，最早由费尔巴哈提出，而后由亨克和李斯特推而广之，对于其含义，中外学者认识不一。我国有学者认为，刑事政策是指国家立法机关与司法机关根据我国国情和犯罪状况，制定和运用的预防犯罪、惩罚犯罪以及改造犯罪人的各种刑事对策。②

要准确把握“宽严相济”的含义，需要对其中的“宽”、“严”、“济”加以科学界定。依照陈兴良教授的观点，“宽严相济”之“宽”，来自于惩办与宽大相结合的“宽大”，其确切的含义是轻缓。而轻缓又包括两种情形：该轻而轻和该重而轻。前者为罪刑均衡的应有之义，合乎刑法公正的要求，后者则是指所犯罪行较重，但行为人具有坦白、自首或立功等法定或酌定的从宽情节，法律上予以从宽处理，在本应判处较重之刑的情况下判处较轻之刑，该重而轻，体现了刑法对犯罪人的感化，对于鼓励犯罪分子悔过自新具有重要意义。宽严相济之“严”，指“严格”或“严厉”，即该作为犯罪处理的一定要作为犯罪处理，该受到刑罚处罚的一定要受到刑罚处罚，可以理解为该重则重。这其中的“济”有救济、协调与结合之义，即该宽则宽，该严则严，宽宽严严，宽严之间还应当有一定的平衡

①文中所用数据，除特别说明外，来源于笔者在滇西几个毒品问题严重的地区所作的调查，在此也感谢这些地方的相关部门给予的支持和帮助。

②谢望原，卢建平．中国刑事政策研究［M］．北京：中国人民大学出版社，2006：5.

和互相衔接，形成良性互动，从而发挥刑罚最佳的预防犯罪的效果。①

然而要在刑事立法与司法中贯彻宽严相济这一刑事政策并非易事，因为宽严相济的刑事政策不仅是一个刑法问题，也是一个刑诉法问题。从刑法层面看，宽严相济，实际上就是当代我国刑法领域应提倡的非犯罪化、轻刑化、非监禁化实现的途径。黄京平教授认为，在当前中国刑事法制的背景下，贯彻“宽严相济”刑事政策更多应该关注的是司法层面的非犯罪化、轻刑化和非监禁化，而充分利用现有的刑事立法和司法解释的资源，是在司法层面落实宽严相济刑事政策的有效路径之一。② 以此为视角，就毒品犯罪而言，我国现行《刑法》第三百四十七条至三百五十七条就走私、贩卖、运输、制造毒品罪，非法持有毒品罪等 12 种毒品犯罪的构成要件及法定刑作了明确的规定，此后，针对毒品案件审理中出现的新问题，最高人民法院在 2000 年 6 月 6 日出台了《关于审理毒品案件定罪量刑标准有关问题的解释》（以下简称《解释》），笔者认为，该《解释》与同年 4 月 4 日最高人民法院下发的《全国法院审理毒品犯罪案件工作座谈会纪要》的精神是一致的，《解释》通过对刑法中的规定的细化，如对“其他毒品数量大”、“数量较大”以及何谓“情节严重”进行了详细解释，为在全国统一执法提供了标准，但其中透出的信息仍然是对毒品犯罪的从严惩处。当然，如此的政策与毒品案件在我国的多发有关，下述数据清楚地表明，这几年，毒品案件在我国的刑事案件中占据了很大的比例。③

①陈兴良，周光权．刑法学的现代展开［M］．北京：中国人民大学出版社，2006：428－430.

②黄京平．宽严相济刑事政策的时代含义及实现方式［J］．法学杂志，2006（6）.

③刘岚．遏制新毒品泛滥　打击新毒品犯罪［EB/OL］．（2008－01－02）［2008－05－03］http：//rmfyb. chinacourt. org/public/detail. php？id＝116448.

表1　2003年至2007年全国法院审理毒品犯罪案件情况

年　份	收案（件）	结案（件）	生效判决人数（人）
2003年	29 783	29 832	33 649
2004年	32 146	31 965	36 077
2005年	34 350	34 330	39 983
2006年	33 867	33 802	38 715
2007年	38 730	38 500	43 360

表2　2007年全国法院审理毒品犯罪案件情况

案　由	收案（件）	结案（件）	生效判决人数（人）
走私、贩卖、运输、制造毒品罪	35 099	34 887	39 912
非法持有毒品罪	2 218	2 207	2 094
包庇毒品犯罪分子罪	1	1	1
窝藏、转移、隐瞒毒品、毒赃罪	32	35	36
走私制毒物品罪	6	8	6
非法买卖制毒物品罪	41	47	61
非法种植毒品原植物罪	401	395	398
非法买卖、运输、携带、持有毒品原植物种子、幼苗罪	17	15	8
引诱、教唆、欺骗他人吸毒罪	23	21	14
强迫他人吸毒罪	4	4	3
容留他人吸毒罪	884	878	822
非法提供麻醉药品、精神药品罪	4	3	5
小　计	38 730	38 501	43 360

此后，随着经济、科技等各种因素的影响，我国毒品犯罪的现实情形也发生了一些变化，如新型毒品日益增多，且花样翻新，在毒品犯罪案件的涉案人员中弱势群体所占比例越来越大。自2007年起，最高人民法院收回了死刑复核权，减少死刑、限制死刑的适用已成为我国法院必须贯彻的精神，在这种背景下，最高人民法院、最高人民检察院会同公安部，多次召集相关专家和实践部门的同志召开座谈会，经过分析论证，终于在2007年年末联合下发了《关于办理毒品犯罪案件适用法律若干问题的意见》（以下简称《意见》），笔者以为，其中关于死刑毒品案件必须进行毒品含量的鉴定以及针对孕妇、哺乳期妇女从事毒品犯罪的特别规定，体现了宽严相济的刑事政策精神。

具体就当前毒品案件中最突出的毒品运输案件而言，依据现行《刑法》第三百四十七条的规定，运输毒品罪并无起刑点，而如果运输的数量，以海洛因为例，假使达到了50克以上，而被告人又无法定的从宽情节，那么被告人将面临最低15年的有期徒刑。如前所述，司法实践中的毒品运输案件，抓获的涉案人员多数为“马仔”，他们多半是处于社会底层的弱势群体，走上犯罪道路，除自身原因外，还有深层的社会原因，因此对这部分被告人处以刑罚时，就应当“该轻则轻”。由于刑法对毒品犯罪的态度是“严惩”，因此，相关的司法解释就应当针对我国毒品犯罪的现实状况作出更有利于教育感化犯罪人的规定。前述《意见》，针对近些年来毒品犯罪案件中的新情况和新特点，对怀孕、哺乳期妇女走私、贩卖、运输毒品案件作了新的规定。最高人民法院刑事审判第五庭的高贵君庭长在回答记者采访时强调，司法实践中办理这类案件应当注意以下几个问题：[①] 一是要坚持宽严相济的刑事政策，严厉打击幕后组织、策划和指挥者，对组织利用、教唆孕妇、哺乳期妇女走私、贩卖、运输、

①刘岚．遏制新毒品泛滥　打击新毒品犯罪——最高法院刑五庭负责人解读《办理毒品犯罪案件适用法律若干问题的意见》［EB/OL］．（2008－01－28）［2008－05－03］http：//rmfyb. chinacourt. org/public/detail. php？id＝116448.

制造毒品的，从重处罚；对孕妇、哺乳期妇女参与毒品犯罪情节较轻的，或者具有自首、立功、被胁迫参加犯罪、坦白等法定或者酌定从宽处罚情节的，依法予以从宽处罚。二是要积极妥善解决涉及孕妇、哺乳期妇女的案件管辖、强制措施等问题。对其可以依法采取取保候审、监视居住等强制措施，并根据被告人具体情况和案情的变化及时变更强制措施，但不能放任不管，拖延诉讼。三是对案件事实清楚、证据确凿充分，不妨碍诉讼进行的，要及时依法起诉和审理，以有效遏制利用孕妇、哺乳期妇女进行毒品犯罪的蔓延势头。

而如前所述，我国现行刑法对毒品案件的严惩态度，导致毒品案件中被告人被判处死刑的案件不少，而要慎用死刑、限制死刑的适用，就必须首先在毒品案件死刑的适用上把好关，关于毒品含量的鉴定，被告人主观恶性的大小、在共同犯罪中的作用等等这些因素，都可以依据法律的规定成为限制死刑适用的法定情节或酌定情节。

可以说，宽严相济刑事政策的提出，体现了刑罚理性主义的观念，顺应了世界刑事政策的潮流。刑罚不是万能的，更不是消灭犯罪的工具。犯罪源于社会基本矛盾，是社会矛盾和社会结构中诸多致罪因素综合作用的结果，而刑罚作为一种来自外部的心理威慑力量，不可能与促成犯罪的社会基本矛盾等深层次原因相抗衡。

有了这样的刑罚理念作支撑，有了相关的司法解释作依据，实践中在处理毒品案件时，就应当对轻罪实行更轻缓的处理，而对重罪则要进行更严厉的打击。比如，对《刑法》第三百四十七条规定的毒品犯罪集团的首要分子，武装从事毒品犯罪的犯罪分子，参与有组织的国际贩毒的犯罪分子以及严重地以暴力抗拒检查、拘留或逮捕的犯罪分子，都要根据案件事实，从严惩处。而对于那些因生活窘迫、意志不坚定而偶尔从事毒品犯罪的犯罪分子，则应当适用轻缓的刑事处罚。比如，在侦查阶段，能作为治安处罚的就不作为犯罪追究；在起诉阶段，可适用《刑事诉讼法》第一百四十二条第二款的规定，作出不起诉的决定；审判阶段，能不定罪的就不定罪。对于前述笔者提及的“马仔”或“骡子”运输毒品的现象，事实证明，仅靠严刑峻法是无法杜绝的。轻缓的刑罚，辅之以其他的社会措施，从整个社会大局出发，持之以恒，这也许才是我们解决问题的思路。

其实，作为毒品重灾区的云南省，其处理毒品问题所采取的某些措施是值得肯定和借鉴的，笔者认为，这些措施和做法已经体现了宽严相济的刑事政策理念。

如前所述，云南省在1999年时就被公安部列入毒品问题严重的13个省份之一，而云南省的巍山彝族自治县则是公安部和国家禁毒委员会确定的全国毒品重点整治地区之一。20世纪80年代以来，在国际毒潮的侵袭下，云南省局部地区毒品犯罪情况严重，由于暴利驱使，巍山县永建地区少数不法分子相继卷入毒品走私活动，在他们的带动下，永建逐步形成了“贩毒致富”的小气候，致使永建地区毒品犯罪活动恶性发展，成为殃及全省、波及全国的“毒瘤”。2000年前后，云南省在国家禁毒委员会和公安部的领导和支持下，对巍山县进行了重点整治，并取得了阶段性的成果。而在此之前的1992年，云南省曾对文山壮族苗族自治州的平远地区进行“严打”，目的也是为了解决该地区的毒品等社会问题。平远的“严打”与巍山永建的整治，其实体现的就是宽严相济的刑事政策。在对平远进行“严打”之前，其基层政权为恶势力所把持，而且当地武装、暴力抗拒执法情况相当严重，因而对平远的“严打”采用的是突击，迅速抓捕罪犯的做法。在武力稳定形势之后，再制定并兑现宽严政策，宣传发动群众，惩处毒品犯罪分子。与平远的“严打”相比，巍山永建采用的是循序渐进式的整治方式。巍山永建的毒品问题虽然严重，但基层党政组织建设完备并能发挥积极作用，当地宗教界人士也大多拥护党和国家的政策。在这样的形势下，对巍山永建的整治是在依靠基层组织及宗教界人士发动群众的基础上开展的，在群众的支持下，对保外就医和假释的罪犯收监，对吸毒者强制收戒，对毒品犯罪分子公开执行财产刑，对投案自首者从宽处理。巍山永建的整治中，依据宽严相济的刑事政策，对42名投案自首的毒品犯罪分子作了从宽处理，对顶风作案的43名毒品犯罪分子从重惩处，对罪大恶极的10名毒品犯罪分子执行了死刑和财产刑，拆毁其房屋，收回宅基地使用权。在这次整治中，财产刑的适用发挥了积极的作用，这是针对巍山永建毒品犯罪的"死得穷不得"的特点所采取的专门措施。① 此外，贵州省盘县的公安机关会同检察院、法院统一执法思想，用足用活法律武器，对贩毒收益该没收的一律依法没收，该冻结的毒资一律冻结，摧毁贩毒分子的经济基础，有效遏制了当地外流贩毒活动发展蔓延的势头，其统一的执法思想，也包含了现行的刑事政策理念。

当然，也有学者指出，宽严相济的刑事政策，可以改变以往犯罪控制中的高压态势，减少社会对抗，缓和社会冲突，但也应当注意到可能导致的犯罪控制的效率损失，即在实施宽严相济刑事政策时必须兼顾犯罪控制的效率。因此，可以借鉴《反腐败公约》制定的反腐败策略，将宽严相济政策的适用更多地用以鼓励涉嫌犯罪者与侦查、公诉机关合作，而不是将从宽作为一项普惠政策对所有犯罪者普遍施恩。②

（原载《云南大学学报法学版》（法学版）2008年第4期）

①孙大虹．巍山永建毒品违法犯罪整治行动的实践与启示［J］．云南公安高等专科学校学报，2000（3）：20－23.

②李建明．宽严相济政策对控制犯罪效率的兼顾［J］．现代法学，2007（7）：58.

第二编

毒品问题的域外考察

美国禁毒政策初探

高　巍　刘　刚*

摘　要：美国毒品政策处在不断变化、修改过程中，传统的禁毒政策是以控制供求为主要模式，并与有组织犯罪政策、对外政策相互协调，具体是减少供应和减少需求两种政策。鉴于传统禁毒政策无法有效地解决毒品问题，很多学者在修改传统理论的基础上，提出了一些新的禁毒措施。

关键词：毒品犯罪　禁毒政策　传统模式　新措施

美国是世界上最大的毒品消费国。据相关数据显示，美国的毒品消费量占全球毒品消费的60%以上。① 其中，大麻、可卡因、海洛因的年消费量就近1.6万吨，进入20世纪90年代以来，所有不法毒品的销售额均达到了每年1 000亿美元以上。② 之所以存在如此严峻的毒品消费态势，与美国的禁毒政策、宗教信仰、司法制度等有着密切的联系。对于毒品问题的不同视角解读，往往折射出大相径庭的毒品政策所依据的不同文化基础和价值取向。或者说，美国毒

---

*高巍，法学博士，云南大学法学院副教授；刘刚，云南警官学院治安系讲师。

①崔敏．毒品犯罪发展趋势与遏制对策［M］．北京：警官教育出版社，1999：111.

②Palu B.．Stares Global Habit：The Drug Problem in a Borderless World［M］. Brooking Institution，1996.

品政策本身就是一个牵涉到政治、宗教、司法、文化、种族等多种因素的敏感问题，处于一个不断变化和反复的过程中。辩证地借鉴美国经验，对于我国的禁毒政策制定不无裨益。

一、传统路径

从古典经济学的理论建构出发，美国历史上最具代表性的禁毒策略为控制供求。这种路径选择建立在毒品作为一种商品的假设基础之上，认为减少供应或者压制需求均能有效控制毒品。但是，在具体的路径选择上供求控制策略又存在严重的分歧。美国加州大学学者 James Q. Wilson 指出："减少需求策略的实施者通常是温和的人，如教师、医生、科学家、出版商，而具体实施减少供应的往往是严厉的执法者，如侦探、海关人员、毒品原植物清除者等。毒品控制预算的份额究竟侧重于毒品供应的减少还是毒品需求的减少，这取决于不同的理论预设。即选择温和的毒品政策还是严厉的毒品政策。"① 当然，严厉的控制毒品供应的措施也可能影响毒品的需求，同样，温和的减少毒品需求措施也可能减少毒品的供应，二者之间的界限并不是理论上那样分明。

（一）减少供应策略（Supply Reduction）

哈佛大学肯尼迪政府学院教授 Mark H. Moore 认为，可以从三个方面评估减少毒品供应策略的实效和可行性，即毒品政策本身、有组织犯罪政策、对外政策。②

首先，从毒品政策制定的角度来看（The Drug－policy Perspective），毒品供应减少措施的目标在于减少供应，具体通过提高毒品价格，降低毒品流向不法市场的可能性。但是，许多批评者指出，毒品的需求稳定而缺乏弹性（inelastic），所以试图通过减少供应的

①Micbael Tonry，James Q. Wilson. Drugs and Crime［M］. Chicago：The University of Chicago press，1900.

②Mark H.. Moore Drugs and Crime［M］. Chicago：The University of Chicago Press，1990.

措施来实现毒品的控制注定失败。还有学者从减少供应可能带来的负面效应展开批评，认为毒品供应控制策略可能改变现有的毒品获取方式，使毒品使用者陷入一种更为危险和恶劣的毒品获取环境。面对这些批评，有学者针锋相对地进行了反驳。Nicholson 认为，毒品需求并非缺乏弹性，而是依据价格的波动而增加或者减少。至少，声称毒品需求不受价格等供应控制措施影响只是一种假设，缺乏经验的支撑。因此，批评者认为毒品价格缺乏弹性的观点并不具有科学性或可验证性。[①] 实际上，毒品价格的提高对于毒品供应的减少产生了明显的效果，也进而对毒品的需求产生了一定的抑制作用。但是，毒品供应减少政策也带来了一定的负面效应，这也是显而易见的。特别是毒品供应减少措施的重要方法——犯罪的手段，更是遭到种种质疑。如有英国学者指出："毒品犯罪引发了一系列的关于扩大的警察权力与机构、警察道德的怀疑（因为使用诱惑侦查和其他监视方法）、刑法国际化等的争论。毒品罪犯在整个监狱系统中所占的比例也非常高。"[②] 而且，社会采取其他方法也有可能取得相同的效果，却可以支付更小的成本。所以，以强制性的严厉刑事或行政措施为基础的减少供应策略有待于进一步的完善或限制。

其次，有组织犯罪政策（Organized Crime Policy）。有组织犯罪政策与毒品政策二者间存在内在的联系。一般情况下，毒品的有组织犯罪行为集中于毒品制造、加工、贩卖等环节。贩毒集团通过制造、贩卖使毒品流入毒品的非法交易市场，影响毒品供应控制政策的实效。此外，贩毒集团还腐蚀、拉拢禁毒官员，削弱禁毒机构的执行力和控制力。而且，贩毒集团通过藐视、违反法律积聚大量的财富影响社会经济的稳定，破坏社会秩序。正是基于贩毒集团的这些特性，有组织犯罪政策定位于削弱、摧毁贩毒组织，将参与者绳之以法，并由此减少、降低贩毒集团等犯罪组织的负面影响。在这

①Nicholson. Walter Microeconomic Theory ［M］. Hinsdale：Dryden Press，1985.

②Peter Alldridge. Relocating Criminal Law ［M］. Dartmouth：Dartmouth Publishing Company Limited，2000.

一点上，摧毁贩毒集团的同时，毒品的供应也得到一定的抑制，二者相辅相成。但是，毒品政策与有组织犯罪政策的核心诉求并不尽相同，甚至存在矛盾。一般认为，消除有组织的贩毒集团最有效的方法为毒品的合法化。① 然而，毒品合法化却可能导致毒品供应的增加，这是禁毒政策所不希望看到的，此为有组织犯罪政策与毒品政策矛盾之一。打击贩毒集团的措施通常对于势力较小、缺乏反抗能力的贩毒组织更为有效。这样，继续存留的贩毒集团往往更加具有危险性，对抗法律的能力也更强，规模也更大，腐蚀禁毒机构的可能性也大大增加，对于社会构成巨大的危险。相应地，面对这样的贩毒组织，那些富有成效的执法机构往往可能变得庞大和严厉，这又会对于个人权利和司法公平构成威胁，此为有组织犯罪政策与毒品政策矛盾之二。因此，毒品政策的有效性有待于协调与有组织犯罪政策之间的关系，使二者处于一种良性的平衡状态。

最后，对外政策角度（The Foreign - Policy Perspective）。美国对外政策的立足点在于实现国内的安全。但是，一些国家虽然与美国友好，但是官僚群体在其本国的毒品生产、走私方面存在着巨大的利益，就会纵容或漠视毒品的生产和走私，而美国又是世界上最大的毒品消费国，这就不可避免地对美国的毒品供应控制政策造成了负面的影响。而要维持国际或地区的稳定，防止这些在政治上对于美国并不构成威胁的国家或政权因为美国的毒品政策干预而反目成仇，有必要在毒品供应的政策上予以让步。因此毒品政策与对外政策间也必须协调和折中，片面地强调毒品政策或对外政策均不是明

①从纯粹摧毁贩毒集团的角度来说，合法化是最有效的措施。因为，贩毒组织是为了追求毒品管制下产生的高额利润而从事犯罪行为。正如美国20世纪初的禁酒政策一样，管制使酒市场产生巨大的利润空间，而巨大的利润又促使犯罪组织铤而走险从事犯罪行为。如果毒品和香烟一样合法化的话，可以想象在市场参与充分的情形下，毒品贩卖的利润必然大大降低，能有效地消除贩毒集团产生的高额利润空间，进而减少贩毒集团的数量和规模。在美国撤销禁酒令，使酒精交易合法化后，一度猖獗的贩酒集团销声匿迹的事实可资佐证。但是，这并不能减少毒品对于社会的危害，所以，实行毒品合法化的国家或地区非常罕见。

智之举。

建立在宏观协调毒品供应政策与有组织犯罪政策及对外政策三者关系基础上的毒品供应减少路径，作为一种重要的禁毒措施，具体通过打击毒品走私、摧毁贩毒集团、减少毒品流入非法市场的数量以发挥作用。在理论上，通常把这种措施形象地表述为“堵源”。但是，从美国的禁毒实践来看，这些围绕“堵源”的传统禁毒措施效果并不理想。其一，美国数千公里的边界线无法面面俱到地实现边界对于毒品流入的封堵；其二，摧毁主要贩毒集团的策略更多只是一种理论假设，不仅贩毒集团高层隐蔽性强、难以发现和指控，而且贩毒组织的替代性也非常强，即使逮捕了贩毒集团的首要分子，也会有其他成员或组织乘虚而入，继续贩毒组织的经营。

在美国政府内部，国防部和司法部坚持强调减少毒品供应的政策。我国有学者将其具体概括为司法惩治模式。该模式倡导以司法惩治为主要手段严厉打击毒品供应和毒品使用，尤其重视国内毒品供应的控制和国外毒品流入美国渠道的拦截，甚至不惜出动军事力量奔赴国外铲除毒源国的毒品种植和制造设施。国防部侧重于对国外毒源的军事干预，而司法部则侧重于施加严峻的刑事惩罚，二者在运用强制性力量威慑遏制毒品供应方面不谋而合。[①] 但是，毒品供应减少政策存在上述的多方面的问题或缺陷，特别是严刑峻法所可能导致的个人安定性和基本权利受到侵害，这无疑会影响到美国社会的个人主义为基础的价值体系。当然，毒品供应减少政策对禁毒还是产生了积极的作用，只是应该予以进一步的修正和完善。

（二）减少需求路径（Dem and Reduction）

美国理论界一般认为，减少需求的禁毒策略从以下两个方面展开。其一，改变潜在吸食者的心理状态；其二，改变潜在吸食者的

①张勇安．美国毒品管制战略的调整及启示［J］．中国药物滥用防治杂志，2004（3）．

客观条件。①

首先，改变潜在吸食者的心理状态。具体而言，就是要重视预防毒品的使用，特别是降低年轻人使用毒品的比例。另外，对于已经吸食毒品的人员，要对其加强矫正，减少其继续吸食毒品的可能性或心理需求，关键在于毒品教育和吸毒者的矫治。长期以来，在美国社会中存在一种偏见，认为青少年沾染毒品主要是因为对于毒品的无知。但是有学者指出，这种观点是不正确的。因为部分青少年在成长期的叛逆心理促使其背弃成人社会所强加的道德和价值标准，特别是那些缺乏自信、学校教育失败、好奇心较强的青少年往往容易选择吸食毒品来显示自己对社会和家庭的背离。虽然迄今为止美国尚缺乏科学的研究结论证明心理干预措施对于减少毒品使用的有效性，但是部分研究表明效果是存在的。除了预防性的教育措施外，对于现实的毒品使用者更为有效的措施是矫正，如短期的药物治疗、低依赖性毒品的替代方法、社区协作的矫正模式等，如果毒品吸食者能够坚持参与这些项目或矫正措施，明显能够减少毒品使用。但是，长效的矫正措施仍然比较困难。

其次，改变潜在吸食者的客观条件。简而言之，改变吸食者的客观条件就是加大吸食者获取毒品的难度，如通过严格的管制措施提高毒品的交易价格。James Q. Wilson 引用种族歧视进行类比。在法律规定种族歧视为非法行为后，歧视者的心理状态和态度可能并未改变，但是其歧视行为会大大减少。因为，歧视行为将会造成严重的后果，付出高额的成本。同样，如果吸食者虽然在心理状态上渴望吸食毒品，但高额的价格可能使其无法获取毒品而减少了毒品的使用。② 此外，通过严格的毒品检测也可能使吸食者放弃毒品的使用。因为，毒品吸食被社会赋予了负面的道德评价，可能影响到公

①Micbael Tonry，James Q. Wilson. Drugs and Crime［M］. Chicago：The University of Chicago press，1900.

②Micbael Tonry，James Q. Wilson. Drugs and Crime［M］. Chicago：The University of Chicago press，1900.

众形象和就业等对于吸食者至关重要的方面。

二、新路径的尝试

毒品的管制不单纯是一个经济学问题，也牵涉到社会生活的方方面面，且管制政策本身也可能使毒品问题更趋复杂，如严格毒品打击政策会导致的毒品价格攀高可能诱发大量的财产犯罪。有学者对迈阿密州的部分毒品依赖者所作的调查显示：在研究报告中出现的573个被调查者在被调查前一年共实施215 000起犯罪行为，包括大约6 000起抢劫和攻击、6 700起入室行窃、900起车辆盗窃、25 000起商店盗窃、17起纵火、240起敲诈罪、800起贷款诈骗、超过46 000起其他诈骗或盗窃罪。[①] 因为毒品价格的高昂很大程度上与毒品管制政策的严厉性相关，而高昂价格则导致一般的毒品使用者无法通过正常收入维持购买毒品的花费，这样就陷入了诱发犯罪的悖论。此外，毒品交易的巨大利润也促生了大量的贩毒组织和暴力团伙，这对于城市的安全、社会的福利、大众的健康等方面也构成了威胁。鉴于传统禁毒政策无法有效地解决毒品问题，并可能诱发更为严峻的社会动荡，很多学者在修正传统理论的基础上，提出了一些新的禁毒措施。[②]

（一）积极的法律措施

所谓积极的法律措施，就是要建立明确而有效的禁毒法律体系和法律实施机构。具体而言，更多的司法资源应该倾向于毒品的控制，尤其是禁毒警察的规模、权力需要加强。这样可以使大量的毒品犯罪行为能够得到有效的打击和遏制。克林顿政府在20世纪末提出的《21世纪执法和公共安全条例》法案就体现了积极的法律措施在禁毒中的重要地位，该法案从四个方面对毒品犯罪的遏制规定了详细的措施。其一，实施"零忍受"的毒品管制政策。法案肯定了

①Joseph F. Sheley. Criminology［J］. Wadsworth，1991.

②Michael D. Lyman，Gary W. Potter Organized Crime［J］. Prentice Hall，2000.

设立毒品法院的计划，而且拨出专款帮助各州系统的检测、矫正、处罚毒品相关的罪犯，还增加了经费矫正监狱中关押的严重毒品依赖者的长期戒毒计划。其二，法案加重了利用未成年人贩卖毒品行为的惩罚，还对在学校周围发生的毒品犯罪规定了更严厉的惩罚。其三，帮助各州打击毒品犯罪。其四，打击毒品犯罪的下游犯罪——洗钱罪，以切断毒品犯罪集团的资金链。[①] 此外，积极的法律措施还要求加强美国禁毒专门机构的权威和资源，使其在禁毒中发挥更大的作用。而且，巡逻方式也应该予以普遍适用，有助于查获更多的毒品犯罪。

（二）突出重点的禁毒策略

因为毒品犯罪中，大型贩毒集团往往支配和影响整个地区的毒品非法市场，在贩毒网络中处于关键和核心的作用，如黑手党、哥伦比亚卡特尔、三合会等。这些组织或集团组织严密，势力范围往往具有国际化的特征。大型贩毒集团通常支配贩毒的所有环节——制造、运输、贩卖、洗钱等。对于这样的贩毒集团，应该集中力量打击、摧毁，才能够有效遏制毒品的蔓延。具体而言，对付大型的贩毒集团，可使用多种有效的侦查方式。如监听、监视、诱惑侦查、控制交付等。重点突出地打击大型贩毒组织能够取得比大量逮捕小型贩毒组织或贩毒者更好的效果，特别是在贩毒网络的阻断方面。

（三）控制暴力团

暴力团是一种以暴力为主要手段，对于毒品形成本地垄断的组织。暴力团之间为了控制毒品市场往往使用暴力，导致大量的伤害或凶杀事件。此外，为了开拓市场，暴力团也会对无辜平民构成威胁，特别是那些抵制他们毒品交易的平民。对于暴力团的打击可以从两个方面入手：其一，打击暴力团的成员、骨干及摧毁活动场所，削减暴力团活动的空间和范围。其二，把暴力团作为一种有组织犯罪形式，运用电子监听、线人、秘密调查、特别刑事程序等打击、

①谢华．美国二十一世纪执法和公共安全条例［J］．公安研究，2000（6）．

摧毁暴力团的组织、阴谋和其他犯罪活动。

（四）毒品销售终端控制策略

因为毒品必须通过街头的销售才能最终流入吸食者可支配的范围之内，并进而对吸食者的身体造成伤害。加强毒品销售终端的打击，可以阻断现有的比较稳定的销售路径和模式，使销售人员和销售地点在打击下缺乏稳定性，加大了贩卖者和吸食者找到对方的难度，这样也可以有效地遏制毒品的蔓延。

（五）社区合作

城市社区作为最基础的居住和生活单位，往往不希望社区成为街头贩卖毒品者的势力范围或活动场所。那么，通过与社区的合作，警方可以在信息等方面获得更准确的毒品犯罪情报，联合抵制、打击贩毒活动。一些社区的空置区域通常可能为毒品销售者和吸食者长期占据，而警察则属于巡逻。这样就滋生了贩毒活动进一步扩大、腐蚀社区的可能性。因此，对于社区闲置场所的管制和巡逻及合作，能切断贩毒组织的终端网络和温床。当然，不同的禁毒策略或措施在不同的区域和不同的时期并不能取得相同的效果。像社区人员的组成、宗教信仰、经济状况、受教育程度等因素对于上述禁毒措施都会产生或积极或消极的影响。所以，禁毒措施的实效取得从某种意义上说是一个综合性的结果。

（原载《云南警官学院学报》2006 年第 3 期）

论德国禁毒法的基础理念

高　巍*

摘　要： 德国禁毒法以特别刑法和行政立法为主，特别是《麻醉品法》的实施体现了德国禁毒法的基础理念。德国禁毒法建立在"毒品是危险的"这样一个预设前提之上，并希望通过刑事惩罚限制毒品使用的自由，从而最大限度地控制毒品对于社会的危害。但是，德国现行禁毒法的价值取向和具体立法与德国宪法精神存在紧张关系，同时也与刑法的罪责原则和法益保护原则存在冲突，要协调这种冲突，有必要调整禁毒法的基础理念和刑法原则。

关键词： 禁毒法　宪法依据　法益　罪责原则

德国禁毒法以特别刑法和行政立法为主，如德国于1981年制定颁布的《麻醉品法》（Bt－MG），该法于1982年生效，后经多次修改。德国《麻醉品法》确立了以治疗代替刑罚的基本原则，强调治疗和矫正在禁毒中的基础性和根源性。然而，德国毒品犯罪的形势非常严峻，刑事规制仍然普遍存在，并且经历了从宽松到严厉的过程。如《麻醉品法》第二十九条第一款规定，非法进行毒品交易的行为可处以最高为4年自由刑，情节严重的则处以10年至15年自由

---

*高巍，法学博士，云南大学法学院副教授。

刑。[1] 但是，另一方面德国又极为重视增加治疗力量和措施，力图使毒品立法取得最佳的社会效果。如设立戒毒治疗中心，通过职业培训、小组谈心、劳动改造等措施，强化对吸毒人群的干预和矫正。

德国理论界和司法界关于禁毒立法及措施，一直存在较大的争议。特别是对于禁毒刑事立法，争议尤其突出。这也导致了《麻醉品法》自颁布执行以来经历了多次修改，其背后折射出根源上存在的争论。在制定 1982 年《麻醉品法》时，就有德国学者提出，如果行为人贩卖的毒品达到一定数量的话，应该科以最高法定刑——无期徒刑。[2] 也有学者对毒品犯罪刑事惩罚的正当性与严厉性提出质疑，如罗克辛（Roxin）认为："出售毒品等物品的刑事可罚性的正当性在于，如果没有刑事可罚性，就会出现无法控制该项物品传播的局面，同时，这些物品会产生对无责任能力的消费者，首先是未成年人的严重危险性。不过，惩罚那些仅仅传播了自己使用的不具有危害他人性质的大麻制品的行为，的确可能违反宪法上关于禁止超过必要限度的规定，在这种案件中同样不应当考虑追究在《麻醉品交易法》第三十一 a 条中规定的行为。"[3] 这些争论贯穿德国禁毒法的立法与实践。本文尝试从争论的焦点入手，梳理德国禁毒法的原则，概括德国禁毒法的基本问题，以资我国禁毒立法与实践参考。

一、德国禁毒法的宪法根据

德国禁毒法建立在"毒品都是危险的"这样一种判断之上。其论证逻辑为：毒品是危险的，所以要全面禁绝毒品，最好以最严厉的法律手段——刑法强化毒品的全球性禁止。但是，"毒品是危险的"这样一个判断作为德国禁毒法的立法依据，引发了两个方面的

①徐久生．德语国家的犯罪学研究［M］．北京：中国法制出版社，1999.

②王皇玉．论贩卖毒品罪［M］．政大法学评论，2005，(84)．

③克劳斯·罗克辛．德国刑法学总论［M］．王世洲，译．北京：法律出版社，2005.

争论。[①] 其一，是否所有的毒品都非常危险，或者说达到了刑事规制的程度？特别是大麻这种软性毒品备受争议。如果大麻的危害性较弱的话，用刑法推行大麻的禁止很难说具有正当性。其二，毒品本身的危害与禁毒的危害之间如何权衡？据德国学者进行的实证研究表明，毒品消费的禁止引起了大量偶然的，并最终由毒品使用者及社会承担的成本或代价，如疾病、高死亡率、犯罪、城市生活质量降低等。而这些成本与禁毒政策之间的关系正在被德国社会大众所接受和认同，从某种意义上说，禁毒也是一种危险，这种危险必须与毒品本身的危险进行比较权衡。

德国禁毒法的价值取向，可被概括为通过禁毒法实施所期冀实现或达到的目标。正是基于毒品对于个体、社会的危害，德国禁毒法期望通过立法管制最大限度地减少毒品使用在宏观上对于使用者、其他市民、社会的危害。或者说，这种立法精神是一种功利主义的路径。一方面，德国禁毒法强调对于上瘾者和使用者的保护。认为毒品使用者群体是一种病态的、缺乏自我负责能力的群体，应该侧重于矫正和保护。另一方面，德国禁毒法则以更严厉的手段打击、惩罚毒品贩卖者及贩毒组织。如德国《麻醉品法》第三十五条规定，即使是贩卖毒品行为人，只要其本身具有使用毒品并上瘾的情形，可以在刑罚执行前先接受戒毒治疗。该法还规定，毒品使用者通过戒毒治疗后，毒品依赖性有明显好转的可以减刑。同时，德国禁毒法通过特别刑法的立法模式，对于毒品走私、贩卖、提供、生产等行为则视为重罪，特别是对贩毒集团进行严刑峻法。如《麻醉品法》规定，凡非法种植、生产、贩卖毒品的犯罪集团，或以商品方式将毒品卖给未成年者，或提供给他人毒品的，由于疏忽提供给他人毒品而引起他人死亡的，会进口大量毒品的，判处2年至15年徒刑。[②] 有德国学者在实证研究的基础上质疑这样的重刑威吓模式，并指出，

---

①Cornelius Nestler. Constitutionl Principles, Criminal Law Principles and German Drug Law [J]. Buffalo Criminal Law Review, 1998 (1).

②曲玉珠．德国禁毒方法与戒毒方法概述 [J]．德国研究，1998 (3).

减少毒品在社会上流通的最佳措施，应该在于犯罪追诉效率的提高，并非刑罚的轻重。①

功利主义色彩浓厚的德国禁毒法能否与德国宪法精神和原则相协调，在德国理论界也存在争议。德国《宪法》第二条规定："一、人人有自由发展其人格之权利，但以不侵害他人之权利或不违犯宪政秩序或道德规范者为限。二、人人有生命与身体之不可侵犯权。个人之自由不可侵犯。此等权利唯根据法律始得干预之。"该条对于刑事立法者设定了干预个体自由的限度。如有学者指出："惩罚或以惩罚为威胁的目的不仅仅是为了社会功利，还应该能够引导人们的行为趋于合法。刑法是现代社会中对于个体自由和权利最严厉的干预手段，毒品刑事立法的正当性不能仅仅取决于效率，也不能取决于维护禁毒法律本身的效力需要。"② 既然个体自由和人格发展是一种宪法权利，剥夺这种宪法权利需要合理的依据，而且这种依据也只能自宪法中寻求。

如果把毒品使用行为视作一种宪法所保护的个人自由，那么干预这种自由的禁毒法在宪法上就失去了支撑。当然，依据德国宪法，个人自由在三种情形下可以受到限制或干预，即侵害他人权利、违反宪法秩序、违反道德规范。但是，能否将个体使用毒品的行为归属于这三种情形呢？首先，在假定毒品的使用对于使用者具有危险性的前提下，为了使用者个体的利益是否可以限制其使用毒品的自由呢？德国理论界一般通过类比，否定为了使用者利益而干预其自主使用毒品的权利。如有学者指出："从法律的角度来看，在结构上毒品消费是一种自致危险的行为，像驾驶摩托车、潜水、蹦极，或一些很常见的行为，如吃黄油、在厨房中使用利刃。生活本身是危

①Dlling. Eind mmung des Drogenmi brauchs zwischen Repression und Pr vention [J]. Heidelberg, 1995.

②Cornelius Nestler. Constitutionl Principles, Criminal Law Principles and German Drug Law [J]. Buffalo Criminal Law Review, 1998 (1).

险的。”[①] 既然，生活本身是危险的，只要具有自我负责能力的话，这种自由是不应该基于保护个体免受危险而转向家长主义的干预。德国学者考夫曼认为：“在现代多元的风险社会中，人类必须放胆行事，不能老是在事前依照既定的规范或固定的自然概念，来确知他的行为是否正确，亦即，人类必须冒险行事。”[②] 其次，毒品使用行为是否违反宪法秩序和道德规范？宪法秩序和道德规范本身极为抽象，很难具体确定。从具体判定某种行为是否应该限制的需要而言，无法在宪法秩序和道德规范与毒品使用行为间建立可验证或合逻辑的联系。可以说，德国理论界和司法界，对于禁毒法的合宪性，并未形成一致意见。

二、德国禁毒法与刑法原则

德国《麻醉品法》作为主要的禁毒法律，旨在通过对毒品相关行为的犯罪化和惩罚，以实现对毒品使用的遏制，进而减少或控制毒品对于社会的危害。具体而言，根据《麻醉品法》的规定，生产、进口、贩卖、持有、吸食毒品都成立犯罪，并依据犯罪动机、毒品数量、是否具有营利目的、是否实际使他人健康受损、是否属于有组织犯罪等情节规定了不同的法定刑。如贩卖毒品行为则区分为两种类型：普通形态的贩卖毒品行为，处五年以下有期徒刑，加重形态的贩卖毒品行为。作为普通贩卖毒品行为的加重形态，加重贩卖毒品行为又分为以下四种：①行为人以贩卖毒品之行为为职业，或对多数人健康造成损害者，属加重贩卖毒品罪，处一年以上有期徒刑；②贩卖的毒品如为“非少量”时，处一年以上有期徒刑；③贩卖毒品之人，若为帮派分子，且是为帮派组织进行贩卖行为者，处两年以上有期徒刑；④行为人所贩卖的毒品属“非少量”，行为人又

①Cornelius Nestler. Constitutionl Principles, Criminal Law Principles and German Drug Law [J]. Buffalo Criminal Law Review, 1998 (1).

②考夫曼. 法律哲学 [M]. 刘幸义等，译. 北京：法律出版社，2004.

属帮派分子，且是为帮派组织进行贩卖行为者，处五年以上有期徒刑。[①]

既然德国禁毒法确立了对部分行为的犯罪构成和刑罚配置，那么必须符合刑法的基本原则和理念。传统的德国刑法理论认为，刑法的任务是保护法益，没有或不允许有任何不针对特定法益的刑法规定。[②] 因此，毒品犯罪的立法必须接受法益原则的检验，以确立其正当性。或者说，毒品犯罪行为必须对刑法所保护的法益构成侵害才能说具有正当性。

德国刑法界一般认为，禁毒法中的主要犯罪行为均是抽象危险犯，即这些毒品相关行为（生产、进口、贩卖、销售、持有）被犯罪化乃因其产生了对于使用者自身的伤害或者间接侵害他人的权利、公共利益的侵害。但是，这种侵害表现为一种拟制的危险，并非现实或实际发生的危害，可以说毒品犯罪抽象危险犯构成要件的设置是一种在法益受到实际侵害前对法益的提前保护，而德国传统刑法体系中的绝大多数犯罪则在行为已经对法益构成了直接侵害时才成立。从某种意义上说，抽象危险犯设置具有扩张刑罚权，淡化法益原则和人权保障的倾向。如德国学者哈斯默尔（Hassemer）批评道，从刑法解释学的结构上看，抽象危险犯不以结果的出现为必要，构成要件的解释上则不需审查行为与结果之间的因果关系，从而趋于简单化。且犯罪行为阶段的认定如预备、未遂、既遂等界限变得极为模糊，这样既免除了刑事司法者的举证负担，也易于使刑事立法者和司法者透过既遂、未遂界限的模糊性不当扩大刑法的处罚范围。所以，抽象危险犯常被疑虑极容易成为执政者滥用权力的工具，甚至会演变成一种警察法规定，或者只是对不服从行为的处罚。[③] 当然，随着现代社会的发展，风险预防逐渐成为德国刑法所关注的命

①王皇玉．论贩卖毒品罪［J］．政大法学评论，2005，(84)．

②冈特·施特拉腾韦特．刑法总论Ⅰ——犯罪论［M］．杨萌，译．北京：法律出版社，2006．

③王皇玉．论贩卖毒品罪［J］．政大法学评论，2005，(84)．

题，而风险社会条件下，尤其是环境刑法的出现，抽象危险犯设置在特别刑法中的普遍化已经成为一种趋势。但是，仍然有很多学者把抽象危险犯视作核心刑法的例外，要求其成立必须附加更严格的限制，以保障法治国条件下的个人权利。

从法益的角度，如何证成毒品犯罪立法的正当性基础呢？或者说，毒品犯罪侵害了什么法益？值得惩罚吗？德国理论界围绕这个问题进行了全面而深入的讨论。①

首先，帮助、促成使用者使用毒品的行为，如贩卖、制造、销售等行为是否构成对于使用者健康的伤害，从而侵害了刑法所保护的个人法益——健康，并因此值得惩罚呢？依据传统的刑法理论，德国刑法学者和联邦法院一般认为，如果一个人帮助一个具有自我负责能力的自危行为者，他不应该为自危的后果承担责任。如德国学者 Schunemann 认为，贩卖毒品等行为，如果要直接依据伤害罪来处理的话，原则上只有在购买者对于毒品的危害作用缺乏认识与理解的情形下（如未成年人），或者是购买者或使用者受到生理成瘾作用的制约而处于无自我决定能力的情况下，方得依据间接正犯的原理，以伤害罪加以处罚。② 从德国《宪法》第二条的精神出发，也可以得出相似的结论。即只要毒品使用者具有自我负责的能力，使用行为就是一种宪法上的自由发展人格的自由，或者说自由行动的权利。尽管使用行为是在伤害自己，而销售、生产等行为只不过是在帮助他人实现自由，哪怕这种自由在一般人看来是对于个体本身有害的。因为，自伤行为在德国刑法中不构成犯罪且帮助自伤也不受处罚。那么，如果遵循从使用者健康法益受到侵害来证实帮助型毒品犯罪的惩罚正当性的话，自然有些力不从心，只能另辟蹊径。

更进一步，有德国学者认为上瘾者均没有自主决定能力，而绝大多数毒品使用者均是上瘾者。所以，提供毒品等帮助行为可以把

---

①Cornelius Nestler. Constitutionl Principles, Criminal Law Principles and German Drug Law [J]. Buffalo Criminal Law Review, 1998 (1).

②王皇玉. 论贩卖毒品罪 [J]. 政大法学评论, 2005, (84).

惩罚正当性建立在上瘾性基础之上。但是，这种尝试也受到了强有力的反驳。毒品使用的实证研究表明：很多使用海洛因、可卡因等烈性毒品的吸毒者只是偶尔使用，或者是一种在可控状态下的使用。德国学者 Nestler 则主张一种更为彻底的观点。他认为，即使是海洛因成瘾者，也不能直接认定为精神上受到干扰的无责任能力人。因为从经验研究显示：即使是海洛因成瘾者，也有人可以自我规律地控制毒瘾，其自我负责能力与认知能力，并未因毒瘾而丧失。此外，海洛因成瘾者要戒除生理依赖性，并非不可能。例如根据统计，美国越战军人在战争期间，约 1/5 的军人有轻微到严重的海洛因瘾，然而在越战结束回到本国之后，大多数人都能将毒瘾戒掉，甚至终身未再碰毒品。因此，直接将成瘾者视为必然受到毒品制约的无自我决定能力之人，是一种欠缺实证基础的看法。① 此外，德国联邦法院的判例也指出，即使是非常严重的毒品戒断症状出现也不能直接确立《麻醉品法》第二十条所规定的欠缺能力，也不能阻却责任。

德国学者普遍认为，未成年人是唯一不具有自我负责能力的毒品使用群体，刑法对其的保护是正当的。但是，有学者提出质疑：完全禁止毒品流通也剥夺了成年人获得毒品的自由，为了保护未成年人能否把成年人也视作孩子呢？因为，整个西方社会，对于烟草和酒精的管制模式一般采取了行政管理方法，并未完全限制烟草、酒精的流通。在根源上，这个问题可以表述为：成年人是否有权使用毒品，这种权利能否剥夺？德国理论界的答案并不明显。

其次，毒品犯罪的侵害法益是人民健康（Volksgesundheit）吗？德国联邦法院指出，毒品犯罪所侵害的法益虽然不能从对于使用者的伤害上寻求，但人民健康这种社会法益作为毒品犯罪的侵害法益是可行的。如德国学者 K. Smer 及 Gunther 认为，毒品的使用具有传染性和聚众性。即将毒品拟定为一种传染病，无论是贩毒者，还是持有或使用者，只要持有毒品，就有可能将毒品再进一步地散布出

①王皇玉．论贩卖毒品罪［J］．政大法学评论，2005，(84)．

去，污染纯净的社会，或者使他人罹患毒瘾并造成他人健康受损。因此，可以把毒品使用、贩卖等行为视作一种群体性行为，既然毒品使用和贩卖是一种具有非个人性的群体性行为，把毒品犯罪仅视作对单一个体法益的侵害，则不妥当。而是应该当做是对于不特定多数人健康的侵害。① 但是，有学者指出，人民健康作为一个法律上的法益，只有在能够被具体确定的时候才能说是正当可行的。从法益本身的功能来说，这种说法代表了一种形式上对于个人权利的尊重。因为抽象、模糊、笼统的法益容易产生刑罚权的扩张，不利于人权保障。然而，在事实上，德国刑法界只是在理念上坚持法益的具体性和可认识性。因为，诸如歧视、重婚、虐待动物等犯罪行为很难说是可以还原到具体的个人法益上。但是，刑法却又无法排除这类行为的可罚性。因此，冈特·施特拉腾韦特指出："唯一的办法是，将对某些特定规范的信任也上升为法益，对这种信任的违背，最多只是违法行为的从属后果。"② 或者说，随着现代社会条件下刑法向危险预防领域的不断扩展，而这种扩展又往往因为危险本身的不明确而无法明确界定和还原法益，但是这种危险又必须进行干涉，因为其可能涉及人类社会的根基和秩序。在德国理论及实务界，把毒品犯罪的侵害客体界定为人民健康，从而运用抽象危险犯设置提前保护法益是一种主流的学说。

最后，德国宪法法院还认为，禁毒立法不仅旨在保护个体和所有人免受毒品所引起的伤害，而且还希望改良社会，使毒品对社会的危害不再发生。在关于持有少量大麻的释宪案中，宪法法院指出：一个行为的独立影响可能不算是犯罪行为，但当它与其他行为的独立影响相结合后的混合就可以说具有刑法上的可罚性。而且，每个独立的使用者共同造成了不法毒品市场的长期存在，并且成为社会的负担，而这一切都可以归结为单个行为的混合，在混合中每个单

①王皇玉．论贩卖毒品罪［J］．政大法学评论，2005，(84)．

②冈特·施特拉腾韦特．刑法总论Ⅰ——犯罪论［M］．杨萌，译．北京：法律出版社，2006.

独行为具有可罚性。有学者对宪法法院的这种观点和论证提出质疑，认为宪法法院把毒品非法市场的存在归咎于吸毒者是不妥当的。因为，非法毒品市场的长期存在与其说是吸毒者造成的，还不如说是毒品管制立法所造成的。使用毒品者为禁止毒品政策所造成的后果承担责任是荒唐的。

总而言之，德国禁毒法自20世纪初产生，就一直处于争论和批评之中。其争论的实质在于功利主义的禁毒路径和人权尊重的宪法原则之间的内在冲突，同时，也折射出传统刑法原则如罪责原则、法益保护原则在新的风险社会形势下所面临的冲击。

（原载《学术探索》2006年第6期）

试析老挝刑法对毒品犯罪的惩治

邬　江*

摘　要：1990年老挝政府把禁毒条款写入刑法，2001年对原刑法中有关禁毒条款作了适当修改补充。特点：惩治目的明确；刑度适中，体现宽严相济；罪名较齐全，提高量刑幅度；将劳改规定在刑法主刑中；区别对待原则。

关键词：老挝　毒品犯罪　惩治

老挝人民民主共和国在1975年解放后，法律体系相对落后，法律法规欠缺，很不完善，涉及禁毒肃毒方面的法规一直处于空白。自1990年老挝政府把禁毒条款写入刑法以来，老挝先后颁布《毒品治理条例》、《毒品检验标准》、《医用麻醉品使用条例》等一系列规定，此外，随着制毒贩毒活动的日益猖獗，老挝政府对原刑法中有关禁毒的条款作了适当修改和补充。①

一、老挝刑法惩治毒品犯罪制度

现行《老挝刑法》是1990年颁布实施的，共17章162条。其中总则8章，共50条。分别为总原则（第一～二条），刑法使用范

*邬江，云南大学法学院副教授。

①梁晋云，骆寒青，吴喜．东南亚概况［M］．昆明：云南民族出版社，2005.

围（第三～五条），违法行为及违法人（第六～十六条），免除刑法处罚（第十七～二十四条），罪行（第二十五～三十四条），量刑（第三十五～四十四条），提前释放（第四十五～四十七条），法庭教育和惩治（第四十八～五十条）。专则为9章（第五十一～一百六十二条），共112条。第一章（第五十一～八十条）：规范国家安全和社会秩序罪，共30条；第二章（第八十一～八十九条）：危害个人生命健康荣誉罪，共9条；第三章（第九十～九十七条）：侵害公民人身自由和权利罪，共8条；第四章（第九十八～一百零八条）：侵害国家和集体财产罪，共11条；第五章（第一百零九～一百一十六条）：侵害公民私人财产罪，共8条；第六章（第一百一十七～一百二十七条）：侵害夫妻、家庭、风俗习惯罪，共11条；第七章（第一百二十八～一百四十一条）：经济罪，共14条；第八章（第一百四十二～一百四十六条）：国家工作人员职务罪，共5条；第九章（第一百四十七～一百六十二条）：违反行政和司法管理秩序罪，共16条。

从刑法整体结构看，《老挝刑法》第一百三十五条是关于毒品犯罪的惩治规定，老挝刑法将毒品犯罪划分到了经济犯罪的类别中。2001年4月10日，老挝政府于国民议会对原刑法中有关禁毒的条款作了适当修改和补充。① 从条款上看，老挝刑法对毒品犯罪的规定为一条共二十四项。

二、老挝刑法规定毒品犯罪的特点

（一）惩治毒品犯罪的目的明确

《老挝刑法》第二十五条规定：惩治犯罪的目的不仅是对犯罪的人给予制裁，更重要的是在于教育培养罪犯们对劳动的热情，正确、严格地遵守法律法规，遵守社会秩序和公德，并以之警示自己和他

①2001年4月10日老挝人民民主共和国国民议会第03号文件中关于刑法第135条法律条款的修订。

人不可犯罪。惩治犯罪的目的绝不是对犯罪人的人身伤害和践踏他的名誉和人权。

（二）根据危险程度规定不同的量刑幅度，刑度适中，体现了宽严相济的原则

（1）将毒品犯罪依据危险程度或者用途划分为不同种类，并对不同种类毒品的同种犯罪行为规定不同等级刑罚。老挝刑法把毒品分为五类，第一类为海洛因；第二类为冰毒；第三类为化学品；第四类为鸦片；第五类为大麻。在上述分类的基础上，对涉及不同种类毒品的同种犯罪行为规定了轻重不一的刑罚，其处罚依据是不同种类的毒品在同种行为中所带来的危害不同。如走私、运输、加工、生产、贩卖、储存海洛因等毒品或者有组织地进行携带毒品途经老挝境内者，海洛因数量在 300 克至 500 克的，将被判处剥夺自由权终身，500 克以上则将被判处死刑。甲基苯丙胺等毒品数量在 500 克至 3 000 克的，判处剥夺自由权终身，数量在 3 000 克以上则将被判处死刑。制毒化学制剂数量超过 1 000 克至 1 000 千克者，将被判处剥夺自由权终身，数量超过 1 000 千克者将被判处死刑。从事鸦片类犯罪活动的，最高刑为剥夺自由权终身。从事大麻类毒品犯罪活动的，最高刑为剥夺自由权 5 ~ 10 年有期徒刑。

（2）将吸食毒品的行为规定为犯罪，但根据吸食毒品的种类不同，规定不同的处罚。如凡是吸食、为吸食而购买、储存海洛因等毒品数量在 2 克以下的，将被判处剥夺自由权 1 年至 5 年有期徒刑。或者视情况进行改造，但不剥夺自由权，无罚款。甲基苯丙胺以及其他违法而危害身心健康的麻醉药品和精神药品 3 克以下的，将被判处剥夺自由权 6 个月至 3 年有期徒刑。或者视情况进行改造，但不剥夺自由权，无罚款。凡吸食大麻等毒品者，将被判进行劳动改造（但不剥夺自由权），并处以罚款 50 万至 200 万基普。

（三）扩大了毒品犯罪的种类，罪名较齐全，提高量刑幅度

（1）对毒品犯罪的惩治，老挝刑法虽然只有一条法律规定，但

是所包括的罪名较为齐全。在《老挝刑法》第一百三十五条中，规定了对走私、运输、加工、生产、贩卖、储存各种毒品犯罪的处罚；规定了对储存、加工、生产制毒化学制剂的各种犯罪的处罚；规定了对吸食毒品的处罚；规定了对为吸食而购买、储存各种毒品的处罚；还规定了对从事鸦片服务行业者行为的处罚。

（2）随着制毒贩毒活动的日益猖獗，为了更有力地惩治毒品犯罪，老挝政府于2001年4月10日国民议会第03号文件对原刑法中有关禁毒条款所作的修改和补充，首先表现在增加了毒品犯罪的种类，增加新型毒品和化学制剂等方面的犯罪种类。其次表现在加大了处罚力度，提高了经济处罚额度。如把制毒贩毒者的有期徒刑的刑期延长至终身监禁，罚款数额增至1亿基普。

（四）将劳改规定在刑法主刑中，生命刑、自由刑、劳改与财产刑并用

《老挝刑法》第二十六条规定，主刑包括公开批评、劳教但不判刑、判刑、死刑，附加刑包括罚款（有时可作主刑）、收缴物品、收缴财产、剥夺选举权和被选举权、限制居住地（收缴财产和限制居住地仅适用于专则中规定的犯罪行为）。

为了更好地处罚毒品犯罪，老挝刑法在采取劳改、生命刑、自由刑等刑罚措施并用的同时，充分认识到多数人实施毒品犯罪为利益所驱使，故特别注重经济处罚、注重财产刑的适用。在老挝刑法中，对毒品犯罪的处罚，除判处死刑的毒品犯罪和吸食、为吸食而购买、储存毒品处以劳动教养的不处财产刑，其他毒品犯罪一律处以财产刑，并且处罚力度较大，最高可处以1亿基普的罚款。

（五）在处罚时采取区别对待的原则

（1）对未成年人和孕妇实施犯罪作特别规定。《老挝刑法》第二十九条第二款规定：禁止对年龄在18岁以下或正在怀孕的妇女判处徒刑。《老挝刑法》第三十条第三款规定：禁止对犯罪时年龄在18周岁以下的公民和犯罪时正在怀孕或判决时以及执行时正在怀孕的妇女宣告判处或执行死刑。

（2）对经济状况不好的行为人，经济处罚时特别规定。在进行经济处罚时，除依据其犯罪情节轻重外，还考虑行为人的具体经济情况。规定不能以钱买刑或以刑折钱。《老挝刑法》第三十一条第二款规定：罚款的金额将依据犯罪情节的轻重，同时考虑到犯罪行为人的经济情况而定。在犯罪行为人无法支付罚金时，法院可以将罚金折成劳动教养但不判处徒刑。第三款规定：禁止将罚款处罚替换成剥夺自由或将剥夺自由刑替换成罚款处罚。《老挝刑法》第三十二条第二款规定：没收所有财产须扣除本法规定的犯罪行为人及其家庭的必要生活开支部分。

三、老挝刑法关于毒品犯罪的具体规定

老挝刑法规定，凡是将海洛因、摇头丸、鸦片、大麻或制造毒品的化学制剂进行走私、运输、加工、生产、贩卖、储存的，将受到以下处罚：

（1）凡是走私、运输、加工、生产、贩卖、储存海洛因等毒品或者有组织地进行携带海洛因等毒品途经老挝境内者，数量在100克以下的，将被判处剥夺自由权10年至15年有期徒刑，并依照《老挝刑法》第三十二条的规定，处以罚款5 000万至1亿基普，并依照第三十二条的规定没收其财产。

凡是一贯地、有组织地进行走私、运输、加工、生产、贩卖、储存海洛因等毒品或者携带海洛因等毒品途经老挝境内者，数量在100克至300克的，将被判处剥夺自由权15年至20年的有期徒刑，并依照《老挝刑法》第三十二条的规定，处以罚款1亿至5亿基普，没收其财产。

凡是走私、运输、加工、生产、贩卖、储存海洛因等毒品或者有组织地进行携带海洛因等毒品途经老挝境内者，数量在300克至500克的，将被判处剥夺自由权终身，依照第三十二条规定，处以罚款5亿至10亿基普，并处没收其财产。500克以上则将被判处死刑。

凡是吸食、为吸食而购买、储存海洛因等毒品数量在2克以下

的，将被判处剥夺自由权1年至5年有期徒刑，或者视情况进行改造，但不剥夺自由权，无罚款。

（2）凡是走私、运输、引进、生产、加工、储存、贩卖甲基苯丙胺以及其他违法而危害身心健康的麻醉药品和精神药品或者有组织地进行携带甲基苯丙胺等毒品途经老挝境内者，数量在100克以下的，将被判处剥夺自由权5年至10年有期徒刑，依照第三十二条的规定，处以罚款1 000万至1亿基普，并处没收其财产。

凡是一贯地、有组织地进行走私、运输、生产、引进、加工、储存、贩卖甲基苯丙胺以及其他违法而危害身心健康的麻醉药品和精神药品或者携带甲基苯丙胺等毒品以及其他违法而危害身心健康的麻醉药品和精神药品途经老挝境内者，数量在100克至500克者，将被判处剥夺自由权10年至20年有期徒刑，并依照第三十二条的规定，处以罚款1亿至5亿基普，没收其财产。

凡是走私、运输、引进、生产、加工、储存、贩卖甲基苯丙胺以及其他违法而危害身心健康的麻醉药品和精神药品或者有组织地进行携带甲基苯丙胺等毒品以及其他违法而危害身心健康的麻醉药品和精神药品途经老挝境内者，数量在300克至500克的，依照第三十二条的规定，将被判处剥夺自由权终身，并处以罚款5亿至10亿基普，并处没收其财产。

凡是数量在3 000克以上则将被判处死刑。

凡是吸食、为吸食而购买、储存甲基苯丙胺以及其他违法而危害身心健康的麻醉药品和精神药品3克以下的，将被判处剥夺自由权6个月至3年有期徒刑。或者视情况进行改造，但不剥夺自由权，无罚款。

（3）凡是储存、加工、生产制毒化学制剂，走私、运输、贩卖制造毒品的化学制剂途经老挝境内者，数量在100克以下的，将被判处剥夺自由权5年至10年有期徒刑，依照第三十二条的规定，处以罚款500万至2 000万基普，并处没收其财产。

凡是一贯地、有组织地进行加工、生产、储存、走私、运输、引进、贩卖制毒化学制剂或者有组织地进行携带制毒化学制剂途经老挝境内者，数量在500克至1 000克的，将被判处剥夺自由权10年至20年，并依照第三十二条款的规定，处以罚款2 500万至5 000万基普，并处没收其财产。

储存、加工、生产制毒化学制剂，走私、运输、贩卖制造毒品的化学制剂途经老挝境内者，凡数量超过1 000克至1 000千克者，将被判处剥夺自由权终身，依照第三十二条的规定，处以罚款5 000万至1亿基普，并处没收其财产。

凡数量超过1 000千克者将被判处死刑。

（4）凡是走私、运输、加工、生产、贩卖、储存鸦片等毒品或者有组织地进行携带鸦片等毒品途经老挝境内者，数量在1 000克以下的，将被判处剥夺自由权2年至7年有期徒刑，依照第三十二条的规定，处以罚款100万至1 000万基普，并没收其财产。

凡一贯地、有组织地进行走私、运输、加工、生产、贩卖、储存鸦片等毒品或者携带鸦片等毒品途经老挝境内者，数量在1 000千克至3 000千克的，将被判处剥夺自由权10年至15年有期徒刑，依照第三十二条的规定，处以罚款1 500万至2 000万基普，并没收其财产。

凡携带鸦片数量超过3 000千克至5 000千克者，将被判处剥夺自由权15年至20年有期徒刑，依照第三十二条的规定，处以罚款3 000万至4 000万基普，并没收其财产。

凡携带鸦片数量超过5 000千克以上者，将被判处剥夺自由权终身，依照第三十二条的规定，处以罚款5 000万至1亿基普，并处没收其财产。

凡是从事鸦片服务行业者，将被判处剥夺自由权3年至5年有期徒刑，依照第三十二条的规定，处以罚款500万至2 000万基普。

（5）凡是种植大麻数量3 000克至1 000千克（生大麻）并进行交易者将被判刑，但不剥夺自由权，依照第三十二条的规定，处以罚款50万至200万基普。凡是种植大麻数量在1 000千克（生大麻）以上并进行交易者，将被判处剥夺自由权1年至3年，依照第三十二条的规定，处以罚款500万至2 000万基普。

凡是走私、运输、加工、生产、贩卖、储存干大麻或者有组织地进行携带干大麻途经老挝境内进行交易者，数量在1 000克至1 000千克的，将被判处剥夺自由权3年至7年有期徒刑，依照第三十二条的规定，处以罚款500万至2 000万基普。

凡是一贯地、有组织地进行生产、贩运干大麻或者携带干大麻途经老挝境内者，数量超过1 000千克的，将被判处剥夺自由权5年至10年有徒刑，依照第三十二条的规定，处以罚款2 000万至5 000万基普，并没收其财产。

凡是从事大麻服务行业者，将被判处剥夺自由权3个月至5年有期徒刑，依照第三十二条的规定，处以罚款500万至2 000万基普。

凡吸食大麻等毒品者，将被判进行劳动改造（但不剥夺自由权），并处以罚款50万至200万基普。①

四、老挝刑法规定毒品犯罪的缺陷

（1）对毒品的种类规定不够齐全。对毒品犯罪的对象毒品，老挝刑法只简单地将其划分为海洛因、冰毒、化学制剂、鸦片和大麻进行处罚，对发展较快的其他新型毒品没有作任何限定性规定。

（2）对将毒品犯归入“经济犯罪”值得商榷。将毒品犯罪排除于经济犯罪的范围，是1988年《联合国禁止非法贩运麻醉药品精神药物公约》第三条“犯罪和制裁”第十款的规定，因为近年来世界刑法改革正朝轻刑化方向发展，尤其对经济犯罪这种轻刑化趋势更为明显，将毒品犯罪排除于经济犯罪，有利于对毒品犯罪进行严厉处罚。老挝刑法将毒品犯罪归入“经济犯罪”值得商榷。

（3）对孕妇不判处徒刑、死刑的规定应作出补充规定。对孕妇不判处徒刑，表现了老挝刑法的仁慈，但是对其行为应作出相应的

①2001年4月10日老挝人民民主共和国国民议会第03号文件中关于刑法第135条法律条款的修订。

处罚规定，否则会造成有人利用孕妇等特殊群体进行毒品犯罪。

（4）对毒赃洗钱没有具体的规定。在毒品贸易日益猖獗的今天，世界各国都十分注重对洗钱行为的打击，老挝刑法中对毒赃洗钱尚无规定，令人遗憾。

（原载《云南警官学院学报》2006 年第 2 期）

我国内地与香港毒品犯罪之立法例分析比较

马骊华*

摘　要：毒品问题已经成为世界各国和各地区的社会问题，为肃清毒品的危害，各方政府均采取了不同的措施。我国香港也曾是毒品的重灾区，但就目前的情况而言，其毒品涉案数量正逐年减少。笔者认为，除全方位的禁毒宣传外，其严密而有效的禁毒法网功不可没。

关键词：香港　内地　禁毒立法　比较

我国香港特别行政区曾经是毒品的重灾区，是毒品流向世界各国的转运中心，但经过香港各界的努力，2000 年，美国已经将其从毒品运转中心的黑名单中除名，更重要的是，从全局考察，毒品涉案人员的数量正在逐渐减少。以海洛因为例（海洛因是香港的主要毒品），2002 年，香港涉海洛因案件为 3 303 件，2003 年为 3 130 件，2004 年为 2 438 件，2005 年为 2 020 件，2006 年 1～8 月，为 1 200 件，案件呈明显下降趋势。① 此外，从 1996 年开始，被呈报滥用药物者的总人数也出现下降趋势，由 1996 年的 19 673 人下降至 1999 年的 16 314 人，在 2005 年更是降至 14 087 人，是过去十年来

---

*马骊华，云南大学法学院副教授，刑法学专业硕士研究生导师，主要从事刑事法的教学与研究。

①数据来源于香港警务处毒品调查科。

最低的数字。笔者认为，取得如此的成果，与香港各界的协同努力禁毒分不开，香港严密的禁毒法网也功不可没。本文正是以此为视角，力图分析阐述内地与香港关于毒品犯罪的相关规定的差异，并欲借他山之石，为内地禁毒献计献策。

一、两地禁毒法例比较

1997年以前，香港的法律体系由以下四大部分组成，第一部分是香港立法机构所制定的成文法，第二部分是英国国会通过并经特别修改以适应香港情况的成文法，第三部分是英国女皇会同枢密院为香港而颁发的某些枢密院训令，第四部分是英国及其殖民地国家的判例以及自1843年发展起来的香港的本地的判例。① 1997年香港回归祖国以后，随着《香港特别行政区基本法》的施行，情况有所变化，从刑事法的角度来看，香港的刑法包括了四部分：原立法机构制定的刑事法律中与基本法不抵触的部分，以及经过修改后与基本法不抵触的部分；适用于香港的原英国的刑事判例法；香港本地的刑事判例法；适用于香港的国际条例中的刑事法律条款。而香港刑法中用于规范毒品犯罪的成文法，主要有《危险药物条例》、《贩毒（追讨得益）条例》以及《有组织及严重罪行条例》、《化学品管制条例》等。②

《危险药物条例》于1969年1月17日，由香港政府以1969年第6号法律公告施行。由58条及7个附表组成，从1969年至今，历经数次修改，最近一次修改为2005年12月23日，大量的修改则发生于1997—1998年间，尤其以1997年的修改为最甚。《危险药物条例》是目前香港司法机关处理毒品问题，包括毒品犯罪的主要法律依据。它包括了对危险药物的进出口、采办、供应、经营与买卖、

---

①参见梁定邦．香港法律制度［J］//港人协会．香港法律十八讲．北京：商务印书馆，1987：1－35.

②文中引用的香港的相关条文，若无特别说明，均来源于香港特别行政区政府的“双语法例资料系统”（http：//www. legislation. gov. hk）。

制造及藏有的管制。既有对危险药物的合法进出口及过境牌照、证明书的签发以及关于合法进出口和过境的规定，也有赋予某些人获取、供应及藏有危险药物的法定权利的规定以及对运载危险药物的船舶的检查放行、扣留及没收的规定，还赋予公职人员检查危险药物的权力，以及违反上述各项规定所应受到的惩罚，等等。从法律性质上分析，《危险药物条例》既有行政法律规范也有刑事法律规范，甚至同一法律条文中两种规范并存，例如第四条，前面部分是"对进口、出口、获取、供应、经营或处理、制造及管有危险药物的管制"的规定，中间部分则是刑事法律规范——"任何人违反第（1）款的任何规定，即属犯罪，可处以下罚则——（a）循公诉程序定罪后，可处罚款＄5 000 000 及终身监禁；及（b）循简易程序定罪后，可处罚款＄500 000 及监禁 3 年"。而就罪刑规范而言，总则性规范与分则性规范交互存在。就整体而言，刑事条款不仅涵盖了毒品犯罪的方方面面，而且对与毒品犯罪密切相关的、违反危险药物制造、流通、使用、管理及监督的规定的犯罪也作了详细规定。

为了更加全面地惩治防范毒品犯罪，香港政府于 1989 年 9 月 1 日又制定颁行了《贩毒（追讨得益）条例》。"本条例就贩毒得益的索究、没收及追讨作出规定，订立关于该等得益或关于代表该等得益的财产的罪行，以及就各项附带或有关事宜作出规定。"从 2002 年对该条例的"详题"的表述我们可以看出，《贩毒（追讨得益）条例》主要是针对贩毒所得利益的索究、没收及追讨所作出的规定，当然，其中也涉及对协助贩毒、藏匿贩毒得益的罪行的相关规定，如关于洗钱罪的规定。全文共 31 条及 4 个附表，最早的修改发生于 1989 年 12 月 1 日，而最近的修改则发生于 2005 年 1 月 7 日，1997 年和 2003 年的修改较多，其中 1997 年最甚。

组织化及集团化已经成为近些年来毒品犯罪的一大特点。世界各国为了打击毒品犯罪，均加大了对有组织贩毒的打击力度。香港也不例外。"旨在增设侦查有组织罪行和某些其他罪行及某些犯罪者的犯罪得益的权力；就没收犯罪得益作出规定；就某些犯罪者的判刑订定条文；增订关于犯罪得益或关于代表犯罪得益的财产的罪行；及就附带及相关事宜订定条文”的《有组织及严重罪行条例》由香港政府于1994年制定实施。该条例由6个附表及36个条文组成，其附表一“与‘有组织罪行’及‘指明的罪行’的定义有关的罪行”就包括了《危险药物条例》第四（1）条、第四A（1）条及第六（1）条规定的危险药物的贩运、贩运宣称为危险药物的物质及制造危险药物三种行为，以及《贩毒（追讨得益）条例》第二十五（1）条规定的“处理已知道或相信为代表贩毒得益的财产”，上述行为，均在《有组织及严重罪行条例》的调整范围内，上述犯罪所得利益，均依照该条例进行追究。

此外，“旨在管制与制造麻醉品或精神药物有关的化学品”的《化学品管制条例》也是香港政府于1975年颁行的与惩治毒品犯罪有关的法律。该条例由19条及3个附表组成，内容包括受管制的化学品的范围，受管制的化学品的输入、输出、获取、供应、经营或处理、制造与管有等环节的相关规定以及违反这些规定所应承担的刑事责任等。

我国内地关于毒品犯罪的刑法规范，最早出现于1979年《刑法》之中，1979年《刑法》第一百七十一条规定了制造、运输和贩卖毒品罪。1997年修订刑法时，以“走私、贩卖、运输、制造毒品罪”为题，将毒品犯罪作为专门一节，规定于刑法分则第六章“妨害社会管理秩序罪”之中，此外，最高人民法院还根据刑法施行中出现的具体问题，制定一些具体的指导意见。由此，在内地，用于规范毒品犯罪的法律，除刑法典外，还包括了最高司法机关制定的司法解释。此外，近年来化学合成类毒品呈泛滥趋势，为了加强对易制毒化学品的管理，规范易制毒化学品的生产、经营、购买、运输和进口、出口行为，防止易制毒化学品被用于制造毒品，维护经济和社会秩序，内地于2005年制定颁行了《易制毒化学品管理条例》（下文简称《条例》），该条例系国务院制定的行政法规，自2005年11月1日起施行，条例对易制毒化学品进行了分类，并列出易制毒化学品的品种目录，在《条例》的第七章中规定，违反条例，构成犯罪的，依法追究刑事责任，将条例与刑法的相关规定联系在一起。此外，在内地刑法中，也对毒品犯罪的下游犯罪——洗钱罪作出了规定，2006 年 10 月 31 日，在十届全国人大常委会的第 24 次会议上，《中华人民共和国反洗钱法》得以通过。如此，通过制定各种规范，内地也编织了一张禁毒法网。

从上述对两地关于毒品犯罪的相关法律规定的分析可以看出，香港的规定较为细致，刑事条款涵盖了毒品犯罪的方方面面，故具有易于实践操作的优点，但由于规范对与毒品犯罪有关的诸如违反合法危险药物制造、流通、使用、管理及监督的犯罪也作了详细规定，故使规范显得过于烦琐、庞杂乃至重叠，① 与刑法的法典化以及表现形式的简洁、明了化发展趋势相悖。

二、罪名比较

依据前述香港的刑法的相关规定，香港的毒品犯罪主要包括了种植、供应、采办、输入、输出或持有毒品原植物罪，制造毒品罪，贩运毒品罪，非法供应毒品罪，持有毒品罪，持有吸毒工具罪，吸食毒品罪，开设烟格罪，准许或出租处所作烟格罪、洗钱罪等。

依据内地相关的法律规定，内地毒品犯罪主要包括走私、贩卖、运输、制造毒品罪；非法持有毒品罪；包庇毒品犯罪分子罪；窝藏、转移、隐藏毒品、毒赃罪；走私制毒物品罪；非法买卖制毒物品罪；非法种植毒品原植物罪；非法买卖、运输、携带、持有毒品原植物种子、幼苗罪；引诱、教唆、欺骗他人吸毒罪；强迫他人吸毒罪；容留他人吸毒罪；非法提供麻醉药品、精神药品罪。

从两地对毒品犯罪罪名的设定来看，两地毒品犯罪的罪名存在较大差异。

---

①参见赵秉志．香港刑法要论［M］．香港：三联书店（香港）有限公司，1999：187.

首先，从表面来看，内地法律规定的毒品犯罪罪名较多，且涵盖了毒品犯罪的方方面面，即不仅涉及植物类毒品的种子、幼苗，如非法种植毒品原植物罪，非法买卖、运输、携带、持有毒品原植物种子、幼苗罪，更包括了毒品本身的产、供、销整个链条，如走私、贩卖、运输、制造毒品罪，而且设立非法持有毒品罪，作为其他条款的堵漏条款。为加强对毒品犯罪的打击力度，还设立了包庇毒品犯罪分子罪，窝藏、转移、隐藏毒品、毒赃罪等罪名。为加大对化学类毒品犯罪的打击，设立了走私制毒物品罪、非法买卖制毒物品罪等。而香港法律规定的毒品犯罪罪名相对较少，且主要涉及毒品本身，即《危险药物条例》附表一中所列出的危险药物所涉及的犯罪。

其次，基于两地对犯罪的内涵认识的差异，两地对毒品犯罪的认识也就存在差异。如内地有非法持有毒品罪，而香港称持有毒品罪。内地之非法持有毒品罪是指行为人持有的毒品数量大，但又无证据证实该人系走私、贩卖、运输或制造。香港的持有毒品罪，指未经核准发给牌照或未经法律授权而持有危险药品，即毒品的行为。又如，香港有吸食毒品罪，持有吸毒工具罪以及开设烟格罪及准许或出租处所作烟格罪，而内地仅将吸毒作为违法行为，对吸食毒品作出罪化处理，只规定禁止吸食毒品，对成瘾者由政府强行戒断，即本人吸食毒品不构成犯罪，但若教唆、引诱、欺骗甚至强迫他人吸食、注射毒品，那就违反《刑法》第三百五十三条的规定，构成引诱、教唆、欺骗或强迫他人吸食、注射毒品罪。此外，内地无烟格罪，但若容留他人吸食、注射毒品，也构成《刑法》第三百五十四条规定的容留他人吸毒罪。

最后，香港将洗钱罪作为毒品犯罪这一类罪名中的一个具体犯罪，而内地则仅认为洗钱是毒品犯罪的下游犯罪，为此，两地对洗钱罪的认定就存在很大差异。依照香港的《贩毒（追讨得益）条例》第二十五条第（1）款的规定，洗钱罪是指明知或有合理根据确信某人为贩毒分子或从贩毒中获得利益，仍然参与或者从事替该贩毒分子安排保存贩毒得益的活动，或者由此使得贩毒分子能够妥善保存或者处置这些得益，或者将这些得益用于投资以获得财产利益的行为。此款规定，是为了剥夺贩毒分子非法活动的利益，阻止通过香港金融机构转移毒品得益，打击毒品犯罪。而根据内地《反洗钱法》第二条的规定，洗钱，是指通过各种方式掩饰、隐瞒毒品犯罪、黑社会性质的组织犯罪、恐怖活动犯罪、走私犯罪、贪污贿赂犯罪、破坏金融管理秩序犯罪、金融诈骗犯罪等犯罪所得及其收益的来源和性质的活动，由此，毒品犯罪所得收益，仅是反洗钱的一个方面。

三、刑罚之差异

从两地刑法为毒品犯罪配制的刑罚来看，两地毒品犯罪之犯罪分子所要承担的刑罚是有很大差异的。

首先，就刑罚种类而言，两地的刑种迥然有异。

在内地，依照现行《刑法》第三章的规定，刑罚分为主刑和附加刑两种，主刑包括管制、拘役、有期徒刑、无期徒刑和死刑，附加刑则包括罚金、剥夺政治权利、没收财产，驱逐出境则可以单独或附加适用于犯罪的外国人。而依照《刑法》第六章第七节的规定，毒品犯罪涉及的刑种，几乎包括了刑法总则规定的所有刑种，从无期徒刑到死刑，抑或是拘役、管制或者是各种附加刑，刑法赋予了法官很大的自由裁量权，法官可以根据案件事实及法律规定给被告人配置相当的刑罚。

就香港刑法而言，由于香港无死刑，因此其刑罚仅包括自由刑、财产刑、资格刑及其他辅助性刑罚，也就是理论上所划分的监禁性刑罚和非监禁性刑罚。而就毒品犯罪的相关规定来看，在香港，毒品犯罪的最高刑罚为终身监禁，其次较多见的为监禁 15 年或 7 年、3 年，多伴有并处罚款之规定，也有判入感化院治疗或入戒毒所强制戒毒等，而且，就法条规定来看，法律对刑期的规定均采用绝对确定的自由刑，例如依据《危险药物条例》第十三条的规定，任何人违反“出口危险药物时须遵守的规定”，“即属犯罪，经定罪后，可处罚款＄5 000及监禁6个月”。如此规定，严格限制了法官的自由裁量权。

其次，从两地的规定可以看出，内地的处罚较重，而香港的处罚相对较轻。例如，依照内地现行《刑法》第三百四十七条第二款的规定，走私、贩卖、运输、制造鸦片1 000克以上、海洛因或者甲基苯丙胺50克以上或者其他毒品数量大的；走私、贩卖、运输、制造毒品集团的首要分子；武装掩护走私、贩卖、运输、制造毒品的；以暴力抗拒检查、拘留、逮捕，情节严重的；参与有组织的国际贩毒活动的，处15年有期徒刑、无期徒刑或者死刑，并处没收财产。而纵观香港相关的规定，贩运或制造毒品罪在所有的毒品犯罪中处刑最重，而依照《危险药物条例》第四条以及第六条的规定，贩运或制造毒品罪，可判处500万港币的罚款，并处终身监禁，而据笔者走访了解，实践中被判处终身监禁的案件并不多见。

再次，香港较看重财产刑，且财产刑和自由刑可以易科；而内地则强调对犯罪分子的自由乃至生命的剥夺。从香港的刑法规定可以看出，香港在对被告人科处刑罚时，较看重从经济上对行为人的制裁，甚至有重财产刑的倾向。以《危险药物条例》的规定为例，在整个条例中，大抵涉及配刑的条文，均是罚款在前，自由刑在后。例如该条例第四条关于“危险药物的贩运”的规定，条文前部分第（1）款是“对进口、出口、获取、供应、经营或处理、制造及管有危险药物的管制”的规定，其第（3）款紧接着就规定，“任何人违反第（1）款的任何规定，即属犯罪，可处以下罚则——（a）循公诉程序定罪后，可处罚款＄5 000 000及终身监禁；及（b）循简易程序定罪后，可处罚款＄500 000及监禁3年”。此外，依据香港法律的规定，当当事人不履行自己向香港政府交纳罚款的义务时，法官可以命令改判监禁，而依据《裁判官条例》第六十八条的规定，监禁刑也可易科为罚款。与香港的规定相反，内地刑法在涉及刑罚时，多是主刑在先，作为附加刑的罚金或没收财产总是尾随其后。分析内地现行《刑法》第六章

第七节“走私、贩卖、运输、制造毒品罪”的11个条文，我们发现，尽管多数条文都有罚金或没收财产的并科规定，但财产刑都是规定在死刑或自由刑之后。而且每个条文对财产刑的规定都比较粗糙或抽象，极不利于操作。例如，第三百四十七条第二款规定：“走私、贩卖、运输、制造毒品，有下列情形之一的，处十五年有期徒刑、无期徒刑或者死刑，并处没收财产。”第三百五十四条规定：“容留他人吸食、注射毒品的，处三年以下有期徒刑、拘役或者管制，并处罚金。”其他的规定也大抵如此。此类规定，不仅给人以重自由刑，轻财产刑的感觉，且由于缺乏具体的罚金数额的规定，也不利于实际操作，就实践而言，由于没有相应的执行措施，财产刑的判处也多流于形式。

四、他山之石

古人云，他山之石，可以攻玉。考察香港的禁毒成效，分析其禁毒法律规范，笔者认为，香港的一些规定或是做法是值得我们借鉴的。

首先，香港刑法规定的明确性，有利于理解与执行。

从前述分析可以看出，香港刑法的内容是相当明确的，在每一部条例中，都对其中涉及的术语及关键词作出了规范性解释，这既有利于普通民众对条文的认识从而规范遵守，同时也有利于执法部门规范公平地执法。以《危险药物条例》为例，该条例共58条及7个附表，其中第二条以“释义”为题，用大量的篇幅（3 700多字）就条例中涉及的术语进行细致解释，条例不仅就鸦片、海洛因、大麻等毒品的内涵进行解释，还就贩运、进口、出口、制造等行为进行描述。例如，“制造”（manufacture）是“指制作、掺杂、提纯、混合、分离或以其他方法处理危险药物的相关行为”；“贩运”即指“就危险药物而言，包括进口入香港、从香港出口、获取、供应或以其他形式经营或处理危险药物，或管有危险药物作贩运”；等等。另外，第三条则就毒品的检验计算方法作了原则规定。此外，在正文后的七个附表中，对条例中涉及的相关术语又进行了详细补充，如附表一，对危险药物的范围，以列表的方式一一列出，附表二则详细列出“非政府办的订明医院及院所”，而依据该条例的规定，这些医院是可以合法使用危险药物的。笔者如此细数条文，是想说明前述观点，即法律规定越是明确具体，越有利于理解与遵守，也有利于执行。

与香港的法律规定相比较，内地的禁毒法律规范就显得抽象，虽然符合刑法的原则与简洁的要求，但就目前的实际操作来看，就又有了难以统一理解和认识的弊端。例如，依照现行《刑法》第三百五十七条第一款的规定，毒品，是指鸦片、海洛因、甲基苯丙胺（冰毒）、吗啡、大麻、可卡因以及国家规定管制的其他能够使人形成瘾癖的麻醉药品和精神药品。虽然这样规定似已涵盖了所有的毒品类型，但大凡有新型毒品出现，尤其是“变种”的新型毒品出现时，如此的规定就不能及时解决问题。再者，由于该条的第二款规定：“毒品的数量以查证属实的走私、贩卖、运输、制造、非法持有毒品的数量计算，不以纯度折算。”因此，当一种刑法未列出具体名称的新型毒品出现时，如何定罪量刑，就又只能用司法解释的方式来统一认识和意见。此外，若不考虑毒品的纯度，仅看数量，那么势必造成执法不公。试想，如行为人在甲地购得海洛因 20 克，为利益驱使，在里面加进大量面粉或其他物质从而使毒品数量增加至 200 克甚至更多，若仍然严格按照此条规定执行，笔者认为有失公正。另外，内地禁毒法律规范抽象、简洁，虽符合刑法之发展趋势，但由于各方面的原因，就导致执法不统一。例如，现行刑法并未就“贩卖”、“制造”等行为的含义进行解释，因此，实践中人们在理解时就存在不同的意见。“贩卖”是“买进”再“卖出”，还是仅指“买进”，抑或是专指“卖出”？如此的分歧，也就导致了实践中多数人认为，“贩卖毒品罪”成立，须在交易时当场人赃俱获，这使得侦破工作难度大增。而何谓“制造”也是一个不易统一认识的问题：用原料或辅料制成毒品是“制造”，那么在一种毒品里添加其他成分，使之数量大增或变成其他成分的毒品是否属制造？如此种种的问题，皆因刑法规定不够明确所致。

其次，香港禁毒法规中关于推定的规定，加大了行为人的举证责任，有利于打击犯罪。

在前述香港的禁毒法规中，有多处关于推定的明确规定。例如根据《危险药物条例》的规定，制造毒品罪是指无牌制造毒品（或者协助制造毒品），或者作出或承担作出任何行为，以制造或准备制造毒品的行为。而鉴于毒品制造往往是秘密进行的，制造过程很难被当场查获，因此《危险药物条例》第四十五条以“有关制造危险药物的推定”为题，就构成制造毒品罪的推定作了明确规定，即“任何人经证明曾制造危险药物或曾作出准备制造危险药物的作为，则直至相反证明成立为止，须被推定为已知悉该药物的性质”。这一规定在香港的判例中被解释为：如经证明有人被发现在任何房屋内，或从该屋宇或其中一部分逃出，而该房屋内正在制造毒品或发现有用做制造毒品的物料，除非能提出反证，否则该人被假定为曾制造毒品，或作一次行动准备制造毒品而构成制造毒品罪。此外，该条例第二条第（2）款在关于持有毒品罪的规定中也有推定的规定：“如危险药物或管筒、设备或器具（视属何情况而定）由某人实际保管，或由受其控制的其他人持有，或由其他人为其或代其持有，该某人即当做管有该危险药物或管筒、设备或器具。”此外，其他的禁毒法律规范，如《贩毒（追讨得益）条例》等也有类似关于推定的规定。

就内地而言，近些年来推行的诉讼制度改革，引进了当事人主义的理念，刑事诉讼中的举证责任，原则上由公诉机构承担，而毒品犯罪案件本身所具有的特殊性，使得此类案件不仅侦破困难，诉讼更难，当场人赃俱获的案件比较少，很难做到铁证如山。如果借鉴香港的经验，在适当的时候将举证责任分配给行为人，这对于严密法网、打击毒品犯罪可能会起到事半功倍的作用。

再次，香港禁毒法例中大量的财产刑的配置以及配套的执行制度，对遏制毒品犯罪起到了很大的作用。

香港的禁毒法例中，有大量的财产刑，且笔者认为有重视财产刑之倾向，或许就是这种配置，极大地遏制了毒品犯罪。从香港的禁毒法例来看，不论是《危险药物条例》还是《贩毒（追讨得益）条例》，抑或是《有组织及严重罪行条例》，其中的刑罚都配有财产刑，且财产刑都排列在自由刑之前。众所周知，毒品犯罪，除吸食注射毒品外（且并非所有国家和地区都将毒品消费入罪化），行为人的最终目标是为了经济利益，不论是贩卖毒品还是制造毒品，最终都是为了营利，因此，打击毒品犯罪就必须先切断其资金链，使行为人失去经济能力，从而达到遏制毒品犯罪的目的。此外，对于毒品犯罪之得益，也应当一查到底。《贩毒（追讨得益）条例》与《有组织及严重罪行条例》、《危险药物条例》一道，形成了一张对贩毒得益进行追讨、收缴的法网，其中的相互关联的制度，就香港今天所取得的禁毒成效而言，笔者认为功不可没。

就内地的禁毒情形而言，虽然国家采取了很多措施，全方位加大了对毒品犯罪的打击力度，但毒品犯罪仍有愈演愈烈之势。为了经济利益，仍有不少人甘愿冒杀头之险，而实际上，这些年来，内地在毒品犯罪案件中判处的死刑并不少，但死刑的威慑作用并没能得到真正体现。而且就内地的现行刑法体系来看，刑法为毒品犯罪也配置了财产刑，但宣判中财产刑往往流于形式，多数并没有得到执行并最终不了了之。毒品犯罪分子“死了我一个，幸福全家人”的观念就表明内地刑法对毒品犯罪所得利益追讨的乏力。当然，毒品犯罪是一个社会问题，需要全社会的共同努力，但对毒品犯罪的经济方面的惩处不力，也不能不说是内地毒品犯罪屡禁不止的一个原因。鉴于此，笔者认为，应当借鉴香港的经验，注重从财产方面惩处毒品犯罪分子，并加大对毒品犯罪得益的追讨力度。

此外，香港刑罚的轻缓也值得我们借鉴。毕竟，刑罚谦抑是刑法发展的趋势，中国作为一个文明大国，理应在刑事法治方面有所作为。

（原载《云南大学学报》（法学版）2007 年第 1 期）

缅甸的政治环境变迁及其对禁毒的影响研究

杨　朝*

摘　要：长期以来，由于缅甸的罂粟种植与罂粟类毒品的生产一直稳居世界前两位而备受国际社会的关注。为了解决缅甸的罂粟类毒品问题，缅甸历届政府以及国际社会采取了诸多的禁毒措施，但最终的结果却令世界失望，导致这一结果的原因是多方面的，其中，缅甸的政治环境是根源所在。本文通过考察缅甸政治环境的历史变迁，就缅甸的政治环境与禁毒的关系问题进行粗浅的探讨。

关键词：缅甸　政治环境　变迁　禁毒　影响

20世纪70年代初至90年代中期，缅甸的罂粟种植面积与罂粟类毒品的产量一直居世界首位，1996年1月，随着缅甸境内最大的鸦片军阀昆沙宣布向缅甸政府投降，缅甸的罂粟种植与罂粟类毒品的生产开始逐年下降。1999年以后，由于阿富汗境内的罂粟种植与罂粟类毒品的生产迅速扩大，阿富汗开始取代缅甸成为世界上最大的罂粟种植地区与罂粟类毒品的主产地。不过，根据联合国麻醉品管制局（International Narcotic Control Board，以下简称INCB）提供的最新数据表明：截至2005年，缅甸的罂粟种植面积约为32 800公顷，另据联合国毒品与犯罪办公室（United Nations Officc on Drugs

*杨朝，云南大学法学院教师。

and Crime，以下简称 UNODC）的统计，到 2005 年底，缅甸的罂粟类毒品的产量估计为 312 吨，缅甸依然是世界第二大罂粟种植与罂粟类毒品的主产地。面对缅甸如此棘手的罂粟类毒品问题，长期以来，缅甸历届政府以及国际社会采取了诸多的禁毒措施试图解决这一难题，但最终的结果却令世界失望，导致这一结果的原因是多方面的，从产生根源上看，缅甸有着长期种植罂粟以及生产鸦片的历史是缅甸的罂粟类毒品屡禁不止的重要原因；从经济因素上看，缅甸境内广泛存在的贫困问题，使缅甸的禁毒措施难以实施，导致禁毒不力；此外，国际社会在禁毒方面给予缅甸的支持与协助不够也是导致缅甸禁毒不力的原因之一；除以上诸多原因外，多年来缅甸政治环境的不稳定是导致缅甸政府禁毒不力的根源所在。有鉴于此，本文拟对缅甸的政治环境变迁及其对禁毒的影响进行探讨。

回顾缅甸的毒品发展史，我们可以清晰地看到，缅甸的罂粟类毒品问题与缅甸的政治环境密不可分，缅甸政治环境的变迁左右着罂粟类毒品问题的发展。从缅甸罂粟类毒品问题产生的根源看，罂粟类毒品问题本身就是殖民政治的产物。英国对缅甸的殖民战争始于 1826 年，经过多年的殖民战争，英国于 1886 年占领缅甸。英国殖民者占领缅甸后，为了维持其在世界鸦片贸易中的绝对垄断地位，开始批准缅甸的掸邦、克钦邦等地大量种植罂粟，此后，英国殖民者又批准萨尔温江的整个东岸地区种植罂粟，使缅甸在 20 世纪初便成为除印度之外的世界第二大罂粟种植与鸦片生产地。在英国对缅甸实施殖民统治的时代，殖民者对缅甸的罂粟种植和鸦片生产实行严格的控制政策，为了防止缅甸人吸食鸦片，英国人甚至制定了鸦片法案，明确规定禁止缅甸人吸食鸦片，违反法律规定者，处以重罚，在英国殖民者看来，罂粟种植与鸦片生产是英国人的政治特权，禁止任何缅甸人触及，政治对于缅甸罂粟类毒品问题的影响由此可见一斑。在第二次世界大战期间，由于日本的入侵，日本与英国殖民当局在缅甸地区的战事不断，致使缅甸的政治环境陷入混乱无序的状态，缅甸的鸦片生产完全摆脱了政治的桎梏，原先由英国殖民者严格控制的鸦片生产逐渐转变为无序的自由生产，混乱的政治环境对罂粟类毒品问题的影响力明显下降。

在1945年至1947年间，为了争取国家与民族的独立，缅甸人民在独立之父昂山将军的领导下进行了艰苦卓绝的斗争，最终于1947年迫使英国承认缅甸的独立，不过，英国殖民者在1947年12月暗杀了昂山将军，为缅甸独立以后的政局不稳埋下了祸根。在缅甸争取政治独立期间，由于缅甸社会的焦点集中于国家独立这一唯一的政治问题上，英国殖民者以及缅甸独立运动的政治派别都无暇顾及缅甸的罂粟类毒品问题，致使掸邦地区的罂粟种植与鸦片生产逐步走向繁荣，缅甸政治环境对罂粟类毒品问题的影响能力继续下降。1948年1月4日，缅甸脱离英国的殖民统治正式宣布独立，在随后召开的临时国会会议上，由缅族控制的国会提出了一项旨在立佛教为国教的临时动议，该议案因遭到其他民族政治代表的强烈反对没有成为正式的法案，不过，由缅族控制的中央政府却一味推行独尊佛教的政策，这种政治意图可以从以前的缅甸国旗①的图案中得到印证，当时的缅甸政府一意孤行地推行维护缅族利益的单边政治策略的做法，为缅甸随后的政治分裂和长期的政治动乱埋下了祸根。由于不满由缅族控制的中央政府忽视其他各族的利益和要求，从1949年起，其他各族纷纷组织了自己的武装和政府，从此，由缅族控制的中央政府与其他各族组织的政府和武装之间战事不断，缅甸中央政府与其他各族组织的政府之间形成军事与政治上的对峙局面，缅甸的政治分裂在所难免，这种局面一直持续到20世纪90年代中期才有所改变。1951年，缅甸政府曾经设立过毒品调查委员会，专门负责禁种、禁制、禁吸等禁毒工作，不过，由于缅甸政府的政治影响力无法抵达其他民族控制的掸邦和克钦邦这些传统的罂粟种植

①1948年缅甸宣告独立后，缅甸的国旗图案定为红蓝两色，蓝色图案的中心为金光灿灿的仰光大金塔，在缅甸的佛教文化中，大金塔为缅甸佛教的标志性建筑，2004年以前，缅甸以大金塔为国旗的中心图案表明佛教在缅甸占据独一无二的政治地位。

和罂粟类毒品生产地区，因此，缅甸政府的禁毒只能流于形式，政治环境的不稳定对禁毒的负面影响显现无疑，整个20世纪50年代，由于缅甸政治环境的恶化使缅甸的禁毒只能成为一句政治口号。

20世纪60年代，由于不满民选政府在打击缅甸境内的反政府武装方面无能为力的被动局面，缅甸军人走上政治的前台，开启了缅甸的军人政治时代，缅甸军人上台后便着手集中力量打击各种反政府武装，为了打击掸邦境内的反政府武装，缅甸政府曾与昆沙领导的武装组织“勒威卯”（the Lwemaw group）展开军事合作，共同对掸邦境内的反政府武装进行清剿。1968年，缅甸军方宣布昆沙领导的武装组织“勒威卯”成为军方派驻丹阳地区的第11军，专门负责镇压该地区的各种反政府武装。1969年10月20日，缅甸军方以昆沙领导的武装组织“勒威卯”不断违反缅甸的禁毒法律为由要求昆沙解散其军队，军方的要求遭到了昆沙的拒绝，昆沙随即被军方逮捕入狱，昆沙领导的武装组织与缅甸政府的合作宣告结束。20世纪60年代，在缅甸政府主导的军事打击为主的政治策略的推动下，缅甸的禁毒开始从纯粹的政治口号转变为实际行动。1961年，缅甸政府批准《联合国麻醉品单边公约》成为该公约的正式会员国，随后，缅甸政府公布了在缅甸境内受管制的毒品的种类及其范围。1962年，缅甸政府颁布了禁毒法案，正式宣布鸦片为非法物品，参加国际禁毒公约和颁布禁毒法案为缅甸政府开展禁毒工作提供了法律依据，这在缅甸的禁毒史上具有里程碑的意义。1964年，缅甸政府开始推行毒品清除计划，在缅甸政府控制的地区，这一计划得到了有效的执行，但对于掸邦和克钦邦这些传统的罂粟种植和罂粟类毒品生产地区，由于缅甸政府的政治势力无法进入导致这一计划无法实施，即使与缅甸政府采取合作态度的昆沙，在面对缅甸政府提出的禁毒要求时往往也是阳奉阴违，就在缅甸政府推行禁毒计划的1964年，昆沙的部下悄悄地与掸邦境内的其他鸦片军阀进行毒品交易，1968年，昆沙的武装获取合法的军队身份后更是明目张胆地参与鸦片的贸易，这种做法直接导致缅甸政府于1969年以昆沙领导的军队违反禁毒法律为由将其逮捕入狱。通观昆沙与缅甸政府的合作历程，我们可以清楚地看到，没有政治的稳定，禁毒便会陷入举步维艰的境地。

20世纪70年代，缅甸政府在军事上不得不同时面对掸邦南部的昆沙和掸邦北部的缅甸共产党的双重压力，1974年9月，迫于俄罗斯外科医生人质事件①的压力，缅甸政府释放了昆沙。1976年2月7日，昆沙再次掌控军事武装组织"勒威卯"，随后，他将"勒威卯"改组为"掸邦联合军"（SUA），在昆沙的领导下，从20世纪70年代中期开始，"掸邦联合军"（SUA）公开反抗缅甸政府，双方爆发了长达20年的战争。在与缅甸政府公开对抗的同时，昆沙还对掸邦地区的其他鸦片军阀多次发动战争，通过战争，昆沙在掸邦地区取得了军事与政治上的主导权，在自己强大的军事力量的支撑下，昆沙开始全面参与"金三角"地区的毒品犯罪活动，到70年代中后期，他已经成为"金三角"地区最大的鸦片军阀，成为名副其实的鸦片之王。在缅甸北部，缅甸共产党（BCP）②领导的武装在70年代多次与缅甸政府发生战争，通过在掸邦不断的军事斗争，缅共扩大了在缅甸北部地区的影响力，在展开军事斗争的同时，缅共以提供资助的方式与包括"克钦独立组织"（KIO）和"掸邦军"（SSA）等在内的克钦邦和掸邦地区的反叛力量结成政治联盟，公开与缅甸政府进行军事与政治的对抗。在20世纪70年代，缅甸政府不得不

①1969年10月20日，昆沙被捕入狱，为了营救昆沙，其部下劫持了两名在缅甸宕夷（Taunggyi）地区the Sao Sam Htun Hospital医院工作的俄罗斯外科医生作为人质，并以此为要挟要求缅甸政府释放昆沙，昆沙部下的要求遭到了缅甸政府的拒绝，两名人质随后被转移至泰国北部境内，昆沙的部下以此为政治筹码继续要求缅甸政府释放昆沙。1974年9月，昆沙被释放后两名俄罗斯人质才被释放。

②1939年8月15日，以德钦昂山和德钦索为首的一群缅甸青年人在仰光秘密成立了共产主义小组，后来，该组织最终发展成为缅甸共产党（BCP），德钦昂山任总书记，他组建了人民革命党。1944年1月，缅共第一次党代表大会召开。1948年3月28日，缅共正式利用军事手段对抗缅甸政府。1950年，缅共发出了在两年内夺取政权的宣言，随后，缅共与缅甸政府之间发生多次战争，军事斗争失利后，缅共转入地下斗争。20世纪60年代，缅共在缅甸北部地区建立军事基地并成立革命委员会，准备进行长期的军事斗争。20世纪70年代中期以后缅共开始走向衰落。

同时应付南北反政府武装的军事压力，军事斗争是整个70年代缅甸的核心政治问题，由军事斗争引发的政治环境的混乱使缅甸的禁毒形同虚设。1971年，《联合国精神药品国际公约》通过，缅甸随即加入该公约，并及时公布了缅甸境内受管制的精神药品的范围。1976年，为了有效地打击毒品犯罪，缅甸政府设立中央禁毒委员会及地方禁毒委员会，在缅甸全境全力推行禁毒工作，但由于以昆沙为首的鸦片军阀在军事上能够与缅甸政府形成对抗的局面，导致缅甸政府对掸邦和克钦邦等地方势力难以实施有效的统治与管理，缅甸政府与地方势力事实上长期处于政治对立状态，这种政治上的对立为缅甸的禁毒工作设置了无形的障碍，致使禁毒成为一种奢望与笑谈，昆沙凭借强大的军事力量迅速成为“金三角”地区的鸦片大王的事实是对缅甸政府禁毒无力的最佳注解。

20世纪80年代，军事斗争依然是缅甸政府面临的首要政治难题，与70年代面临的南北两线作战的严峻形势相比，80年代缅甸政府军事打击的重点主要集中在昆沙身上。1984年，为了控制掸邦地区的鸦片贸易，昆沙对掸邦地区的其他鸦片军阀发动战争以削弱其势力。经过多次战争，昆沙的势力开始向掸邦的中北部地区渗透，到1985年底，昆沙已经完全控制缅甸与泰国北部接壤的“金三角”地区。为了对抗缅甸政府，从1985年起，昆沙以提供资金和资助军火的方式与莫亨领导的“掸邦革命联合军”（SURA）结盟，不久，昆沙与莫亨共同组建了“泰人联合解放军”（UTLA），并成立了“掸邦爱国者联合委员会”的自治政府，随后，昆沙又将“泰人联合解放军”（UTLA）改组为“掸邦军”（SSA），通过政治联盟的方式，昆沙的势力开始向掸邦北部地区拓展。20世纪80年代末期，昆沙再次改组“掸邦军”并正式成立“猛泰军”（MTA）。通过军事扩张与政治结盟，到80年代末期，昆沙已经完全控制缅甸境内的整个“金三角”地区。与南部的昆沙势力的异常活跃相比，20世纪80年代以后，由于失去国外的支持，在缅甸政府的军事与政治的双重打击下，北部的缅共势力开始走向没落。在20世纪80年代，面对昆沙咄咄逼人的军事与政治攻势，缅甸政府也只能穷于应付，为了有效打击昆沙的军阀势力，以丹瑞大将为首的军人于1988年重新改组政府，成立了具有中央政府性质的机构——恢复国家法律与秩序委员会，新政府成立后确立了军事打击与政治谈判并重的政治策略，从80年代末期开始，缅甸政府加紧打击昆沙的军事力量。为稳住北方的局势，缅甸政府从80年代末期开始与北方的反政府武装展开政治谈判，力争以政治的手段结束北方的政治分裂状态。与缅甸政治环境的改变相对应，1988年以前，由于在军事与政治上均无法取得对昆沙武装势力的战略优势，缅甸的禁毒工作只能在缅甸政府控制的南部地区展开；至80年代末期，以缅甸掸邦地区为主的“金三角”，已经成为世界上最大的罂粟种植与罂粟类毒品加工地区，禁毒在昆沙的地盘里只能成为一种良好的愿望。虽然缅共的势力在80年代走向没落，但缅共并没有轻易地选择向缅甸政府妥协和投降，为了筹措武器和粮食，1980年以后，缅共领导的军事武装开始从事海洛因的生产和贩运，从此走向武装贩毒之路，缅共的武装贩毒使克钦邦境内的毒品犯罪活动迅速兴盛起来，与该地区日趋平稳的政治环境相比，毒品犯罪却呈现日趋严重的态势，禁毒不但没有因为政治环境的改变而得到顺利的推进，相反，禁毒只能继续停留在字面意义上。当然，随着《联合国禁止麻醉品和精神药品非法运输国际公约》于1988年被通过，缅甸政府也及时加入这一禁毒公约，并迅速公布了缅甸境内受管制的易制毒化学物品的范围，使缅甸的禁毒范围进一步扩大，这表明缅甸的禁毒还是取得了一定的进展。

20世纪90年代，缅甸政府于1990年将恢复国家法律与秩序委员会，并更名为国家和平与发展委员会，政府机构名称的改变意味着缅甸政府将国家政治环境的稳定列为90年代的核心政治问题，为了实现国家既定的政治目标，缅甸政府从1990年起加大对反政府武装的军事打击力度。1992年，随着昆沙的“猛泰军”（MTA）的军事力量不断壮大，缅甸军方不得不将其列为首要的打击目标，双方的战争从1992年12月起一直持续至1995年底。除在军事上与缅甸政府进行对抗外，昆沙还采取了一系列的政治措施与缅甸政府形成政治上的对抗。1990年，昆沙公开宣称自己是掸邦地区的合法代表，他将引导掸邦的掸族人走向自由和独立，并宣称将在掸邦地区建立独立的“掸国”。1991年12月6日，昆沙宣布组建自治政府“掸邦复兴委员会”（SSRC）。1992年12月1日昆沙在贺勐地区召开了掸邦地区代表大会，会议通过了重组“掸邦复兴委员会”（SSRC）的决议并选举昆沙为该委员会主席，此后，由年长村民、和尚和“猛泰军”（MTA）军方人员组成的大会再次在贺勐地区举行，会议最终宣告掸邦为一个独立的国家，组建了由35人构成的“掸邦国会”，选举昆沙为“总统”，重组“掸邦复兴委员会”为“掸邦人民代表委员会”（SPRC），作为掸邦的“中央政府”。1994年4月，昆沙为了争取国际社会对其政府的认可，决定展开一场独立战争，将掸邦从缅甸分离出去，战争在孟角地区爆发，昆沙的“猛泰军”（MTA）大败，损失了不少人员和军事物质。此次战役的失败使“猛泰军”（MTA）迅速走向分裂，1995年6月，随着康畏（Kan Ywet）领导的“掸邦国民军”（SSNA）的成立，昆沙领导的“猛泰军”（MTA）开始走向分裂。军事上的失败、“猛泰军”（MTA）的分裂再加上美国政府的施压，在内忧外困的窘境下，走投无路的昆沙不得不于1996年1月向缅甸政府无条件投降以保全其身家性命。昆沙的投降对缅甸的政治环境产生了深远的影响，具体体现在：首先，加速了缅甸的和平统一步伐；其次，为在缅甸展开大规模的扫毒行动奠定了坚实的政治基础；最后，为在缅甸实施罂粟作物替代种植计划提供了政治保障。在对昆沙的军事与政治斗争取得决定性胜利的同时，缅甸政府在对付北方的缅共势力方面也取得了长足的进步。1985年，国外对缅共的物资、军事的资助以及政治上的支持完全终止，缅共在政治上逐步走向孤立，面对缅甸政府的军事与政治的双重打击，缅共领导的人民军在军事上节节败退导致其军事实力日渐衰微，军事上的溃败加剧了缅共的内部矛盾。20世纪80年代末期，缅共陷入了完全分裂的状态，缅共领导的人民军也随之分裂成若干武装派别。

趁着缅共分裂之机，缅甸政府适时地抛出劝降计划，1989 年 3 月 12 日，彭家声率领其军事武装“果敢民族民主同盟军”正式宣告脱离缅共向缅甸政府投降，随后，缅甸政府将果敢地区列为掸邦北部第一特区并交由彭家声继续管理以作为“果敢民族民主同盟军”向缅甸政府投降的回报。“果敢民族民主同盟军”的投降标志着缅甸政府的政治和谈取得初步的成功。1989 年以后，缅甸政府在北方地区推行政治和解与武器换和平计划的政治策略，经过多年的努力，从缅共分离出来的一些军事武装以及许多的北方反政府武装纷纷放下武器向缅甸政府投降，缅甸的和平进程初现曙光，缅甸的政治环境开始好转。与缅甸政治环境的好转相比，缅甸的禁毒局势也随着政治环境的改变而大为改观。1991 年，美国禁毒署（DEA）对昆沙发出国际通缉令，指控昆沙是美国 20 世纪七八十年代鸦片类毒品泛滥的元凶。从 1995 年起，国际社会在禁毒领域加强了与缅甸政府的合作，联合国的 INCB 和 UNODC 开始在禁毒信息、技术以及资金方面给予缅甸政府相应的帮助与支持。1999 年，UNODC 开始在缅甸实施一年一度的罂粟种植和罂粟类毒品生产情况的调查计划，并于 2000 年首次公布了缅甸的罂粟种植和罂粟类毒品生产的具体状况，为国际社会了解缅甸的禁毒形势提供了数据支撑。在国际社会的支持下，缅甸政府在推进政治和平进程的同时，也不忘适时地推动本国的禁毒工作。1990 年，国家和平与发展委员会下设的内务部成立了专门的中央禁毒机构——中央禁毒委员会，专门负责领导和指导缅甸境内的禁毒工作，在各邦和地区则相应地成立地方禁毒委员会，具体负责禁毒工作的实施。1993 年 1 月，缅甸政府制定并通过《麻醉品与精神药品法》，1995 年 7 月，通过《麻醉品与精神药品法实施规则》，为缅甸的禁毒提供了法律依据。缅甸禁毒机构的成立以及禁毒法律的实施使缅甸的禁毒开始走向正轨。

进入 21 世纪以来，缅甸的政治环境继续好转，政治环境的改善使缅甸的禁毒步入快速发展时期。为了加强禁毒工作，缅甸政府于 2001 年 2 月通过《总检察长法》，2002 年 6 月又颁布了《反洗钱法》，从而使缅甸政府的禁毒法制更趋合理，为缅甸政府进行深入的禁毒工作提供了制度保障。由于政治环境的持续好转以及一系列禁毒措施的相继实施，自2000年以来，缅甸的禁毒取得了丰硕的战果，以2002年为例，缅甸在掸邦地区销毁的罂粟种子就达117 892.394千克，在首都仰光地区举行的第16次毒品销毁活动上，总共销毁鸦片3 027.832千克，海洛因240.462千克，吗啡130.38千克，冰毒517.89千克，咖啡因3 021.8千克，ATS片剂34 946 966片和麻黄素片剂4 050 947片，这些毒品价值10.78亿美元。[①] 从缅甸政治环境与禁毒关系的历史变迁中，我们可以清晰地看到，政治环境对于缅甸的禁毒问题具有决定性的影响，只有政治环境稳定，缅甸的禁毒才会有面目一新的改变，如果缅甸不能实现政治环境的安定，要解决缅甸的罂粟类毒品问题将无从谈起。[②]

综上所述，无论从历史还是现实的角度看，缅甸的政治环境变迁对禁毒都具有决定性的影响，稳定的政治环境是缅甸全力推行禁毒工作的基础，在缅甸的政治环境日益好转的情况下，缅甸的禁毒工作也正在有条不紊地进行，相信只要缅甸保持政治的稳定，困扰缅甸以及世界的东南亚罂粟类毒品问题最终会得到有效的解决。[③]

（原载《云南警官学院学报》2006年第3期）

①16th Destruction of Drugs [EB/OL]. （2002－06－26） [2005－10－08] http://www.myanmar－narcotic.net/Destruction/2002destruction.html.

②联合国麻醉品管制局. Report of the International Narcotics Control Board for 2005 [EB/OL].（2005－11－01）[2005－11－12] http://www.incb.org/incb/en/annual_report_2005.html.

③联合国毒品与犯罪办公室. Myanmar Opium Survey 2005 [EB/OL].（2005－11－08）[2005－11－16] http://www.unodc.org/unodc/en/crop_monitoring.html.

禁毒政策的西方经验与中国实践

高 巍*

摘 要：20 世纪后期，毒品已成为一个国际性问题，对于全球政治、经济、文化构成了严重的威胁，我国毒品滥用及毒品犯罪的形势也日趋严峻。然而，毒品犯罪重刑威慑的模式无论在理论建构还是在实际效果上，都存在着明显的缺陷，因此，有必要借鉴西方国家禁毒经验，结合我国具体的历史、文化、区域实际，进一步完善我国的禁毒政策，以求更有效地遏制毒品滥用和毒品犯罪。

关键词：毒品犯罪 禁毒模式 禁毒政策

毒品是一个历史范畴，据国外文献记载，公元前 1500 年左右，鸦片的兴奋作用已被埃及人认识。① 不久，鸦片自埃及传入欧洲。有英国学者指出："在公元前 323 年至公元前 1 世纪时期的古希腊，医师已经非常了解鸦片镇静的危险，并增加了迪奥里斯对迪亚戈拉斯、安德烈亚斯和姆奈西迪莫斯所记下的对此麻醉品的畏惧心理所作的简要附注。"② 19 世纪中后期以来，鸦片等麻醉物质对于社会和个体

---

*高巍，法学博士，云南大学法学院副教授。

①Charles R. Swanson, Neil C. Chamelin and Leonard Territo. Criminal Investigation [M]. New York: The Mc Graw - Hill Inc, 1996.

②罗伊·波特，米库拉什·泰希．历史上的药物与毒品［M］．北京：商务印书馆，2004.

所造成的巨大危害逐渐在国际社会达成共识。1912 年，第一个国际禁毒公约《海牙鸦片公约》明确了限制和禁止鸦片的目标。但是，经过 100 多年的禁毒实践，毒品非但没有被有效遏制，反而呈现逐渐蔓延扩大之势。20 世纪后期，毒品已成为一个国际性问题，对全球政治、经济、文化构成了严重的威胁，我国毒品滥用及毒品犯罪的形势也日趋严峻。因此，有必要借鉴西方国家的禁毒经验，结合我国具体的历史、文化、区域实际，进一步完善我国的禁毒政策，以求更有效地遏制毒品滥用和毒品犯罪。

一、美国模式——供求减少路径

从古典经济学的理论建构出发，美国最具代表性的禁毒策略为控制供求。这种路径选择建立在毒品作为一种“商品”的假设基础之上，认为减少供应或者压制需求均能有效控制毒品。但是，在具体的路径选择上，供求控制策略又存在严重的分歧。一方面，严厉的控制毒品供应的措施也可能影响毒品的需求；另一方面，温和的减少毒品需求措施也可能减少毒品的供应，二者之间的界限并不是理论上那样分明。哈佛大学肯尼迪政府学院教授 Mark H. Moore 认为，可以从三个方面评估减少毒品供应策略的实效和可行性，即毒品政策本身、有组织犯罪政策、对外政策。[①] 毒品供应减少路径作为一种重要的禁毒措施，具体通过打击毒品走私、摧毁贩毒集团、减少毒品流入非法市场的数量以发挥作用，在理论上，通常把这种措施形象地表述为“堵源”。但是，从美国的禁毒实践来看，这些围绕“堵源”的传统禁毒措施效果并不理想，因为美国数千公里的边界线无法面面俱到地实现边界对于毒品流入的封堵，摧毁主要贩毒集团的策略更多只是一种理论假设。不仅贩毒集团高层隐蔽性强、难以发现和指控，而且贩毒组织的替代性也非常强，即使逮捕了贩毒集

①Mark H. Moore. Drugs and Crime [M]. Chicago: The University of Chicago Press, 1990.

团的首要分子，也会有其他成员或组织乘虚而入，继续贩毒组织的经营。此外，美国理论界一般认为，减少需求的禁毒策略遵循以下两个方面展开：其一，改变潜在吸食者的心理状态；其二，改变潜在吸食者的客观条件。①

二、德国模式——减少危害路径

德国禁毒政策以特别刑法和行政立法为主，如德国于 1981 年制定颁布的《麻醉品法》（Bt – MG），该法于 1982 年生效，后经多次修改。德国《麻醉品法》确立了以治疗代替刑罚的基本原则，强调治疗和矫正在禁毒政策中的基础性和根源性。然而，德国毒品犯罪的形势非常严峻，刑事规制仍然普遍存在，并且经历了从宽松到严厉的过程，如《麻醉品法》第二十九条第一款规定，非法进行毒品交易的行为可处以最高为 4 年自由刑，情节严重的则处以 10 年至 15 年自由刑。② 但是，另一方面德国又极为重视增加治疗力量和措施，力图使毒品政策取得最佳的社会效果。如设立戒毒治疗中心，通过职业培训、小组谈心、劳动改造等措施，强化对吸毒人群的干预和矫正。

三、我国禁毒政策的反思与革新

自从鸦片战争以来，我国对于毒品的政策或方针一直带有情绪化的特征，把鸦片战争的罪魁祸首视为毒品，并以此为基础论证毒品给中国社会和人民所带来的沉重苦痛。正因为如此，我国在制定禁毒政策时往往呈现出不够理性的特征，对于毒品及其相关行为附加了太多道德和情绪色彩。如有学者指出："中国曾是遭受毒品危害最为严重的国度。鸦片战争失败，使中国蒙受了百年的耻辱。鸦片烟毒在旧中国的肆虐，严重摧残了民众的身心健康，无情吞噬了巨

①Michael Tonry，James Q. Wilson Drugs and Crime ［M］. Chicago：The University of Chicago press，1990.

②徐久生. 德语国家的犯罪学研究 ［M］. 北京：中国法制出版社，1999.

额的社会财富，使得无数家庭妻离子散，家破人亡。每一个有血性的中国人都应当牢记这一段血泪斑斑的历史。”① 这样的宏大叙事作为禁毒政策的依据和基础，使我国历史上以及现行的毒品政策具有重惩罚、轻教育的特征，有很多值得反思和重构之处。从《关于禁毒的决定》到1997年《刑法》，为了遏制毒品犯罪，立法机关不断提高对毒品犯罪的惩罚，希望通过严刑峻法来遏制毒品滥用。从某种意义上说，我国禁毒政策的核心还是依赖严打模式，强调刑事惩罚手段，而对于其他的禁毒手段，则在实际操作中很大程度上流于形式。

我国《刑法》中对于毒品犯罪规定了最为严厉的刑罚，且在毒品犯罪的认定中存在着追求惩罚、忽视程序的趋势。1997年《刑法》和《关于禁毒的决定》规定，走私、贩卖、运输、制造毒品均可以处死刑，非法持有毒品罪的最高刑为无期徒刑，并对其他毒品犯罪均规定了较为严厉的刑罚。对比国外的毒品犯罪惩罚来看，这种对毒品犯罪惩罚的严厉性就显得更加突出。德国《麻醉品法》规定，犯非法种植、生产、贩卖麻醉品的，判处1年以下监禁或罚金，即使是具有一些加重情形的毒品犯罪，法定刑也在4年以内，最极端和严重的毒品犯罪情形，德国刑法均设置具体危险犯或实害犯构成要件类型，以限缩处罚范围，使毒品犯罪的刑罚能在其可证成的危害基础之上，而不是简单作为抽象危险犯一概从严处罚。②

作为一种抽象危险犯，毒品犯罪在整个死刑适用中居最为突出的位置，除了能折射出我国毒品问题的严峻性，也催人思考毒品犯罪适用最严厉刑罚的正当性，特别是死刑在毒品犯罪中的适用，尤其值得商榷。美国学者罗宾逊指出：“刑法在道德上的威信建立在人们对刑事司法体系公正地分配责任和刑罚的认知上，而这种威信给予了刑法控制犯罪的能力。如果刑法具有道德权威（moral authority），

①崔敏．毒品犯罪发展趋势与遏制对策［M］．北京：警官教育出版社，1999.
②曲玉珠．德国禁毒方法与戒毒方法概述［J］．德国研究，1998（3）.

它会给犯罪者打上烙印，而对于一些人来说，对这种烙印的畏惧将会阻止犯罪的发生。更重要的是，道德上的权威给了刑法令人信服的权力，可以将一些过去并不被视为应受道德谴责的行为描述为在道德上应受谴责的行为。也就是说，具有道德威信的刑法可以使禁止性规范内在化。正是个人、家庭和熟悉的人所具有的这种对规范的内在化，对于犯罪的预防来说具有最佳的效果，比刑事责任和刑罚的威慑要大得多。”①

从死刑对于毒品犯罪的威慑效果来看，其实效无法证成毒品犯罪具有适用死刑的必要性。如有学者指出，对于贩卖毒品行为等毒品犯罪采取重刑化的处罚规定，在犯罪学的实证研究中，常常被证明是无效的。因为，在毒品犯罪的追诉中，绝大部分被抓获的只是被利用实施毒品犯罪行为的“马仔”或小毒贩，真正控制或策划的毒品犯罪集团首领往往能逍遥法外，这样一来，就无法从根本上威慑毒品犯罪的发生。此外，影响一个人是否从事毒品犯罪，主要在于被抓获风险的高低，犯罪获利的大小，以及犯罪人本身对于毒品犯罪行为在道德上的自我谴责程度。因此，真正能够减少毒品在社会上流通的关键，在于犯罪追诉的效率，而不在于刑罚的轻重。② 我国自改革开放以来，毒品犯罪并没有因为死刑的大量适用而减少，反而呈现出越来越严峻的局面。据相关数据显示，我国破获毒品案件数量最多的是 1998 年，抓获毒品犯罪分子最多的是 1995 年和 2002 年，缴获海洛因最多的是 2001 年，缴获易制毒化学品最多的是 1997 年。这些情况表明，在吸毒人数持续稳定增长的同时，缉毒的成效却不能赶上毒品犯罪的发展速度和节奏。或者说，毒品市场和毒品的扩散并没有因为严刑峻法而有效收缩，反而愈呈扩大之势。③

①保罗·H. 罗宾逊．对危险性的惩罚：刑事司法掩盖下的预防性羁押［J］//李晓蕾，译．哈佛法律评论——刑法学精粹．北京：法律出版社，2005.

②王皇玉．论贩卖毒品罪［J］．政大法学评论，2005，(84).

③林化宾．痛击毒魔——禁毒理论与实践［M］．上海：上海社会科学院出版社，2006.

因为，死刑等严厉刑罚手段的适用并不能解决毒品犯罪行为产生的复杂社会根源，特别是贫困。法国学者蒲吉兰指出，在中国西南边境，人们常常听到这样一种论调："一条命换来子孙福，前半生坐牢，后半生发财。"有的贩毒者甚至组织带有自杀性质的特别行动队，在骡马肚皮下藏着炸药包，如果被警察发现，导火索一拉，人、武器和行装同归于尽。一些贩毒团伙甚至会对那些因为贩毒而被处决的团伙成员的家属提供抚恤金。[①] 在地理因素、贫困因素等诱发毒品犯罪的根源问题不能有效解决的情况下，片面强调死刑的威慑力并不能起到遏制的效果。可以说，毒品犯罪适用死刑不仅是不正当的，也是不经济的，之所以说其是不经济的，因为其投入与产出之间缺乏良性的联系。

正因为重刑威慑的模式无论在理论建构还是实际效果上，都存在着明显的缺陷。因此，我国应该转变禁毒政策的价值取向，重视综合禁毒的模式，从毒源控制、市场控制、消费控制等方面综合进行毒品的管制，这种禁毒模式可概括为综合禁毒路径。

（原载《思想战线》2007 年第 4 期）

①蒲吉兰．犯罪致富——毒品走私、洗钱与冷战后的金融危机［M］．李玉平等，译．北京：社会科学文献出版社，2002.

第三编

毒品犯罪的定罪量刑

贩卖毒品罪的本质

高　巍*

摘　要：贩卖毒品罪的本质可以从形式层面揭示，也可以从实质层面剖析。我国刑法一般从形式上界定，而德日刑法则通常从实质上分析。关于贩卖毒品罪的本质，德国理论界有两种主要的学说：一是以法益一元论为基础的贩卖毒品罪本质观，二是以法益二元论为基础的贩卖毒品罪本质观，前者侧重于刑罚权的限制和人权的尊重，后者则重视社会秩序的维持。借鉴国外理论，我国刑法中贩卖毒品罪的本质应该界定为对于不特定多数人生命、健康的危险，即对人民健康的侵害，该危险是一种抽象危险。

关键词：贩卖毒品罪　法益一元　法益二元　人民健康

犯罪本质即一种行为之所以为犯罪的内在规定性。犯罪本质的揭示，一方面可以明确行为的社会危害性或者说法益侵害性，另一方面可以防止刑罚权的肆意扩张，进而保障人权。① 贩卖毒品罪的本质问题的提出，就是要揭示贩卖毒品成为犯罪行为的法益侵害性所在，或者说，

---

*高巍，法学博士，云南大学法学院副教授。

①犯罪本质实际上是一种前犯罪构成的范畴，是一种旨在寻求对于一种特定行为予以犯罪化的具体依据和一般限制。这种探讨必然立足该行为是否具有一些特别属性而符合犯罪化理论的法益标准或社会危害性标准，所以在进行这种探讨的时候，该行为还不能等同于实定法意义上的犯罪，而是前实定法意义上的行为。在建设法治国家的我国的视野和语境中，这些依据和限制具体体现为法益侵害性或严重社会危害性。或者说，缺乏法益分割的行为既无法认为其具有社会危害性，更不能确立为犯罪予以惩罚，这体现了法治国理念下对肆意的刑罚权的限制。

有没有可证成的法益侵害性？究竟是什么样的法益为贩卖毒品行为所侵害？其程度如何？我国刑法理论一般从犯罪客体角度揭示贩卖毒品罪的本质，认为贩卖毒品罪的客体是国家毒品管理制度。① 由此可以推导出，贩卖毒品罪的本质就在于对国家毒品管理制度的侵害，如有学者指出："而贩卖、运输、制造毒品罪，正是违反毒品管理法规，破坏国家的毒品管制，进而危害人民的健康。"② 但是，这种本质观只是从形式上表明了贩卖毒品罪成为犯罪的根源，并未在实质上阐明其法益侵害性。本文尝试在借鉴德日刑法理论相关学说基础上重新认识贩卖毒品罪的本质，以求建立起惩罚贩卖毒品行为的正当性基础。

一、法益一元论模式

（一）概　说

法益一元论在德国是相对于法益二元论的一种关于法益范围的学说，为米雪儿·马克斯所提倡。在米雪儿·马克斯的理论体系中，所有的法益均为个人法益，所谓"超个人法益"，只不过是多数的个人法益的集合，并不具有独立的质的规定性。所以，他认为没有必要区分个人法益与超个人法益。或者说，即使要区分，超个人法益也只有形式上的意义，而实质上并不存在超出个人法益的任何独立法益。米雪儿·马克斯的法益理论的基本出发点即认为国家只是一个规范概念，并非社会实在性上的经验的国家。换言之，国家是法的概念，是公民组成的社会，而含有目的性在内的一个组织形态。国家的任务及合法性就是在于为"单一"的人类服务，以及使单一个体能自我实现，并无其他任何机能。国家的机能就是基于个人自我实现的保证者。③

从法益一元论的基本立场出发，贩卖毒品罪的法益只能求诸个

①高铭暄，马克昌．刑法学［M］．北京：北京大学出版社，高等教育出版社，2005：652.

②赵秉志，于志刚．毒品犯罪［M］．北京：中国人民公安大学出版社，2003：155.

③陈志龙．法益与刑事立法［M］．台北：自版，1990：138－140.

人法益。德国学者将其概括为：使用毒品行为，在刑法评价上为自伤行为的一种，而提供毒品行为，如贩卖、运输、交付或是转让毒品给他人的行为，本质上应该评价为使他人使用毒品有所可能的帮助行为。从刑法解释学的角度来看，应属加工自伤行为。[①] 具体而言，针对不同的购买者决定不同的理论适用。若购买者为未成年人，对于毒品的性质缺乏认知和理解，可以依据间接正犯的原理，对于贩卖毒品行为人以伤害罪的正犯处理。[②] 对于那些生理上严重依赖而处于无自我决定能力的购买者，亦有德国学者认为可以适用间接正犯原理认定贩卖毒品行为人为伤害罪的正犯。[③] 这种观点把贩卖毒品行为人当做一个幕后操纵者，而无责任能力人则是被利用的行为工具。贩卖者利用无自我决定能力人的自伤行为来达到其伤害他人的目的，所以成立伤害罪。在这种情况下，所谓的被害人同时也是为贩卖毒品行为人所利用的行为工具。而对于购买者为有自主决定能力的人的情形，只能将贩卖者的行为评价为帮助自伤行为，因为贩卖者的行为，仅在于提供他人使用毒品的机会，并没有强迫他人使用毒品，所以对此帮助行为是否成立犯罪或如何进行惩罚，应该依据帮助自伤的规定和原理来处理。[④]

（二）法益一元模式的理论困境

法益一元论尝试将贩卖毒品罪的侵害法益限定在个人法益的范围内，具体而言就是对使用者身体、健康的侵害。法益一元论从个人主义出发，否定国家有自身独立的法益存在。贩卖毒品行为人与

①王皇玉．论贩卖毒品罪［J］．政大法学评论．2005，（84）：240.

②陈志龙．法益与刑事立法［M］．台北：自版，1990：59－61.

③关于毒品依赖者的自主决定能力或者说责任能力是否存在及如何判断，在德国和日本存在很大的争议。如日本在昭和五十年代开始，判例中出现了在毒品案件中否定精神鉴定结果，扩大责任能力使用范围的趋势。在很多的判例中，精神鉴定结果为无责任能力，而法院则认定为限制责任能力或完全责任能力。究其原因，则是对于毒品依赖者的精神状态的认识是否不够深入以及刑事政策的从严倾向所致。可参见前田雅英．觉醒刑事犯的多样化与刑法理论［J］．刑法杂志．有斐阁，27（2）：407－412.

④王皇玉．论贩卖毒品罪［J］．政大法学评论．2005，（84）：240.

有自主决定能力的购买者之间的交易活动建立在购买者放弃了自己身体健康利益的基础之上，所以，特定购买者（如第一次购买者、未上瘾者等）的购买行为是在一种自由状态下自我决定的行为，很难说受到了贩卖者的危害。如成年人购买香烟的行为，出卖者和购买者都明知香烟对人体的健康有损害，但是使用者仍然决定购买，不能认为出卖者要承担伤害的责任。所以，对于有自我决定能力的购买者，法益一元论的必然推论就是贩卖毒品行为侵害法益阙如，而应该排除其犯罪性。① 但是与现行的德国毒品犯罪立法现实相比较，则会导致大量的立法不得不限于无法益保护的困境，且法益一元论自身在理论结构上对于贩卖毒品罪侵害法益的解释存在一些无法自圆其说之处。

首先，这种模式在现实上似有脱节之处。德国学者 Schtinemann 指出，假如对于贩卖毒品者的处罚都要考虑吸食者个人自我负责性的问题的话，则每一个贩卖毒品行为的处罚或是否构成犯罪都必须从个案上认定，且必须把涉及的每一个购买者调查出来，并一一认定是否为成年人或未成年人。如果购买者是成年人，还必须鉴定其是具有完整自我负责能力之人，还是无自我负责能力之成瘾者。这种做法，在现实中显然有窒碍难行之虞。② 况且，成瘾者是否为无自我负责能力者也存在不一致的认识。还有，在购买者与使用者不具同一性的场合，要作细致的调查似乎很难说是可行的。

其次，还有德国学者指出，刑法虽然应该以个人法益为保护的

①因为在德国和日本，自伤行为一般都不成立犯罪，除非该自伤行为另外符合特定的构成要件，如战时自伤行为等。那么，依据共犯从属性理论，帮助自伤自然无法肯定其犯罪。即使采共犯独立性理论，帮助自伤行为也无法成立犯罪，因为缺乏构成要件的符合性，德日刑法并未单独将自伤或帮助自伤规定为构成要件行为。如日本学者大谷实认为：“本罪的对象是他人的身体。因此，行为人自伤其身体的伤害行为即自伤行为不构成本罪（伤害罪——笔者注）。”日本《刑法典》第二百零四条也明确规定：“伤害他人身体者，处十年以下有期徒刑或科 30 万元以下之罚金或罚款。”参见大谷实．刑法各论［M］．黎宏，译．北京：法律出版社，2003：21；前田雅英．日本刑法各论［M］．董璠舆，译．刘俊麟，校订．台北：台湾五南图书出版公司，2000：31.

②王皇玉．论贩卖毒品罪［J］．政大法学评论．2005，（84）：242.

目标和依托，但若对于贩卖毒品罪的惩罚依据求诸吸食者的个人法益保护的话，将无疑会导致绝大多数的毒品交易行为因为购买者放弃了自己的利益而使交易不作为犯罪处理，则可能会引发毒品的进一步泛滥和更多的社会问题。即使毒品使用者因为使用毒品而健康受损甚至死亡，那也只被视为个人的事，是使用者自己选择了这样一种后果，与毒品贩卖行为人无关。这种将被害人自我负责性理论推展到极致的看法必然是建立在这样一个前提基础之上：毒品购买者对于毒品的性质及危害有着非常全面的认识，且一个人是否使用毒品为个人理性自律的生活选择。但是这样的前提并不妥当，而且这样推导出的结论是否为法治国秩序所期望则不免存疑。其一，并非每个成年人在购买毒品时，都能正确评估毒品的性质和危害。其二，毒品的纯度如何、毒品的杂质成分，不可能像普通的食品和药品一样有严格的生产管理规范和制度，可以确保或明示其成分和禁忌。因此毒品购买者相对于贩卖者而言，处于信息不对称的境地。故这里购买者的自我决定能力是否建立在合理的认识基础上，似乎也有值得商榷之处。在此基础上自我负责性理论的运用非但不能合理说明贩卖毒品行为的侵害法益，还可能成为一种混淆观点与转移视线的障眼法，进而导致毒品泛滥的严重后果，并将产生毒品危害的风险全部归属于毒品购买者，而免除了毒品贩卖者的行为归责。[①]

最后，自我负责性理论本身的运用也是有限制的。自我负责理论源于个人主义的思想。个人主义认为，个人是自己的主宰，可以选择并自主决定自己的命运。该理论与家长主义的国家观相悖，强调国家于个人的工具性。拉德布鲁赫曾说：“立宪国家奉为立国之本的自由，除了其积极的一面，除了国民对国家事务的参与外，还有其消极的一面：即特定国家的国民自由，对国家来说就是不可能触犯的个人范围的保证，就是国家活动不可逾越的界限的承认。”[②] 当

①王皇玉．论贩卖毒品罪［J］．政大法学评论．2005，（84）：242－243.

②拉德布鲁赫．法学导论［M］．米健，朱林，译．北京：中国大百科全书出版社，1997：36－37.

代最为激进的个人主义学者罗伯特·诺锡克也指出："我们必须强调这一事实，个人互不相同，有权安排自己的生活。"① 但是自我负责理论并不等同于个人对于所有的个人利益均有自我决定能力，也存在一定限制。② 德国刑法理论界一般把对违反善良风俗的经被害人承诺行为看做不阻却违法性的情形，同时对生命予以特殊保护，不允许被害人同意放弃国家的保护。③ 那么，贩卖毒品行为是否可以理解为有悖善良风俗的情形呢？这取决于如何理解"善良风俗"。无疑，这又是一个难题。但是，至少可以提出一些暗示，即贩卖毒品行为者与毒品购买者之间的交易行为及由此而产生的使用者自伤行为不排除国家干涉的可能性，因为这种情形有可能违背善良风俗。在日本甚至没有明确规定同意伤害的刑法规范，所以对于何种情况下的自伤或同意伤害属于违法阻却事由就更加模糊。如有学者主张社会相当性应该作为判断标准，认为："即便具有同意，但该同意不具有社会相当性的话，该伤害行为也是违法行为。"④ 在这里不可能得出一个肯定的结论来决断使用毒品是否属于自主决定的范围，但是可以认为，明确指出有自主决定能力人基于其自主决定使用毒品的行

①张文显．二十世纪西方法哲学思潮研究［M］．北京：法律出版社，1996：269.

②日本刑法学者曾根威彦认为，对这种自由的限制，是从侵害原理及缓和的家长主义（基于德行的干涉）而推导出来的。首先，自主决定权隶属于不对他人造成危害的领域中（在该种意义上，属于私事），另外，即便对他人造成危害，但也在不违反他人意思的限度之内；其次，自主决定权只有具有"成熟的判断能力的人"才拥有，对于没有该种能力的人（无责任能力人）而言，从缓和的家长主义或基于德行的干涉原理出发，为了保护本人的利益，在一定范围内，可以国家的公权力进行干涉。（曾根威彦．刑法学基础［M］．黎宏，译．北京：法律出版社，2005：58.）笔者认为，对于有责任能力人的自主决定予以限制在现行日本的刑事立法中也是存在的，如对于吸食毒品行为的处罚。所以说，国家干涉的范围事实上超出了曾根威彦所限定的范围。当然，曾根威彦之所以作如此限定，是因为他认为吸食毒品行为应该属于自主决定的范围，应该予以除罪化。从某种意义上说，要从国家与个人关系角度厘清国家干涉个人自主事务的界限仍然处于未决之境地。但至少可以肯定，无论是在德日的刑事立法还是理论中，个人自主决定的范围总是有限的。

③马克昌．比较刑法原理［M］．武汉：武汉大学出版社，2002：412.

④曾根威彦．刑法学基础［M］．黎宏，译．北京：法律出版社，2005：61.

为一律属于国家不能干涉范围的武断结论是无法证成的，至少是可疑的。因为，在个人法益的问题上，个人自主决定与国家干涉的边界仍存在模糊不清之处。

二、法益二元论模式

（一）概　说

法益二元论主要是德国刑法界的表述。德国学者一般认为，个人法益与超个人法益是法益的两种形式，两者虽然存在差异，但并非质的不同，仅是数量上的不同。因为法益一元论的法益秩序学说存在缺陷，故有必要将超个人法益与个人法益作阶段上、数量上的区分，并且只有二者间有“直接的关联”，才可承认超个人法益的可能性。[①] 还有一些学者认为法益二元论即个人法益与超个人法益分离，而形成的本质殊异的二元体系。如弗莱堡大学的著名学者 Klaus Fiedemann 在其著述中将经济秩序与国家的功能予以抽象化，以使某种特定的意识形态成为“抽象化的法益”。这些抽象化的法益具有不受个人法益拘束的独立性。[②] 简而言之，前一种观点认为超个人法益的存在必须能还原到个人法益，或者说超个人法益和个人法益之间要存在直接的关系；而后一种观点则认为不需要在个人法益的基础上推导超个人法益，有些超个人法益与个人法益并无直接关系。但后者的观点受到了许多批判，主要因为其与法治国理念相悖，片面强调国家等法益的优越性，而法治国理念则承认国家对于个人的从属性，如日本学者前田雅英所指出的：“国家只不过是为了国民而存在的机构，是为了增进国民的福利才存在的。”[③] 所以一直不能成为主导学说。

（二）法益二元论对贩卖毒品罪侵害法益的证立

从法益二元论的立场出发，德国刑法界如 Webet 等一些学者将

①张明楷．法益初论［M］．北京：中国政法大学出版社，2000：241，93.
②陈志龙．法益与刑事立法［M］．台北：自版，1990：271－272.
③前田雅英．刑法各论讲义［M］．东京：东京大学出版会，1995：476.

贩卖毒品罪的侵害法益概括为不特定多数人的生命、健康法益。或者说，贩卖毒品行为之所以成立犯罪，在于此行为将会造成不特定多数人身体健康的损害。这样界定贩卖毒品罪的侵害法益建立在以下几个原因的基础之上。①

其一，可以有效克服法益一元论在贩卖毒品罪侵害法益确立上所遇到的理论困境。法益一元论把贩卖毒品罪的侵害法益归结为特定的个人法益，即具体购买者的健康。那么正如前文所述在现实与理论上均有无法克服的困难。而把贩卖毒品罪的侵害法益归结为不特定多数人的健康则不需要考虑具体的每个购买者是否具有自主决定能力，也不需要调查或统计一个贩卖毒品者其所贩卖的毒品有多少使用者使用等现实上根本无法完成的工作。

其二，如德国学者 K. Smer 及 Gunther 等所指出的，毒品的使用具有传染性和聚众性。即将毒品拟定为一种传染病，无论是贩卖毒品行为人，还是持有或使用毒品者，只要持有毒品，就有可能将毒品再进一步地散布出去，污染纯净而本无毒品的社会，或者使他人罹患毒瘾并造成他人身体损害。从而可以将吸毒或贩毒行为视作一种群体行为。既然毒品使用及贩卖为一种具有非个人性的群体性行为，那么将贩卖毒品行为所侵害的利益仅仅视作对单一个体利益的侵害，则难免不够妥当。基于此前提，把贩卖毒品罪的侵害法益归结为不特定多数人的身体健康似乎更具合理性。

其三，德国刑法学者 Maurach 等在其所编写的刑法分则教科书中认为，刑法对于毒品贩卖行为的惩罚，从根源上都是为了保护不特定多数人的生命、身体、健康不受损害。因为毒品在一般人的生活中，并非普遍可得之物。对于社会中大多数人而言，很难有机会吸食毒品。所以，绝大多数的毒品购买者，特别是第一次的购买者，通常不能准确评估毒品对人体所带来的危害，甚至也无法认识到随之而来的依赖危险。对于那些继续或长期购买毒品者，一般是因为

---

①王皇玉．论贩卖毒品罪［J］．政大法学评论．2005，（84）：243－247.

无知而上瘾后畏于毒品戒断症状的痛苦而不得不继续购买，很难说真正处于自我决定状态之下的自我负责行为。那么，把法益认定为不特定多数人的身体健康，则可以充分保护包括成年人、未成年人、偶发吸食者、成瘾者在内的不特定多数人免于在无知状态、错误评估状态下及成瘾状态下获得毒品，并避免伤害。

其四，德国学者 Weber 还指出，刑法确定贩卖毒品罪并对贩卖毒品者予以惩罚，是将毒品危害的风险转移给贩卖者承担，以避免由不认识或无法正确评估毒品危害的购买者承担。在贩卖毒品行为的规制中，刑法所要保护的利益已超出了纯粹个人的利益，而涉及对于不特定多数人的利益。这种利益是多个个人利益的集合，为一种超个人法益。对于超个人法益，在德国理论界一般认为不能适用个人以承诺的方式放弃利益而使法益付之阙如。如德国刑法学家 Blei 认为，在超个人法益情形下，则因其法益持有人系多数个人的集合，虽然在理论上亦应有自主决定或法益处分权的问题，但由于实际上多数个人的个别见解的不一致性导致了如何行使的困难。因而，在超个人法益情形下，个人对于该法益无具体意义的处分权限。① 既然不承认超个人法益情形下同意或承诺的无效性，那么，在对贩卖毒品者与购买毒品者之间的交易行为的判断中，无论是成年人还是未成年人、有自主决定能力者还是无自主决定能力者，基本上对于这种超个人法益的以承诺方式的放弃是无效的。与此相对的贩卖毒品者，则不考虑其贩卖给谁，均已侵害了不特定多数人的法

①陈志龙，法益与刑事立法［M］．台北：自版，1990.

益，因而构成犯罪并应该受到惩罚。① 这样的超个人法益保护的设置模式虽然可以说在表面上限制了个人使用毒品对自己造成伤害的自主决定权，也否定了个人有权以自己的承诺放弃法益保护。但是刑法规范的真正目的并非在于否定个人对于对自身事务的自我决定权，而是隐含着风险分配的原理。② 因为在贩卖毒品的交易场合中，贩卖者对于毒品的性质、危害性、纯度等的认识程度一般超过购买者。所以，将这种招致损害的风险分配给贩卖者，可以更有效地遏制毒品交易，进而保护社会不特定多数人的健康。

三、比较与重构

我国1997年《刑法》将贩卖毒品罪归类于妨害社会管理秩序罪，从形式上揭示了贩卖毒品罪对国家确立的社会管理秩序或者说国家所期冀的社会秩序的破坏，但并未明确指出贩卖毒品罪究竟是对什么具体的社会关系或法益的侵害。德日刑法理论一般认为，犯罪所侵犯的法益之所以能成其为法益，其必须有归属的主体，且必须能还原为个人的利益，这种理论的目的在于限制与个人毫无关联

①但是以贩卖毒品行为形式出现的还有可能是有直接的指向的情形。如贩卖者明知道特定者吸食的通常剂量和毒品的纯度，而将纯度较高的毒品在购买者知情的情况下售予购买者，结果导致了该购买者的死亡。这种情形下，该贩卖毒品行为所侵犯的法益究竟是个人法益还是超个人法益则存在问题。从行为的外观上看，和一般的贩卖毒品行为无异，但德国司法界仍将相似情形视为对个人法益的犯罪并对贩卖者以过失杀人罪论处，但有很大争议。这说明把一般的贩卖毒品行为视为超个人法益的侵犯似乎有诉讼便利的考虑，若不好取证或无法适用个人法益侵犯的原理归责时就按超个人法益的侵害处理。而若贩卖行为指向清楚，且购买者特定，对于伤害的性质和后果有充分明知而导致特定购买者死亡的情形则以个人法益受到侵害定罪。从更深处也折射出超个人法益的模糊性和拟制性。关于该判例参见克劳斯·罗克辛. 德国刑法学总论：第1卷［M］. 王世洲，译. 北京：法律出版社，2005：264-265.

②Weber在此所指称的贩卖毒品罪的侵害法益为不特定多数人的身体健康，并认为基于此原因被害人不得行使自我决定权，这并非一种家长主义的国家观。因为其出发点并不认同国家高于或优于个人的干涉为核心的家长主义，而只是认为这种有限的干预与道德良俗相关。或许在家长主义仅指"强烈家长主义"的意义上，可以将这种观念称为缓和的家长主义。只是这样一种"风险分配"是否与个人责任的刑法基本原则相冲突，还有待进一步探讨。

的不可捉摸的所谓公共利益成为刑法所保护的利益，这也是法治国理念的体现。因为脱离个体利益的纯粹或模糊的国家或社会利益的保护有趋于警察国家理念的倾向。如拉德布鲁赫指出："对警察国家来说，无所谓国家活动的界限。他不仅是想针对其他国家的属民，而且还针对自己限定的属民判断来保护其属民，强迫其属民以他们的自由为代价取得他们的幸运；不禁止的，即适当的、无需任何许可的。这曾是警察国家的格言。"[①] 正基于对警察国家模式和理念的警惕，所以对于超个人法益必须要求具有实际归属或指向的具体对象，而且这个对象不能是模糊和抽象的。我国台湾学者韩忠谟就此指出："刑法之保障公共安全，必须明定侵害行为所干涉之对象，由行为客体所受干涉之状况，乃可察见公共安全受影响之程度。"若其归属于个人，则为个人法益；若归属于社会，则归属于社会法益；若归属于国家，则为国家法益。我国刑法将贩卖毒品罪归类为妨害社会管理秩序一章，并未揭示贩卖毒品罪具体归属于何种法益，或者说没有明定该行为所干涉的对象及由此可以推导出的侵害法益。用模糊而不明确的管制或社会管理秩序来直接界定贩卖毒品罪的侵害法益，并不妥当，易使人产生不可捉摸之感，且缺乏正当性说明和支撑。德国学者罗克辛也认为一些违反秩序的行为也具有可罚性，但是这种违反秩序绝不是纯粹的违反由国家创设的规范，而是这种违反秩序的行为也侵害法益，或者给个人带来了损害（如扰乱安宁的噪声），或者对公共福利（并且由此间接地对于公民）是有害的。[②] 因为我国是社会主义法治国家，并非警察国家。一种行为的犯罪性质绝不能仅仅停留在违反了国家的禁止规范上，而应该通过揭示该行为具体侵害的法益以获取刑罚发动的正当性基础。总而言之，笔者并非认为贩卖毒品罪缺乏保护法益，只是认为我国现行理论和

①拉德布鲁赫．法学导论［M］．米健，朱林，译．北京：中国大百科全书出版社，1997：37.

②克劳斯·洛克辛．德国刑法学总论［M］．王世洲，译．北京：法律出版社，2005：16.

立法对于其本质或客体的界定方式及结论存在不足。

借鉴德国及其他国家或地区的立法和理论,① 结合我国尊重和保护人权的基本精神,笔者认为,贩卖毒品罪的本质必须回到其指向的法益上寻求,这种法益也必须是具体的、可证成的。因此可以认为,贩卖毒品罪的本质在于其危害了人民健康。② 贩卖毒品罪的本质为对于人民健康的危害并不是说贩卖毒品罪只是可能危害人民健康,对于其他社会利益就毫无影响。这个结论是从一个行为成为犯罪的正当化依据角度展开的,其他影响并无法直接成为其成立犯罪的依据,只有直接的可证成的危害人民健康能解释贩卖毒品罪的法益侵害性和严重的社会危害性。所谓人民健康,具有两个特征:

(一)人民健康具有公众性

人民健康不同于具体的单个毒品吸食者的健康,而具有突出的公众性。所谓公众性,即不特定多数人之谓也。人民健康作为一种社会法益,着眼于抽象的一般的健康。具体而言, “不特定”指“犯罪行为可能侵犯的对象和可能造成的结果事先无法确定,行为人对此既无法具体预料也难以实际控制,行为的危险或行为造成的危害结果可能随时扩大或增加”。而“多数人”则“难以用具体数字表述,行为使较多的人感受到生命、健康、财产受到威胁时……”③

---

①除德国外,还有如我国台湾地区《毒品危害防制条例》第一条即开章明义:“为防制毒品危害,维护国民身心健康,制定本条例。”参见刑事特别法特别刑法篇:I[S]. 台北:元照出版公司,2000:175.

②德日及我国台湾地区对于“人民健康”表述的实质内涵一般持相同观点,只不过在具体表述贩卖毒品罪的侵害法益时略有区别。如日本学者大塚仁、大谷实将其表述为“公众健康”;德国学者 Weber 表述为“全民健康”(Volksgesundheit);另有德国学者 Maurach 等则使用“一般健康”一语,旨在刻意避免“全民健康”(Volksgesundheit)一词在纳粹时期的大屠杀意味;我国台湾地区的毒品特别刑法《毒品危害防制条例》将之表述为“国民身心健康”。可参见大塚仁. 刑法概说[M]. 冯军,译. 北京:中国人民大学出版社,2003:478;大谷实. 刑法各论[M]. 黎宏,译. 北京:法律出版社,2003:304;王皇玉. 论贩卖毒品罪[J]. 政大法学评论,2005,(84):246;刑事特别法特别刑法篇:I[S] 台北:元照出版公司,2000:175.

③张明楷. 刑法分则的解释原理[M]. 北京:中国人民大学出版社,2004:143.

正因为贩卖毒品罪所侵害的是不特定多数人的健康，所以不可以由吸食者自我承诺放弃而排除犯罪性，从而能够有效克服将贩卖毒品罪本质限定于对特定个体健康的伤害所致的理论困境。虽然人民健康具有公众性，但公众性的本意并不在于将这种社会法益从个人的健康法益中独立出来把握，而是如日本学者大谷实所指出的那样："从作为个人的集合的公众利益的角度出发，认为应当将其和个人利益结合起来考虑。"① 简言之，人民健康所具的公众性既源于个人健康的集合，又不依赖于单个特定个体的具体健康状况，是一个超越个人健康的特殊范畴。

（二）人民健康具有基础性

基于贩卖毒品罪对不特定多数人健康的危害，国家根据宪法所确立的保护人民健康或者说维护人民生存权的基本义务和职责通过刑法予以规制，明确其犯罪类型和犯罪本质，并设置相应的刑罚以遏制贩卖毒品行为对人民健康的危害。所以说，人民健康具有国家存在和社会维持的基础性地位。日本学者大塚仁指出："保持公众的健康，是维持发展健全的社会的重要基础。"② 可以说，人民健康对于社会的秩序、稳定、安全具有不可或缺的支撑作用。

自国家与公民二者的关系角度出发，也可窥见人民健康对于社会维持的基础地位。国家的权力来源于人民的授予，国家行使权力的终极目的在于使人民享有更充分的自由和幸福。而人民的健康则不仅为社会建设所必需，也是形成一个有凝聚力和向心力的社会共同体所不可缺少的。法国学者卢梭认为："作为市民……（人）是依赖于分母的分子的一小部分，并且他的价值存在于其与整体即社会躯体的关联之中。良好的社会性组织给人脱去了他本来的自然，

①大谷实．刑法各论［M］．黎宏，译．北京：法律出版社，2003：259.

②大塚仁．刑法概说［M］．冯军，译．北京：中国人民大学出版社，2003：474.

并且给他提供了一个对他的绝对性存在来说是相对的存在……”① 即是说，个体的健康既是属于自己的绝对性存在，但是个人作为社会的一员或者说组成部分，其健康的抽象的集合则又为社会共同体的基础，而社会共同体的存在又是现代国家产生或者说建立的基石和前提。在国家与个人的这种辩证关系中，进入国家视野中除了以个人法益形式存在的个体健康，还有以超个人法益形式出现的人民健康或者说公众健康。虽然二者都具体表现为个人身体的状态，但是社会和国家通过规范赋予其多层面的内涵，自然也体现出多层面的价值取向。对于个体而言，个体的健康至关重要，但对于国家或者社会而言，抽象的人民健康则更加重要。那么，无论出于国家维系自身赖以存在的社会共同体的存在和有序的角度，还是在法治精神所确立的国家有保障人民生存权的义务角度来看，人民健康的基础性作用都不言而喻。

（原载《云南大学学报》（法学版）2007 年第 1 期）

①京特·雅科布斯．规范·人格体·社会——法哲学前思［M］．冯军，译．北京：法律出版社，2001：34.

论贩卖毒品罪之目的

谢秋凌　高　巍*

摘　要：贩卖毒品罪是否应该以牟利为目的在我国理论界存在争议，事实上牟利目的是贩卖毒品罪所具有的必要要件，且其牟利目的不同于目的犯中的目的，而是故意的内容。

关键词：贩卖毒品罪　牟利目的　故意

关于贩卖毒品罪之目的问题，由于刑法没有明确的规定，理论界存在较大的争议。具体之争论焦点有二：一为贩卖毒品罪是否需要牟利目的，二为如何理解贩卖毒品罪中的牟利目的。现就这两个问题作简要探讨，以求有抛砖引玉之功。

一、贩卖毒品罪是否需要牟利目的

（一）争论之观点

我国内地理论界对贩卖毒品罪是否需要牟利目的的问题形成了两种对立的观点，即肯定说与否定说。肯定说主张，贩卖毒品罪行为人主观上除了具有对构成要件事实的认识以外，还必须具有牟利目的。即贩毒者希望通过非法买卖毒品以获取暴利。如果不具有营利目的，

---

*谢秋凌，云南民族大学副教授；高巍，法学博士，云南大学法学院副教授。

则不能构成贩卖毒品罪。[①] 还有学者认为："牟利为目的是贩卖毒品罪的主观要件必须具备的内容。行为人为谁牟利，是否实现牟利，牟取利益的大小，利益体现的形式各异，均不影响贩卖毒品罪主观要件的成立。"[②] 而否定说则主张，对于贩卖毒品中的非法销售行为，不要求行为人有牟利的目的或别的目的，只要行为人明知是毒品而予以销售，不论其目的、动机如何，均成立贩卖毒品罪。[③]

（二）对否定说之批评

否定说无疑立足于严厉打击的需要，同时可能认为，从立法模式来看，刑法对目的犯通常会在刑法条文中明确表明。如果刑法分则之条文没有明确叙明应该具备某种目的的话，则不能以目的犯视之。如有学者指出："刑法没有要求本罪以营利为目的，故行为人不以营利为目的而实施本罪行为的，也构成本罪。"[④] 有论者阐述了具体的理由："若要求贩卖毒品罪必须以牟利为目的，则意味着不具有牟利目的的贩毒行为不构成犯罪。事实上，不论是否以牟利为目的，贩卖毒品行为都直接破坏了我国对毒品购销活动的严格管制，造成毒品的非法流通和蔓延，刺激了整个毒品犯罪的恶性膨胀，具有极大的社会危害性。"[⑤] 否定说的观点和论证明显存在问题。

其一，关于目的是否应由刑法明确规定的问题。我国刑法明确在分则条文中对犯罪目的作出规定的并不多见，一些常见的目的犯均未在条文中有明确的体现。如盗窃罪，虽然刑法分则并未明文规定必须以非法占有为目的，然而理论界的通说一直认为应该要以非法占有为目的。"所谓犯罪目的，是指犯罪人主观上通过实施犯罪行为达到某

①于志刚．毒品犯罪及相关犯罪认定与处理［M］．北京：中国方正出版社，1999：107.

②杨鸿．毒品犯罪研究［M］．广州：广东人民出版社，2002：149.

③邱创教．毒品犯罪惩治与防范全书［M］．北京：中国法制出版社，1997：135.

④张明楷．刑法学：下［M］．北京：法律出版社，1997：868.

⑤梅咏明．试论贩卖毒品罪的若干法律问题［J］．武汉科技大学学报，2002（2）：71.

种危害结果的希望或追求。”[①] 而目的犯则通常指具有一定目的为其特别构成要件的犯罪。[②] 目的有两种类型：目的犯中的目的通常是一种超过的主观要素，其不同于故意；另有一些目的是属于犯罪直接故意的内容，也就是说，这些目的本身就在构成要件之内，法律不加规定也不影响这种目的的存在。刑法之所以规定一些犯罪行为必须要以某种目的作为成立犯罪所不可或缺的要素，是因为一些行为之所以值得惩罚或应该如此惩罚在于其主观上具有反伦理性或反社会性的色彩。或者说在这种目的的驱动下，该行为具有的社会危害性更大。作为通常意义上理解，贩卖本身就有以牟利为目的之义。东汉许慎《说文解字》解释“贩”为“买贱卖贵者”,[③] 之所以贱进贵出，无非为牟利而已。因此，以牟利为目的作为贩卖毒品罪的主观要件，很明显为立法者所考虑到，只是未付诸文字形式的规定而已，即刑法理论上所谓的“可成文的构成要件”。所以，认为刑法分则条文缺乏明确规定即不需要目的的观点不免武断。

其二，能否从社会危害性相同的角度证成贩卖毒品罪的主观要件不以牟利目的为必要呢？这个问题也有待商榷。正如上文持否定论的论者所指出的，不管是否以牟利为目的，贩卖毒品行为都造成了毒品的蔓延和流通，具有极大的社会危害性。但是这种认识似乎存在问题。贩卖毒品行为的犯罪化依据不是因为其造成了毒品的蔓

①马克昌．犯罪通论［M］．武汉：武汉大学出版社，1999：385.

②福田平，大塚仁．日本刑法总论讲义［M］．沈阳：辽宁人民出版社，1986：277.

③许慎．说文解字［M］．北京：中华书局，1963：131.

延和流通，而是其危害了人民的健康。① 诚然，非以牟利为目的的贩卖毒品行为与以牟利为目的的贩卖毒品行为造成的社会危害在客观表现方面似乎并无差别。然而，刑法作为最后的救济手段，具有谦抑性。其宗旨并非惩罚一切客观上有严重社会危害的行为，而只是惩罚主观上的恶性与客观上危害相统一的行为。② 具体到贩卖毒品之行为，从行为本身并无法体现强烈的伦理上恶的性质。因为毒品之于人体健康的伤害还需要以使用者的使用作为主要媒介，或者说，通过毒品直接对人体造成损害的是使用者，而非贩卖者，而使用者通常都是自愿的。很难说贩卖毒品者仅仅就其客观上帮助使用者伤害自己就具有应受惩罚的性质。很难想象，贩卖刀具的会因为有人使用刀具自伤或自杀就会受到强烈的谴责或惩罚。

当然，会有人指出这两种情况的类比是不恰当的。理由有二：一为贩卖刀具者主观上对于自伤或自杀者之自伤行为或自杀行为缺乏明知，而贩卖毒品者则对于毒品使用者之“自伤”具有明知的态度。二为刀具可以用做其他正当用途，而且是日常生活所不可或缺的，毒品则不具有如此特质。这两个理由均缺乏说服力。首先，贩卖者对于毒品之最终归属或用途往往并不关心，缺乏积极的协同或帮助伤害的诉求。虽然毒品贩卖者主观上明知毒品最终会或可能会为人吸食并导致身体上的伤害，并基于此明知而放任此种结果的发生。但是，贩卖刀具者也同样具有此种明知。因为“明知”在程度

①关于贩卖毒品罪之犯罪客体问题，我国刑法理论界一般认为贩卖毒品所侵犯的社会关系为国家的毒品管理制度与人民群众的健康。这种说法存在着明显的缺陷。侵犯国家对毒品的管理制度“其实是一种形式上的不法。正如刑法规范要求不得杀人，如果实施杀人行为便侵犯了不得杀人的规范。但侵犯或者说违反不得杀人的规范并没有从实质上说明为何杀人行为是犯罪行为。同样，贩卖毒品行为虽然在形式上违反国家对毒品的管理制度，但溯本求源，国家之所以对于毒品有严格的管制在于毒品可能危害人民的健康”。当然，关于“危害人民健康”这个表述也有可商榷之处。由于与本文主旨关系不大，不予探讨。可参见王皇玉．论贩卖毒品罪[J]．政大法学评论，2005，(84)．

②这里所说的主客观相统一，并非通常意义上之刑法主客观统一原则，而是主观的恶性与客观的危害之间应该存在关联性，这种关联可以表现为自然意义上之因果性。

上既“包括自己的行为必然会发生危害社会的结果也包括明知自己的行为可能发生危害社会的结果”①。无疑，贩卖刀具者至少知道自己的贩卖刀具行为可能会使人最终受到伤害。当然，无论贩卖毒品，还是贩卖刀具，对人最终造成伤害的认知已经超出了构成要件的范畴。其次，毒品也并非百害而无一利。如鸦片提取物吗啡至今尚作为临床药物而使用，用以镇痛。总而言之，单纯从客观的社会危害尚无法解释贩卖毒品行为之犯罪性基础也无法推导出贩卖毒品罪不应以牟利为目的。

（三）肯定说之证成

笔者认为，贩卖毒品罪之主观方面应该以具有牟利目的为必要条件。究其原因，大体有以下几个方面：

首先，刑法之所以把贩卖毒品行为犯罪化并予以规制，乃着眼于贩卖毒品行为之社会侵害性及贩卖毒品行为人之主观恶性。而纯粹客观上对刑法所保护的社会关系之侵犯还不能推导出其构成犯罪，因为这种片面的客观不法认识存在自身无法克服的缺陷，易陷入客观归罪之泥潭。而行为人之主观恶性不仅体现在对于贩卖毒品行为的认识与容认，还突出体现在行为人强烈的牟利目的。因为贩卖毒品行为本身缺乏直接而明确的侵害对象，通常被视为无受害人的“犯罪”。其贩卖行为只是帮助毒品使用者能更方便得到毒品，毒品使用行为在我国并不被视为犯罪，单纯从客观方面很难得出其成立犯罪的理论基础。牟利目的在毒品犯罪行为中是非常普遍的一种状态，之所以实施贩卖毒品行为，基本上是为了获取利润。

贩卖毒品所得的利润来源于毒品市场，而非正常的商品市场。毒品市场之存在与运转依赖于毒品管制下的供给与需求关系。从社会学的角度来看，一种毒品的管制越严格，这种毒品的获取越困难，那么，会产生两种可能的结果：或者导致使用者由此种毒品的使用

---

①马克昌．犯罪通论［M］．武汉：武汉大学出版社，1999：332.

转向他种毒品的使用,[①] 或者使该种毒品的获取成本增加而使该种毒品的价格大幅上升进而导致该市场利润增加，使更多的人参与以平抑利润。所以，形成毒品利润的根源在于毒品市场的存在，而毒品市场的存在虽然与贩卖毒品行为人有关，但并不具有直接的因果性。总而言之，贩卖毒品行为人之牟利目的源于毒品市场，虽无决定关系，却与毒品市场休戚相关。故牟利目的之于贩卖毒品行为既是一种常态模型,[②] 也是一对根源上的共生体。

其次，贩卖毒品行为应该具备牟利目的也是罪刑均衡原则与谦抑原则的必然结论。罪刑均衡原则之本质在于罪行与刑罚二者间应该保持一种比例或平衡的关系。如果具有牟利目的的贩卖毒品行为与不具有牟利目的的贩卖毒品行为二者在犯罪认定上不作任何区分，那么，罪刑均衡原则无从得到体现。而且，进一步从证据认定上考虑，倘若在犯罪认定时不要求具有牟利目的，则司法认定及取证时可能会形成司法人员放弃或者轻视是否有主观目的及何种目的的倾向，无疑不利于犯罪的准确认定和犯罪情节的准确把握。同时，刑法作为最后的救济手段，具有强烈的补充性色彩。或者说，刑法应该是收缩的，而不是扩张的。这就是刑法谦抑原则的体现。

在实践中，具有牟利目的的贩卖毒品行为是主流，占绝大多数。而从其他目的出发的贩卖毒品行为则寥若晨星。刑法谦抑的原则决定了刑法不应该“唯惩是举”，惩罚绝对不是刑法的目的。虽然“天网恢恢，疏而不漏”是一种理想状态，但现代科学已无数次证明这并不现实。人类的认识能力总是极为有限的，无法窥破和穷尽真理。其他目的的贩卖毒品行为与毒品市场之间的联系究竟如何，尚

①Michael D. Lyman, Gary W. Petter. Organized Crime [M]. New Jersey: Printice－Hall, Inc, 2000: 214.

②这种说法受与上海市高级人民法院黄祥青庭长交谈之启发，他认为，判断一种犯罪行为之基本形态与构造应考虑这种行为的社会普遍样态。也就是说，一种行为之基本形态与构造究竟如何，不能拘泥于刑法条文之文义，应考虑到这种行为在社会上发生时的普遍样态。因此，贩卖毒品行为在社会上发生之普遍样态无疑具有牟利目的。

缺乏实证之阐述。惩罚贩卖毒品行为的目的在于控制乃至消除毒品市场，从而防止毒品危害人民的身心健康。而正如上文所述，毒品市场与牟利目的之贩卖毒品行为具有关联性和内生性，且这也是得到普遍证明的。故有效地惩治以牟利为目的的贩卖毒品行为足以切断毒品市场与之的关联性。挂一漏万的刑法绝对是失败而反科学的刑法，而挂万漏一的刑法则是刑法谦抑原则的体现。

最后，从社会评价的角度来看，贩卖毒品罪也应该具有牟利目的。毒品本身作为一种自然物质，而对其进行的规范评价则赋予其极为浓烈的价值色彩。相同的毒品贩卖行为，如果最终之使用者是身患绝症的病人，或者卖给了懵懂无知的少年，其社会评价则有天壤之别。同样，毒品贩卖行为，有无牟利目的则其相对应的社会评价也迥异。具体而言，不以牟利为目的的贩卖毒品行为①一般总会具有一些其他目的，如同情怜悯毒瘾发作的毒品吸食者、朋友之间的转让等。② 因此，这些情况则明显不同于以牟利为目的的贩卖毒品行为，在社会评价上自然也会有不同的认识。而法律评价作为一种规范评价，无法脱离社会评价而存在。社会评价是法律评价的基础，虽然二者之间可能并不完全一致，但二者之间在总体与根源上具有内在的融通性。故从社会评价来看，贩卖毒品行为并不包括不以牟利为目的的情况。那么，对于贩卖毒品罪的主观牟利目的存否问题上，法律评价也应该考虑社会评价。

二、如何理解贩卖毒品罪中的“牟利目的”

在解决了贩卖毒品罪应该具有牟利目的的问题以后，那么，如何理解贩卖毒品罪中的“牟利目的”？

---

①“不以牟利为目的的贩卖毒品行为”，这种表述从语言使用的一般习惯来看，似乎并不合乎习惯。在社会语境中，贩卖一语含有营利目的预设。但作为学术讨论而言，则有必要将贩卖毒品行为区分为以牟利为目的的贩卖毒品行为和不以牟利为目的的贩卖毒品行为。

②当然，笔者也不否认除了这些貌似情有可原的情况，也有一些不以牟利为目的的情况在伦理评价上更为恶劣。

（一）何谓“牟利目的”

“牟利目的”一语一般出现在经济犯罪中，也可表述为“营利目的”①，还有学者将其表述为谋取非法利润的目的。关于牟利目的，有学者认为：“牟利，即谋取利益，指行为人意图通过一定行为获取非法利益，可以是金钱和财物，也可以是其他的物质性利益。”② 这种观点具有相当的典型性。大部分学者都持相同或相似的观点。但是，将牟利理解为意图获取非法利益这种表述尚不够准确。

“非法利益”③ 一词一般指不合乎法律规定的利益。如接受性服务，无论任何情况均不能获取这种服务，因为这种服务缺乏法定的实质内容，根本不成其为合法利益。非法利益所强调的是对象本身的不合法性，并不包括对象本身合法的情况，如接受现金等。现金并不能被视作非法利益，现金本身是合乎法律规定的具有法定的实质内容的一般等价物，其本体不具有违法性，不能被当成非法利益。以贩卖毒品罪为例，贩卖毒品行为人低价购进毒品，高价转手卖出，获取差价。这个差价一般表现为现金，现金只要是合法制造的，就不能否定其本身所具有的价值与功能。不能说贩卖毒品行为人获取的差价形式——现金——为非法利益，只能说获取这种利益的手段或方法是非法的。因此，牟利目的应该表述为：以获取利益为目的，无论这种利益究竟是合法的还是非法的，均为利益。

（二）贩卖毒品罪之牟利目的

贩卖毒品罪所具备的牟利目的要件具体内涵为何呢？这也有待澄清。有学者在提出贩卖毒品罪中以牟利为目的是其主观要件所必须具备的内容后，进一步指出：“行为人为谁牟利，是否实现牟利，谋取利益的大小，利益体现的形式各异，均不影响贩卖毒品罪主观要件的

①有学者认为“牟利目的”与“营利目的”二者存在差异，并不能等同视之。笔者认为，此二者的差异主要存在于使用场合与褒贬色彩上，在刑法学意义上，二者可以被认为并无根本差异，可以等而视之。

②王作富．刑法分则实务研究［M］．北京：中国方正出版社，2003：1870.

③也有学者表述为“非法利润”，可参见张明楷．刑法学［M］．北京：法律出版社，1997：597.

成立。"[①] 如还有学者指出"当然，牟利目的的实现与否以及牟利多少并不影响贩卖毒品罪的构成"。[②] 笔者认为，牟利目的的实现与否和贩卖毒品罪的成立是否有关[③]，这取决于如何看待牟利目的的独立性。易言之，牟利目的是贩卖毒品罪主观故意的组成部分？还是主观故意之外具有独立性质的主观要素呢？倘若牟利目的为贩卖毒品罪主观故意的组成部分，则牟利目的的实现无疑是与牟利目的相对应的构成要件结果。若牟利目的未实现，则贩卖毒品罪成立未遂。而倘若牟利目的为一种独立的主观要素，则牟利目的的实现与否有关贩卖毒品罪的成立。若牟利目的未实现，则贩卖毒品罪成立既遂。那么，牟利目的究竟是贩卖毒品罪主观方面的独立要素还是故意的内容之一呢？笔者认为，牟利目的为贩卖毒品罪之故意内容，具体原因有以下两个方面：

其一，根据目的的一般理论，目的是超出了构成要件的客观要素范围的所谓"超过的内心倾向"，与故意的性质并不相同。如有学者在以非法占有目的为例进行分析时指出："非法占有目的是目的犯的目的，是故意之外的构成要件。"[④] 目的犯之目的并不等同于直接故意中本身的目的。贩卖毒品罪在客观方面表现为转手毒品以获取利润。[⑤] 自贩卖毒品行为之具体表现以观，贩卖毒品行为的客观构造应该分为两个部分：一为买进，二为卖出。二者之逻辑思路可以概括为低进而高出。既然客观上贩卖毒品行为有一个连续的行为过程且这个过程之首尾与交易相连，而交易行为则包含有一种牟利的期待，或者说是牟利的现实化基础。设想一下，当我们认识一个被现场查获的贩卖毒品行为时，通常以现场发现的现金、毒品为基础，并循此而溯源认识到这是一个交易，出

①杨鸿．毒品犯罪研究［M］．广州：广东人民出版社，2002：149.

②赵秉志．毒品犯罪［M］．北京：中国人民公安大学出版社，2003：177.

③一般意义上贩卖毒品罪的成立指其基本的犯罪构成之充足，也即是贩卖毒品罪的既遂形态成立之义。

④刘明祥．论目的犯［J］．河北法学，1997（1）：92.

⑤关于贩卖毒品罪之客观方面，理论界的通说为贩卖是指非法有偿让与，包括买卖与交换、批发和零售。不论是先买后卖或者自制自销，只要行为人是以牟利为目的的，将毒品买入或者卖出，皆属贩卖毒品。（赵秉志．毒品犯罪研究［M］．北京：中国人民大学出版社，1993：120.）这种观点存在一定的不足，但与本文关系不大，就不再展开。

卖方向受让方提供毒品，受让方向出卖方交付金钱。这种交易与纯粹的毒品易手在客观上存在差异。无对价的毒品交付或者属于赠与，或者属于放弃。[①] 因此，从客观方面来看，无对价的毒品交付不属于贩卖毒品行为。而贩卖毒品行为的实质在于其“交易行为”之性质，正是具有这种交易行为性质，贩卖毒品行为客观上也具有牟利的现实化表现。

其二，从国外的立法及理论研究情况也可以看出贩卖毒品罪的牟利目的并非为目的犯的目的，而是属于故意的内容。如英国《1971年滥用毒品罪法》（Misuse of Drugs Act）第四条之规定“禁止制造、提供受管制毒品……”[②] 英国刑法中的提供（supply）毒品不同于我国刑法中的贩卖（traffic），在英国刑法中的提供并不包括牟利的内容，提供是一个比贩卖更广义的概念。而英语中贩卖（traffic）一语，则常指非法买卖（illicittrading）。之所以英国刑法未使用贩卖一词，而更宏观的规定为提供，也可佐证贩卖一语本身就包含了牟利目的，并不是独立的目的。

（原载《云南大学学报》（法学版）2006年第1期）

---

①有人可能会质疑：除了无对价的交付毒品外，还存在低价转让的情况，而这种低价赔本的转让毒品则无法从其客观方面发现出让方牟利的事实。对此，笔者认为，低价赔本的转让同样可以理解为牟利的事实，至少是损失的减少，减少损失也是一种获取利益的行为。而且，这些情况只属于个别情况，或者说属于“交易行为”概念之边缘模糊地带，不足以影响“交易行为”一语的中心意义。

②谢望原．英国刑事制定法精要（1351—1997）［M］．北京：中国公安大学出版社，2003：248.

论贩卖毒品罪的连续关系

高　巍*

摘　要： 贩卖毒品罪常常以多次实施为表现形式，究竟成立单纯一罪还是连续关系的包括一罪，在理论和实务上仍有待澄清。连续犯的一般理论确立了认定连续关系的基本条件，具体到贩卖毒品罪连续关系的认定中，还需要考虑所贩卖的毒品是否种类相同、行为方式是否相同等因素。另外，贩卖毒品行为人先后实施的帮助行为和实行行为之间不能成立连续关系。

关键词： 贩卖毒品罪　单纯一罪　连续关系　行为类型

贩卖毒品罪作为一种牟利性犯罪行为，常常以多次实施为表现形式，其罪数的认定显得非常重要。具体而言，贩卖毒品罪的连续关系在实践中主要有以下几种情形有待商榷。第一种情形：一次购入多量之毒品，再分多次卖出，系单纯一罪还是连续犯？第二种情形：多次贩卖毒品，且毒品种类一样。第三种情形：多次贩卖毒品，但是种类不同。第四种情形：多次毒品犯罪，其中既有贩卖又有持有，还有走私等行为，如何定罪？我国理论界对这些问题研究不多，有必要在连续犯一般理论的基础上，结合贩卖毒品罪的具体情况深入研究。

---

*高巍，法学博士，云南大学法学院副教授。

一、连续犯的一般理论

日本学者川端博指出："所谓连续犯，指场所上、时间上不接近，相当于同一构成要件的行为在场所上、时间上被连续实施，这些行为基于指向同一法益侵害的一个故意的情况，包括也被认为一罪。"① 连续犯作为一种包括的一罪，旨在解决这样一种情形的罪数问题，即数个犯罪行为，前后连续，且犯同一之罪名，则其行为相同或类似，主观上又出于同一故意的话。这类行为如果定数罪而数罪并罚，似乎有悖于法感情，因为其与通常的复数犯罪，有比较明显的区别，因此各国在理论上或立法上通常把连续犯作为一罪论处。但是连续犯本身在理论建构上存在着很大的争议，如我国台湾地区学者柯耀程指出："其中争议最大，且迄今仍无定论者，当推连续关系，其不但在概念的结构上，充满矛盾，因为连续关系形成的内涵为独立之复数行为，此种复数结构要以任何行为单数加以说明，的确有相当困难的情形存在，再者，刑法'犯罪'的概念，主要系针对行为而言，诚如李斯特所言，复数的独立行为所产生者，在刑法上必定为复数之犯罪。既为复数的犯罪，何以可将之'拟制'为一罪？此外如从法律效果上加以观察，一个行为人所犯数罪，不论系以实质竞合或是连续关系加以处理，最终仍仅执行一刑而已，所不同者，乃在于刑的形成过程有所不同。"② 但是，关于连续犯本身还存在诸多难以解释的理论困境。比如，一个人先后实施了一个盗窃行为和一个诈骗行为，则势必数罪并罚，然该行为人先后实施了两个盗窃行为，则只能做连续犯定性，以一个罪定罪处罚，很难说是合理的。尽管如此，出于诉讼便利和实际效果差别不大等原因，各国一般都肯定了连续犯在立法或理论上的正当性，只不过在连续犯的成立条件和范围上不尽相同。德国学者耶赛克认为连续犯的成立

①马克昌．比较刑法原理［M］．武汉：武汉大学出版社，2002：780－781.
②柯耀程．变动中的刑法思想［M］．北京：中国政法大学出版社，2003：299.

需要具备三个条件：行为方式的同种性在客观上是必须的，具体的行为还必须侵害相同的法益，对界定连续行为起决定作用的是故意的单一性。[①] 日本学者山中敬一认为，连续犯的成立要件包括四个条件：构成要件的同一性、行为的连续性、法益的同一性、犯意的继续性。[②] 我国台湾地区学者柯耀程把连续犯的成立要件区分为两类：客观要件应该具备结构性的三个条件，即行为形式的一致性、行为间的连续性、结果的一致性关系，主观要件则为各行为间故意的一致性。[③] 具体而言：

（一）犯罪形式同类性

连续犯的行为，必须要求有同种或类似的行为而连续进行，如何理解“同种”和“类似”呢？这仍然成为问题。其实，“同种”这样的表述本身就是一种价值上的拟制，很难说有一个准确而清晰的标准。耶赛克指出：“属于这种情况的有，相同的标准是以被具体的行为所违反的刑法规定为基础的，从本质上看行为过程具有相同的外在和内在特征。”[④] 如基本犯罪构成要件行为和加重犯罪构成要件行为可以认为具有犯罪形式上的同类性，因为二者在构成要件的基本要素上是完全一致的，只是由于具有不同的身份等加重减轻情节。此外，需要注意的是多数事实上的行为成立一个实行行为，虽然在形式上继续实行，具有连续行为的外观，但是诸事实行为之间缺乏独立的性质，所以不能说具备了多个同类的行为。德国学者Maiwald从判例的分析，以及融入规范的观点，得出了三种可能成为

①汉斯·海因里希·耶赛克，托马斯·魏根特．德国刑法教科书［M］．徐久生，译．北京：中国法制出版社，2001：870－871.

②马克昌．比较刑法原理［M］．武汉：武汉大学出版社，2002：781.

③柯耀程．变动中的刑法思想［M］．北京：中国政法大学出版社，2003：299.

④汉斯·海因里希·耶赛克，托马斯·魏根特．德国刑法教科书［M］．徐久生，译．北京：中国法制出版社，2001：870.

单一行为而非连续的同类行为的情况。① 这些行为之所以不是连续的同类行为，乃因为在规范上，法的目的性不将其视为一个单独的实行行为。如以多次投毒杀害他人的故意，每天投以少量毒品，数天后发生杀人的结果。就是由于这些事实行为如果都单独作为一个实行行为的话，则可能成立多个杀人行为，而人的生命是一种一身专属法益，多次评价似乎不妥。

（二）行为的连续性

行为具有连续性是指各行为之间应该具备实施违反形式时间与空间的相关性。而时间、空间上的连续性则是一个非常模糊的标准，并非一个固定绝对的概念。判断连续性的成立，需要结合不同犯罪的罪质、行为方式等全面的情况。倘若能够认为是在同一机会内触犯同类或同一罪名的数个行为，即从时间及场所的接近、方法的类似、机会的同一、意思的继续及其他各行为的密切关系来看，属于一个整体上的一个行为，则可以理解为连续性。但是，日本最高法院的判决也指出，即使是时间、场所接近，在行为人的各行为不能

①Maiwald 分为三类：其一，所谓反复的构成要件实现，即在实现一个整体犯罪的过程中，所有个别行为乃形成一个单一行为。因为这种事实情状中，每一个个别行为均为一个构成要件该当的行为，而就整个事件历程观察，具有完整性关系，所以将其视为单一行为。简而言之，该当一个构成要件的行为，始终都只被认定为单一行为。雅科布斯也指出，一个构成要件该当的行为，始终都只有一个，且只有一个法规的侵害。如一拳打伤人，本来就足以成立伤害罪的构成要件，然而反复实施拳打脚踢，仍旧只成立一个伤害行为。Maiwald 对于这种反复构成要件实现的行为判定基准置于一致性的行为认知，并辅以法益导向之考量，以及行为人罪责内涵的思考，如就个别行为的具体状况观察，足以揭露出行为人一致性的心理状况，则行为人单数即可成立。其二，逐次构成要件实现，即行为人对于一定之结果，以逐步达成的方式实现。如大搬家的窃盗方式，一次又一次地将东西搬空，虽然从个别行为观察，似乎有多次的行为存在，但个别的行为并非独立，而是整合建构成一完整行为。其三，同时的构成要件实现，即一个行为在实现一个构成要件的同时，更实现其他构成要件，此时被实现的构成要件数，并非决定行为数的基准，其判断标准必须从客观的事实情状上寻找，主要的是在事实上判断行为是否同一，亦即同时被实现的构成要件是否系由同一行为所致，从而观察所实现构成要件间的重叠部分之行为是否同一，Maiwald 认为同时构成要件实现的行为，必须至少具备部分同一时，方得成立，亦即行为具备有所谓双重类型性时，方能视为单一行为。参见柯耀程. 变动中的刑法思想［M］. 北京：中国政法大学出版社，2003：276－277.

被看成是一个人格态度的表现时，也不能认为是一罪。如被告人误认为被害人是熊，用猎枪射击两次，命中下腹部，使被害人身负濒临死亡的重伤，被告人发现自己误射后，又用猎枪射击一次，命中胸部，致被害人当场死亡。对此事案，判例认为是业务上过失伤害和杀人罪的并合罪。[①]

（三）法益侵害的相同性

德国刑事立法上没有明确规定连续犯，在司法实践和理论上的通说则把法益侵害的相同性根据法益的种类进行区分。像生命、身体、自由、名誉、贞操的自由等那样的专属一身的法益，根据所侵害的个数决定犯罪的数目。因为这些法益涉及最高的个人法益，具体的行为人如果是针对不同的法益享有人，应排除连续行为的成立。[②] 日本刑法也持与德国刑法相似的观点。如日本学者野村稔认为：与此相对，不是专属一身的法益的场合下，即使是复数的法益被侵害了也还是成立一罪。例如，侵入某人的住宅行窃的时候，其中包含有不同所有者的财物的场合，虽然对所有权的侵害是复数，但只要是属于同一个盗窃行为，就只成立一个盗窃罪。[③] 我国刑法理论的通说和司法实务界并没有依据法益的不同属性来区分，而是对属于同一罪名的连续行为，无论其侵害的法益为专属一身的法益还是财产等非专属法益，均可以成立连续犯。

（四）各行为间故意的一致性

关于各行为间故意的一致性的认定，理论界有三种学说。德国理论界和实务上均认为，连续关系的成立主观要件需要具备连续行为的整体故意。整体故意的内容需要涵盖所有行为的形式、时间、地点、行为手段、行为客体及目的。整体故意历经了三个阶段的发

①大塚仁．刑法概说［M］．冯军，译．北京：中国人民大学出版社，2003：416－417.

②汉斯·海因里希·耶赛克，托马斯·魏根特．德国刑法教科书［M］．徐久生，译．北京：中国法制出版社，2001：870.

③野村稔．刑法总论［M］．全理其等，译．北京：法律出版社，2001：451－452.

展，最新的理论一般认为，整体故意即使在原始计划之行为全数完成前，再扩张其犯意，亦可成立整体故意。第二种观点即概括故意，指行为人在行为时并未设立明确目标，而结果所实现的目标，亦为其本意。第三种观点为连续故意，连续故意所认定的标准，乃在个别行为决意足以形成一个持续的心理线，即可确立连续行为主观要件之要求。[①] 我国刑法理论界的通说认为，连续意图确定与否，主要指行为人对即将实施的一系列犯罪行为的连续性程度，以及具体犯罪的对象、结果、时空条件、方法、次数等因素认识的确定程度，而并非指行为人是否具有对犯罪行为连续性的认识，以及是否具有追求犯罪行为连续进行状态实际发生的心理态度及此种心理态度是否确定。[②] 比较上述多种观点，其争议的核心在于是否应该以更宽泛的标准确立连续犯的主观故意上的连续性呢？从德国理论界的发展来看，连续犯的整体故意标准日趋松弛和客观，这说明追求诉讼便利和诉讼经济的法的目的性和对于法官恣意自由裁量权的警惕在认定连续关系的故意中起到了重要作用。

二、贩卖毒品罪中连续关系的具体认定

对连续犯的一般理论有所了解后，对于贩卖毒品罪相关的连续关系认定则必须在一般理论的基础之上具体分析。

（一）一次购入多量之毒品，再分多次卖出情形的认定

此种情形在贩卖毒品罪中较为常见，我国台湾地区实务界对此的认定形成了两种相对的学说。第一种观点认为，应该成立单纯一罪。其理由为：一次购入多量之毒品，在未卖出之前，罪已经成立。

①柯耀程．变动中的刑法思想［M］．北京：中国政法大学出版社，2003：325－328.

②元照出版公司．刑事特别法［M］．台北：元照出版公司，2000：575.

其后分次卖出之行为，属于行为之继续，故应该成立单纯一罪。① 另一种观点则认为成立连续犯。其理由为：尽管贩卖不以贩入之后再次卖出为构成要件，但贩卖毒品罪的成立，应该包含贩入、卖出及贩入后复行卖出三种，故购入后分次于第一次卖出时，仍只成立一个贩卖毒品罪，其后的各次分卖行为与贩卖的构成要件相当，如果基于概括的故意而为之的话，则应该成立连续犯。笔者认为，贩卖毒品的实行行为应该是转让毒品予他人的行为，那么，为了贩卖而购入多量毒品行为还不能说是贩卖毒品的实行行为，自然也谈不上贩卖毒品罪的完成，而必须要在第一次将毒品转让与他人或者卖出后方可谓符合了一个贩卖毒品行为的基本构成要件。那么，其后的每次转让毒品行为均符合贩卖毒品罪的构成要件，也即是说转让了几次毒品就成立几个贩卖毒品行为。另外，行为人主观上是出于概括的贩卖故意而连续实施多次的贩卖行为，自然成立贩卖毒品罪的连续犯。

（二）多次贩卖毒品，且毒品种类相同

毒品的种类相同的话，在规范的认识角度，多次贩卖毒品的行为都可以理解为对于同一法益——公民健康的侵害，其人格态度也可以被看做是对于人民健康受到危险的一种放任，能够作为一个犯罪进行评价，即成立连续犯。日本最高法院曾做出一个相关的判例，肯定了这种情形成立连续犯。该案例案情为：某医生对同一麻药中毒者，以治疗疾病之外的目的，在某年 9 月至次年 1 月之间，隔几日给一次盐酸麻醉药，共计 38 次，每次给 0.1 克至 0.2 克，合计给了 5.75 克。对此行为，判例认为是包括相当于《麻药取缔法》第二

---

①我国台湾地区的这种观点的理论基础为：贩卖行为并不以贩入之后、复行卖出为构成要件，只需以营利为目的，将毒品或麻醉药品购入或卖出，有一于此，其犯罪即已完成。但是，这种对于贩卖行为的宽泛理解并不符合刑法解释的原则，也有悖于刑法谦抑性精神。因此，我国台湾地区理论界也多不认同此说，司法界也有部分判例或解释不认同这种理论基础。本书所界定的“贩卖”的实行行为并不包括以贩卖为目的的购买行为或者说以营利为目的的购买行为，而只包括转让毒品予他人的行为。

十七条第三项、第六十五条第一项之罪的一罪。[①]

（三）多次贩卖毒品，但毒品种类不同

毒品是一个类概念，也是一个规范概念。不同种类的毒品具有不同的毒害性，对于社会不特定多数人的健康的危险不能说在程度上是相同的，正是基于此原因，我国刑法才规定了贩卖不同种类毒品的不同刑罚配置。虽然贩卖各种毒品都对于刑法所保护的法益——公民健康——造成了威胁，产生刑法所不能容忍的抽象危险，但是连续犯在客观上要求的是具有犯罪形式的同类性。犯罪的同类性既可以作宽泛的理解，如罪质相同的同一罪名，也可以作严格限缩的理解，如认为连续犯所触犯之数罪名，其构成犯罪之各要素，彼此皆须完全相同，而非只是各罪名的构成要件相同而已。[②] 无论是采用宽泛还是限缩的观点，首先要解决的问题是，贩卖海洛因与贩卖咖啡因能否说是构成要件相同呢？

笔者认为，咖啡因与海洛因虽然都属于毒品这样一个类概念，但是其性质和危害程度并不相同。如果把“毒品”作为贩卖毒品罪种的最低或最具体层面的构成要件要素的话，那么海洛因与咖啡因之间的区别就像杀人罪中受害人是张三还是李四的区别一样。问题是杀人罪中，受害人是张三还是李四都不影响法定刑的配置，刑法设置法定刑时并不考虑受害人是张三还是李四，只是把这种区分作为酌定的量刑情节。相对的是，在贩卖毒品罪中，贩卖海洛因与贩卖咖啡因二者间却设置了不同的法定刑，而不同法定刑的设置正是考虑到了毒品具体种类的不同。从这个意义上讲，刑法设置法定刑时是在评价不同的社会危害性而作出的不同设置，此时折射出社会危害性的构成要件是一种一般的、抽象的行为类型，那么在立法者看来，作为抽象、一般的构成要件行为类型的社会危害性是固定的，只有在符合该行为类型的具体事实进入刑法视野后，如何在法定刑

①大塚仁．刑法概说［M］．冯军，译．北京：中国人民大学出版社，2003.

②韩忠谟．刑法原理［M］．北京：中国政法大学出版社，2002：255.

幅度以内选择宣告刑时才分析该具体事实的具体危害性大小、人身危险性大小。但是，作为法定刑设置前提的抽象的行为类型——构成要件，则是法律所拟制的，是一个确定的社会危害性程度。因此，既然刑法把贩卖海洛因与贩卖咖啡因拟制成不同社会危害程度的行为类型，并因此根据其毒品种类的不同设置了不同的法定刑，能够说还是同一个构成要件吗？

倘若沿着上述的结论出发的话，贩卖海洛因与贩卖咖啡因则应该是两个不同的构成要件，两种不同的行为类型。① 但是，尽管贩卖咖啡因与贩卖海洛因的构成要件不同，也并不必然否定连续犯的成立。这取决于"同类性"的具体理解。笔者认为，对于同类性的理解，不应该拘泥于客观、形式上的理解构成要件，而应该站在刑法所追求的目的性基础上进行界定。连续犯本身就是为了诉讼经济和限制法官过大的自由裁量权而存在的，并非是一种机械的源于客观构成要件构造的推论。因此，"同类性"应该理解得更为宽泛一点，只要在罪质上具有相同的价值和罪名，则可肯定其同类性。因此，贩卖不同种类的毒品，虽然其社会危害程度可能有所不同，但是在本质上都是对于人民健康的侵害且行为方式相同，可以成立连续犯。

①我国台湾地区刑法理论中也有支持这种观点的，但是似乎并未形成通说。如在对一个连续多次吸食吗啡和海洛因的被告人的判决过程中，曾经有两种相对的意见。该案案情为：某甲染上毒瘾，遂基于概括之犯意，连续多次或吸食吗啡或吸食海洛因以解瘾。第一种观点把吸食毒品罪的最具体的构成要件视为"吸食毒品"，自然把吗啡和海洛因都视为刑法所称之"毒品"。那么无论是吸食吗啡还是吸食海洛因均符合"吸食毒品"这个构成要件，不承认"吸食海洛因"与"吸食吗啡"是两个独立的构成要件。第二种观点则认为，吗啡与海洛因的种类不同，行为客体也不同，无法成立连续犯。台湾地区司法界大多持第一种观点。（元照出版公司．刑事特别法特别刑法篇［M］．台北：元照出版公司，2000：194.）第二种观点虽然不是通说，但其前半部分则具有合理性，即承认"吸食海洛因"与"吸食吗啡"是两个独立的构成要件，故而认为毒品种类的不同会成立不同的构成要件。只是该说在认定连续犯时，机械地理解构成要件的相同性，并把这种构成要件在形式上的完全一致作为连续关系成立的前提。所以，该说否认了连续犯的成立，这是不妥当的。

（四）多次毒品犯罪，其中既有贩卖又有持有，还有走私等行为

多次毒品犯罪，既有贩卖又有持有，还有运输、走私等行为，能否成立连续犯呢？从构成要件的相同性角度来看，贩卖、运输、制造、走私毒品明显不属于同一构成要件，但是，如果从罪质及法益侵害的角度来衡量犯罪的同类性的话，则可以肯定连续犯的成立。如有学者指出："近来实例认先后运输鸦片毒品，并贩卖鸦片毒品，及营利设所供人吸用者，成立连续犯，其说曰：'以概括之意思先后运输鸦片毒品，及贩卖鸦片毒品，并贩卖专供吸食鸦片及吸用毒品之器具，暨营利设所供人吸食鸦片毒品，均系连续数行为，侵害人民健康之公共法益，而犯同一性质之罪，应成立连续犯'（院字第二一八五号解释）。"① 但是，这种关于连续犯成立所需的同类性要件的观点过于宽泛，几乎无法起到任何限制作用，过度扩大了连续犯的适用范围，有悖于社会大众的法感情和罪责原则。笔者认为，尽管不能拘泥于形式上的构成要件相同作为连续犯的成立前提，但也不能过于宽泛，而应该通过罪名和侵害法益及行为方式作为限制连续犯成立的条件。那么，贩卖、运输、制造毒品等行为的客体和侵害法益虽然相同，但是行为方式并不相同，罪名也不一致。所以，不能认为可以成立连续犯。

（五）行为人先后实施贩卖毒品罪的帮助行为和实行行为

有这样一个案例：某甲基于概括之犯意多次贩卖毒品予某乙，某日乙再度求购，甲适无毒品，乃以帮助贩卖之意，转介乙向丙购买，事后为警察查获。对甲应该如何处罚？第一种观点认为，甲应该论以连续贩卖毒品一罪，因为连续犯之概括故意包括自己实施之正犯犯意，与帮助他人实施之从犯犯意，因而甲自行多次贩卖与帮助丙贩卖一次之行为，仍在其概括犯意之内，仅应该论以连续贩卖毒品一罪。第二种观点认为，甲应论以连续贩卖毒品和帮助贩卖毒

①韩忠谟．刑法原理［M］．北京：中国政法大学出版社，2002：255.

品二罪，数罪并罚，因为连续犯之概括犯意，不包括正犯和帮助犯。争议就是：行为人先后实施的帮助行为和实行行为能否成立连续犯？德国刑法理论及实务界均否定正犯与共犯成立连续关系。而我国刑法则一般承认正犯与共犯行为可以承认连续关系。笔者认为，否定说是妥当的。因为，正犯的故意是将行为视为自己的行为，而共犯的故意则是将行为视为他人之行为，二者很难说是相同的。所以，行为人以连续的故意实施了贩卖毒品行为和帮助贩卖毒品行为，不应该成立连续犯，而应该数罪并罚。

（原载《学术探索》2007 年第 3 期）

毒品犯罪刑罚轻缓化研究

李世清　董晓松*

摘　要：中国毒品犯罪重刑化的刑罚实践尽管有其特定的历史和现实原因，但在世界各国刑罚走向轻缓化的背景下，有必要对中国毒品犯罪刑罚的刑事立法和司法实践加以检讨。在此基础上，从宽严相济的刑事政策出发，我国毒品犯罪的刑罚有重新加以配置或改革的必要，唯有如此，毒品犯罪的惩治才能更具实效，亦与建设和谐社会的理念不相违背。

关键词：毒品犯罪　刑罚　轻缓化　宽严相济

在世界各国刑罚朝着轻缓化发展的同时，中国却在毒品犯罪的刑罚实践中走向了一条重刑之路，这种现象不能不引起认真的反思。虽然，经历过“西学东渐”后，现代的中国人已经明白：西方的月亮并不比东方圆，中国在解决实际问题时应该注重本国实际，不能照抄照搬西方的东西。但在刑罚轻缓化方向上，不得不承认，西方所走的这条路确实比中国现行的刑罚实践更有效，也更有影响力。特别是在毒品犯罪的刑罚适用上，对本质上属于危险犯的毒品犯罪适用重刑甚至适用死刑，不要说这种实践在刑法学的理论世界里找

*李世清，法学博士，云南省人民检察院干部；董晓松，法学博士，云南大学法学院讲师。

不到有效的理论根据，甚至在现实世界里也找不到任何现实效用作为我们继续坚持这种实践的理由。正如美国学者齐林所说："温和的刑罚只要不错误，似乎比施严厉刑罚于少数人，更有儆戒的势力。"①

一、刑罚轻缓化是世界刑法发展的趋势

传统的刑罚观念和对刑罚功能的认识，都集中于重刑或死刑的威吓这个焦点上。"夏有三千，大辟五百"，《汉谟拉比法典》及《加洛林纳法典》，甚至用死刑处理民事性质的纠纷。随着时代的发展、人权意识的兴起，传统的刑罚观已经发生历史性的转化，人们从历史经验中认识到刑罚或死刑作用的有限性及其负面作用，因此各国在改革刑法时，都不再在刑罚加重上做文章，而是从重罚转向了财产刑、轻缓化、替代行刑、恢复性司法、程序上刑事和解、社会的宽容等方面。可以说，刑罚力度轻了，但刑法的干预范围广了，刑罚运用的手段更丰富了，更关注于社会管理和人的教育。由此使刑罚这一古老的手段焕发了生机，走向了新生。例如，在刑事程序扩大方面，目前各国的实践主要表现为，允许跨国及有组织犯罪都采用普遍管辖、引渡等其他的国际合作、推定、诱惑侦查等，其目的就是要放弃重刑威吓这个传统手段，由刑法对社会的"重点干预和重度干预"变为"普遍干预和适度（轻度）干预"，由"厉而不严"变为"严而不厉"，例如处罚对象由行为扩及行为人、不作为和"共谋"，等等。

（一）刑罚轻缓化的理论依据

一般认为，刑罚轻缓化的理论依据在于人权的发展、刑罚制度与实践的发展、反思刑罚的功能（反对刑法崇拜主义和重刑主义）。关于刑罚功能的理论之争，与关于死刑存废的争论相类似，根源也在于传统刑法理论的"二元对立"思维方式。报应与预防尽管有区

①齐林．犯罪学及刑罚学［M］．查良鉴，译．北京：中国政法大学出版社，2003：34.

别，但又相互依存。报应可能会自然而然地产生一般预防及特殊预防的效果，也可能不产生或少产生上述效果。预防自然需要以报应惩罚为基础，也可能再加上一些积极主动的预防措施来追求自身的效果。因此，报应与预防的关系不是一种静态的、凝固的理论结构，而是一种动态的、互动的、有多种可能效果的关系。因此，合理的刑罚理念，就应当是追求二者的统一与效果最大化，这就是刑罚的目的。理论上说到此处已无法再前进，除非抛弃这一对概念另辟蹊径。而从历史看，刑罚功能和目的的重心从以报应为中心逐步转向了以预防为主要目的；从理论上的动态关系看，这种转移并不违背报应与预防的相互关系原理；从现实看，要解决的问题是：转移重心要达到一个什么样的程度，才能够最大限度地实现刑法“保护法益、保障人权、司法裁判”的三大机能？因此，刑罚目的的设定不是理论探求的问题，而是根据现实社会需要来具体掌握的问题，也就是刑事政策选择问题。由此说明，为什么说最好的社会政策就是最好的刑事政策，而反过来同样成立，最好的刑事政策也是最好的社会政策。

当今社会的形势有以下几个关键点将影响刑事政策选择：第一，人权意识高涨；第二，立足防范风险；第三，经济、科技水平进一步发达；第四，民主法治普世化。据此，以报应为主要目的，以重刑（死刑）为主要手段已经不合时宜，而要转向刑罚轻缓化，刑罚人道主义、行刑社会化，司法民主和恢复性司法等思路和方向是时代的要求。因此，这种重心的转移具有不因人的意志而改变的客观性（历史必然性），我们应当自觉接受这一新的刑罚理念。“一般来说，刑事政策要求，社会防卫，尤其是作为目的刑的刑罚，在刑种和刑度上均应适合犯罪人的特点，这样才能防卫其将来继续实施犯罪行为。”“能矫正的罪犯应当予以矫正，不能矫正的罪犯应使其不致再危害社会。目的刑必须根据不同的犯罪类型而作不同的规定和发展。”[1]“预防犯罪行为的发生要比处罚已经发生的犯罪行为更有价值，更为重要。”[2]

李斯特的社会防卫和目的刑思想，其表述看似朴素简单，但却是刑罚思想的历史性进步。开始脱离报应刑，从预防犯罪的“社会功能”的角度寻找刑罚的正当性根据和制度设计思路。在他的实践中，最初是表现在青少年犯、初偶犯、性格犯或倾向犯、短期自由刑、保安处分、不定期刑、行刑社会化等方面，尚未涉及对危险犯与实害犯如何区别对待的问题。但具体方案的内容并不重要，重要的是“思想”的提出，即要根据不同的“犯罪类型”来设定刑罚，这为刑罚的发展提供了出发点，并开辟了广阔的空间。而且从对“犯罪人类型”的关注与处置这段早期实践来看，似乎将“人身危险”作为危险犯的一种，也是有根据的，并且体现在立法之中。可以认为，刑法设计者对“危险”的干预，最初始于对“危险人”的干预，后期才发展出对危险的“行为及结果”的干预。但不管是对人还是对行为的“危险性”的控制，都是社会防卫及目的刑思想的题中应有之义。它为刑法干预视野向前延伸，进行提前介入和预防性控制，提供了理论上的可能，从而丰富和发展了刑法的理念和制度。使刑法更能够适应和满足现代社会生活对安全和防范风险的需求。

刑罚目的由报应中心论向预防中心论的转向，不能够从刑罚理论自身的逻辑运行中推导出来，从理论到理论的研究无法证明此种转向的必然发生。刑罚理念自身并不会像所谓“绝对精神”那样自我提供运动的动力并自我发展和自我演进。相反，它是滞后于社会形势的变化而作出的反应。因此只有社会历史事实的研究才能证明这种转向的必然性与合理性。在此，笔者欣赏“社会防卫论”思想

---

①弗兰茨·冯·李斯特．德国刑法教科书［M］．徐久生，译．北京：法律出版社，2000：13.

②弗兰茨·冯·李斯特．德国刑法教科书［M］．徐久生，译．北京：法律出版社，2000：21.

所具有的那种“灵动”与“飞扬”的气质，那种试图离开报应惩罚的客观限制而追求更大的“自由”的趣味。这种方向是刑罚理念的飞跃与升华，并与社会的发展相适应。因此，刑罚功能与目的的政策选择由“神判天罚、天意报应、上帝的最终审判”变为“预防为主，打防并举，标本兼治，综合治理”的表述，是合理的，也是进步的。但是，从理念转向到规范设计还有很长的距离。民法调整市民社会生活关系，因此可以根据“诚实信用，公平合理”这些道德、原则、理念来直接调整民事的社会关系，符合市民生活的自由本性。但刑罚乃重器或双刃剑，刑法调整国家权力与公民自由的关系，因此不能允许宽泛模糊的“理念”直接成为裁判根据，只能按照“罪刑法定”机制，将理念表述为具体精确的规范，再加以运用。因此，实践中直接根据宽严相济、构建和谐、刑事和解、恢复性司法这些精神和口号，任意解释和适用刑法规范，使类似案件的处理大相径庭。这必然导致“宽严皆误”和对罪刑法定这一刑事法治基石的破坏。解决的方式就是：要明确刑罚的预防教育功能的范围、方式与限度并使之规则化，核心是确立“限度”，即尺度与分寸的把握。①对此，本文提出以下建议：

第一，在立法论上，主要解决犯罪圈大小及刑罚强度与方式的设置，限度的设定已从结果无价值走向行为无价值，从实行行为既遂的犯罪观延伸到未遂、预备行为的犯罪化，从实害（结果犯）发展出危险犯，从重刑、自由刑为主发展出轻刑、财产刑为主，从监禁刑到非监禁刑，等等。

第二，在刑法解释论上，解释的“限度”与“客观性”应以什么为标准？绝对的“目的解释”实质是不要刑法，是主观解释，因此它应受到“文理解释”的限制。但刑法解释局限于“刑法条文可

①李海东．刑法原理入门（犯罪论基础）［M］．北京：法律出版社，1998：125.

能涵射的文义范围之内”①，也有两个不利，一是可能限制刑法的合理目的，二是“文义射程的范围”并不容易把握。文义包括文字、标点符号、句式、语法逻辑、语气、词语的潜在文化含义②等等，例如毒品，字面含义指有毒性的物品，再引申为具有成瘾性的药物，再限制为达到一定成瘾程度的药物，再限制为被法律法规管制清单所列举的上述药物。此时，“毒品”的含义已与文字含义相去很远，要么改变文字为“成瘾药品”，相应地改为“违反成瘾药品管制制度的药品犯罪”。如此解释则与国际接轨并且合理，但很难说这种解释是在“毒品”的文义射程范围之内，也就是说，有时候非要突破文义的限制才能得出合理的解释。形式要服从于实质公正，这是实质的罪刑法定思想的精华所在，因此，仍然要综合运用各种解释方法，并最终取决于“合理评估和计算现实社会所应有的刑法需求”。例如通过司法统计和经验总结，得出哪些行为可解释为犯罪，哪些犯罪可以轻缓化的结论。

（二）我国目前的现实情况——毒品犯罪是一种重罪

一方面，在我国刑法中，某些毒品犯罪，无论数量多少，都应追究其刑事责任。《刑法》第三百四十七条第一款规定：“走私、贩卖、运输、制造毒品，无论数量多少，都应当追究刑事责任，予以刑事处罚。”据此，走私、贩卖、运输、制造毒品罪就不存在起刑点

①郑军男．刑法司法解释方法论——寻求刑法司法解释的客观性［J］．吉林大学社会科学学报，2003（6）：68.

②季羡林先生曾解释“恒河上木屋”对不同文化背景的人的不同暗示，第一层是字面所指的事物；第二层是由此引发的意义范围；第三层是由此提供的文化暗示。印度人理解到修行者及“圣洁”的含义，而中国人则意识不到这些。

的问题，即使涉案的毒品数量十分微小，也应追究刑事责任。① 另外，包庇毒品犯罪分子罪，窝藏、转移、隐瞒毒品、毒赃罪，走私制毒物品罪以及非法买卖制毒物品罪也都没有对毒品数量作出要求（司法解释设定了数量标准，只是一种技术与危害性，本质无直接关联）。另一方面，毒品犯罪再犯从重处罚。我国《刑法》第三百五十六条规定："因走私、贩卖、运输、制造、非法持有毒品罪被判过刑，又犯本节规定之罪的，从重处罚。"对于一般犯罪而言，除了构成危害国家安全罪的特别累犯外，一般犯罪只有在前罪被判处有期徒刑以上刑罚，刑罚执行完毕或者赦免以后五年之内再犯应当判处有期徒刑以上刑罚之罪的，才应当依据《刑法》第六十五条的规定从重处罚。仅仅是单纯再犯，并不必然导致刑罚适用上的从重，《刑法》第三百六十五条对毒品犯罪再犯从重处罚的规定显然远远苛于我国刑法中的一般累犯制度。②

重罪不仅表明了较重的刑罚措施，也暗含着对有关犯罪的审慎态度。在法国等国家的刑事诉讼中，重罪不仅意味着管辖法院的不同，也意味着包括强制预审、强制陪审制等在内的更为严格的诉讼程序，③ 这些措施无疑都是谨慎定罪量刑的需要。我国虽然没有这方面的明确规定，但在司法实践中，各级法院针对毒品犯罪的重刑属性，也都采取了严谨审慎的态度。最高人民法院专门制定《关于审

①这里涉及对零星贩毒的定性问题，学者对于数量十分微小的贩毒是否构成犯罪还存在着争议。在司法实践中，上海高级人民法院试行的《上海法院量刑指南》在第十一条规定"走私、贩卖、运输、制造海洛因或甲基苯丙胺不满一克或者其他少量毒品的，一般判处拘役或者管制"之后，第十二条紧接着规定"走私、贩卖、运输、制造海洛因或甲基苯丙胺不满零点一克或者其他微量毒品的，比照第十一条规定从轻处罚"，从而肯定了零星贩毒行为的犯罪属性。我们认为，如果严格理解《刑法》第三百四十七条，零星贩毒显然构成犯罪，但是否确有必要判处拘役或管制等自由刑则有待斟酌，单处较大数量的罚金似乎更有利于对零星贩毒的有效惩治，并防止"交叉感染"等现象的出现。

②有学者认为，毒品犯罪再犯从重处罚应该作为我国特别累犯的一种。详细论述参见苏彩霞．现行累犯制度的不足及其完善［J］．法学，2002（7）：29－35.

③卢建平，叶良芳．重罪轻罪的划分及其意义［J］．法学杂志，2005（5）：23.

理毒品案件定罪量刑标准有关问题的解释》，上海、广东等高级人民法院发布的关于毒品犯罪定罪量刑的指南或指导性意见都说明了这一点。也就是说，如何利用现行立法提供的制度空间来实现刑事政策等目标，是立法和司法者应认真总结的技术性、艺术性问题。

二、我国的立法和司法的检讨

针对我国在毒品犯罪领域的刑罚实践，本文认为目前我国的毒品犯罪刑罚实践值得检讨。据此，本文拟运用前文所提供的区分危险犯的标准以及刑罚轻缓化理由来检视我国刑法规定。

（一）立法上具有随意性和不均衡性

本文认为目前我国有关危险犯的立法存在危险犯法定刑设置的随意性与不均衡性。这典型地表现在毒品犯罪的刑罚设置与其他“危险犯”刑罚设置的比较上。首先，危害国家安全的危险犯没有死刑，如《刑法》第一百零三条第二款及第一百零五条；其次，危害公共安全的危险犯中，“尚未造成严重后果的”和尚未达到“情节严重”的，没有设置死刑。前者可以理解，关于“情节严重”值得研究。司法解释所指包括：①枪支弹药爆炸物数量超出定罪数量5倍以上；②危害严重；③数量已达定罪标准并造成严重后果；④剧毒化学品超过一定数量；⑤造成死伤等严重后果；⑥数量已达定罪标准并有其他严重情节。此外，司法解释又作反向规定：没有造成严重社会危害并确有悔改表现的，可以不处罚。因此，危害公共安全罪中的“情节严重”已经不属于危险犯，而属于实害犯，因为其含义仍是指“造成严重后果”；单纯的数量大而无后果的，不属于“情节严重”，所以，危害公共安全的危险犯没有规定死刑。此外，破坏市场经济秩序罪及其他类罪中的危险犯也没有规定死刑。

由此观之，我国刑法中唯一对危险犯规定有死刑的是第三百四十七条走私、贩卖、运输毒品罪，只要达到海洛因50克以上或其他毒品数量大的，无论是否造成其他后果，均可以判处死刑；而只要有武装贩毒、暴力抗拒抓捕或参加国际贩毒集团行为之一的，无论毒品数量大小、是否初犯、是否主犯，均可判处死刑。因此，毒品犯罪这种危险犯的法定刑设置，在我国刑法所有危险犯中是最高的。但这并不能证明毒品犯罪比非法制造、买卖、运输爆炸物、剧毒化学品的犯罪具有更严重的社会危害性。因此，我国刑法对不同危险犯的法定刑设置偏高，而且不平衡，未能体现罪与刑的均衡相称，尤以运输、走私、制造、贩卖毒品罪最为突出。

（二）法定刑过高

首先，典型的对比是毒品犯罪的法定刑比破坏交通工具等“高度盖然性”的危险犯的法定刑高，也比“非法制造、买卖、运输、储存、持有枪支弹药和爆炸物”等“超过被允许的危险”的危险犯的法定刑高，甚至比“煽动分裂国家罪”（《刑法》第一百零三条第二款）、“颠覆国家政权罪”（《刑法》第一百零五条）等属于“被严格禁止的危险犯”的法定刑还高，关键是，我国刑法对毒品犯罪这种“超过被允许的危险”的危险犯，设置了死刑。

其次，我国现行《刑法》对有组织犯罪采取的刑罚规制措施，也远比毒品犯罪的刑罚规定轻缓。《刑法》第二百九十四条规定：组织、领导黑社会性质组织的，最高可处10年有期徒刑；其他参加的，最高可处3年有期徒刑；如果另有故意杀人、伤害、绑架等行为的，则数罪并罚。第三百一十七条规定组织越狱罪最高刑为15年有期徒刑。第三百一十八条规定组织他人偷越国边境罪，情节特别严重的可判到无期徒刑。第一百二十条规定组织、领导恐怖组织罪最高可判处无期徒刑，另有杀人、绑架等犯罪的实行数罪并罚。第三百条规定组织、利用会道门、邪教组织罪，即便致人死亡，最高刑也仅为15年有期徒刑。但最高人民法院、最高人民检察院解释（1999年10月30日）《刑法》第四条则规定指使、胁迫他人自杀、自伤的按故意杀人和故意伤害罪定罪处罚。由上可见，我国刑法中单纯的组织行为仍被视为预备行为，其处罚明显轻于实行行为，并没有设置死刑。最有对比意义的是第三百三十三条“非法组织卖血罪”和第三百五十八条“组织卖淫罪”，都是组织一种不构成犯罪的自我伤害行为，最高可判 5 年或 10 年有期徒刑；具有强迫、强奸、多人多次、幼女、重伤死亡等严重情节的，属于实害犯，则设定了死刑。但在毒品犯罪的刑罚规定中，参加国际贩毒集团或成为组织中的首要分子的，则可能判处死刑。毒品犯罪中的组织犯成为我国刑法中唯一可以被判死刑的组织犯，而且第三百四十七条第二款第（二）、（五）项分别规定了组织犯中的首要分子和参与有组织的国际贩毒活动的参加人并无区别，不论其查获贩毒数额大小均可能判处死刑。可见毒品犯罪规定的刑罚之严厉。

阮齐林教授认为，对违反枪支管理的抽象危险犯不宜规定“如此严厉”的刑罚，例如第一百二十五条最高刑为死刑，“未免苛刻”（此处不是本文所指危险犯概念，本文是指动态的危险犯概念）。因为刑法的重要信念之一是：犯罪原则上应具有实害性，刑罚由此向下延伸，惩罚危险犯属于个别的情况，仅有危险性就予以严厉惩罚不近情理，刑法的基调应是事后问责，“为事先防范而严惩危险犯，也不够妥当”。因此，在中国倡导以法益侵害、实害犯为基础的危险及危险犯观念具有重要的现实意义，有助于合理使用刑罚权。中国的学说还应当关注刑法对某些危险犯过分责罚的问题，纠正过分脱离实害、事后问责基调的危险犯观念，危险观念可以这样，但刑罚力度不能自然延伸。危险犯应当有自己的三种犯罪形态及刑罚原则、刑种、刑度及行刑方式。类似虚拟时空中的电子战、预警、迷惑、干扰、引诱、预防、控制、教育等等，才是危险犯刑罚的着眼点及方法。另有学者论述了过失危险犯应予“适度犯罪化”的理由。他们认为，那些从事与致险源有关工作的人的疏忽，将产生社会不能容忍的后果，各国刑法对这些都有所反应，不应固守传统刑法理论所坚持的过失危险行为不应受刑罚处罚的立场。“刑法是法益保护的最后手段，在刑法以外的其他手段已不足以对重大法益进行充分、有效的保护的情况下，就需要刑法的提前介入。”① 在确定过失危险犯的范围时，应处理好法益保护原则与谦抑原则的关系。“对过失危险犯的危险结果，应在量的方面附加与故意危险犯的危险结果相比更为严格的限制，以充分体现《刑法》第十三条的精神。”一方面实现刑法提前干预的目的，另一方面又在刑罚上从轻设置以兼顾刑法的谦抑性。

由以上观点推之：首先毒品犯罪作为危险犯，应比之实害犯的犯罪结果在量的方面予以提高。因此无论数量多少一律定罪的规定不符合危险犯的本质，危险犯应当有“量”的限制。其次，毒品犯罪的刑罚回应也应当比之实害犯更加轻缓。再次，限制刑法对毒品犯罪“过激反应”的方法，在定罪方面可以规定“情节严重”等行为程度限制，在刑罚方面应当规定排除死刑和无期徒刑，也就是不能设定和适用极端之刑和“过分之刑”。

刑法定罪名立条文，只能划定构成要件这个点，立法对毒品犯罪给出的评价是分片的、点状的，而不是案外的、综合的、全体的；因此，仅就罪状推不出如此偏重的法定刑。在法条的逻辑结构上表现为：罪状是危险犯，法定刑是实害犯之刑，自相对立，理论上推出应从宽，量刑实践中则片面考虑整体危害，过多地引入法条之外的因素来量刑，背离刑的法定原则而从严。特别是滥用死刑以至于机械套用数额进行加工处理，根源是立法未能反映间接和整体的危害性。因此，在思路上应扩大毒品犯罪的对象或者客体，或者保护法益，避免单纯靠数额进行判断的狭隘性，增加犯罪形势、危害后果、身份等评析指标，丰富并扩大有关“情节”的立法和司法解释。

（三）改善的方向

要遏制毒品犯罪的重刑适用，本文认为应从以下两方面着手：

一方面，从长期来看，一味地从重并不能对毒品犯罪发挥真正

①王志祥，马章民．过失危险犯基本问题研究［J］．河北法学，2005（5）：70－75.

的打击作用，反而会使毒品犯罪分子产生麻痹和侥幸心理。理性的策略是应该有所选择，对于恶性较大、社会危害严重的毒品犯罪分子，必须予以有力打击；而对于恶性较小、社会危害轻微的犯罪人（特别是对于像毒品犯罪这样的危险犯），则要在定罪、量刑上体现轻缓、宽容的方针，最大限度地促使其重新返回社会。从社会成本的角度考虑，宽严结合的策略也是为了将有限的资源用于严重毒品犯罪的打击，发挥毒品犯罪惩治的规模和示范效应；对于轻微的毒品犯罪则较多借助其他社会手段予以解决，节省社会资源。

另一方面，在毒品犯罪的惩治方法上，应该重视发挥财产刑的作用。在我国现阶段，毒品犯罪的量刑主要侧重于自由刑的判处，而对刑法中所规定的罚金、没收财产等经济制裁则运用较少。这种量刑方法的直接后果是，毒品犯罪分子的人身自由虽然受到限制，但促使其进行毒品犯罪的经济根源却没有得到根治，在刑期过后，许多毒品犯罪分子仍然重操旧业，导致了现实中的毒品犯罪出现“屡判屡犯”的状况。为此，必须加大财产刑在量刑环节中的作用。对于较为轻微的毒品犯罪，应以财产刑作为主要的刑罚措施，而对于较为严重的毒品犯罪，则要在罚金数额等方面有所体现，使经济制裁成为遏制毒品犯罪发生的重要手段。

三、毒品犯罪刑罚轻缓化构想

根据上面提出的刑罚轻缓化设想，本文认为有必要重新对我国毒品量刑的格局进行构建，以期更好地满足司法实践的现实需要。在此，我们根据刑罚幅度与犯罪危害性的对应关系，划分了毒品犯罪危害性的三个层次，并提出与之相对应的毒品犯罪刑罚幅度的三级模式，然后在此基础上对毒品犯罪量刑的具体格局进行安排。

（一）毒品犯罪危害性的三个层次

我国现行《刑法》已经在一定程度上采用了毒品犯罪危害性的三层次划分，《刑法》第三百四十七条“走私、贩卖、运输、制造毒品罪”就是一个典型的例子。该条规定的“走私、贩卖、运输、制造鸦片一千克以上、海洛因或者甲基苯丙胺五十克以上或者其他毒品数量大”等五种情形；“走私、贩卖、运输、制造鸦片二百克以上不满一千克、海洛因或者甲基苯丙胺十克以上不满五十克或者其他毒品数量较大”和“走私、贩卖、运输、制造鸦片不满二百克、海洛因或者甲基苯丙胺不满十克或者其他少量毒品”。这实际上就是对毒品犯罪的一种有意识划分。但这里除了最高档刑罚对情节作了明确规定外，其他危害层级都只是对毒品数量的简单界定，难以充分体现不同的社会危害性。更何况，除了该条外，其他关于毒品犯罪的条文往往只规定了两个危害级别，有的甚至只有一个，明显难以反映毒品犯罪危害性差异普遍存在的实际情况。有鉴于此，我们在现行《刑法》有关规定的基础上，结合毒品犯罪量刑的司法实践，将影响毒品犯罪危害性的情形统一整合为以下三个层次：

第一个层次，也是毒品犯罪危害性的最高级别。我国现行《刑法》第三百四十七条第二款实际上就是对毒品犯罪最高级别危害性的集中规定，它包括走私、贩卖、运输、制造鸦片一千克以上、海洛因或者甲基苯丙胺五十克以上或者其他毒品数量大，走私、贩卖、运输、制造毒品集团的首要分子，武装掩护走私、贩卖、运输、制造毒品，以暴力抗拒检查、拘留、逮捕，情节严重的，参与有组织的国际贩毒活动的等五种情形。应该说，这五种情形基本反映了走私、贩卖、运输、制造毒品罪的极端情况，符合我国毒品犯罪的实际。但是，一方面，这五种情形中的大部分不仅可以出现于走私、贩卖、运输、制造毒品罪，也可以出现于其他犯罪之中，因而应该将其适用范围扩大，使其成为所有毒品犯罪的最高危害级别；另一方面，这五种情形并不能代表所有具有严重危害性的毒品犯罪行为，在此之外仍然存在着与这些情形社会危害性相当的犯罪情节。

此外，《刑法》第三百五十六条规定“因走私、贩卖、运输、制造、非法持有毒品罪被判过刑，又犯本节规定之罪的，从重处罚”，规定了毒品犯罪的惯犯从重处罚（该条是毒品惯犯的理由，请见后文），表明刑法对其更大危害性的认可。由此，毒品犯罪的惯犯，完全可能具有与第三百四十七条所规定五种情形一样的巨大社会危害性，应该一同作为毒品犯罪最高级别危害性的表现方式。因此，毒品犯罪的最高级别危害性不仅应包括刑法规定的数量特别巨大等五种情形，还应包括毒品惯犯。至于强迫、欺骗他人吸毒致他人染上毒瘾或死亡，由于可以被《刑法》第二百三十二条、第二百三十四条予以规制，故强迫、欺骗他人吸毒致他人染上毒瘾或死亡的，并不属于该级别。

第二个层次，是毒品犯罪危害性的中间级别。司法实践中，具有中间级别社会危害性的毒品犯罪行为占有相当大的比例，[①] 构成了我国毒品犯罪量刑的主要对象。但对于如此重要的毒品犯罪危害性级别，我国刑法却缺乏相对完整的界定。刑法有关条文或者将其规定为一定数量范围的毒品，或者使用“情节严重”、“数量较大”等笼统的术语，很难直接应用于复杂的司法实践。在我们看来，中间级别的毒品犯罪危害性级别，应该是尚未达到十分严重的程度，同时又有别于危害较小的一般毒品犯罪行为事实。

从量的层面进行考察，它应该是数量相对较大但又未达到巨大的程度，也就是说，它处于数量巨大与数量较小的中间地带。从质的角度进行分析，它应该只是单纯的毒品犯罪行为，不存在致人死亡、武装掩护、暴力抗拒等一系列加重情形和有关从重情节，也没有造成直接的严重损害后果；从行为方式来看，主要表现为受人雇佣从事毒品运输、无恶意种植较大数量毒品原植物等犯罪行为；从犯罪形态或所处阶段着眼，则一般处于未真正实行犯罪行为的预备阶段，或者处于犯罪未完成的未遂状态。因此，中间级别的毒品犯罪危害性就包括数额较大，只有单纯的毒品犯罪行为而无从重、加重情节和直接的损害后果，运输毒品、种植毒品原植物以及各种毒

①据全国政协社会和法制委员会2006年对云南省运输毒品犯罪的调研报告统计：在途中被查获的运输毒品案件占全部毒品案件的70%，德宏中院判处人体带毒案件占毒品案件的40%，而昆明中院判死刑的运输毒品犯占全部毒品死刑犯的70%。

品犯罪的预备和未遂状态。

最后一个危害级别则针对的是较为轻微的毒品犯罪行为，其在社会危害性上不仅远远小于最高危害级别，也与中间级别存在较大的差距。它主要包括涉案毒品数量不大的毒品犯罪行为，行为人未成年，初犯、偶犯，从犯、胁从犯，危害后果较小的未遂犯以及具有其他从轻、减轻情节的毒品犯罪行为。处于该危害级别的行为，虽然构成刑法上的犯罪，但由于具备上述特殊情况，社会危害性明显小于中间危害级别的犯罪行为，因此应该与其有所区别，以便适用较轻的刑罚措施。

（二）毒品犯罪刑罚幅度的三级模式

根据毒品犯罪危害性的三个层次，毒品犯罪的刑罚幅度可以相应地构建为三级模式。这种三级模式在我国现行《刑法》第三百四十七条中同样已被采用，但并没有成为我国毒品犯罪量刑的基本刑罚模式，因此仍有研究的必要。

一级刑罚幅度（以下简称“一级刑幅”，二级刑罚幅度、三级刑罚幅度依此类推）是与最高危害级别相对应的刑罚种类，《刑法》第三百四十七条第二款规定的“十五年有期徒刑、无期徒刑或者死刑，并处没收财产”就属于此处所说的一级刑幅。一级刑幅的主刑包括生命刑、自由刑两部分，生命刑既包括死刑立即执行，也包括死刑缓期两年执行；自由刑则包括无期徒刑和定期刑。现行《刑法》所规定的有期徒刑最高为 15 年，因而第三百四十七条也将一级刑幅中的定期刑规定为 15 年。一级刑幅中的财产刑仅仅规定为“并处没收财产”。与此同时，还应适用《刑法》第六十四条对毒资、毒赃进行追缴，并没收毒物和犯罪工具。①

二级刑幅是与中间级别毒品犯罪危害性相对应的刑罚幅度，因此也可以称为属于中间刑幅。与一级刑幅相同，二级刑幅同样强调

①有学者提出，《刑法》第六十四条是我国刑事立法中保安处分性质的条款。参见曾粤兴，蒋涤非．毒品犯罪若干刑罚问题新议——以大陆刑法理论为研究视角[J]．北方法学，2007（3）．

财产刑的并处。只不过鉴于其对应的毒品犯罪社会危害性相对较小，应将其中的并处没收财产改为并处罚金，以最大限度地发挥财产刑对毒品犯罪的打击效果，从经济根源上遏制毒品犯罪的发生。同样是基于危害性的考虑，二级刑幅应完全排除死刑（含死缓在内）的适用。由于二级刑幅涵盖的毒品犯罪行为和社会危害性程度相对较为广泛，为了防止可能出现的量刑悬殊现象，有必要在二级刑幅内部再细分为高低两档，两档的财产刑都是并处罚金，追缴毒资、毒赃，没收毒物和犯罪工具，只不过在自由刑的刑期范围上存在差别。其中，一档的刑期可以规定为 7 年以上 15 年以下，二档的刑期则规定为 3 年以上 7 年以下。当然，这种不同罪刑阶段的法定刑高限与低限的采用衔接式的立法方式是否合理还值得考虑。有学者提出，正是由于这种法定刑的衔接式，导致一罪的不同罪刑程度的不同犯罪间法定刑不断在攀升，刑法法定最低刑与最高刑均有过重的现象①，因此提倡在法定刑的设置上采用交叉式②。重偏轻的犯罪可以往下判，轻偏重的可能往上判，有弹性公正，突破形式而达于合情合理的实质公正。本文对该学者的观点表示赞同。但由于现阶段司法实践已成惯性，并且立法上尚未提出交叉式法定刑设置的合理草案，本文对此题目的研究有限，因此在此仅以表示赞同为限，对于毒品犯罪刑罚设置上的交叉式实现有待另文讨论。

三级刑幅作为最低刑幅，对应的是毒品犯罪危害级别的最低级别，它针对的是危害性相对较小的毒品犯罪行为。现实生活中，由于许多轻微毒品犯罪行为的存在，三级刑幅同样具有较大的适用可能性。三级刑幅虽然针对的是危害较小的毒品犯罪行为，但犯罪人往往是贪图一时的经济利益，因此对其并处罚金，追缴毒资、毒赃和犯罪工具同样具有必要性。与中间刑幅相衔接，三级刑幅的自由刑应规定为 3 年以下，其中既包括一般的有期徒刑，也包括管制和

①李洁．论罪刑法定的实现［M］．北京：清华大学出版社，2006：219.
②李洁．论罪刑法定的实现［M］．北京：清华大学出版社，2006：293.

拘役，同时还可以适用缓刑。

（三）中间刑幅应成为刑罚设置的主体

在上述三级刑幅的刑罚设置构想中，本文认为有必要突出中间刑幅（即二级刑幅）的主体地位。因为，一方面这符合毒品犯罪现象所呈现出的客观规律，另一方面也可以依靠中间刑幅对重刑实践进行限制。

在我国固有的刑罚观念中，重罪对应重刑，轻罪对应轻刑一直被人们奉为金科玉律，我国的司法实践在很长时期内奉行的也是这种理念。从这种理念出发，形成了重罪重判、轻罪轻判的量刑策略。在毒品犯罪量刑中表现为，一方面强调从重打击恶性犯罪，导致死刑、无期徒刑的大量适用；另一方面则强调量刑的轻缓，在刑罚裁量上大量采用短期刑，从而形成了重重轻轻的量刑路线。进而，重重轻轻的量刑路线被认为是对惩教结合量刑思想的体现和实践宽严相济量刑方针的有效方法。

我们认为，重重轻轻的量刑路线充其量只是毒品犯罪量刑的一个组成部分，不能将其作为放之四海而皆准的量刑策略，对于重重轻轻的量刑路线的现实价值应该重新进行认识。重罪与轻罪只是对犯罪行为的一种简单划分，并且可能导致两个极端化而背离犯罪的危害性。在现实生活中，除了重罪与轻罪外，实际还存在着大量的中间状态。同其他许多犯罪现象一样，社会危害性处于中间状态的毒品犯罪，总是占据了大多数。这种罪的常态存在意味着重罪与轻罪的划分无法涵盖毒品犯罪的全部，重罪、中等罪、轻罪并存才是毒品犯罪现实的真正反映。主要是对重罪本身要作细分，以区分不同层次。

第一，中等罪的普遍存在，客观上要求必须有一定的刑罚形式与之相对应。根据罪刑相适应的原则，这种刑罚显然既不是重刑也不应是轻刑，而应是两种刑罚的中间状态，也就是我们之前提到的“中间刑”。与重刑和轻刑相比，中间刑更为中庸，但也更加符合量刑的实际需求。而简单地讲重重轻轻的量刑路线，忽略中间状态，则是形而上学两极思维的产物。这不仅无法实现准确量刑，而且也无助于对具体犯罪的灵活处理，不利于刑法理念的真正更新。在我们看来，中间刑幅结合了重刑与轻刑的优势，并处于“交叉式”的过渡阶段，是“交叉刑罚立法方式”的一种表现，富有伸缩性与适应性，适合对常态、典型的毒品犯罪的处理，符合刑法的谦抑性原则。储槐植先生在探讨刑法谦抑性时指出，刑事立法应该针对司法实践中经常的、典型的事例，而不应是非典型的、个别的异常的事例。① 刑事立法如此，量刑的司法实践也应与此保持一致。对于毒品犯罪而言，正如我们在探讨量刑格局时所指出的，中间刑必须取代重刑和轻刑成为量刑的主体，因为后两者或者不够典型，或者仅仅属于个别异常的情况。

第二，从犯罪的发展规律看，中等罪处于轻罪向重罪过渡的中间状态，中等罪如果处理得当，重罪的发展势头也会得到有效的遏制。为此，必须设置大量的中间形式和缓冲地带，反映在量刑上就是加强中间刑的适用比重。只有这样，包括毒品犯罪在内的总体社会危害才能得到真正控制。

第三，立足于大的社会背景，坚持以中间刑作为毒品犯罪量刑的主体地位也具有合理性。我国已经进入和谐社会，毒品犯罪的司法惩治也应秉持和谐、宽容的理念。简单地奉行重重轻轻的两极化量刑路线，是一种形而上学的思维方式，与和谐社会的根本理念格格不入。和谐社会要求的是和合、务实的处理方式。对于普遍存在的社会危害性不是十分严重的毒品犯罪行为，既不能一味强调重刑，也不能一味姑息；而只能是从具体社会危害性出发，将相对中庸的中间刑作为量刑的主要方向。

①储槐植．刑事一体化与关系刑法论［M］．北京：北京大学出版社，1996：210.

略论运输毒品罪几个问题

高　巍*

摘　要： 运输毒品罪是一种抽象危险犯，其侵害法益为人民健康。贩卖毒品行为一方面表现为毒品在行为人支配下实现了空间位置的移动，另一方面表现为毒品的移动从始至终在我国领域之内。贩卖毒品罪主观上应当具有对毒品种类的认识与违法性认识方能成立故意。

关键词： 运输毒品罪　法益　行为方式　故意

一、运输毒品罪的侵害法益

法益原则源于法治国理念下对个体自由的尊重，只有行为具有法益侵害性，立法者方能将该种行为进行犯罪化。如德国学者哈斯默尔认为："没有保护特定法益的信条（Dogma）的刑法都不合法，不值得维护。"① 因为，与道德、宗教教义等宏大叙事相比，法益能够大致清晰地勾勒出刑法的边界，保障公民免于肆意专横刑罚的恐惧。此外，法益受到侵害的程度和类型也是衡量犯罪严重程度的重要标准。因此，检讨运输毒品罪的侵害法益，有助于解释和界定其

---

*高巍，法学博士，云南大学法学院副教授。

①冈特·施特拉腾韦特，洛塔尔·库伦．刑法总论 I——犯罪论［M］．杨萌，译．北京：法律出版社，2006：31.

犯罪构成，并指导刑罚的准确适用。

关于运输毒品罪的侵害法益，我国刑法理论界一般使用犯罪客体进行概括。如有学者认为："贩卖、运输、制造毒品犯罪所侵害的客体是国家对毒品的管制和人民的身心健康。"① 这种学说在我国内地刑法界具有代表性，把运输毒品罪的犯罪客体作为复杂客体，一方面侵害了国家对毒品的管制，另一方面侵害了人民的身心健康。但是，这种学说值得商榷，"国家对毒品的管制" 本身并不是一种法益，而只是一种法律的禁止性规范的概称。把"国家对毒品的管制"作为运输毒品罪的侵害法益，实质上是一种循环论证，即为了管制而管制，无法说明为何管制也不能够真正阐明运输毒品罪究竟侵害了何种法益。因此，"国家对毒品的管制" 这样的表述只是一种形式意义上的违法性结论，而一种形式上的不法并不能揭示该行为的犯罪本质，犯罪本质的命题本身就是要探究形式不法后的根源或实质。倘若所有的犯罪本质都通过揭示其形式上的不法以证立的话，则会使刑法陷入正当性危机。② 法益在根本上是个体的权利或利益以及保障个体权利、利益的基础性利益。因此，运输毒品行为所侵害的法益必须从个体的利益或权利角度探讨。从社会一般人的立场来看，运输毒品与走私毒品、贩卖毒品、制造毒品一样，其对于个体的侵害往往发生在毒品吸食后对健康的伤害。因为，毒品具有改变人体正常结构和组织的性质，可通过血液循环吸收和传导进而造成使用者慢性中毒，最终导致体力衰弱等症状。只不过，运输毒品行为对于个体健康的伤害与针对特定个体健康的故意伤害行为具有两个方面的区别：

（一）运输毒品行为的侵害法益是不特定多数人的健康

不特定多数人的健康也可称为人民健康，是一种超个人法益或者说社会法益，其并非特定个体的健康，而是一种抽象的、概括的

①赵秉志，于志刚．毒品犯罪研究［M］．北京：中国人民大学出版社，2003：122.

②高巍．贩卖毒品罪研究［M］．北京：中国人民公安大学出版社，2007：52.

健康。易言之，人民健康一方面源于难以用具体数字表述的个人健康的集合，另一方面又不依赖于特定个体的具体健康状况，是一个独立的超越个体健康的范畴。人民健康与个体健康一样，均为国家应当积极保护的法益，因为人民健康维持国家和社会存在的基础性价值。如日本学者大谷实所指出的："保持公众的健康，是维持发展健全的社会的重要基础。"[①] 从某种意义上说，人民健康对于社会的秩序、稳定、安全具有不可或缺的支撑作用，社会的秩序、稳定、安全又是保护个体健康的重要力量，对于人民健康的保护在根本上也是对个体健康的保护。从个案上考察，运输毒品行为并没有直接、现实、确定的受害者，但是从社会层面上看，运输毒品行为使毒品的流通成为可能，加速了毒品向吸食者可支配范围的流动，并使不特定多数个体的健康受到侵害。因此，运输毒品行为的侵害法益应当是不特定多数人的健康。

（二）运输毒品行为的侵害方式表现为一种对健康的危险

对于健康这种法益的侵害方式有两种：一种为实害，即对于单个或多个个体的健康造成了现实、可验证的损害；另一种为危险，即对于单个个体或多个个体的健康具有实际损害的可能性。这种可能性如果是一种可以通过事实进行观察和判断的，则是具体危险，倘若这种危险通常在个案中无法观察，而只是一种立法上的拟制，则是抽象危险。运输毒品行为对于健康的侵害方式很明显是一种抽象危险，因为现实的伤害往往是通过吸毒者的自我负责行为实现的，中断了运输毒品行为与现实伤害之间的因果关系，从而也阻却了运输毒品行为人承担现实伤害后果的责任。因此，具体的运输毒品行为只是提供了吸毒者使用毒品的方便，同时也产生了一种不特定人群健康受损的可能性，但并未造成现实的健康伤害。具体而言，运输毒品行为使毒品接近了购买者、使用者的支配范围，增加了他人

①大塚仁．刑法概说［M］．冯军，译．北京：中国人民大学出版社，2003：474.

使用毒品的可能性，也增加了他人使用毒品并导致健康受损的风险。只不过，这种对于健康的危险是一种立法者基于经验的拟制和概括，也即由运输毒品行为所产生的对于人民健康的抽象危险。

二、运输毒品罪的行为方式

关于运输毒品罪的行为方式，我国理论界争议颇大。有学者认为，所谓运输，是指在境内自身携带、托人或雇人携带，以及经伪装后以合法形式交由运输部门托运。① 有学者认为，运输毒品是指行为人明知是毒品而为他人运送，包括利用飞机、火车、汽车、船只等交通工具或采用随身携带的方法将毒品从甲地运往乙地的运输行为，转移运送毒品的区域，应以国内领域为限，而不包括进出境。② 另有学者认为，认定运输毒品行为时，关键是审查行为人是否明知自己所携带、运输的是毒品。无论行为人基于何种目的，只要明知是毒品，仍为他人运输、携带、邮寄的，均认定为运输毒品行为。③ 还有学者认为，运输毒品是指行为人违反国家有关毒品管制的法律规定，采用随身携带、邮寄、利用他人或者使用交通工具等方法在我国领域内转移毒品的行为。④ 综观上述争议，其核心在于“运输毒品”的界定和理解。

所谓运输，从其字面含义来看，通常是指使用工具实现了人或物的空间位置的变动的活动。⑤ 从这个角度来看，运输毒品行为方式的本质在于使毒品实现了空间位置的变动。正因为毒品通过行为人的行为实现了空间位置的移动，在一般意义上使毒品处于流通状态，

---

①赵秉志，吴振兴．刑法学通论［M］．北京：高等教育出版社，1993：736.

②赵长青．中国毒品问题研究［M］．北京：中国大百科全书出版社，1993：292.

③刘家琛．新刑法常用罪认定与处理［M］．北京：人民法院出版社，1998：1336.

④张明楷．刑法学［M］．北京：法律出版社，2003：870.

⑤高艳东．运输毒品罪疑难问题研究［J］．广西政法管量干部学院学报，2004（3）.

更迫近于毒品使用者可获取的状态，产生了抽象的对于人民健康的危险，方被作为犯罪行为进行规制。具体而言，运输毒品的行为方式具有以下两个特征：其一，毒品在行为人支配下实现了空间位置的移动。毒品从其生产、制造到使用者的使用很多时候存在空间上的距离，往往需要经过运输、贩卖等过程方可实现。而空间上的移动并非仅是一种物理学意义上的位移，而是法律规范视野下的自起点到目的地的一个连续的过程。因为，对于人民健康的危险，作为一种抽象的危险，从社会经验上来看，运输毒品的完成需要从起点到目的地的连续位移。从其他法律部门关于运输的规定来看也可印证这种说法。在民事法律的运输合同中，运输应当是合同约定的始运地到目的地的一个过程，而非单个位移的片段。进一步来说，假定起运即视为运输的完成，则应当在形态上认定为既遂。那么，刚刚起运与运输到目的地在刑法上都评价为运输毒品罪既遂，这既无法体现罪刑均衡原则，也是对法益原则的违背。试想，将毒品起运与将毒品运至目的地两种行为，对于人民健康这种法益的危险程度不同，而把不同程度法益侵害的行为方式在犯罪成立时进行相同评价，很明显抛弃了法益原则的界限功能和个别化功能。其二，毒品的移动从始至终在我国领域之内，这是运输毒品行为与走私毒品行为的重要区别。

但我国有学者认为，运输毒品行为的界定重在毒品流通的过程，而不在于空间位移的结局。因此，行为人是否改变毒品本身的空间所在地并非运输毒品行为认定的关键，而使毒品流通才是关键。论者还援引了一个案例：毒贩甲将毒品带到乙处，要求乙把毒品交给乙所认识的丙，乙对毒品的用途并不明知，而只负责把毒品交给丙后收取报酬。乙无法确知丙在何处，就去寻找丙，数天后找到丙并将丙带回自己家中，告诉丙是甲让其将毒品转交给丙，由丙取出毒品后离开乙的家中。认为该案中乙虽然未使毒品实现空间移动，但实现了毒品的流通，应当认定为运输毒品罪。因为，认定贩卖毒品罪、窝藏毒品罪、非法持有毒品罪均有不妥。[①] 笔者认为，这种认识有失偏颇。以上述案件为例，认定为运输毒品罪很明显超越了法规范文字的可能含义，有悖于国民的预测可能性。该案中，乙的行为在无法证明其为贩卖毒品行为的共犯时，符合非法持有毒品罪的犯罪构成。非法持有罪的法定最高刑为无期徒刑，很难说是对罪犯的放纵。论者所言的流通乃是贩卖毒品行为的本质，而非运输毒品行为的本质。为了从严从重打击罪犯，超越“运输”的文字含义扩大解释，这并非依法治国理念，也有悖于罪刑法定原则。

三、运输毒品罪的故意

运输毒品罪在主观上需要具有对于运输毒品行为的明知和容认。在司法实践中，对于运输毒品罪主观明知的认定，存在很大的争议。究其根源，乃在于对“明知”的理解并不尽一致，其分歧主要表现在以下两个方面。

（一）是否需要认识毒品的具体种类

我国刑法理论界和司法实务界普遍认为，运输毒品罪与其他毒品犯罪一样，不要求行为人认识毒品的名称、化学成分、效用等具体性质，只需要认识到是毒品即可认定其故意。笔者认为，毒品的具体种类应当属于运输毒品罪的明知内容。日本学者前田雅英认为，形式化地理解毒品，即不要求认识其名称及属性，虽然比较容易认定故意，但是缺乏了名称等具体属性的认识的要求可能会导致在认识的内容中只有“白粉”这种“裸的事实”存在，从而有使“故意概念稀薄化”之虞。[②] 确实，从方便司法的角度来看，形式化、抽象化地理解毒品，不要求具体种类的认识，能够减轻司法机关的举证责任，但是不利于保障人权，也会使定罪量刑出现困难。假定行为人主观上认为其运输的为 10 克海洛因，而在查获后经鉴定为 10 克

①高艳东．运输毒品罪疑难问题研究［J］．广西政法管理干部学院学报，2004（6）．

②前田雅英．觉醒剂事犯之多发化与刑法理论［J］．刑法杂志，27：414－416．

咖啡因，司法实践中往往不考虑其具体种类的认识错误，这样则不能够成立运输毒品罪，因为10克咖啡因的运输行为尚未达到定罪量刑的标准。再假定行为人主观上认为其运输10克咖啡因后经鉴定为10克海洛因，不考虑具体种类为运输毒品罪的明知内容的话，其必然的结论即主观上认识到其在运输毒品，客观上实施了运输毒品的行为，具体毒品种类只是适用法定刑的标准，当然构成运输毒品罪，并且要以10克海洛因作为法定刑确定的标准。比较上述两种假定情形，可以明显看到排斥毒品具体种类作为明知的内容所带来的理论困境。

（二）是否需要具有违法性认识

运输毒品罪是一种法定犯罪，其对人民健康的伤害缺乏直观性与现实性，在伦理上并没有很清晰的悖反性。如有英国学者指出："从社会心理学家的研究可以得知：罪恶感于责任的感觉会为'伦理距离'而冲淡。尤其在消极或被介入代理者的意愿的情形下，伤害一个既未见过和听到过，或可能认识但在几千里之外的他人，其可谴责性要小得多。这个问题限植于道德哲学，看起来很难证成。它以我们的许多行为和习惯为基础。（尽管有人因为饥饿挣扎于死亡的边缘，但人们还是会继续享有远超过维持生存所必需的食物：对其他地方急于求生的人的明知可以被抑制。）"① 即是说，运输毒品行为人对于自己的行为可能造成的他人健康受损结果在主观上并不具有明晰的心理态度，是否发生、如何发生均缺乏认识且介入了吸食者的自主决定行为。从某种意义上说，运输毒品罪的受害人与故意伤害罪的受害人在伦理上不同，前者是可以选择不成为受害人，而后者则是无辜的，无法选择的。因此，运输毒品罪的反伦理性是比较模糊的。

既然运输毒品罪是一种法定犯罪，倘若行为人缺乏对于运输行

①Peter Alldridge. Relocating Criminal Law, Aldershot：A shgate Publishing Lid, 2000：209.

为的违法性认识，应当可以阻却故意。因为，对于毒品犯罪的惩罚，往往缺少伦理上的报应依据，更多的惩罚目的在于威慑。而“威慑之所以存在在于假定人们有一种作出决定并据此行动的能力，换言之，它假定被威慑者是有理性的，但这种理性并不具有强烈的自由意志色彩，而且很明显，我们的现代刑事惩罚观念也与可威慑性相联系，并经常与理性相联系。”① 而理性的选择则必须建立在行为可能的后果与其投入的衡量之上。不了解毒品的禁止性则无法理性地计算行为的否定性后果，那么也无法成为威慑发挥作用的基础状态——理性。我国刑法视为毒品的物质有数百种之多，几乎没有人能全部了解其范围，甚至是毒品专家也未必能准确识别和认识哪些物质为法律所禁止。因为毒品的范围实际上由卫生部门增删修订且现阶段也缺乏必要的听证等机制，所以说准确把握哪些物质属于法律所禁止的毒品往往超出了个人所具有的认识能力，而漠视这种违法性认识的刑事惩罚似乎缺乏犯意基础。易言之，在行为人不具备违法性认识时，发动刑罚的预防功能无法实现，自然无法获取刑罚发动的正当性。

（原载《云南大学学报》（法学版）2009 年第 5 期）

①理查德·A. 波斯纳. 法理学问题［M］. 苏力，译. 北京：中国政法大学出版社，2002：222.

对贩卖假毒品行为的定性研究

余　芳　张德志*

摘　要：“行为”是犯罪最基本的分析单位和最基本的特征要素，是刑法学研究的逻辑起点。对贩卖假毒品行为的定性及处罚不仅仅是司法实践中的难题，而且涉及许多刑法理论问题，诸如不能犯与未遂犯的区别，行为无价值论与结果无价值论的争议等。本文主张以结果无价值为基本根据评价行为的实质违法性，如果行为人不知是假毒品而以毒品进行贩卖的，不应以贩卖毒品罪追究其刑事责任。

关键词：贩卖毒品罪　法益侵害说　结果无价值　对象不能犯

一、对贩卖假毒品行为的一般考察

在分析贩卖假毒品行为之前，应先弄清假毒品与掺假毒品的区别。假毒品是指完全不含有毒成分，根本不可能使人形成瘾癖的物质；而掺假毒品是指在真毒品中掺入其他物质，但仍含有毒品成分的物质。另外，由于高纯度的海洛因必须经过稀释后才能供人吸食、注射，所以用奎宁碱、水杨酸钠、啡那西宁等药物稀释过的海洛因

*余芳，云南大学法学院刑法专业硕士，现为昆明市人民检察院干部；张德志，恩施土家族苗族自治州州人民检察院干部。

不能归入假毒品或掺假毒品中。

贩卖假毒品的行为在现实生活中是存在的。根据行为人主观态度的不同，在处理结果上可分为以下两种情形：一种情形是，当行为人明知其贩卖的是假毒品时，由于其主观上具有骗取他人钱财的故意，客观上又实施了隐瞒事实真相、欺骗他人的行为，符合诈骗罪的犯罪构成。另一种情形是，行为人以为自己贩卖的是毒品，但实际上贩卖的是假毒品。[①] 例如某甲听人说贩卖毒品很赚钱，由于不会辨别真伪，买进的其实是形状类似海洛因的头痛粉，后来某甲在联系买主时被查获。又如某乙长期零星贩卖毒品，某日想大赚一笔后收手不干，于是购进200克海洛因，并寻好买家，在交接之际被查获，谁知此时被查获的是一包面粉，因为毒品早已被人调换。

在以上两例中，行为人都以为自己贩卖的就是毒品，主观上存在贩卖毒品的故意，客观上也实施了贩卖的行为，司法实践中对此类情形的处理是认定为贩卖毒品罪未遂，比照既遂犯从轻或减轻处罚，毒品的数量以交易过程中行为人以为的毒品数量计算。最高人民法院1994年12月20日《关于适用〈全国人民代表大会常务委员会关于禁毒的决定〉的若干问题的解释》第十七条也指出："不知道是假毒品而当作毒品走私、贩卖、运输、窝藏的，应当以走私、贩卖、运输、窝藏毒品罪（未遂）定罪处罚。"然而学界对此有不同的观点，刑法理论的通说认为此种情况下行为人因发生了认识错误而贩卖假毒品，应当认定为贩卖毒品罪的未遂犯。[②] 但也有学者提出质疑，例如张明楷教授就认为此行为并不构成犯罪。[③] 曾粤兴教授也认为行为人虽有贩卖毒品的故意，但形式上有而实际上实施的不是贩卖毒品的行为，根据主客观相结合原则，该类行为不宜作为犯

①下文所探讨的贩卖假毒品行为均指此类情形，即行为人不知道是假毒品而当做毒品贩卖。

②高铭暄，马克昌．刑法学［M］．北京：北京大学出版社，2000：593.

③张明楷．刑法学［M］．北京：法律出版社，2003：72.

罪处理。①

二、对贩卖假毒品行为的深层考察

刑法规制的对象是犯罪，但判断犯罪与否的着眼点不是犯罪本身，而是行为。我们只有在对一个客观的、中性无色的行为之存在作出判断后，才能结合罪过等因素判断行为是否构成犯罪。② 仅就贩卖假毒品的行为而言，理论界出现了罪与非罪的分歧，之所以会出现以上分歧，主要在于对行为进行分析时所持的立场不同。为了发现分歧背后更深层的原因，下文拟从四个不同的视角进行剖析。

（一）视角之一：法益侵害说与规范违反说

法益侵害说与规范违反说是关于犯罪本质的学说，二者在基本价值观、刑法观等方面都是对立的。前者主张犯罪的本质是行为对法益的侵害或威胁，所谓法益是指根据宪法的基本原则，由法所保护的、客观上可能受到侵害或者威胁的人的生活利益。③ 某一行为若没有侵害或威胁到法益，则不构成犯罪。后者主张犯罪的本质是行为对法规范或法秩序的违反，某一行为若没有违反法规范或法秩序，则不构成犯罪。

如果偏向于法益侵害说，则贩卖假毒品行为不构成贩卖毒品罪。因为在法益侵害说看来，行为对法律关系的破坏，实质上就是行为对法益的侵害。刑法规定毒品犯罪是为了保护公众健康④，而行为人所贩卖的是假毒品（如面粉）等对公众无害的物品，这就没有侵害或威胁到法益——公众健康，因而不构成贩卖毒品罪。再者，贩卖毒品罪的对象，必须是毒品。而贩卖假毒品的行为人客观上贩卖的根本不是毒品，因此该行为不符合贩卖毒品罪的构成要件。

---

①曾粤兴，贾凌．走私、贩卖、运输、制造毒品罪形态研究［J］．中国人民公安大学学报，2002（2）．

②曾粤兴．刑法方法的一般理论［M］．北京：人民出版社，2005：32.

③张明楷．法益初论［M］．北京：中国政法大学出版社，2003：167.

④张明楷．法益初论［M］．北京：中国政法大学出版社，2003：424.

如果偏向于规范违反说，则贩卖假毒品行为构成贩卖毒品罪（未遂）。因为在规范违反说看来，刑法规范的实质是社会伦理规范，刑法设置贩卖毒品罪是为了维护社会秩序，而行为人贩卖假毒品的行为违背了公民一般的正义良心，违反了国家对毒品的管制法规，这正是对作为秩序基础的社会伦理秩序的违反，因而构成犯罪。

分析以上两种学说，我们可以发现，法益侵害说更为合理。其一，规范违反说将犯罪扩大化，这与刑法的谦抑精神相背离。判断行为是否构成犯罪，如果仅仅以违反法规范或法秩序来衡量，那么许多行为均可以纳入犯罪的范畴，例如非法为他人鉴定胎儿性别、吸食毒品、通奸、卖淫嫖娼等。其二，规范违反说所维护的“规范”带有不稳定性。在不同的社会发展阶段，“规范”的内容往往会发生变化。其三，规范违反说还主张刑法与伦理道德不可分离，但刑罚是一种不得已的恶，若动辄冠以“违背伦理道德”之名而施以刑罚，那岂不是会造成一种“恶法亦法”的局面？国民的预测可能性又何在呢？其四，伦理秩序的维持主要应依靠刑法以外的其他社会机制，如果单纯依靠刑法，无异于强迫公民接受一种既定的价值观，这就限制了个人的自由，扩大了国家的权力。

我国刑法把贩卖毒品罪规定在妨害社会管理秩序罪一章中，这表明贩卖毒品的行为侵犯的法益不仅仅是公众健康，还有国家对毒品的管制。但是贩卖毒品的行为在形式上扰乱了国家对毒品的管制秩序，实质上侵犯的却是公众健康。而且，法益侵害说并不意味着凡是侵害法益的行为都成立犯罪，只有当行为对法益的侵害达到一定程度时才能作为犯罪处理。贩卖假毒品行为对法益的危害性还没有达到实行行为所要求的程度，也即是说造成扰乱国家对毒品的管制秩序的危险性并不紧迫，更没有侵害或威胁到公众健康。

（二）视角之二：结果无价值论与行为无价值论

结果无价值论与行为无价值论是关于违法性本质的学说，属于客观主义内部的争论，但行为无价值论比较容易亲近主观主义理论。结果无价值论继承了法益侵害理论，认为不法的本质是对法益的侵害或威胁。该论首先考虑行为对被害人造成了什么样的危害后果，然后由此出发，追溯该结果是由谁的、什么样的行为所引起的，由此来判断行为是否具有社会危害性。行为无价值论则继承了规范违反理论，该论认为不法的本质是对规范的违反。① 它是从行为人的角度来分析行为的违法性，只要行为人个人认为存在危险性，并实施了行为，就认为存在不法的事实基础，至于客观上是否出现结果、行为与结果之间是否有因果关系等，则一概不问。

如果偏向于结果无价值论，则贩卖假毒品行为不构成贩卖毒品罪。因为在结果无价值论看来，贩卖假毒品的行为并未侵害或威胁到结果（法益），不能引起法益侵害的行为在刑法上不具有意义，所以即使行为人有主观恶性，但行为仍不具有违法性。如果偏向于行为无价值论，则贩卖假毒品行为构成贩卖毒品罪，因为在行为无价值论看来，某行为的违法性根据在于行为本身的反伦理性以及行为人的主观恶性。贩卖假毒品的行为人存在贩毒的故意，具有主观恶性，其贩卖毒品的行为本身又具有反伦理性，因此具有违法性，构成贩卖毒品罪。

笔者倾向于结果无价值论。理由在于：行为无价值论不利于保障人权。因为它片面强调行为对规范的违反，而不重视结果的限制，从而会使一些不具有可罚性的反规范行为也受到刑罚处罚，难保个人自由不受国家司法权力的恣意侵犯。此外，行为无价值论还容易导致主观归罪，因为行为无价值论考虑问题的出发点是行为人的“意图”，并且将行为本身的“反伦理性”作为违法的根据，而“意图”与“反伦理性”具有可变性，由一些变量所得出的结论，其科学性值得怀疑。例如：甲因看错手表，以为 A 是在晚上 10 点杀人，实际上 A 是在晚上 9 点杀的人。为了帮 A 开脱罪责，甲“故意”作伪证，说：“我在晚上 9 点看到有人持刀杀人。”证人乙记得也是 9

①汉斯·海因里希·耶赛克，托马斯·魏根特著．德国刑法教科书［M］．徐久生，译．北京：中国法制出版社，2001：287.

点有人持刀杀人，于是乙作证说："我在晚上 9 点看到有人持刀杀人。"甲与乙的客观行为的样态、方式完全相同，行为在客观上也不会产生侵害司法公正的危险性。[①] 在上例中，根据行为无价值论，甲的行为成立伪证罪，这其实就是主观归罪，而甲的"意图"该如何证明？这又引出行为无价值论的另一个缺陷——缺乏实际可操作性。例如，误以白糖当砒霜给他人食用，行为无价值论的结论是故意杀人（未遂），但这是一个在现实中永远无法证明的理论，在司法实践中也确实不存在误将白糖当砒霜给他人食用认定为故意杀人未遂的情况。虽然该行为人主观恶性极大，但其行为没有造成任何危害后果是毋庸置疑的，我们不能用"将来"可能会发生危害后果为标准把某一行为规制为犯罪，[②] 如果这样，完全有可能造成"欲加之罪，何患无辞"的局面。

（三）视角之三：对象错误

在刑法理论上，通常所说的对象错误属于事实上的认识错误，是指行为人主观上所认识的犯罪对象与其行为实际侵害的对象不相一致的情况，也就是说，行为人在主观上已具有故意罪过的意识因素和意志因素，只是在认识错误的情况下，行为才未造成预想的结果。在处理原则上，可以成立故意犯罪的未遂，也可以成立故意犯罪的未遂与过失犯罪的想象竞合，还可以成立不能犯，例如误以兽为人而加以杀害等。

在以对象错误为视角考察贩卖假毒品行为之前，有必要区分对象错误与客体错误。客体错误有两个主要特征：行为人具有侵害刑法所保护的某种社会关系的意图；客观上行为人的行为侵害了其所没有认识到的另一种社会关系。贩卖假毒品的行为因为事实上并没有侵害到刑法所保护的法益，也就不存在侵害"另一种社会关系"，

①张明楷．刑法的基本立场［M］．北京：中国法制出版社，2002：287.

②注意应与刑法中所规定的危险犯相区别。例如认定破坏交通工具罪时，应以行为当时的具体情况为根据，看是否有使交通工具倾覆、毁坏的危险，而不是说行为人具有将来某个时候会实施该行为的这样一种危险。

所以不是客体错误。就贩卖假毒品的行为人而言，其主观上误认为自己贩卖的是毒品，但实际上不是，也即是说犯罪对象——毒品在行为的现场本不存在而行为人误以为存在，以致未能发生预期的危害结果。由此可见，贩卖假毒品的行为应属于对象错误的一种情形。

行为人误将假毒品当真毒品加以贩卖，结合主观罪过似乎可以认定为“贩卖”毒品的行为。然而当我们暂时撇开主观罪过，剩下的行为还能称之为“贩卖毒品”吗？这种行为我们不否认结合行为人的主观罪过产生观念上的危害性，但行为作为犯罪构成中具有相对独立性的要素，还不可能产生客观的危害性。以主观罪过为主要依据，一旦从客观证据中无法获悉主观罪过的内容，那么离“主观归罪”就只有一步之遥了。

（四）视角之四：不能犯

不能犯并不是刑法中的一个法定的概念，而是一个学理上的概念。国外有学者将之定义为：不能犯，指行为人虽以实现犯罪的意思实施行为，但其行为的性质上发生结果完全不可能的行为。在美国，不能犯即犯罪不能，就是行为人在某些错误认识的情况下实施了不可能完成犯罪的行为。[①] 我国刑法理论通说坚持的是狭义的不能犯，即把不能犯定位于未遂之一种，包括工具不能犯的未遂和对象不能犯的未遂，不仅可罚，而且毫无例外。

按照通说的观点，贩卖假毒品的行为应属于对象不能犯的未遂，比照既遂犯从轻或减轻处罚，也有学者持反对意见，并举例说明通说的缺陷：甲明知是面粉，而对乙谎称是海洛因并交付乙贩卖，乙误认为是海洛因便贩卖，但被查获。根据通说，甲成立诈骗罪（未遂），乙成立贩卖毒品罪（未遂）。乙的处罚可能远远重于对甲的处理，这显然不合理。[②]

笔者认为，贩卖假毒品的行为不是未遂犯，而是不能犯。在确

---

①储槐植．美国刑法：第三版［M］．北京：北京大学出版社，2005：109.
②张明楷．刑法的基本立场［M］．北京：中国法制出版社，2002：251.

定不能犯与未遂犯界限问题上，应坚持客观的危险论。即以行为当时存在的一切客观事实为标准，判断有无发生结果的危险。如果行为绝对不可能发生结果则不成立犯罪，如果行为只是偶尔没有发生结果则成立犯罪未遂。

贩卖假毒品的行为属于不作为犯罪处理的不可罚的不能犯。理由在于：第一，该行为完全不可能发生任何危害结果。因为假毒品无论如何也不会使人吸食后形成瘾癖，没有被购买者吸食而危害人身健康的危险。这种不能是行为不能发生预期结果且无危险的绝对不能。如果要罚，依据也仅在于行为人存在主观上的恶意，然而恶意是一种思想活动，不能单纯作为处罚的理由。第二，对贩卖假毒品行为的不罚还有经济学的依据，符合刑法谦抑节俭的趋势。对不能犯施刑是对有限刑罚资源的浪费，并且没有效果。对客观上不可能产生危害结果的行为的处罚，究竟能对行为人或一般人产生多大的特殊预防和一般预防的效果，是一个十分值得推敲的问题。第三，国外也有关于不能犯不罚的立法例：《奥地利刑法典》第十五条第三款规定了对不能犯不罚，1974 年日本改正刑法草案第二十五条也作出规定："行为依其性质一般不能发生结果的，不以未遂犯论处。"[①]

三、对贩卖假毒品行为不宜作为犯罪处理

根据美国学者哈伯特·帕克的观点，将某行为作为犯罪予以处罚必须具备以下条件：①这种行为在大多数人看来，对社会的威胁是显著的；②对这种行为科处刑罚符合刑罚的目的；③对这种行为进行控制不会导致禁止对社会有利的行为；④对这种行为能够进行公平的、无差别的处理；⑤对这种行为进行刑事诉讼上的处理时，不产生质与量的负担；⑥对这种行为的处理不存在代替刑罚的适当方法。[②] 贩卖假毒品行为是行为人的对象认识错误致使危害结果不可

①马克昌．比较刑法原理［M］．武汉：武汉大学出版社，2002：557.
②张明楷．刑法的基础观念［M］．北京：中国检察出版社，1995：145.

能发生的不能犯，行为本身不会对贩卖毒品罪侵犯的法益——公众健康造成威胁或损害，与上述的六个条件也不相符，因此，贩卖假毒品的行为不宜作为犯罪处理。除此之外，不宜作为犯罪处理还有以下依据：

（一）罪刑法定原则的内在要求

我国《刑法》第三条规定了罪刑法定原则："法律明文规定为犯罪行为的，依照法律定罪处刑；法律没有明文规定为犯罪行为的，不得定罪处刑。""法无明文规定不为罪"、"法无明文规定不处罚"源于罪刑法定原则沿革意义上的思想渊源之一——自然法理论，该论主张用制定法来限制刑罚对个人权利的干预，应严格遵循制定法，禁止类推解释。

我们认为，把贩卖假毒品的行为认定为贩卖毒品罪中的贩卖毒品行为，有违罪刑法定原则之嫌。因为贩卖毒品罪的犯罪对象是毒品，毒品是危害行为所作用的法益的物质表现，贩卖行为若不作用于这一特殊对象，则不具有犯罪的社会危害性。例如，《刑法》第一百五十二条的走私淫秽物品罪，其行为对象只能是淫秽物品；第三百六十条的嫖宿幼女罪，其行为对象只能是幼女。贩卖假毒品的行为人在客观上贩卖的根本不是毒品，不能因为其误认为是毒品便认定行为人贩卖毒品。

确立罪刑法定原则，反对类推解释，还有一个目的是保护人权不受国家公权的恣意侵犯。我们稍加思索便可发现，将贩卖假毒品入罪，完全有可能导致侵犯人权的危险。因为对于任何一个贩卖行为，司法机关都可以对此展开调查，看行为人是否因为认识错误而未能造成侵害结果。

（二）符合刑法中的主客观相统一原则

主客观相统一原则来自对客观主义意志自由论和主观主义行为决定论矛盾的调和。它克服了客观主义所主张的只强调人的意志自由而忽视客观必然性的意志自由论的缺陷，同时又避免了主观主义所主张的仅注重客观必然性而否定意志自由的行为决定论的不足。

因此，我国刑法学界大多数学者都肯定了主客观相统一原则。在定罪过程中，这一原则表现为“四要件”的统一，即主观要件（故意、过失、目的、动机等）与客观要件（行为、结果、特定的犯罪前提）的有机统一，是确定行为是否构成犯罪、构成何种犯罪的标准。①

贩卖毒品罪的客观要件是行为人实施了贩卖毒品的行为，然而贩卖假毒品的行为并非刑法意义上的行为，因为行为人在事实上没有贩卖毒品，只有行为人的主观认识活动与行为的客观事实相符，才能称之为主客观相统一。正如走私一般物品的行为不是走私淫秽物品的行为一样，不能因为行为人认为自己走私的是淫秽物品，就认定为走私淫秽物品罪。如果把客观要件撇在一边，只考虑行为人的主观态度，容易导致“主观归罪”，这与主客观相统一原则是背道而驰的。

（三）体现刑法谦抑的精神

刑法的经济性或效益性是刑法谦抑精神的根据之一，因为正是制刑、动刑、行刑需要投入，考虑司法成本问题，人们才要倡导刑法的谦抑精神。② 这就要求国家投入最佳的司法成本以获取最佳的刑法效益，而不是不顾刑法成本开支，追求难以实现或者根本就无法实现的刑法效益。因此，能不动用刑法就不动用刑法，能动用较轻的刑法就不动用较重的刑法，“该出手时才出手”。

贩卖假毒品的行为不是具有严重社会危害性的行为，没有损害或威胁到法益。对之不作犯罪处理既是对刑法“触角”伸得过长的限制，也节约了刑法成本，正是刑法谦抑精神的体现。

综上所述，贩卖假毒品行为严格说来并不是我国《刑法》第三百四十七条规定的贩卖毒品的行为，未遂行为也不等同于犯罪未遂。

①聂立泽．刑法中主客观相统一原则研究［M］．北京：法律出版社，2004：49.

②王明星．刑法谦抑精神研究［M］．北京：中国人民公安大学出版社，2005：57.

由于其客观上不可能造成损害法益的结果，因而不具有实质的违法性，是不具有可罚性且不作为犯罪处理的对象不能犯。不以犯罪论处是贯彻我国刑法中罪刑法定原则的必然要求，与刑法现代化的坐标——主客观统一原则相一致，更是刑法谦抑精神的具体体现。

（原载《云南大学学报》（法学版）2007 年第 1 期）

诱惑侦查的正当性与合法性界限

高　巍*

摘　要：诱惑侦查是一种可能影响个人隐私、个人自由的侦查方法，其正当性存在争论。一般认为，为了维护社会安全，应对复杂社会形势，可以允许法律严格控制下的诱惑侦查，特别是在无被害人的犯罪侦查中。诱惑侦查的合法性界限存在着主观说和客观说的对立，应该借鉴国外的理论成果，确立折中的诱惑侦查合法性界限。

关键词：诱惑侦查　个人自由　正当性　合法性界限

诱惑侦查，亦称作警察圈套、特情破案、诱饵侦查等。日本学者加藤克佳指出："诱饵侦查是指侦查机关自己（或者让他人协助）劝诱、鼓动第三者实施犯罪，当第三者实施犯罪时将其拘捕（或搜集证据）的侦查方法。"① 我国有学者认为："诱惑侦查是指刑事侦查人员或其指派的人员，以实施某种行为有利可图为诱饵，暗示或诱使侦查对象暴露其犯罪意图并实施犯罪行为，待犯罪行为实施时或结果发生后，拘捕被诱惑者。"② 诱惑侦查可能影响个人隐私、个

*高巍，法学博士，云南大学法学院副教授。

①西原春夫．日本刑事法的重要问题：第二卷［M］．金光旭等，译．北京：法律出版社，2000.

②郑蜀饶．毒品犯罪的法律适用［M］．北京：人民法院出版社，2001.

人自由，在理论建构上存在较大的争议，有必要对其正当性和合法性界限进行论证。

一、诱惑侦查的正当性争论

所谓诱惑侦查的正当性基础，即探寻诱惑侦查方式之所以存在并适用、其能否符合刑事法的基本理念和宪法原则的问题。美国刑法理论把诱惑侦查作为辩护理由对待，旨在区分正当的侦查方式和不正当的警察教唆等侦查方式，并以此为基础有限制地允许诱惑侦查的使用。之所以肯定部分诱惑侦查方式的正当性，有美国学者从现实的打击犯罪需要角度指出："并非所有的犯罪行为都会报警，特别是那些所谓无被害人的犯罪。这些犯罪通常有积极的参与人却没有'现实'的受害者。像卖淫、毒品交易、赌博等被普遍视为无被害人的犯罪。正因为这类犯罪中参与人缺乏任何向警察部门报案的驱动，为了有效地执行法律，则需要警察秘密参与这些犯罪活动以侦查和发现这些行为。因此，一名警察可能购买克拉克可卡因以收集充分的证据用于指控和起诉贩卖毒品者。"① 当然，基于现实的需要，使用诱惑侦查能更加有效地打击犯罪行为，但是并无法直接推导出诱惑侦查方式具有正当性。

从基础理念而言，国家规制犯罪的目的在于保障公民的自由及安全等利益，国家应该防止犯罪行为的发生，但是国家的代理人参与犯罪活动无疑是促使他人实施犯罪，这就产生了国家角色的失序。此外，诱惑侦查方式也可能给不知情的第三人设下了圈套。正如有日本学者指出："这种侦查方法的危险是，可能使人们对侦查方法的公正性失去信赖，可能侵害国民的隐私权和人格权。"② 这就是说，一方面，诱惑侦查在现实中普遍存在；另一方面，其具有侵害人权

①Richard G. Singer，John Q. La Fond. 刑法［M］. 北京：中国方正出版社，2003.

②西原春夫. 日本刑事法的重要问题：第二卷［M］. 金光旭等，译. 北京：法律出版社，2000.

的危险。所以说，诱惑侦查方式的使用，必须限定在特定的犯罪行为侦查中，而且，有必要在其合法成立的条件上予以限制，以保障人权。

诱惑侦查源于功利主义和国家主义思想，其目的在于应对陌生社会中无被害人犯罪侦查的困境，但是可能导致个人隐私与社会整体利益之间的紧张关系和冲突。美国学者弗雷德指出："个人隐私决不是社会保证这种或那种实际利益时可能采用的权宜之计。"[①] 但是，20 世纪 60 年代以来，犯罪行为不断增加，这就导致个人隐私和自由这种基本价值不再至高无上，在立法和司法中更注重于依法严格控制诱惑侦查、监听等可能侵犯个人隐私的手段。或者说，有限制地允许使用诱惑侦查手段在复杂的社会安全形势下获得了支撑。只是社会安全与个人尊严、隐私之间的协调必须通过法律控制诱惑侦查手段的适用范围等程序性限制予以保障。

二、诱惑侦查的合法性界限

何种情形的诱惑侦查是合法的？这个问题既可以从正面来建构，也可以从反面予以排除。

（一）美国的学说及判例评析

美国刑法理论一般从反面入手，探讨哪些情形的诱惑侦查为不合法，因而可以成为被告人合法的辩护理由。一旦诱惑侦查的辩护理由成立，"或者作为一种规制警察侦查行为的刑事程序规范的违反，或者作为一种犯罪故意的否定"[②]。根据美国最高法院 1932 年"索里尔斯出售烈酒案"和 1958 年"谢尔曼出售麻醉品案"这两个判例，有学者提出了作为被告人辩护理由的警察圈套一般需具备三个要件：首先，诱使者的身份，即必须是警察或其他司法人员或他

①彼得·斯坦，约翰·香德．西方社会的法律价值［M］．王献平，译．北京：中国法制出版社，2004.

②Richard G. Singer，John Q. La Fond．刑法［M］．北京：中国方正出版社，2003.

们的“耳目”；其次，诱使者的行为，即诱使者除了提供犯罪机会外，还必须以积极行为去诱使被告人实施犯罪；最后，被告人的心理状态，被告人原本应该是无辜的，其犯罪念头是因为司法人员的引诱而产生的。[①] 但是，根据对于这些要件的强调程度的不同，又区分为主观论和客观论。

主观论认为判断诱惑侦查能否作为合法的辩护理由应该进行两个层次的考察。第一步，被告人是否为政府代理人所诱使；第二步，被告人是否预先具有犯被指控之罪的意图，亦即被告人是否准备或希望犯被指控之罪，无论什么时候有机会。具体判断时可考虑以下因素：①被告人的性格和名誉；②犯罪活动的建议是否为政府所最初提出；③被告人是否为了牟利而从事犯罪活动；④被告人是否对于犯罪活动持犹豫态度而为政府代理人所劝诱说动；⑤诱导和劝说的性质，如果犯罪的故意在诱惑侦查前就已经存在的话，那么很难说能以诱惑侦查作为辩护理由。[②] 美国学者罗宾逊指出：“警察圈套抗辩理由的‘主观’论着眼点在于，是‘警察圈套’行为的程度而不是行为人自己选择的程度对所实施之罪承担责任。”[③] 主观论为联邦法院和大部分州法院主张，其最为关注的是警察行为的性质和被告人预先的故意。如在 Jacobson V. United - States 一案中[④]，法院指出，政府不能证明被告人预先具有犯罪的故意。法院还强调，只有被告人在他被诱使从事特定的犯罪行为时的“准备和愿意”尚不能

---

①储槐植．美国刑法［M］．北京：北京大学出版社，2005.

②Wayne R. LaFave. Criminal Law. 2003.

③保罗·H. 罗宾逊．刑法的结构和功能［M］．何秉松等，译．北京：中国法制出版社，2005.

④该案案情为：被告人订购过一种描绘有儿童淫秽图片的杂志。在联邦法律将该儿童淫秽题材出版物犯罪化以后，被告人就停止订购该种杂志。政府代理人继续向其邮箱投递包括来源于一个政府虚构的公司的鼓吹废除该法律的资料及批评政府审查制度的材料。然后，政府代理人提供给他关于订购杂志的信息，从该杂志的标题可以推断出该杂志包含关于儿童的色情内容。在收到这些信息及材料的 26 个月后，被告人订购了两种包含淫秽内容的杂志。在控制交付后，被告人被警察以持有儿童题材的色情图书逮捕和起诉。参见 Richard G. Singer，John Q. La Fond. 刑法［M］．北京：中国方正出版社，2003：483.

断定被告人具有预先的犯罪意图。要成为合法的诱惑侦查的话，政府必须证明预先的故意是独立的，而非为政府的诱导行为所引发。那么，被告人在与政府交易之前的购买相似出版物行为和购买行为非法化之前的购买行为都不能建构其预先的犯罪意图。因为“存在这样一个共识——很多人尽管不赞同法律，但是仍然会遵守它”。还有，被告人后来与政府的虚构公司的联系行为虽然“表示其有观看未成年人性图片的倾向”，但“几乎不能支持这样一个推断：他构成通过邮箱接收儿童淫秽图片的犯罪”。[①] 或者说，主观论作为一种重视警察行为对于被告人影响的理论，即如果不是警察的引诱，被告人就不会实施该犯罪，因为其犯意系警察的诱惑行为所引发的。

但是，主观论受到了一些批评。首先，“如果主观论代表一个真正的免责理由，因为行为人所受到的压力使得行为人不受谴责，那么也就没有理由限制该抗辩理由适用于由政府雇员引诱的情况。如果公民个人用同样的压力引诱犯罪，这样私人设置圈套也应合逻辑地被认可为一个抗辩理由。事实上，个人设置圈套就不是一个抗辩理由。”[②] 其次，探寻行为人缺乏预先的故意且在警察或代理人的引诱下方产生了故意时，不可避免地会利用行为人过去的事实和性格作为确定其是否具有独立而预先的犯意。但是这种用过去的犯罪记录来证明被告人后来存在犯罪心理倾向，相当于承认“天生犯罪人”或者“犯人无法矫正”这种已经遭到否定的犯罪学理论。[③] 另外，能否从过去的行为或犯罪记录中推导出其犯罪倾向，也是值得怀疑的。最后，犯罪倾向非常难以确定，企图设立一个界限却制造了更大的不确定性，因而不易把握。[④]

客观论则从警察行为本身出发，认为判断是否能作为一个诱惑

①Wayne R. LaFave. Criminal Law, 2003.

②保罗·H. 罗宾逊. 刑法的结构和功能［M］. 何秉松等，译. 北京：中国法制出版社，2005.

③储槐植. 美国刑法［M］. 北京：北京大学出版社，2005.

④王凯石. 论毒品犯罪中的诱惑侦查［J］. 四川大学学报：哲学社会科学版，2004（3）.

侦查的合法辩护理由取决于警察行为本身是否足以引起一个没有犯罪倾向的人产生犯罪故意。美国《模范刑法典》采取的是客观论。《模范刑法典》认为，作为合法的诱惑侦查的辩护理由存在于这样一种情形：政府代理人为了搜集证据，或者通过虚假的事实陈述，或者使用显著增加犯罪发生可能的劝诱方法劝诱或鼓励另一个人犯罪。客观论并不考虑行为人的预先故意，因为客观论强调警察行为是否合适而非行为人的性格，所以这种理论可被看做一种监督警察如何作为的尝试。通过创设不适当警察行为的障碍或排除规则，该辩护理由更多的是作为一种证据的排除规则，像米兰达规则一样。[①] 倘若坚持客观论，则必须考虑环境因素等，像特定犯罪行为进行的通常的方式证据。所以，客观论的必然结论就是必须在具体的个案中依据具体事实进行具体的判断，客观论的理论基础在于公共政策的考虑。[②] 因为根据公正审判的观念，诱惑侦查方式与美国宪法中的正当程序原则相悖，而且如果被告人落入了普通公民所设的圈套而进行犯罪就构成共同犯罪，那么可以推知司法人员的圈套行为也是应受谴责的。所以，使落入圈套的被告人免予刑事处罚是一种有效制止司法人员诱惑侦查的措施或公共政策。[③]

客观论也遭到强烈的批评。首先，客观论把诱惑侦查方式作为一种排除规则，不考虑是否行为人具有主观犯意，这可能会导致很多犯罪行为因为警察使用了诱惑侦查方式而免于追究。一些犯罪行为人其主观上具有强烈的犯罪意图和倾向，无论是否有警察诱惑，均会犯罪。那么，若坚持客观论的话，这些行为人有可能会因为警察行为具有客观上的诱导性而无法得到追究。其次，客观论没有考虑到相同的诱惑行为对于不同行为人的不同影响。我国有学者引述了一个案例来揭示这种情形："例如 1980 年初，联邦调查局一名侦

---

①Richard G. Singer，John Q. La Fond. 刑法［M］. 北京：中国方正出版社，2003.

②Wayne R. LaFave. Criminal Law，2003.

③储槐植. 美国刑法［M］. 北京：北京大学出版社，2005.

探化装成阿拉伯酋长，接触参议员 W 和其他 6 名众议员，对他们许以重金，请他们运用职权在议会里代为‘活动’。对于这一诱使行为，有人表示同意，有人没有表示同意。”①

（二）德日学说评析

日本刑法理论一般把诱惑侦查区分为两种情形：诱发犯罪意图型和提供机会型。前者指诱惑者诱发了被诱惑者的犯罪意图以促使其实施犯罪行为；后者则指诱惑者向已经产生了犯罪意图的被诱惑者提供实行犯罪机会。理论界一般认为，犯意诱惑型是违法的，因为其危害了个人的人格权利。在日本的司法实践中，也通常认为犯意诱惑型是不合法的，而通常承认提供机会型的诱惑侦查是合法的。但在司法实践中，诱发犯意型与提供机会型二者的界限并不清楚。一般认为，可以使用诱惑侦查的要件有二：一是具有使用这种侦查方法的必要性；二是无其他有效的方法可以代替。② 德国刑事立法中则具体规定了诱惑侦查的合法性要件。德国《刑事诉讼法典》第 110 条 a 规定，派遣秘密侦查员的条件有三：一为必须有足够的事实依据表明存在重大犯罪行为；二为只限于麻醉药品、武器非法交易以及伪造货币、有价证券、涉及国家安全方面的犯罪，或者是职业性、常业性的犯罪，或者由团伙成员或者以其他方式有组织地实施的重大犯罪；三为只限于采用其他方式侦查将成效渺茫或者十分困难的情形。③

（三）我国诱惑侦查合法性界限的重构

我国对于诱惑侦查并没有立法予以规制，但在司法实践中，却存在着诱惑侦查方式，特别是在假币交易和毒品交易中。我国有学者提出了诱惑侦查方式合法性的标准，认为应该从三个方面进行判断。首先，应该审查被诱惑者在案发前是否已经实施了同类犯罪行

①储槐植．美国刑法［M］．北京：北京大学出版社，2005.

②西原春夫．日本刑事法的重要问题：第二卷［M］．金光旭等，译．北京：法律出版社，2000.

③德国刑事诉讼法典［M］．李昌珂，译．北京：中国政法大学出版社，1995.

为或具有实施同类犯罪行为的倾向或犯意。如果有，则诱惑侦查行为合法。其次，考察被诱惑者的犯意是自发产生的还是诱发产生的。如果是前者的话，则诱惑侦查行为合法，反之，则不合法。最后，判明侦查人员的行为是积极行为还是消极行为。如果是前者，则诱惑侦查行为不合法，反之，则合法。[①] 还有学者认为："区别合法的诱惑侦查与非法的诱人犯罪的关键在于，通过诱惑侦查，行为人的犯罪意图是'暴露'还是'产生'。如果被诱惑者已有犯罪意图或倾向，特情的介入只是使这种意图或倾向暴露出来，或者只是促进其实施具体的犯罪行为，这就是合法的诱惑侦查；反之，对原无犯罪倾向的人实施犯意引诱或对只有较轻犯罪意图的人实施数量引诱，并促使其付诸实施，这种侦查就是诱人犯罪，是非法的。"[②] 不难看出，这两种观点都倾向于美国刑法理论中的主观说，只不过前一种观点略具折中的色彩。

笔者认为，无论是国外的理论还是我国理论中的争议及学说，大致都未脱离美国刑法中主观说与客观说的对立。而这种对立的抉择，又取决于"我们通过承认警察圈套抗辩理由要达到什么目的"[③]。诱惑侦查合法性界限的设置问题，在基础理念上实际表现为限制警察权扩张的公共政策与有效惩治犯罪之间的紧张关系。从采用两种理论的不同司法效果来看，客观论能更充分地保障人权，也能有效遏制警察权的扩张。可以说，客观论的实际效果在于使一些具有独立犯罪意图的行为人免于刑事追究，只因为警察的诱使行为具有使一般人产生犯罪意图的性质。让有罪的人得到追究、让无罪的人免于刑事追究应该是人权保障理念在刑事立法上的重要价值，倘若纯粹的追求限制权力而不能带来超过在一定程度上限制警察权的主观论所带来的社会效果或价值的话，客观论应该予以摒弃。但

①李忆．论刑事侦查中的诱惑侦查［J］．公安研究，2001（6）．

②郑蜀饶．毒品犯罪的法律适用［M］．北京：人民法院出版社，2001．

③保罗·H．罗宾逊．刑法的结构和功能［M］．何秉松等，译．北京：中国法制出版社，2005．

主观论则深入诱惑侦查的核心所在——是否诱惑行为人产生了其原无的犯意。因为犯意实际上与警察的诱惑行为之间存在因果关系，这种犯意的产生介入了政府代理人员——警察等，这就使行为人主观上的罪责付诸阙如。从理论建构上，行为人的犯意是一种虚假的犯意，而且不能产生任何法益侵害的结果。因为犯意也是一种规范的评价，对于因为政府代理人积极参与并诱使行为人产生的犯意在评价上很难说具有道德的罪过。

综上所述，界定诱惑侦查的合法性界限应以主观论为基础，即主要考虑是否诱惑者的诱惑使行为人产生了其本不具有的犯意，但是也应该结合客观论的观点，即行为人产生原本没有的犯意是由于警察的诱惑行为足以使一般人也无法抗拒，或者说，这是一种折中的观点。

（原载《宁夏社会科学》2007 年第 1 期）

毒品犯罪案件中的犯罪形态问题研究

马骊华*

摘　要： 犯罪形态，是指故意犯罪发展过程中的各种犯罪停止形态，即故意犯罪在其发生、发展和完成的过程与阶段中，因主客观原因而停止下来的各种状态，包括犯罪的预备、未遂、中止和既遂四种形态。毒品犯罪在主观方面须出于故意，这是不争的定论，但对于毒品犯罪中有没有既遂和未遂问题，如何划分既遂和未遂，这在理论和实践中均存在争议，因此，我们有必要对这些问题展开讨论。

关键词： 毒品犯罪　犯罪形态　量刑　刑罚

一、毒品犯罪中故意犯罪的停止形态

借鉴对故意犯罪的停止形态的理论研究成果，结合毒品犯罪的特征，笔者认为，毒品犯罪中有犯罪的停止形态存在。就现行《刑法》关于毒品犯罪所规定的十二个罪名来看，这些犯罪，大都会涉及犯罪的既遂、未遂、预备和中止。

（一）毒品犯罪的既遂

毒品犯罪的既遂是指行为人所故意实施的行为已经具备了刑法

*马骊华，云南大学法学院副教授，刑法学专业硕士研究生导师，主要从事刑事法的教学与研究。

关于毒品犯罪的全部构成要件。例如，一个具有刑事责任能力的行为人，只要实施了贩卖毒品的行为，就构成贩卖毒品罪的既遂；而一个达到刑事责任年龄、具有刑事责任能力的人，只要违反国家关于毒品管制的有关规定，非法持有毒品，就构成非法持有毒品罪的既遂。

（二）毒品犯罪的未遂

结合犯罪未遂理论，笔者认为，毒品犯罪的未遂，是指行为人已经着手实行毒品犯罪，但由于行为人意志以外的原因，致使毒品犯罪未能完成便停止下来。将非毒品误认为是毒品而贩卖即是贩卖毒品未遂。

（三）毒品犯罪的预备

毒品犯罪的预备，是指行为人为进行毒品犯罪而准备工具、创造有利条件的行为。毒品犯罪的预备发生在毒品犯罪的实行行为之前，例如，为贩卖毒品而准备购买毒品的毒资、为运输毒品而准备运输工具等等。

（四）毒品犯罪的中止

毒品犯罪的中止是指行为人在毒品犯罪过程中，自动放弃毒品犯罪。例如，行为人已经为运输毒品准备好了运输工具，但迫于法律的威慑力而自动放弃了运输毒品的行为，这就是运输毒品罪的中止。

需要指出的是，犯罪的未完成形态，包括犯罪的预备、未遂和中止形态，而非法持有毒品罪和包庇毒品犯罪分子罪不存在犯罪的未完成形态。因为这两种罪均属于行为犯，行为人只要实施了这两种罪，犯罪构成客观方面的要件，即构成犯罪既遂。就非法持有毒品罪而言，行为人只要实施了持有数量较大的毒品的行为，就构成犯罪既遂，即犯罪就已经处在了完成形态，自然无犯罪的预备、中止或未遂可言。同样，只要行为人实施了作假证或毁灭罪证等帮助毒品犯罪分子掩盖罪行、逃避制裁的行为，就具备了该罪的全部构成要件，从而使犯罪处于既遂形态，在此之后，也就不存在预备、未遂或中止形态。

二、几种主要的毒品犯罪中的犯罪的停止形态

（一）贩卖毒品罪的犯罪形态

依据最高人民法院副院长刘家琛主编的《新刑法新问题新罪名通释》的解释，贩卖毒品，是指非法销售，包括在境内非法转手倒卖毒品，或者以贩卖为目的而非法收买毒品或者自行制造、自行销售毒品的行为。依法从事生产、运输、管理、使用国家管制的麻醉药品、精神药品的人员，向贩卖毒品的犯罪分子或者以牟利为目的，向吸食、注射毒品的人提供国家管制的麻醉药品、精神药品的，也构成贩卖毒品罪。

笔者赞同上述关于贩卖毒品的解释，“贩”是为了“卖”，应该把买进毒品的行为视为着手实施犯罪，从贩卖毒品的犯意产生到为犯罪作准备，直到犯罪完成，在这段时间和空间内，完全可能出现犯罪的停止形态。

笔者认为，毒品卖出就是既遂，而卖出与否，则应该以毒品是否交付作为标准。若买卖成交，毒品已交付，尽管钱财暂时未到手，也应认定为既遂，因为此时行为人已经完成了贩卖毒品的全部行为。但是，如果行为人在贩卖毒品时被抓获，随后又在其住处查获部分毒品的，对查获的部分，就只能认定为贩卖毒品未遂。当然，此处的“交付”不等同于民法中的交付。因此，如果行为人是在贩卖毒品时被现行抓获的，那也应当认定为贩卖毒品罪的既遂，因为此时整个的贩卖行为已经完成，如此理解和操作，不但与法理相吻合，而且也有利于打击毒品犯罪。某市第二中级人民法院审理的刘某贩卖毒品案，法院在定罪量刑时即采纳了上述理论。刘某于1998年1月初至同年2月1日，先后三次卖给购毒人员王甲和王乙海洛因55克，得款11 000元。同年2月5日，刘某与王甲按照事先约定在某地交接毒品时被抓获，缴获海洛因28.03克，并从刘某身上搜出海洛因2.17克。一审时，刘某的辩护人以刘某第四次贩卖毒品时即被

公安机关当场抓获，未能取得赃款为由认为此次应属犯罪未遂，一审判决采纳了辩护人的意见，但检察机关随后即提出抗诉，认为认定为贩卖毒品未遂缺乏事实依据，从而适用法律不当，要求二审法院依法予以改判。二审法院经过审理，采纳了检察机关的抗诉意见，即认定刘某第四次贩卖毒品为既遂。

在贩卖毒品罪中，也存在着预备形态，即行为人为完成毒品犯罪而准备工具、创造条件。例如，为贩卖毒品而准备购买毒品的毒资、为贩卖毒品出谋划策等。1995 年由云南省公安机关查获的孙某等人贩卖毒品案即是一个典型的贩卖毒品的犯罪预备案。1994 年，李某与庄某（均另案处理）经密谋策划，议定在大理购买海洛因运至广东省汕头市贩卖，此后，李某找到孙某，告知其犯罪意图，要孙组织海洛因，孙又邀约马甲，并让马甲负责找寻毒品卖主，马甲又纠合马乙参加贩毒活动。1996 年 1 月 5 日，孙及二马乘马甲的私人“长安”车，在李某的安排下，三人在庄某处取走毒资，李某要求用此毒资购买 17 千克海洛因及部分中草药，然后将海洛因藏匿于药材内，租用汽车运至汕头，在指定地点向庄某交货，并将书写有通信号码和地址的纸条交给马乙收存。随后，公安机关布控侦破了此案，共缴获毒资人民币 196 605 元及“长安”车一辆，中药材木香 7 000 千克等物。一审法院认为，三被告人的行为均构成贩卖毒品罪，而他们所具体实施的筹集毒资、寻找海洛因买主、购买藏匿毒品的中药材等行为，属于法律规定的为犯罪准备工具、创造条件的范畴，是犯罪预备。此外，云南省公安机关针对云南省的情况，专门制定了《关于侦查预备贩毒案件暂行规定》（下文简称《规定》）。按照《规定》，预备贩毒案件是指贩毒分子明确表露贩毒犯罪意图，主观上具有毒品犯罪故意，客观上实施了毒品犯罪的预备行为，具体表现为筹集或携带巨资，在云南省内主动寻找买主，预付购毒定金；或准备运输毒品工具、藏匿物品，纠集参与人员；或与买主商谈毒品价格、种类、质量，约定交货时间、地点，且预谋购买鸦片在 1 000 克、海洛因 50 克以上，属于需要立案侦查的案件。

就犯罪中止而言，由于毒品犯罪的特殊性，决定了毒品案件的立案与破案一般都是同时进行的，因此，实践中很难见到犯罪中止的案例，但从理论上讲，肯定有这类案件存在，只是一般难以发现而已。

（二）运输毒品罪的犯罪形态

所谓运输毒品，是指明知是他人的毒品而采用携带、邮寄、利用他人或者使用交通工具等方法将该毒品从一个地方运到另一个地方的行为。一般而言，划分运输毒品罪的既遂与未遂，通常以毒品是否被运离最初存放地为标准，只要行为人将毒品带离存放地，即构成运输毒品罪的既遂；将毒品带上公共交通工具的也构成既遂，携带进火车站、候机楼即被查获的也是既遂；若以邮寄方式运输的，只要将毒品交付邮局即构成既遂；通过人力或畜力方式运输的，在行进途中被查获的，仍是既遂。总之，就运输毒品罪来说，毒品是否运到目的地并不是既遂的必要条件，我们也不能以距离的长短来判定既遂或未遂，毒品是否被运离最初存放地才是衡量既遂与未遂的标准。如果毒品已经被运离最初存放地，即构成运输毒品罪的既遂；若行为人刚着手起运毒品即被发现阻止，运输行为不可能再继续的，是本罪的未遂；着手起运前准备运输工具，为顺利运输寻找时机的，为本罪的预备形态；为运输毒品已经达成托运、承运协议的，起运前无论出于何种动机而终止协议的，都是本罪的中止。

（三）走私毒品罪的犯罪形态

所谓走私毒品，是指违反海关法规，非法运输、携带、邮寄国家禁止进出口的鸦片、海洛因等毒品进出国（边）境的行为。尽管实践中的走私的方式千差万别，但我们原则上是以是否超过国（边）境线来衡量既遂与未遂的。例如，陆路走私的，以毒品越过国境、边境线为既遂；海路走私的，以进入或离开领海为既遂；空中走私的，以飞机着陆为既遂；通关走私的，以通关、验关为既遂。走私毒品既遂前，行为人无论是基于什么样的原因主动停止犯罪的，即是本罪的中止。而本罪的未遂形态相对来说就复杂得多，从形式上看，犯罪分子为了走私毒品而制造、运输或买进毒品的行为似乎是走私毒品罪的预备行为，但是，由于这些预备行为实质上可以单独成罪，因此，一旦走私毒品未遂，那么，在处理此类案件时就应当采用重行为吸收轻行为的原则，从一重罪处断。

总之，我们不能因为刑法典中没有明确规定毒品犯罪的预备、未遂和中止形态就否定毒品犯罪中有这些形态存在，也不能因为毒品犯罪是一种性质严重的犯罪，要求从严打击而放弃对毒品犯罪的形态的考察和认定。如果这样，势必影响对一些毒品犯罪分子的正确量刑，从而造成执法不公的负面影响。毕竟，不同的犯罪形态反映了不同的社会危害程度，也表明了处于不同形态中的被告人各自不同的主观恶性。因此，在对毒品犯罪分子量刑时，应严格按照不同的形态，处以相应的刑罚。

（原载《湖南省政法管理干部学院学报》2002 年第 3 期）

贩毒案件侦查中若干问题的法律分析

邬 江*

摘 要： 贩卖毒品犯罪是毒品犯罪中发案率最高、社会危害性最大的犯罪，其他各类毒品犯罪行为归根结底几乎都可溯源至这一类犯罪行为，在具体的贩毒案件的侦查过程中，会碰到难以定性的问题：非经济利益的毒品交易问题，居间行为的定性问题，贩卖毒品的既未遂问题。

关键词： 贩卖毒品　吸毒　侦查

贩毒是毒品犯罪中最为常见又最为直观的表现形式，毒品对社会的危害，大多通过贩卖得以实现。

毒品贩卖说到底如同其他买卖行为一样，是一种商品交易，其特殊性表现在它是一种需要承担极大风险又能获取极大利润的交易，因此贩卖毒品罪是毒品犯罪中发案率最高、社会危害性最大的犯罪，其他各类毒品犯罪行为归根结底几乎都可溯源至这一类犯罪行为，因此，贩卖毒品历来为各国立法打击之重点。而在具体的贩毒案件的侦查过程中，又常常会碰到具体行为难以定性的问题。

---

*邬江，云南大学法学院副教授。

一、毒品交易中不以经济利益为内容的行为

有的公安机关碰到过这样的案例：毒品交易不是以财产进行，而是以性非法交易，是否属于贩卖毒品行为？还有以非金钱利益非法交易行为，如行为人向国家机关工作人员或向有一定权力，由于各种原因需要非法消费毒品的人交付毒品，以获取逃避处罚或者升职、调动、晋级或者其他非财产性利益等，这些行为是否属于贩卖毒品行为？

以上行为，我国法律没有明文规定，香港《1995年贩毒（追讨收益）（修订）条例草案》第四条规定："贩毒收益的评计（a）任何人从事的贩毒收益为一（i）在任何时间，因自己或他人从事贩毒而由他收受的款项或其他酬赏。"这里的酬赏包括非直接财产关系的性交易、晋升、调动等。①

联合国《1971年精神药物公约》、1988年12月19日联合国大会通过的《联合国禁止非法贩运麻醉药品和精神药品公约》，均规定无论以任何条件交付毒品的行为均构成贩卖毒品罪。笔者认为，我国的法律规定应该与国际接轨，无论以任何条件交付毒品，都应该以贩卖毒品罪定性。

二、在贩卖毒品过程中，居间行为是否应该认定为贩卖毒品的共犯的问题

居间行为在民商法中又称为交易中介行为。在贩毒案件中，绝大多数的买卖活动都有居间人存在。居间人在贩卖毒品案件中牵线搭桥，有的为贩毒者寻找买主，有的为购买者联系毒源，有的为吸毒者介绍消费，人数有时甚至超过直接贩毒分子，对毒品犯罪起到推波助澜的作用。但是在司法实践中，对居间人行为的处理却没有

---

①邱创教．毒品犯罪惩治与防范全书［M］．北京：中国法制出版社，1998：955.

具体的标准，刑法学界也存在着几种看法：

（1）第一种看法认为，介绍贩毒，从中牟利的，以贩卖毒品共犯论处。①

笔者不赞成这种观点，如果是单纯以从中牟利为标准，那么出于其他目的，比如为达到性交易、非金钱交易等远期目的的中介行为，如何论处？

（2）第二种看法认为，居间介绍买卖毒品的，无论是否获利，均应当以贩卖毒品的共犯论处。② 笔者认为这种观点外延过宽，如果中介者受吸毒者委托，介绍其购买了“零包”（而零星贩毒本身就是大宗贩毒与吸毒者之间的中介和桥梁）且数量较小，购买者连非法持有的数额都达不到，那么帮助介绍其贩毒者又如何定性？

（3）第三种看法认为，居间介绍买卖毒品的，以委托方是否具有营利目的来论处。③

这种观点与第一种有相同之处，区别在于是否实施并得到结果。该观点认为，为卖主寻找买主的居间人，或者为以营利为目的的寻购毒品的人作居间介绍的，都应作为贩卖毒品的共犯论处；而替那些为自己吸食寻购毒品的人居间介绍，只是使他人达到消费毒品的目的，不能以贩卖毒品罪的共犯论处。因为贩卖毒品罪是以营利为目的的犯罪，居间介绍人是否能作为贩卖毒品罪的共犯，要看其主观上是否具有通过自己的行为使委托人实现营利的目的的故意。如果委托方并不具有营利的目的，居间介绍人不能以贩卖毒品罪的共犯论处；如果委托方有营利的目的，居间介绍人即使没有营利目的，或实际上没有得到报酬，都无法改变整个贩毒行为的营利目的。居间介绍的行为成为贩卖毒品得以实现的不可缺少的行为环节。对此应以贩卖毒品罪的共犯论处。

---

①最高人民检察院．关于向他人出卖父辈、祖辈遗留下来的鸦片及其他毒品如何适用法律的批复．

②周道鸾．单行刑法与司法适用［M］．北京：人民法院出版社，1990：166.

③桑红华．毒品犯罪［M］．北京：警官教育出版社，1993：154.

（4）第四种观点认为，居间行为无论是为吸毒者、购毒者还是为卖毒者提供信息、居间介绍，均构成贩卖毒品罪的共犯。①

持该论点的人认为，首先，对以获取居间费为目的（以牟利为目的）的居间人而言，居间介绍人和贩卖者在主观上对毒品的性质是有共同一致的认识的，尽管其目的是获取居间费，但其居间费的获取是以买卖双方成交为实现方式的，因而其主观上是积极希望追求贩卖毒品的结果发生的。其次，对于不以牟利为目的的居间人而言，无论其介绍行为是出于何种目的，其主观方面也是希望买卖双方的毒品交易行为成功的，因而也属于贩卖毒品罪的共犯。

（5）第五种观点认为，判断居间行为的性质，应当根据居间人的主观目的、心态、行为的客观表现及行为的实际后果等因素综合判断。② 论者认为第一种是为毒品拥有人介绍卖主；第二种是为他人出售毒品而介绍买主；第三种是为吸毒者介绍卖主或者为卖主介绍吸毒者。这三种形式的行为都应结合上述诸因素加以分析，综合判断。

笔者比较赞同第五种观点，理由如下：

第一，居间人受吸毒者委托，或者未受吸毒者委托而主动为吸毒者提供毒源信息，帮助吸毒者购买毒品，不能以贩卖毒品罪共犯论处。因为虽然居间人为吸毒者介绍毒源信息的行为在客观上对贩卖毒品人员的贩毒活动提供了帮助，具有一定的社会危害性，符合贩卖毒品罪客观方面的某些特征；但从主观上讲，居间人并没有帮助贩卖者贩卖毒品的故意，而是为了使吸毒者能够买到毒品，使其达到消费毒品的目的。根据我国刑法主客观相统一的原则，对这种行为不能以贩卖毒品罪的共犯论处，但可以由公安机关对居间人作出治安处罚。

第二，为以贩卖毒品为目的而购毒品的人介绍毒源信息的，应

---

①赵秉志，于志刚．毒品犯罪［M］．北京：中国人民公安大学出版社，1998：178 – 179.

②唐吉凯．几种特殊涉毒案件的定性问题［J］．人民司法，1995（2）.

以贩卖毒品罪的共犯论处。贩卖毒品包括买入和卖出毒品两个环节，行为人只要实施了其中一个环节的行为即构成犯罪。只要居间人与毒贩之间存在共同故意，其居间介绍行为实际上已成为贩毒分子贩卖毒品活动中的一个组成部分，对其行为应以贩卖毒品罪论处。反之，如果居间人不知他人购买毒品的目的是为了贩卖，由于居间人没有帮助他人贩卖毒品的故意，对其行为则不应以犯罪论处。这样的情况，在云南边疆的许多地区时有发生，在与缅甸、老挝接壤的一些地方的群众，历史上就有吸食毒品以及用鸦片、海洛因做人药、兽药，用罂粟壳作汤料，用罂粟子代替芝麻作香料的习惯。如果购买者以上述理由购买，但又将其出售，居间人不应该以贩毒罪共犯论处。

第三，居间人受贩毒人员的委托为其寻找买毒者，从而在两者之间牵线搭桥，促成毒品交易的，不论居间人是否从中获利，只要居间人明知委托人目的在于贩毒，对其行为就应以贩卖毒品罪的共犯论处。因为居间人不仅主观上具有帮助他人贩卖毒品的故意，客观上也有积极帮助寻找买主的行为，而寻找买主正是贩卖毒品活动的一个重要表现形式。只有找到了买主，才有可能实现委托人预期的贩毒目的。近年来毒品犯罪直线上升，究其原因，一是为牟取暴利，国际上毒品价格一直飙升，一旦成功则可终生受用。二是法律对毒犯威慑的实际作用不大，根据《刑法》第三百四十七条规定，贩卖海洛因、冰毒50克以上就可能被判处死刑，毒贩们反而认为与其小贩，不如大贩，抓着都是一死。三是的确有成功者。因此大量贩毒有增无减，数以万计的毒品过境后在边境集结，若要想获得暴利就必须找到买主，居间行为使得许多贩毒活动得逞，要打击贩毒行为就必须严厉打击这一类居间行为。

总之，为贩卖毒品者作居间人的居间行为，应该以贩卖毒品罪的共犯论处。为购毒者作居间人的居间行为，应分别论处：用以销售者，以贩卖毒品罪共犯惩处；用以消费者，应视其数额大小而言，数额大的，以非法持有毒品罪共犯论处，数额小的不以犯罪论处。

三、贩卖毒品行为既遂与未遂的问题

贩卖毒品罪是故意犯罪，客观方面通常表现为购买、出售毒品的行为。如果行为人将上述行为实施完毕的，其构成贩卖毒品罪既遂无疑；但是行为人只实施了一个购买行为或者并未完成出售行为，或者尚未将毒品带到交易地点时就因个人意志以外的原因被迫停止犯罪的，以既遂还是未遂论处，这个问题在刑法理论界存在较大分歧，在司法实践中如何把握界定，更是理解不一。

第一种观点认为，贩卖毒品罪应以毒品实际转移给买方为既遂，在毒品转移以前，即使买卖双方已达成协议，或者卖方已先行获取了经济利益的，都不能够认为是贩卖既遂。①

第二种观点认为，贩卖毒品罪的既遂与否，应以毒品是否进入交易环节为准。至于行为人是否已将毒品出售获利，或者是否实际成交，不影响本罪既遂；如果是由于意志以外的原因毒品未能进入交易环节的，则构成本罪未遂。②

第三种观点认为，贩卖毒品罪应以犯罪分子实施了销售、购买行为为既遂。至于犯罪分子实际上是否得到钱财，或者是否得到了讲定的价钱，或者在甲地交易完毕，而在乙地发货，或未实际发货或在运输中，都不影响既遂的成立。③

在上述三种观点中，笔者认为争论的焦点主要在于贩卖毒品罪是行为犯中的过程犯还是举动犯。三种观点都一致认为贩卖毒品罪是行为犯，第一种观点认为是过程犯，即要求行为人实施并完成了刑法分则所规定的构成要件的全部行为才是既遂。如果由于行为人意志以外的原因没有将全部行为实施完毕的为犯罪未遂。第二种观点认为是举动犯，即只要行为人着手实施了刑法分则所规定的构成

---

①张明楷．论走私、贩毒、运输、制造毒品罪的几个问题［J］．广东法学，1994（4）．

②赵秉志．毒品犯罪研究［M］．北京：中国人民公安大学出版社，1993：20.

③桑红华．毒品犯罪［M］．北京：警官教育出版社，1993：154.

要件的客观行为，就构成贩毒罪的既遂。除了对象不能犯的场合外，不存在犯罪的未遂形态。笔者赞成这种观点。

第一，从立法本意看，一种行为之所以被界定为行为犯而非结果犯，或者是举动犯而非过程犯，主要是由该行为的自身特点及其严重社会危害性所决定的，贩卖毒品罪能否被认定为举动犯，其中重要的一点就在于构成贩卖毒品过程的购买、出售行为是否具有独立的、严重的社会危害性。贩卖毒品行为通常始于购买（自己制造毒品并出售的除外），而购买毒品的行为本身即具有双面的严重社会危害性。一方面，因买卖是一种对行双务行为，购买毒品行为本身就意味着与之对应的出售毒品行为业已得逞；另一方面，购买大宗毒品往往是实施新的售毒行为的起点或必要前提，因而购毒行为又同时蕴涵着进一步危害社会的现实危险性。由此可见，贩毒过程中的这两个关联行为都具有独立的、严重的社会危害性，只要实施了其中一个行为，就具有以犯罪既遂论处的必要性。所以贩卖毒品行为的既遂不应以行为人目的实现与否为转移，也不应以贩卖毒品行为过程中的全部行为实施完毕为必要。

第二，从犯罪构成的一般原理看，我国刑法所规定的具体犯罪的构成要件都是以既遂形态为标准的。刑法分则规定的每一个罪都是把该种犯罪在社会生活中的通常表现规定为既遂形态，即以社会生活中常见的多发的犯罪现象为依据。对于贩卖毒品罪来说，大量被抓获的毒品犯罪分子均停顿于购买了毒品尚未卖出，或者正在进行毒品交易阶段而人赃俱获的。真正已将毒品由卖方转移到了买方手上毒品交易完成以后被抓获的，在当今世界各地都尚属少数。况且在某些毒品交易的现场，双方正在进一步讨价还价，或者正在清点钞票或鉴定毒品纯度，此时也很难确切界定是否已将毒品真正转移到了买方手上。缉毒部门在抓捕贩毒分子时既要预防贩毒分子脱逃，又要尽力减少伤亡，就必须选择最佳缉捕时期，不可能一定等其实施完全部交易行为，才将其抓捕。如果坚持过程说，则必将使大量、实际发生的毒品犯罪只能作未遂处理，能够认定为既遂的必成少数，这显然不利于严惩贩卖毒品犯罪。

第三，从贩卖毒品罪与运输毒品罪的比较来看，二者属于并列的选择性罪名，定性相同，社会危害程度也相当。对运输毒品罪，无论理论研究还是司法实践，都一致认为起运为既遂；而如果将贩卖毒品罪认定为过程犯，要求必须购买、出售毒品行为实施完毕，犯罪既遂才成立，则两罪的定性标准显然差异太大。二者危害性相当，法定刑同一，犯罪形态的认定也应该一致。

1997 年 5 月，云南省某市公安局侦破了该地区近年来最大的一起贩卖毒品案。根据特情报告，某卷烟厂工人陈某某和个体户陈某某兄弟俩，从滇西南某镇购得海洛因 1 735 克，经人介绍，与重庆市南岸区的杨某、韩某密谋交易毒品。看过样品后，双方商定以每克 150 元人民币的价格，于 1997 年 5 月 22 日下午 3 点 30 分在距该市区一百余里的某某县城某旅社交易。1997 年 5 月 21 日下午，杨某、韩某携毒资 27.5 万元从重庆经宜宾到达该县，住进了约定的旅社等候。陈某在陈某的指挥、安排下，于 1997 年 5 月 22 日早上 6 点 10 分驾驶“长安”微型车离开该市前往该县。公安机关采取车辆追踪、城区布控、蹲点守候等相结合的方式，准备在毒贩交易时将其当场抓获。但考虑到现行抓捕时机不好掌握，交易地点窗口临江，犯罪分子容易毁灭罪证等因素，专案指挥员临时决定改变方案在距该县城 10 余里的地方将正在与杨某、韩某二人电话联络的陈某抓获，并在其“长安”微型车驾驶员座位下搜出毒品 1 735 克，尔后在毒贩约定的交货点某旅社将杨某、韩某拘留，缴获毒资 27.5 万元。同时抓捕了在某市家里坐镇指挥的陈某某。

在审讯中，杨某、韩某不承认是去购买毒品，陈某某、陈某兄弟俩也不承认贩卖毒品。陈某某想一个人承担所有的罪责，说东西是他交给陈某放在车上保管的，陈某并不知道是毒品，并且自己并未打算出售，陈某也不承认知道车上的东西是毒品。

该案审讯过程中，公安机关内部争议较大。有人认为杨某、韩某二人并未收到毒品，只属于预备阶段；有人认为杨某、韩某二人的行为应属于贩卖毒品罪未遂。对陈某某、陈某二人，有人认为应定非法持有毒品罪；有人认为应定贩卖毒品罪未遂；还有人认为对陈某应定非法运输毒品罪。该案于1997年10月审理终结，由云南省最高人民法院核准，对杨某、韩某、陈某某、陈某四人以贩卖毒品罪既遂判处并执行死刑。对该案的处理，基本采用的是第二种观点，即以毒品进入交易环节为准，虽然毒品还未出手，购毒者也还未交钱，但购者已看样订货谈好以每克150元的价格购进海洛因，并从重庆带毒资到达交货地点，陈某某、陈某也将毒品从千里以外的滇西南组织到该市，并按约定送往指定地点。故交易已经进行，构成贩卖毒品罪既遂。虽然争议较大，但笔者认为人民法院对本案的判决是正确的。

以上分析，笔者认为贩卖毒品未遂只能由以下行为构成：

一是对盗窃、拾捡、受赠、祖传的毒品，产生出卖牟利的故意，并着手实施卖毒行为，但尚未卖出就被查获的，即对非购买方式获得的毒品已经着手贩卖，尚未卖出而被查获的。①

二是行为人不知道不是毒品，却误以为是毒品而对其进行贩卖，即出现对象认识错误的，无论贩卖行为是否已实施完毕，均应认为是贩卖毒品罪未遂。②

（原载《云南公安高等专科学校学报》2002年第3期）

①赵秉志，于志刚．毒品犯罪［M］．北京：中国人民公安大学出版社，1998：188.

②赵秉志，于志刚．毒品犯罪［M］．北京：中国人民公安大学出版社，1998：187.

略论宽缓刑事政策视野下的毒品犯罪

饶建国　李　娜*

摘　要：宽缓刑事政策的确立势必导致毒品犯罪相关理论的重构，无被害人犯罪、非犯罪化、轻刑化等理论在毒品犯罪认定中的适用和协调则成为深化毒品犯罪研究的基础。因此，应该重新审视毒品犯罪的现行立法和实践，坚持吸毒行为的非犯罪化具有合理性。

关键词：毒品犯罪　无被害人犯罪　非犯罪化　轻刑化

毒品在世界范围泛滥成灾，毒品犯罪成为全球性的严重犯罪。当前，世界上绝大多数国家均将毒品犯罪作为严重危害国家稳定和发展的严重犯罪予以打击并形成了各具特色的遏制毒品犯罪的有效手段和对策。但是，从实践来看对毒品犯罪的打击和遏制是一个极其复杂的社会问题，对世界各国都是一个艰巨而长期的任务。所以，在总结过去遏制毒品犯罪所取得成果的基础上，以宽缓刑事政策为指引，继续做好毒品犯罪遏制相关问题的研究，对于保持社会稳定、促进国家发展具有极其深远的意义。

---

*饶建国，云南大学法学院讲师；李娜，云南大学法学院2006级硕士研究生。

一、无被害人犯罪与毒品犯罪

（一）犯罪被害人与无被害人犯罪的界定

关于犯罪被害人的概念，理论界有不同的观点。第一种观点认为，从其词源上看，“被害人”一词源自拉丁文 Vuctunam，原意有两方面：一是宗教仪式上向神供奉的祭品，二是因他人的行为而受伤害的个人、组织、道德或法律秩序。① 犯罪被害人概念中的“被害人”一词即使用其第二方面含义。照此理解，犯罪被害人即因他人的犯罪行为而受伤害的个人、组织、道德或法律秩序。传统的犯罪学观点认为，犯罪被害人是指合法权益遭受犯罪行为侵害的人。② 第二种观点认为，犯罪被害人是指犯罪行为所造成的损失或损害即危害结果的担受者。③ 第三种观点认为，犯罪被害人是指生命、身体、财产等权益遭受犯罪侵害的人。④ 1985 年《联合国关于犯罪被害人和权力滥用的司法基本原则宣言》（United Nations Declaration of Basic Principles of Justice for Victims of Crime and Abuse of Power）第 1 条将犯罪被害人界定为：个别或者集体的，因违反成员国有效刑事法律（包括规定刑事性权力滥用的法律）的作为或者不作为而遭受损害，包括物质或者精神上的伤害（physical or mental injury）、情感痛苦（emotional suffering）、经济损失或基本权利的实质贬损的人。⑤ 也有观点认为犯罪被害人是指合法权益或权力遭受犯罪行为侵害的公民、非国有单位和国家。此外，还有观点认为犯罪被害人是指由于犯罪行为而使其合法权益（包括人身权、民主权、财产权）及其精神方面遭受到损害的个人、单位（公司、企业、事业单位、机关、社会

---

①王若阳．刑事被害人制度之比较［J］．外国法阅评，1999（2）．

②康树华，张小虎．犯罪学［M］．北京：北京大学出版社，2004：159.

③许章润．犯罪学［M］．北京：法律出版社，2004：118.

④谢望原，卢建平．中国刑事政策研究［M］．北京：中国人民大学出版社，2006：552.

⑤杜永浩．论刑事被害人的界定［J］．湖北警官学院学报，2003（3）．

团体等）以及因为犯罪而受到严重危害的国家和整个社会。[①]

上述种种关于犯罪被害人的概念，从不同的角度揭示了犯罪被害人的含义，每个定义均具有其独立的理论价值。但是，我们认为，对犯罪被害人的概念应当这样全面、科学地把握：

第一，犯罪被害人不仅指受犯罪行为侵害的自然人，还应包括单位（企事业法人、非法人单位及社会团体）及国家（社会）。自然人形态的犯罪被害人是整个犯罪被害人体系中最主要和最重要的组成部分，已得到普遍认同，另一方面，单位作为犯罪被害人不仅得到学者们的普遍承认，同时也为司法界人士所关注，单位犯罪被害人的保护，从刑事法治未来走向看具有重要意义。[②] 对于将国家作为犯罪被害人，学术界存在较大争议，但我们认为："凡是享有权利与履行相应义务的法律实体都可能成为被害人，被害人学都应当将其列入研究范畴之内。"[③] 国家必须列入犯罪被害人的范畴，如果不是这样，诸如危害国家安全罪、偷税罪、抗税罪、妨害国家边境管理秩序罪、破坏环境资源保护罪等类型犯罪就将无法找到危害后果的承受者，对国家权益的犯罪受害保护问题也会成为空谈。总而言之，自然人，单位及国家均是享有权利又承担义务的实体，均可能成为犯罪被害人。

第二，犯罪被害人应当限定为受犯罪行为直接侵害者，否则被害人的范围就会漫无边际[④]，犯罪行为的间接受害者一般来说均从属于直接受害者，在一定程度上完全可以不需要考虑。

第三，犯罪被害人的合法权益（包括物质的及精神上的）受到犯罪行为的侵害。

①赵可．一个被轻视的社会群体——犯罪被害人［M］．北京：群众出版社，2000.

②谢望原，卢建平．中国刑事政策研究［M］．北京：中国人民大学出版社，2006：552.

③汤啸天．对国家被害的初步研究［J］．江苏公安专科学校学报，2001（2）．

④阴家宝．新中国犯罪研究综述（1949—1995）［M］．北京：中国民主法制出版社，1997：73.

综上所述，我们可以把犯罪被害人的概念定义为：因犯罪行为而使合法权益受到侵害的自然人、单位及国家（社会）。

什么是无被害人犯罪？在理论上有不同的说法，比如，有的理论认为，所谓无被害人犯罪是指专为保护宗教或道德，而同个人的生活利益无关的犯罪，概括地说，所谓无被害人犯罪，是不对法益产生侵害或危险的犯罪，换句话说，就是保护法益不明确的犯罪。[①]也有人认为，所谓无被害人犯罪，是指基于行为人的自愿和彼此双方同意进行的犯罪，还有人认为，无被害人犯罪是指在刑事案件中缺少被害人的犯罪，即无社会危害性的犯罪。根据这些理论观点，无被害人犯罪的范围常可分为以下几种：①性犯罪，包括通奸、同性恋、卖淫、婚前性行为、色情文学等；②赌博；③吸食毒品；④“安乐死”；⑤自杀；⑥堕胎或避孕；⑦流浪；⑧高利贷；⑨公开酗酒；等等。

我们认为，如果根据犯罪被害人的概念，从刑法学的角度考虑，那么有犯罪就必定存在犯罪被害人（可能是自然人、单位或是国家），不存在没有被害人的犯罪，但如果从犯罪学角度考虑，我们必须承认，在理论上以及在现实生活中确实存在着一些被害人不“明显”或不“传统”的特殊犯罪情形，就比如“安乐死”，其特殊性就在于行为的结果不是行为人积极追求或希望的，而是死者或其家属积极追求的，所以有的理论就认为“安乐死”没有受害人；再比如赌博行为，是财产所有权人自由处分自己财产的行为，即便赌输了那也是行为人自己的一种财产处分，它与财产被诈骗或被抢劫存在着明显的区别。这些客观存在的特殊犯罪（犯罪学角度的犯罪）形态，是我们研究犯罪预防和制定刑事政策必须要充分考虑的重要问题，它对我们制定符合时代发展需要的刑事政策及进行有效的犯罪预防具有十分重要的现实意义。

总之，我们认为，对客观存在的无被害人犯罪（犯罪学角度）

---

①大谷实．刑事政策学［M］．黎宏，译．北京：法律出版社，2000：89.

形态采取何种刑事政策是我们必须认真研究的问题。

（二）无被害人犯罪与毒品犯罪

无被害人犯罪理论同非犯罪化问题紧密相连，甚至可以说，提出无被害人犯罪的理论，目的就是希望此种行为形态非犯罪化。这种理论的坚持者认为，无被害人犯罪因为不存在受害人，对此种行为形态的犯罪化处理只会以牺牲公民私权利为代价，是同符合时代发展需要，以保护公民民主、自由和人权为神圣职责的刑法观不相适应的，所以他们坚决支持无被害人犯罪的非犯罪化。

毒品犯罪中的吸食、注射毒品行为是无被害人犯罪非犯罪化理论热点讨论的问题，争论颇多。而世界各国在司法实践中对吸食、注射毒品行为各不相同的处理方式也正是理论上存在不同争论的体现。司法实践中，对于无被害人犯罪存在着非犯罪化和犯罪化两种刑事立法政策。具体来说，对无被害人犯罪进行入罪（在国家刑事法律中明文规定为犯罪）处理的就是将无被害人犯罪进行犯罪化，反之，对无被害人犯罪作除罪（不在国家刑事法律中明文规定为犯罪）处理的，就是对无被害人犯罪非犯罪化。世界各国对吸食、注射毒品的行为的刑事政策也存在两种情况：一是明文规定为犯罪并予以相应刑事处罚，另一种就是不认为是犯罪而采取其他处理方法。前者如美国、法国、意大利、瑞士、希腊、日本、韩国、新加坡、泰国、孟加拉国、马尔代夫、印度、斯里兰卡、越南、马来西亚、印度尼西亚、中国香港、中国澳门、中国台湾、新西兰、埃及、尼日利亚、肯尼亚等国家（地区），我国内地对此类行为的刑事政策属后者，并未将吸食、注射毒品行为规定为犯罪，只是规定该行为违法并对违反者采取拘留、罚款、强制戒除以及进行劳动教养。

关于无被害人犯罪非犯罪化还是犯罪化，核心的问题应当是根据合理、科学的犯罪化限度，以符合具体国家的社会发展需要为根本出发点，确定具体的刑事政策。

二、非犯罪化、轻刑化与毒品犯罪

(一)犯罪化与非犯罪化

1. 制刑的界定

提到犯罪化和非犯罪化问题，必须先阐释“制刑”的含义。“制刑”一语有最广义、狭义和最狭义之分，“从最广义角度讲，制刑乃指刑事政策的制定，包括一切有利于减少犯罪、预防犯罪的社会政策的制定。……狭义的制刑，则是指刑事法律的制定，最狭义的制刑，则仅指刑事实体法中刑事处罚的制定”。① 犯罪化和非犯罪化属于制刑方法的范畴，分别代表刑事制刑政策的两个方向：扩张还是缩小刑法的干涉范围。一个国家刑事政策在这两个方面的体现，直接反映出这个国家刑法在限制个人自由方面限度的问题，也就是说，“为了打击犯罪，我们愿意限制个人自由到何种程度呢?”② 这个度就是犯罪化的限度。我们可以这样来理解：一旦确定了这个限度，那么这个限度之上就是犯罪，而这个限度之下就是非犯罪。

2. 犯罪化的限度

关于犯罪化限度的确定，由于各国国情不同，犯罪原因与治安状况也各有差异。欧美国家在这个度的问题上，一般坚持民主原则，尊崇人权至上。他们为保障人权、自由，宁愿不将一些会危害社会的行为形态犯罪化，即不将这些行为形态规定为犯罪。欧美国家关于犯罪化限度的理论和思想，在某种程度上具有其合理性，无疑值得我们学习借鉴，但是中国的国情毕竟与欧美国家存在着不可否认的差异，所以我们在犯罪化限度的确定上，必须根据中国的国情，最好“带到一个既能确保公民享有充分权利与自由，又能使国家拥

①谢望原，卢建平. 中国刑事政策研究［M］. 北京：中国人民大学出版社，2006：552.

②托马斯·R. 戴. 公共政策新论［M］. 罗清俊，陈志玮，译. 台北：台北韦伯文化事业出版社，1999：135.

有有效遏制犯罪所必需的刑事处罚权力的分界点"①。为了研究需要，我们不妨列举一些关于犯罪限度的观点：

（1）张明楷教授认为，只有符合下列条件的行为才规定为犯罪（即犯罪化），给予刑事制裁，否则，公民的行为对于刑事法律制度来说便是自由的："具有严重的社会危害性而且绝大多数人不能容忍，并主张以刑法进行控制的行为，没有其他制裁力量可以代替刑法，只有动用刑法才能抑止这种行为，才能充分地保护合法权益，运用刑罚处罚这种行为，不会导致禁止对社会有利的行为，不会使公民的自由受到很大限制；对这种行为在刑法上能够进行客观的认定和公平的处理，运用刑罚处罚这种行为符合刑事责任的目的，即具有预防或抑止该行为的效果。"②

（2）陈正云博士认为，我国刑法的调控范围应限制在如下方面："刑法仅以（并非应该、一定）将人的意识、意志支配下的危害社会的行为作为自己的调控对象，刑法只能把最极端最明显的危害社会的行为作为自己的调控对象，规定为犯罪予以刑罚处罚。"③

（3）陈兴良教授认为，犯罪化的限度应该以两个原则来确定，"其一，危害行为必须具有相当严重程度的社会危害性。其二，作为对危害行为的反映，刑罚应当具有无可避免性"④。

（4）谢望原教授认为，确定犯罪化限度应当遵循如下准则："①从民意来看，绝大多数国民认为某一行为具有相当严重的社会危害性，对国家与公民的合法权益构成了严重威胁，国民情感与精神上均不能容忍这种行为；②从效果来看，以犯罪化来限制某一行为自由，符合刑事法律目的，并且不会因此而禁止有益于社会的行为，能够收到明显的抑止该行为的效果，可以预防行为人和其他人再度

①谢望原，卢建平．中国刑事政策研究［M］．北京：中国人民大学出版社，2006：552.

②张明楷．论刑法的谦抑性［J］．法商研究，1995（4）.

③陈正云．刑法调控范围探讨［J］．中国法学，1996（6）.

④陈兴良．刑法哲学［M］．北京：中国政法大学出版社，1992：7.

实施此种危害行为；③从效益来看，以犯罪化来限制某一行为自由，值得启动刑事诉讼程序；④从有无选择性来看，以犯罪化来规制某种行为必须是没有其他社会调整方法能有效控制和规范该种行为。”①

我们认为，上述理论观点都全面、精要地概括了确定犯罪化限度的重要基本原则，虽然强调的方面各有侧重，但均涵盖了一个关键的核心思想，那就是：刑事处罚是一种最严厉的控制手段，代价昂贵，应当在既能维护社会又能保护公民人权的最佳结合点上谨慎使用刑罚。我们可以将确定犯罪化限度的原则归纳为：以刑罚慎用为核心，以保障人权和维护社会为两极，能够在稳定、安全、和谐的良好社会环境下积极追求公民的民主、人权和自由。

3. 非犯罪化问题

非犯罪化进入刑法的中心领域并引起了显著的变化是20世纪中期以来的事情。② 美国学者埃德温舒尔首次提出了“无被害人犯罪”这一概念，他指出不论人们是否有强烈的需要，只要成年人之间据其自由意志积极交换的行为，是为了不为社会承认并被法律所禁止买卖的物品或服务，即可构成无被害人犯罪，由于这些犯罪没有被害人，埃德温舒尔主张应该非犯罪化。欧洲委员会在1980年推出了一个指导各国刑事立法政策和刑事司法政策的《非犯罪化报告》，这一报告对战后欧洲的非犯罪化有着重大影响，欧洲很多国家在战后相继废除了同性恋、堕胎、赌博、药物滥用等过去刑法规定为犯罪的规定，其中荷兰不仅积极推动卖淫、同性恋、吸毒等行为的非犯罪化，而且通过立法把“安乐死”非犯罪化，成为世界上第一个承认“安乐死”合法化的国家。

非犯罪化体现了国家权力的再次整合与重塑。在物质财富日益丰富，社会关系日趋复杂的今天，社会矛盾不断加剧，传统文化和

①谢望原，卢建平．中国刑事政策研究［M］．北京：中国人民大学出版社，2006：552.

②汉斯·海因里希·耶施克．世界刑法改革运动概要［J］//何天贵，译．法学译丛，1981（1）.

道德观念不断受到冲击，个人主义思想日益滋长，犯罪的形式、种类以及数量都急剧增长。一味地采取严刑峻法，扩大刑法的调控范围，并不能取得良好的社会效果，反而使犯罪态势愈演愈烈。国家不得不考虑对权力进行重新分配，重新调整刑事政策，从国家本位转向社会本位反对、控制和预防刑事犯罪，“非犯罪化”思想作为刑事政策宽缓方向的一个发展，更多地体现了国家对个体尊严、自由和权利的尊重。它代表着犯罪圈的紧缩和刑法适用范围的受限，以及国家权力的让步和个体人权的伸张，是现代刑法文明发展的新动向和新趋势。

非犯罪化的含义，学界主要有以下几种界定：

（1）非犯罪化，是指取消某种罪名，即排除某种行为应受到刑罚惩处的性质。①

（2）指对那些以前认为有严重社会危害性应予以刑罚处罚的行为，由于社会变动之关系，已丧失了严重社会危害性和可罚性，应否定其犯罪性与刑事违法性。②

（3）当进行刑事立法的时候，考虑到有的社会危害性行为尚未达到犯罪的程度，根据刑事政策与策略，只作为一般违法行为处置，不认定为犯罪。③

（4）非犯罪化有广义和狭义之分，狭义的非犯罪化又称本来的非犯罪化，指立法机关对法律原来规定的已失去了继续存在必要的犯罪，直接将该行为从法律规定中予以撤销，使其合法化。广义的非犯罪化是指对一直以来被科处刑罚的行为不再用刑罚予以处罚，包括三层含义：一是狭义的非犯罪化；二是对后来被法律规定为犯罪的行为予以行政违法化，即对这类行为不再以刑罚调整，而改用

---

①陈兴良．刑法哲学［M］．北京：中国政法大学出版社，1992：7.

②魏东．刑法各论若干前沿问题要论［M］．北京：人民法院出版社，2005：341.

③高格．刑法思想与刑法修改完善［J］．中央检察官管理学院学报，1994（4）.

行政法规去调整；三是对具体的危害性未通过司法程序不把它当做犯罪处理。①

我们认为，上述理论基本概括了非犯罪化的特征，即社会危害性不大，不再具有现时可罚性。非犯罪化学说主张缩小刑法的犯罪圈，认为将轻微犯罪行为非犯罪化是当今各国刑法发展的趋势，汲取外国刑事立法的这种有益经验，是刑法现代化的要求。②

（二）非犯罪化、轻刑化与毒品犯罪

多年以前，我国一些刑事法学者就强调，要在刑事立法上进行“轻刑化”。“轻刑化”被作为一个广义的概念来使用，它包括了“非犯罪化”和“轻刑罚化”，并认为这是“中国刑法发展之路”。③我国学者对此概念的界定是：“非犯罪化”，指立法机关或司法机关将一些社会危害不大、没有必要予以刑罚处罚但又被现时法律规定为犯罪的行为，通过立法不再作为犯罪或通过司法不予认定为犯罪，从而对它们不再适用刑罚。轻刑罚化是指通过立法降低一些犯罪的法定刑幅度，从而达到整个刑事制裁体系的“缓和化”④。

其中有学者指出，中国1979年《刑法》颁布后，国家立法机关不断通过修改、补充的形式增补新罪名，在某种意义上反映了立法者对当前中国社会的发展特点缺乏足够认识的盲目性，如此大规模的犯罪化势头应当得到合理控制。⑤

对待非犯罪化问题，我们认为刑法的调控范围不仅要瞻顾现代刑法发展的趋势，也要从中国国情和现行刑事立法的现状出发。针对我国有关毒品犯罪的非犯罪化问题，我们必须注意两个问题：一

---

①彭磊．非犯罪化思想研究［J］．杭州商学院学报，2003（1）．

②马克昌．借鉴刑法立法例修改和完善我国刑法［J］．法学评论，1989（2）；王勇．轻刑化：中国刑法发展之路［J］//赵秉志，张智辉，王勇．中国刑法的运用与完善［M］．北京：法律出版社，1989：323．

③赵秉志，张智辉，王勇．中国刑法的运用与完善［M］．北京：法律出版社，1989：323．

④赵秉志，张智辉，王勇．中国刑法的运用与完善［M］．北京：法律出版社，1989：323．

⑤游伟．社会转型时期我国刑事立法思想探讨［J］．法学，1994（12）．

是我国是否存在类似于上述国家的“非犯罪化”运动和“轻刑罚化”的空间值得我们深思。二是打击毒品犯罪是否要以牺牲人权为代价？在此，我们认为恰当处理惩罚犯罪与保障人权的关系是问题的关键所在。

1. 贯彻执行宽严相济的刑事政策

我国严格区分犯罪与一般违法行为的界限，只将严重危害社会的行为规定为犯罪。而其他许多国家则往往在非常宽泛的意义上使用犯罪概念，即将许多在我国只视为一般违法的行为也规定为犯罪，如法国刑法上的违警罪与我国的一般违法行为就较为类似。国外的“非犯罪化”运动一般就是针对违警罪而言的。我国刑法主要是通过以下几种规定方式来甄别犯罪与一般违法行为：一是以情节是否严重、是否恶劣作为区分标准；二是以后果是否严重作为区分标准；三是以是否引起可能导致某种严重后果的严重危险为标准；四是以数额是否较大、是否巨大或者数量是否大、是否较大作为区分标准。因此，对于大多数的涉毒行为，我国并不存在“非犯罪化”的空间。现行刑法关于毒品犯罪的法律规定正体现了这一点。面对严峻的治安态势，我们应当加大对毒品走私、贩卖、运输、制造，易制毒物品走私、贩卖，毒品原植物种植、贩卖、运输，麻醉品、精神药品非法提供行为的管控力度，严惩包庇毒品犯罪，窝藏、转移、隐瞒毒品、毒赃的行为，有效震慑毒品犯罪，打压毒品犯罪分子的嚣张气焰，从而维护社会稳定。毒品犯罪中的“轻刑罚化”，我们主张运用在未成年人毒品犯罪案件，严格控制无期徒刑的适用，尽量适用非监禁刑，严格控制资格刑和财产刑。① 以挽救和教育为主，体现社会主义的人文关怀。另外，在毒品犯罪的刑罚适用过程中，可以重视犯罪原因、主体身份等酌定量刑情节的运用，对走私、贩卖、运输、制造毒品罪也应适当区分，重视对死刑适用的限制和落实财产

①高铭暄，彭凤莲．宽严相济的刑事政策与刑罚的完善［J］//赵秉志．和谐社会的刑事法治．北京：中国人民公安大学出版社，2000：673、682.

刑，把宽严相济的刑事政策落实到禁绝毒品犯罪上面。

2. 切实保障犯罪人人权不受侵犯

当今世界，毒品犯罪活动日益猖獗，毒品原材料的非法种植，毒品的加工、制造、走私、贩卖等犯罪活动屡禁不止，如何有效地防范和打击毒品犯罪，增强对毒品犯罪的控制力度，成为各国面临的亟待解决的重大问题。但是，我们不能因为打击犯罪的必要，不分青红皂白就高舞刑罚之剑，对涉毒犯罪行为一律严厉惩治。正像德国学者鲁道夫·冯耶林（R. Von Jhering）所指出的那样："刑罚为两刃之剑，用之不得其当，则国家与个人两受其害。"刑法面临着个人价略论宽缓刑事政策视野下的毒品犯罪值与社会价值的冲突，所以刑法具有双重的目的或者机能即刑法的人权保障机能和刑法的社会保障机能，到底哪种机能更应该处首要地位呢？我们应该认识到在一个法治社会中，刑法的价值构造应该兼顾社会保护和人权保障双重机能，并适当顺应时代潮流的发展，向人权保障机能倾斜，加重刑法的人权蕴涵。① 因此，不能基于重刑主义的立场而随意地扩大犯罪的范围，在打击毒品犯罪的同时也要注重保障人权。讲求禁毒程序的合法化，切实保障毒品犯罪分子应当依法享有的人权不受侵害。

（三）吸毒行为宜继续保持非犯罪化

毒品消费一直以来都是困扰世界各国的痼疾，它不仅吞噬社会财富、残害公民的身心，而且诱发其他恶性犯罪的发生，严重危及国家安全与发展。吸毒行为，通常是指行为人明知是毒品仍然吸食、注射的行为。对吸毒行为的法律控制对遏制毒品犯罪至关重要。1990 年 12 月 28 日第七届全国人大常委会第十七次会议通过的《关于禁毒的决定》的第八条规定：吸毒、注射毒品的，由公安机关处以 15 日以下拘留，可以单处或并处 200 元以下罚款，并没收毒品和

①陈兴良．刑法的价值构造［M］．北京：中国人民大学出版社，1998：251、272.

吸食、注射器皿。吸食、注射毒品成瘾的除进行处罚外已强制戒除后，又吸食、注射毒品的，可以实行劳动教养，并在劳动教养中强制戒除。1997年3月14日通过的《刑法》，在吸收、保留《关于禁毒决定》原有合理性规范的基础上，对毒品犯罪的法条规定作了修改补充，但也未规定吸毒罪。2006年8月22日召开的十届全国人大常委会第二十三次会议上，首次提请审议的《禁毒法》（草案）对吸毒行为仍然维持了《治安管理处罚法》的定性，但对吸毒者设置了自愿戒毒、社会帮教、隔离戒毒、强制性教育矫治戒毒多种措施。可见我国关于吸毒者吸毒行为的立法措施仅局限于行政处罚的范畴，吸毒是否应纳入刑法的调控范围的争论，学界众说纷纭，莫衷一是。

2000年6月国务院发表了《中国的禁毒》，将“四禁”并举，堵源截流，严格执法，标本兼治作为禁毒工作的方针，其中“禁吸”应列“四禁”之首，这种位序上的安排在规范学中有着特殊的意义，从中我们可以领会到禁止吸毒的重要性。吸毒行为带来了诸多的社会问题，但是对于吸毒行为一概承认和实行刑罚并不是理想的选择，我们不赞成采用刑罚的手段来规制非法消费毒品的问题，我们赞同吸毒行为非犯罪化的学说，理由如下：

首先，吸毒入罪不符合司法效益原则。现代法治社会在追求司法公正的同时，必须兼顾司法效益。以云南省为例，1990年云南吸毒人员占全国吸毒人员总数的74%，占全省人口的比例为1.56‰，2005年全省吸毒人员占全国吸毒人员总数的8%，占全省人口的比例为1.58‰，总体上看吸毒人员占全省人口的比例基本持平，但15年来云南人口增加了600余万人，按吸毒人员的显隐比例大略估算，云南全省至少有6万多名吸毒人员。如果把吸毒行为当做犯罪来处理的话，每名吸毒人员就必须经过以下的司法程序：侦查—批准逮捕—逮捕—起诉—执行—监禁，这每一个司法环节都要求巨大的人力、物力、财力作支撑且标本兼治。现代法治社会在追求司法公正的同时，必须兼顾司法效益。

其次，吸毒入罪缺乏法理依据。刑事法律的本质特征是社会危害性，而吸毒人员的吸毒行为危害的仅仅是他本人，并没有直接危害到社会公众的利益。虽然吸毒引发了诸多刑事犯罪，但我们必须清楚：吸毒行为并非它所引发的犯罪事实本身，我们并不能得出吸毒必然引发犯罪的结论。仅因为吸毒者的“身份”就对其施以刑罚，那么，我们这样的做法与西方国家曾经惩治的“流浪罪”在本质上有何区别？“身份”并不是构成犯罪的必然和唯一条件。

再次，刑法谦抑性之要求。刑法的谦抑性，就是立法者和司法者应当尽量以最小的支出，少用甚至不用刑罚（而用其他处罚措施或者措施代替），来获得最大的社会效益并有效地预防和控制犯罪。意大利学者菲利提出的犯罪饱和论就指出：每一个社会都有其应有的犯罪，这些犯罪是由于自然及社会条件引起的，质与量与每一个社会集体的发展相应的。① 那种迷信刑罚威慑力的思想是不可取的。犯罪既是一种个人行为，也体现了一种社会病态，其涉及社会、心理、生理等方方面面的因素，尤其是吸毒行为。因此对犯罪的预防和控制从根本上还是需要社会的综合治理。

最后，吸毒行为入罪不符合宽严相济刑事政策的精神。宽严相济刑事政策就是主张从宽为前导条件的，刑罚只是该政策的最后选择，最后一道“杀手锏”，而不能把刑罚作为“万金油”，凡是感觉管控不住的东西都往刑法里装，却不考虑所带来的消极影响和弊端。刑罚是作为犯罪的对策而出现的，其根本目的就是为了最大限度地预防犯罪。② 对吸毒行为应当重在预防而非惩罚，任意扩大犯罪的范围有悖于现代法治的精神，不利于保障吸毒人员的人权。可见，吸毒行为入罪，不合情、不合理，违背法治精神，还没有可操作性。

社会事物必然遵循有消有长的规律，吸毒行为仍然会在一定的社会历史时期存在，短期内完全禁绝是不太可能的，把其控制在不妨碍社会良性运转的限度内，运用除刑罚之外的调控手段或方式，

①恩里科·菲利．实证派犯罪学［M］．郭建安，译．北京：中国政法大学出版社，1987：43.

②邱兴隆，许章润．刑罚学［M］．北京：中国政法大学出版社，1999：116.

我们的防治成效会更加良好。正如李斯特所说："最好的社会政策是最好的刑事政策。因此，抑制某种行为并非仅凭刑罚的威慑作用就能有效，而是依靠社会的全面发展。刑罚之界限应该是内缩的，而不是扩张的，而刑罚该是国家为达其保护法益与维持法秩序的任务时的最后手段。能够不使用刑罚，而以其他手段亦能达到维持社会共同生活秩序及保护社会与个人法益之目的时，则务必放弃刑罚手段。"① 所以，我们可以坚持以人为本，借鉴国外的保安处分制度，继续完善我们对吸毒者进行社区矫治戒毒的制度，帮助吸毒者重新走向社会，并获得社会认可，在适当的时候以社区矫治戒毒替代劳动教养。

（原载《云南大学学报》（法学版）2008 年第 1 期）

①林山田．刑罚学［M］．台北：台湾商务印书馆，1985：128.

毒品的数量、种类、含量与罪、刑关系研究

马骊华*

摘　要：毒品的数量、种类、含量与罪和刑有着密切的关系。毒品的数量，有时可作为区分罪与非罪的界限，而一般情况下毒品的数量则被看成是决定刑罚轻重的标准；在某些毒品犯罪中，毒品的种类与罪和刑有着直接关系；而毒品的纯度越高，其危害性也就越大。因此，应当对毒品犯罪案件中查获的怀疑是毒品的物品进行定性、定量分析，并就毒品的种类、含量、数量进行鉴定，作出鉴定结论，司法机关应当将这些结论作为定罪量刑的依据。

关键词：毒品数量　种类　含量　犯罪　刑罚　关系

一、毒品数量与罪和刑的关系

毒品数量，是指某一具体毒品犯罪案件涉及的鸦片、海洛因、冰毒、吗啡、大麻、可卡因以及国家规定管制的会使人形成瘾癖的麻醉药品和精神药品的数量，一般以克为单位计算。由于数量具有可计算性，而毒品犯罪的危害性的大小很大程度上取决于毒品数量的多少，因此，世界上许多国家一般都把毒品的数量作为定罪量刑

*马骊华，云南大学法学院副教授，刑法学专业硕士研究生导师，主要从事刑事法的教学与研究。

的主要依据，我国现行《刑法》的规定也说明毒品的数量与定罪量刑有着密切的关系。

(一) 毒品数量与罪的关系

1. 数量的“临界点”——罪与非罪的划分

所谓数量的“临界点”，是构成犯罪的最低数量标准，也是区分罪与非罪的标准之一。我国现行《刑法》第六章第七节就毒品犯罪规定了12个罪名，其中，对非法持有毒品罪，非法种植毒品原植物罪，非法买卖、运输、携带、持有毒品原植物种子、幼苗罪皆规定有毒品数量的限制，即规定了数量的“临界点”或曰“起刑点”。

依据现行《刑法》第三百四十八条的规定：“非法持有鸦片二百克以上不满一千克、海洛因或者甲基苯丙胺十克以上不满五十克或者其他毒品数量较大的，处三年以下有期徒刑、拘役或者管制，并处罚金。”由此我们可以说，“鸦片二百克”、“海洛因或甲基苯丙胺十克”是非法持有毒品罪的“起刑点”，或称罪与非罪的“临界点”。也就是说，当某人非法持有鸦片200克以上（包括200克），或者非法持有海洛因或甲基苯丙胺10克以上（包括10克）时，才有可能构成非法持有毒品罪。同理，依据《刑法》第三百五十一条的规定，“罂粟、大麻五百株”则是非法种植毒品原植物罪的“起刑点”。此外，关于非法买卖、运输、携带、持有毒品原植物种子、幼苗罪，刑法第三百五十二条则没有具体的数量限制，但用“数量较大”作为区分罪与非罪的标准，至于多少是数量较大，刑法并没有作出明确的规定。

2. 如何理解《刑法》第三百四十七条第一款的规定

现行《刑法》第三百四十七条是专为走私、贩卖、运输、制造毒品罪而作的规定，根据该条第一款的规定，走私、贩卖、运输、制造毒品，无论数量多少，都应当追究刑事责任，予以刑事处罚。

新刑法颁行之前，全国人民代表大会常务委员会《关于禁毒的决定》（下文简称《决定》）第二条第三款就规定：“走私、贩卖、运输、制造鸦片不满二百克、海洛因不满十克或者其他少量毒品的，处七年以下有期徒刑、拘役、管制，并处罚金。”这实际上意味着只要是走私、贩卖、运输、制造毒品，无论涉及的毒品数量是多少，行为人都要被追究刑事责任。全国人大常委会法工委负责人当时在答《法制日报》记者问时也强调，“凡是走私、贩卖、运输、制造毒品的，不管数量大小，均是犯罪，应当依法追究刑事责任”。由此看来，新刑法与《决定》就该问题所作的规定是相同的，即对走私、贩卖、运输、制造毒品罪的毒品最低数量标准都未作规定，也就是说，此种犯罪的犯罪数额实际上没有下限，只是现行《刑法》的规定更加明确。之所以如此规定，目的是要坚决严惩毒品犯罪。但《决定》出台后，理论界和司法部门就这一规定持有不同意见，时至今日，人们也未能形成统一认识，司法实践中也无统一的标准。有观点认为，虽然《刑法》规定“无论数量多少，都应当追究刑事责任，予以刑事处罚”，但不是说可以不管情节，一律定罪判刑。如果情节显著轻微，危害不大（如仅制造了20克鸦片），那么，就应该根据《刑法》第十三条的规定，不认为是犯罪，如果犯罪情节轻微不需要判处刑罚，根据第三十七条的规定，可以免予刑事处罚。与此相呼应，有些司法部门在处理这类案件时，也将涉及毒品数量较小的案件作为一般违法案件处理。例如，云南省昆明市根据市人大常委会通过的《昆明市对贩卖少量毒品人员实行劳动教养的规定》的精神，原则上将鸦片20克、海洛因1克作为走私、贩卖、运输、制造毒品罪的“起刑点”，即如果行为人走私、贩卖、运输、制造鸦片未满20克、海洛因未满1克的，不作为犯罪处理，而只是对行为人进行行政处罚——将行为人送劳动教养。另外，还有的司法机关将海洛因10克，作为内部掌握的走私、贩卖、运输、制造毒品罪的立案标准。

对于上述看法和做法，笔者不敢苟同。笔者认为，《刑法》之所以如此规定，即表明了《刑法》将走私、贩卖、运输、制造毒品罪作为刑法的重点打击对象这一立法意图。毫无疑问，《刑法》“总则”对“分则”有着指导意义，但也应看到，既然“分则”有了明确的特别规定，那么就应当依照“分则”的特别规定来处理此类案件，如果仍然用《刑法》第十三条的规定来理解或者涵盖第三百四十七条第一款，那么第三百四十七条第一款将形同虚设，从而也失去了其独立存在的意义；再者，从法律的效力层次上讲，特别规定优先于一般规定是从罗马法时代延续至今且无争议的法律原则，因此适用第三百四十七条第一款的规定在学理上有据可循。此外，有人担心，若严格依照第三百四十七条第一款的规定执行，势必给执行机关造成很大的压力，甚至使监狱“人满为患”。对此笔者也实难苟同。笔者以为，我国的刑罚种类的多样性和刑罚的幅度的相对宽泛足以解决此类问题。例如，对情节显著轻微的犯罪分子，我们可以采用罚金刑，以较高的罚金额使其丧失再从事此类犯罪的经济能力，也可威慑犯罪分子。因此，笔者认为，《刑法》第三百四十七条的规定应理解为：走私、贩卖、运输、制造毒品罪是没有起刑点的，凡是走私、贩卖、运输、制造毒品的，不论数量多少，哪怕是1克，甚至0.1克，都应当定罪量刑，这是处理这类案件的原则。

对于法律条文没有规定“起刑点”，或者虽然规定了“起刑点”，但没有规定严格的刑事责任的实现方式的其他毒品犯罪，在认定罪与非罪的界限时，《刑法》第十三条以及第三十七条的规定就应当被采用。例如，某边民基于传统生活习惯，为了治疗疾病，非法种植了500株罂粟，对此，数量就决不是衡量罪与非罪的唯一标准；又如，判断某人的行为是否构成容留他人吸毒罪，除了考虑犯罪构成理论外，还必须考虑《刑法》“总则”的有关规定。

（二）毒品数量与刑的关系

由于毒品数量与毒品的危害有着直接的关系，毒品数量越多，其危害性也就越大，因此毒品数量一般用来作为决定刑罚轻重的重要标准。

1. 毒品数量与刑罚的幅度

综观我国现行《刑法》的规定，可以说，我国现行《刑法》也是将毒品的数量作为量刑的依据的，具体而言，现行《刑法》将毒品的数量划分为三等，即“毒品数量大”、“毒品数量较大”、“少量毒品”，而这三个等级的具体内容在不同的毒品犯罪中含义不完全相同。例如，在走私、贩卖、运输、制造毒品罪中，“毒品数量大”是指犯罪涉及的毒品，鸦片在1 000克以上，海洛因或者甲基苯丙胺在50克以上或者其他毒品数量大的，依照刑法第三百四十七条第二款第一项的规定，处十五年有期徒刑、无期徒刑或者死刑，并处没收财产。同样在该罪中，如果涉及的毒品，鸦片在200克以上不满1 000克、海洛因或者甲基苯丙胺在10克以上不满50克，这就是“毒品数量较大”，依据现行《刑法》的规定，就可能对当事人判处七年以上的有期徒刑，并处罚金。而当犯罪涉及的毒品，鸦片不满200克、海洛因或者甲基苯丙胺不满10克或者其他少量毒品时，就被视为“少量毒品”，这也就意味着当事人有可能被处以三年以下有期徒刑、拘役或者管制。在非法种植毒品原植物罪中，非法种植罂粟3 000株以上即是“毒品数量大”，可以处五年以上有期徒刑，并处罚金或者没收财产；而罂粟500株以上不满3 000株是“数量较大”（非法种植罂粟500株也是该罪的“起刑点”）。依据《刑法》第三百五十一条第一款第一项的规定，对非法种植罂粟500株以上不满3 000株或者种植其他毒品原植物“数量较大的”，处五年以下有期徒刑、拘役或者管制，并处罚金。当然，除了鸦片、海洛因、甲基苯丙胺、罂粟这些毒品外，刑法并没有就其他毒品的具体数量作出明确的规定，而仅用“数量大”、“数量较大”以及“少量毒品”作原则规定，笔者认为，为了便于理解和操作，最高人民法院有必要就这些用语的具体含义作出明确的解释。

在此还需要说明的是，虽然刑法将毒品数量作为量刑的重要标准，但是数量并不是决定刑罚轻重的唯一标准，除毒品数量外，还需要结合案件的具体情况，考虑犯罪的事实、犯罪的性质、情节以及犯罪分子对社会的危害程度。例如，被告人的年龄、在共同犯罪中的地位、犯罪的动机等都对决定刑罚起着重要作用。另外，从现行《刑法》的规定来看，有些毒品犯罪，如包庇毒品犯罪分子罪，引诱、教唆、欺骗他人吸食、注射毒品罪，容留他人吸毒罪等，并没有把毒品的数量作为量刑的依据。

2. 如何理解《刑法》第三百四十七条第二款的规定

《刑法》第三百四十七条第二款就走私、贩卖、运输、制造毒品数量大的案件的量刑问题作了原则性的规定。在该款规定的五种情形中，除第一种外，其他四种都没有把毒品数量作为确定刑罚轻重的标准。我们认为，这是因为这几种行为同一般的毒品犯罪相比较，其危害性更大，行为人只要实施了这几种行为中的任何一种，都有可能被判处十五年有期徒刑、无期徒刑，甚至死刑。而就第一种情况来看，毒品数量决定着刑罚的幅度，也就是说，如果行为人犯走私、贩卖、运输、制造毒品罪，且涉及的毒品数量大的，就有可能被判处十五年有期徒刑、无期徒刑或者死刑。由于该条规定涉及的刑罚跨度太大——从有期徒刑十五年到死刑，这就给理解和操作带来了不便。例如，有一起运输毒品案件涉及的毒品为海洛因 52 克，那么法院应该在十五年有期徒刑到死刑之间的哪一个“点”上来给犯罪分子确定刑罚？而由于理解的不同，就造成了实践部门操作的不一致，例如，有些地方将死刑的数量标准规定为五十克的两倍，而有些地方则定为三倍，即使同一行政区域内，不同时期的数量标准也不同。因此，笔者认为，为了统一看法和做法，最高人民法院有必要就这一问题作出有权解释，而在最高人民法院的解释还没有出台之前，在适用第三百四十七条第二款第一项时，下面几个方面的问题是我们必须要注意的。

第一，《刑法》第三百四十七条第二款第一项对毒品数量的规定，是决定刑罚轻重的标准，但不是唯一标准，更不是适用死刑的唯一标准，不能唯数量论。由此，对于那些走私、贩卖、运输、制造毒品刚好达到鸦片 1 000 克、海洛因或甲基苯丙胺 50 克，或者稍稍超过这一标准，但不具有其他法定或酌定的从重处罚情节的犯罪分子，应判处十五年有期徒刑，而不宜判处无期徒刑，更不能判处死刑。

第二，判处死刑的标准问题。在依据三百四十七条第二款第一项对犯罪分子决定是否处以死刑时，还必须结合刑法第四十四条的规定综合考虑，即“死刑只适用于罪行极其严重的犯罪分子”，因此，在对毒品犯罪分子决定是否适用死刑时，应综合考虑全案情节，并坚持“该处死刑的坚决判处，可杀可不杀的坚决不杀”的原则。

由于毒品的数量越多其社会危害性也越大，因此，对于那些走私、贩卖、运输、制造毒品数量巨大的犯罪分子，也可以判处死刑。而何谓数量巨大，各地司法机关的理解不一致，大体看来，有“东低西高”之别，即东部和中部地区据以判处死刑的毒品的数量标准低于西部和南部地区，例如，在被称为“毒品重灾区”的云南省，对犯罪分子判处死刑的执行标准明显高于全国其他地区。当然，对于那些毒品数量虽然巨大，但具有下列法定或酌定从轻处罚情节的，一般也不判处死刑立即执行，而应判处死缓或者无期徒刑：（1）自首、立功；（2）偶犯、从犯；（3）坦白交代、认罪态度好；（4）具有其他法定、酌定从轻处罚情节。

二、毒品的种类与刑罚的适用

依据我国现行法律、法规及政策的规定，毒品是指国家规定管制的能够使人形成瘾癖的麻醉药品和精神药品，从目前的规定来看，其范围是相当广泛的，可现行《刑法》明确列出的只有鸦片、海洛因、甲基苯丙胺（冰毒）、吗啡、大麻、可卡因等少量的几种。然而，从目前的实际情况来看，毒品犯罪所涉及的毒品种类已经远远超出了这几种，但由于法律没有作出明确规定，因此给理解和操作带来了诸多不便。

（一）毒品的种类是确定刑罚种类的依据

鉴于毒品类型不同给人造成的危害程度的差异，目前世界上的许多国家在刑事立法时，大都对毒品进行了类别划分，并规定了与之相适应的刑罚种类或不同的量刑幅度。例如，1970 年制定，经 1976 年修正的美国的《全面预防和控制滥用毒品法》将毒品分为五类：第一类为极易被滥用且有极大危险性，医学上也不用的毒品，如海洛因；第二类包括极易被滥用但医学上有用处的药品，如鸦片等；第三类包括第一、二类不易被滥用，在医学上有用的药品，如安非他明等；第四类是指易被滥用的可能性较第三类更小，滥用后导致有限的药物依赖，医学上有用的药品，如巴比妥、苯巴比妥；第五类是指那些与第四类药物相比更小可能被滥用，人体对之产生较有限依赖性的药物，如每 100 毫升中含 200 毫克可待因的药物。根据上述划分，该法针对涉及不同种类毒品的犯罪规定了不同的刑罚幅度及罚金数额。例如，非法制造、分发、提供违禁药品或非法持有意欲制造、分发、提供的违禁药品的，如果属于第一、二类，处十五年以下监禁，并处或单处 2.5 万美元的罚金；如果属于第三类，处五年以下监禁，并处或单处 1.5 万美元罚金；如属第四类，则处三年以下监禁，并处或单处 1 万美元罚金；如属第五类，处一年以下监禁，并处或单处 5 000 美元罚金。①

1976 年制定，经 1979 和 1985 年两次修正的泰国《麻醉品法》也是依据毒品的危险程度将其分为五类，其中：一类为海洛因；二类为吗啡、可卡因、可待因、鸦片等；三类是指含有二类毒品成分的麻醉品；四类是指制造一、二类毒品的化学品；五类是指包括大麻在内的上述四类毒品中未能包容的其他麻醉品。在上述分类的基础上，该法对于涉及不同种类毒品的同种犯罪行为规定了轻重不一的刑罚，处罚依据即是不同种类的毒品在同种行为中所带来的危害程度不同，如非法生产、制造、合成第一类毒品，即海洛因的，处无期徒刑；以贩卖为目的的，处死刑；相同行为属第二类麻醉品的，处二十年以下监禁，并处 20 万～50 万铢罚金；属第三类麻醉品的，处三年以下监禁，并处 3 万铢罚金；属第四类麻醉品的，处一年以上十年以下监禁，并处 1 万～10 万铢罚金；属第五类麻醉品的（不

①邱创教．毒品犯罪惩治与防范全书［M］．北京：中国法制出版社，1998：462－463.

含罂粟），处两年以上十五年以下监禁，并处2万~15万铢罚金。此外，泰国的《精神药品法》也对精神药品进行了分类。[①]

英国的《滥用毒品法》则将毒品分为甲类硬毒品和乙、丙类软毒品，对涉及不同毒品的同类毒品犯罪行为，处刑存在相当大的差异，例如，同样是制造毒品的公诉案件，如果制造的是丙类毒品，判处五年监禁，但如果制造的是甲类毒品，那么将被判处终身监禁。另外，将毒品分为烈性和软性毒品，并对涉及它们的相同的犯罪行为判处不同的刑罚，这是意大利根据其1975年颁行的《第685号法律》采取的做法。[②] 从上述分析我们可以看出，世界上的许多国家都把毒品的类型作为对同一犯罪行为处以不同刑罚的依据。

从我国现行《刑法》来看，虽然《刑法》只是用列举的方式界定了毒品的范围，而没有对毒品进行具体的分类，但透过条文规定，我们有理由认为，现行《刑法》不仅在确定某种行为是否构成犯罪时考虑了毒品的种类，在对毒品犯罪规定法定刑时，更是考虑了不同种类的毒品对人体危害程度的差异。例如，依据《刑法》第三百四十八条的规定，在构成非法持有毒品罪的数量上，法律对鸦片和对海洛因的要求是不一样的，即非法持有海洛因10克，就有可能构成非法持有毒品罪，而非法持有鸦片10克是不可能构成该罪的。同样依据该条的规定，对非法持有毒品罪的处罚，若涉及的毒品种类不同，那么最终所承受的刑罚是不同的，假如行为人非法持有的毒品是250克鸦片，那么该罪犯受到的惩罚将会是三年以下的有期徒刑、拘役或管制，如果情节严重的，也只会在三年到七年的有期徒刑之间确定一个刑期；但如果行为人非法持有的毒品是250克海洛因，那么，他将有可能被判处七年以上的有期徒刑或者无期徒刑。由此我们说，毒品的种类与刑罚的幅度是密切相关的。

---

①赵秉志．现代世界毒品犯罪及其惩治［M］．北京：中国人民公安大学出版社，1997：156－158.

②邱创教．毒品犯罪惩治与防范全书［M］．北京：中国法制出版社，1998：470－481.

（二）不同种类的毒品应当在数量上进行折算

毒品的种类与刑罚的幅度是密切相关的，而我国现行《刑法》却仅只针对鸦片和海洛因以及甲基苯丙胺规定了不同的刑罚，依据规定，我们可以推算出它们之间的数量转换关系，即海洛因和甲基苯丙胺之比为1∶1，海洛因与鸦片之比为1∶20，也就是说，从毒品对人体的危害程度来看，1克海洛因相当于1克甲基苯丙胺，而1克海洛因却相当于20克鸦片，由此，在处理毒品犯罪案件时，我们就可以把不同的毒品依此比例进行折算，即要么把它们折算成鸦片，要么把它们折算成海洛因，然后再依据法律的规定定罪量刑。但正如前述，毒品犯罪案件是错综复杂的，毒品的种类也不止刑法规定中列出的几种，当案件涉及的毒品的范围超出了刑法的规定，比如贩卖的毒品是杜冷丁或安非他明，或者犯罪嫌疑人运输的毒品既有海洛因，还有黄皮和罂粟子，在这种情形之下，如何定罪量刑就没有了法律依据。

从世界范围来看，国际上通常依据毒品的构成、毒性以及对人体的危害程度，将不同的毒品在数量上予以换算。通行的换算公式为①：

1克海洛因＝2克吗啡＝20克鸦片＝5克可卡因盐＝0.05克可卡因碱＝5克安非他明＝20克杜冷丁＝1 000克大麻＝1克苯环派定（致幻剂）＝10克麦角先二乙胺（致幻剂）

从我国目前的司法实践来看，司法机关在处理大量的毒品案件时，已经参考了上述换算比例。例如，云南省高级人民法院在给临沧市中院及全省中级法院的《关于走私、贩卖、运输黄皮的毒品犯罪同走私、贩卖、运输鸦片的毒品犯罪不应适用同一量刑标准的批复》中就指出，黄皮属于精制毒品，其危害性远远大于鸦片，并认为鸦片同黄皮的折算比例为10∶1，吗啡、海洛因同黄皮的折算比例

①赵长青，苏智良．禁毒全书［M］．北京：中国民主法制出版社，1998：1825.

为1∶5。而在给大理州中院的《关于对咖啡因毒品案件量刑问题的答复》中，走私、贩卖、运输咖啡因500克至5 000克为少量，应按《刑法》第三百四十七条第四款的规定处罚，由此可以说，鸦片同咖啡因的折算比例是1∶2.5，而海洛因同咖啡因的折算比例是1∶50。除云南省外，全国各省也都根据本省的情况，制定了有关的规定。例如，福建省高级人民法院于1996年7月18日会同省检察院、公安厅制定了《关于办理去氧麻黄碱等七种毒品案件适用法律问题的若干意见》，依照该意见，走私、贩卖、运输大麻烟4万克以上，大麻脂4 000克以上，大麻油1 000克以上，盐酸二氢埃托啡1 000克以上，哌替啶2 000支以上，咖啡因200千克以上，安钠咖5万支以上，罂粟壳（子）200千克以上，为“数量大”；四川省针对本省一段时间以来涉及罂粟壳（子）、杜冷丁、盐酸二氢埃托啡等毒品的犯罪较为严重的情况，先后由省法院以及公、检、法三家，颁行了《关于办理非法贩卖、运输、制造、持有、提供盐酸二氢埃托啡毒品案件适用法律问题的意见（试行）》以及《关于办理零星贩卖和非法贩卖、运输罂粟壳（子），贩卖杜冷丁案件的意见》，这些地方性的规范性意见，对办理此类案件起到了相当大的指导作用。

虽然各地都在上述地方性法规的指导下取得了一些成绩、积累了一些经验，但是由于地域性太强，故不利于推广，而且容易导致同一案件若由不同的法院来处理，将会出现不同结果的执法不一的不良情况。因此，笔者认为，最高人民法院有必要就不同毒品之间的折算比例作出明确规定，以求全国统一执法。

三、毒品的定性、定量分析与罪和刑的关系

此处的“毒品的定性分析”，是指对侦查机关查获的怀疑是毒品的物品进行检验和鉴定，以确定其是否是毒品以及属于哪一类毒品。“毒品的定量分析”，则是指在通过定性分析，确定了被检物品确属某一类毒品的基础上，进而对其所含的有效成分所进行的分析鉴定。

（一）定性分析与罪和刑的关系

只有涉及的物品被检验鉴定为毒品，才有追究当事人的刑事责

任的事实依据，也才能用相关的法律来评判当事人的行为。为此，对毒品的定性分析，起着决定罪与非罪、此罪与彼罪的作用。

从实践部门的信息证实，实践部门查获的毒品的种类是很多的，其形状也很复杂，仅凭肉眼、嗅觉或者经验是很难判断其属性的，我们更不能仅凭当事人的交代或供述就对查获物的性质作出草率判断。毒品性质的鉴定结论是毒品犯罪案件的主要证据，因此，凡是查获的毒品都必须送鉴定机关进行科学检验，作出鉴定结论。

经过定性分析，如果被检物品不是毒品，那就需要查明行为人的主观故意内容，并据此来认定案件的性质。如果行为人无毒品犯罪的故意，而实施的行为针对的对象也并非毒品，那么，行为人的行为不构成犯罪；如果行为人以骗取钱物为目的，制造假毒品出售或明知是假毒品而冒充真毒品诱骗他人上当购买，由于其主观上具有诈骗的故意，客观上又实施了骗取他人财物的行为，因此，若达到追究诈骗数额标准的，对行为人应以诈骗罪论处；如果行为人主观上有毒品犯罪的故意和目的，只是由于认识上的错误，不知是假毒品而将其当成真毒品进行走私、贩卖、运输的，仍然破坏了国家对毒品的管制，侵害了社会管理秩序，应当以走私、贩卖、运输毒品犯罪（未遂）对行为人进行追究。上述认识和做法，与最高人民法院和最高人民检察院的有关解释也是一致的。最高人民法院曾在《关于执行〈全国人民代表大会常务委员会关于禁毒的决定〉的若干问题的解释》第十七条中对以假毒品进行的犯罪的性质作出了明确的规定，即明知是假毒品而冒充毒品进行贩卖的，以诈骗罪定罪处罚；不知道是假毒品而当做毒品走私、贩卖、运输、窝藏的，应当以走私、贩卖、运输、窝藏毒品犯罪（未遂）定罪处罚。最高人民检察院在1991年4月2日给甘肃省人民检察院的《关于贩卖假毒品案件如何定性问题的批复》与最高人民法院的这个解释也是吻合的。1990年5月发生在云南省昆明市的张某等人贩卖假毒品案，司法机关就是依照上述理论和解释来进行审理的：张某携带795克头痛粉到昆明冒充海洛因，随后，张某找到王某，叫其帮助贩卖“海洛因”，王某从张某处拿走175克假毒品，贩卖时被抓获；同时，张某又找李某帮助其贩卖“海洛因”，张、李二犯携带620克假毒品准备贩卖时被查获。此案中，张某明知所贩“毒品”是头痛粉，但却对王、李说是海洛因，且王、李二人也始终认为帮助张某贩卖的是真毒品海洛因，故张某的行为构成诈骗罪（未遂），王、李二人的行为构成贩卖毒品罪（未遂）。①

经过定性分析，我们还能确定毒品的种类。如前所述，毒品的种类不同，对人体的损害大小不同，其社会危害性也就存在差异。因此，现行《刑法》在规定毒品犯罪的“起刑点”时，对不同的毒品种类提出了不同的数量要求，同时，在数个条文中根据毒品数量而规定了轻重不一的法定刑幅度，而在同一法定刑幅度内，毒品种类不同，刑法所要求的数量也有较大的差异。例如，依据《刑法》第三百四十八条的规定，构成非法持有毒品罪，若是鸦片，必须非法持有200克以上才能定罪，而海洛因，则只要非法持有10克以上即能定罪。可见，毒品的种类有时是决定罪与非罪的界限。再如，在《刑法》第三百四十七条第三款所规定的七年以上有期徒刑，并处罚金这一法定刑幅度内，走私、贩卖、运输、制造鸦片200克以上不满1 000克，海洛因或者甲基苯丙胺10克以上不满50克，这就意味着我们要对某一毒品犯罪适用刑罚，选择合适的法定刑幅度时，就必须首先要查明毒品的类型。

从上面的分析我们可以得出这样一个结论，即：对毒品犯罪案件所涉及的“毒品”进行定性分析，既是认定犯罪嫌疑人是否有罪的重要前提，也是区分此罪与彼罪的依据，更是准确适用刑罚的基础。

（二）定量分析与罪和刑的关系

定量分析，是指对某一具体毒品所含的有效成分进行检验鉴定，由于毒品的纯度越高其危害性越大，因此，笔者认为，对毒品的定

---

①邹伟．毒品犯罪的惩治与防范［M］．北京：西苑出版社，1999：225－228.

量分析是正确适用刑罚的前提之一。

关于是否对某种毒品所含的有效成分，也即毒品的纯度进行定量分析，并按一定纯度进行折算，在刑法理论界和司法实践部门一直存在争议。有人认为，只要明确是何种毒品，就可以以实际缴获的毒品数量定罪量刑，无需鉴定毒品的纯度，并按其纯度折算和考虑；也有人主张对查获的毒品必须进行纯度鉴定，并建议最高司法机关规定一个相对纯度标准值，而所谓的相对纯度标准值，是指某一毒品的生物碱达到一定的比例，就不需折算，达不到这一比例，就需按规定折算。《全国人民代表大会常务委员会关于禁毒的决定》（下文简称《决定》）颁布施行后，上述争议更加激烈。为此，最高人民法院在1991年1月3日《关于严格执行〈全国人民代表大会常务委员会关于禁毒的决定〉严惩毒品犯罪分子的通知》（下文简称《通知》）中要求，“审理毒品案件，必须做到基本事实清楚，基本证据确实、充分，并注意认真审查各种毒品的定性、定量的鉴定结论，切实保证办案质量”，此后，在1994年12月20日《关于适用〈全国人民代表大会常务委员会关于禁毒的决定〉的若干问题的解释》（下文简称《解释》）第十九条中，上述《通知》的精神被具体化了，依据第十九条的规定，对毒品犯罪案件中查获的毒品，应当鉴定，并作出鉴定结论，对被告人可能被判处死刑的案件，必须对查获的毒品做定性、定量鉴定；海洛因的含量在25%以上的，可视为《决定》和该《解释》中所指的海洛因，含量不够25%的，应当折合成含量为25%的海洛因计算数量。《解释》的出台，统一了司法机关对定量分析的认识。但是，1997年《刑法》颁布实施后，《解释》因与现行《刑法》第三百五十七条第二款的规定相抵触而自行废止。

现行《刑法》第三百五十七条第二款规定，“毒品数量以查证属实的走私、贩卖、运输、制造、非法持有毒品的数量计算，不以纯度折算”，这就表明，被查获的毒品的实际数量是具体适用法律条款的依据，虽然毒品中掺有非毒品物质，但不作提纯折算。此规定，表明了我国更加严厉打击毒品犯罪活动的决心和立场，也与只要检出毒品成分即可治罪的国际通行办法相一致。但是，对这一规定，我们必须作正确的理解和掌握。

首先，毒品的纯度与定罪无关，也就是说，只要有查获的毒品，且查获的毒品数量达到法律规定的“起刑点”，那么，就可以认定行为人构成毒品犯罪，哪怕被查获的毒品的有效成分很低。例如，鸦片含量仅为0.01%～0.1%，我们同样可以认定行为人的行为构成了毒品犯罪。北京市某法院审理的李某贩卖掺假毒品案即是一典型案件。被告人李某从他人处购得鸦片膏700克，为增加数量多卖钱，李某又在鸦片膏中掺入300克面粉，李某携掺假鸦片1 000克贩卖时被查获，经有关部门检验，“送检物中含有微量鸦片，多数为掺假物”，而“微量”是指“被测物质组合的百分含量在0.01%～0.1%之内”。此案中，虽然鸦片的含量极低，但笔者认为，只要是毒品，就必然会损害他人的身体健康，李某明知是毒品而贩卖，其行为已触犯《刑法》的规定，构成贩卖毒品罪。①

其次，毒品的纯度虽与定罪无关，但应当将其作为决定刑罚轻重的依据之一。我们一直都强调，毒品的含量和纯度不同，其对人体的损害和对社会的危害程度也就存在差异，而且任何事物都是质和量的统一，要保持特定的质，就必须有量的规定。不论从哪个角度来分析，我们都不得不承认，含量为25%以上的海洛因的危害程度远远大于含量极低（比如0.1%）的海洛因，因此，毒品的纯度从这一角度来看也就代表着其社会危害程度的高低。《刑法》第六十一条是司法机关正确量刑的准则，依据该条的规定，对犯罪分子决定刑罚的时候，应当根据犯罪事实，犯罪的性质、情节和对社会的危害程度，依照《刑法》的有关规定判处。因此，在对毒品犯罪分子量刑时，就不能不考虑毒品含量大小所造成的不同的社会危害程度，从而对不同危害程度的案件在量刑时有所区别。例如，在几起

①邹伟．毒品犯罪的惩治与防范［M］．北京：西苑出版社，1999：221－225.

毒品犯罪案件中，毒品的种类相同，数量也相同，但含量不同，在这种情形下，毒品的含量就应当成为区别量刑的重要情节，相同的毒品数量和种类，决定了这几起毒品犯罪案件将在同一幅度内确定法定刑，而不同的含量则决定这几起毒品犯罪案件在同一幅度内判处的刑罚轻重的不同。仍以前面提到的李某贩卖掺假毒品案为例，正如前述，李某的行为构成贩卖毒品罪已不容置疑，但如何在法律规定的“十五年有期徒刑、无期徒刑或者死刑，并处没收财产”这一幅度内，确定一个恰当的法定刑，就必须把毒品的定量分析结论作为量刑的依据。只有这样，才能避免罚不当罪的情形出现。

（原载于《云南大学学报》（法学版）2002 年第 4 期）

武装掩护走私、贩卖、运输、制造毒品的认定

董晓松*

摘　要： 武装掩护中的“武装”应该作适当的扩张解释以应对变动中的社会生活；武装“掩护”行为需要现实化，仅仅携带武器不宜认定为武装掩护行为；武装掩护的侵害对象应当限定为执法人员或社会公众，犯罪人之间“黑吃黑”等火拼行为应以造成之实害结果给予相应的刑法评价；对于武装掩护未遂的，应当适用走私、贩卖、运输、制造毒品加重处罚的规定，同时适用刑法关于未遂犯的从轻、减轻规定。

关键词： 走私、贩卖、运输、制造毒品　武装掩护　刑事责任

《刑法》第一百五十七条第一款规定：“武装掩护走私的，依照本法第一百五十一条第一款、第四款的规定从重处罚。”根据这一规定，无论武装掩护走私何种货物、物品，均应以《刑法》第一百五十一条第一款、第四款的规定从重处罚。值得注意的是，刑法学界关于“武装掩护”的所有论述均是围绕走私犯罪展开的。个案研究固然可以提供非常具有可操作性的结果，但却无法说明其普遍性。纵观刑法分则会发现，“武装掩护”不仅作为走私犯罪的从重处罚事由而存在，根据《刑法》第三百四十七条第二款第五项规定，武装

*董晓松，法学博士，云南大学法学院讲师。

掩护走私、贩卖、运输、制造毒品的，处十五年有期徒刑、无期徒刑或者死刑，并处没收财产。据此，“武装掩护”还是走私、贩卖、运输、制造毒品犯罪的加重处罚情节。

正确理解刑法中的“武装掩护”的含义，对司法实践中准确认定走私、毒品犯罪和恰当量刑具有重要的意义。以往刑法理论涉及“武装掩护”的有限讨论也是侧重围绕走私犯罪予以展开，这种就事论事的讨论必然在方法论上有所欠缺。尽管刑法学界关于何谓“武装掩护”似乎已有定论，但本文的论述将表明，司法裁判中关于如何理解“武装掩护”呈现出严重的“实践”自发反对“理论”的现象，“理论”与“实践”之间巨大的背离使得汗牛充栋的学术著作不是被用来装潢门面，就是被束之高阁。纷繁复杂的犯罪事实迫使我们必须对刑法中的“武装掩护”作出新的解释。

一、“武装”的刑法含义考量

鉴于刑法学界对关于“武装掩护”的有限探讨均来自对“武装掩护走私”的论述，因此，欲探讨武装掩护走私、贩卖、运输、制造毒品中的“武装”的刑法含义，有必要了解学界对刑法著述中的“武装掩护走私”的观点。第一种观点认为，武装掩护走私，是指走私分子或其雇佣人员携带武器用以保护走私活动的行为，是否使用武器，不影响武装掩护走私的成立。[①] 第二种观点认为，武装掩护走私的，即以武器装备或者武装力量，采取警戒、钳制、压制等手段保障走私活动安全的。[②] 第三种观点认为，武装掩护走私，是指罪犯在走私犯罪活动过程中，自己携带枪支弹药或者雇佣武装人员进行押送、掩护、警戒等，随时准备与国家执法机关和执法人员进行武

①高铭暄，马克昌．刑法学：第四版［M］．北京：北京大学出版社，高等教育出版社，2010：429.

②曲新久．刑法学：第二版［M］．北京：中国政法大学出版社，2008：302.

力对抗的行为。[①] 第四种观点认为，武装掩护走私是指行为人携带武器进行走私，保护、运送、掩护走私行为、走私分子、走私物品的行为。[②]

根据《现代汉语词典》，“武装”的字面含义一是指军事装备，二是指用武器装备起来的队伍。归纳前述刑法学界关于武装掩护具有代表性的观点，大多认为这里的武装不仅包括武器装备，还包括武装力量。至于武器装备的刑法含义应如何界定尚无人论及，本文认为，武器装备不宜完全局限于“武装”的字面含义即军事装备，而应在未超出刑法用语可能具有的含义内作适度的扩大解释，其具体范围应当包括但并不限于枪、炮、手榴弹、炸弹、地雷等具有较大杀伤力的武器，但不应将生活中使用的刀、棍等视为武器装备。司法实践表明，对武装不宜作封闭性的界定，而应根据社会生活的发展变动，依据案件的具体情况来具体分析，只要在刑法文义的“射程”之内即可。例如，“枪”的范围，一般适用《中华人民共和国枪支管理法》的规定，该法第四十六条规定：“本法所称枪支，是指以火药或压缩气体为动力，利用管状器具发射金属弹丸或者其他物质，足以致人死亡或丧失知觉的各种枪支。”主要包括军用枪支、猎枪、射击运动用的枪支、具有较大杀伤力的麻醉枪等。据此，行为人实施犯罪时如果使用的是玩具枪支，因不具有致人伤亡或丧失知觉的危险性，因而不能认定为刑法意义上的“武装掩护”。需要研究的是仿真枪，如私人非法制造的能发射金属弹丸、具有杀伤力的枪支是否属于刑法意义上的武器装备。本文认为，对此应当以客观主义为基准，只要仿真枪具有足以致人伤亡或者丧失知觉的危险性，就应当视为刑法中的武器装备。

除武器装备以外，武装还包括武装力量。例如，犯罪分子动用

①熊选国，任卫华．刑法罪名适用指南——走私罪［M］．北京：中国人民公安大学，2007：9.

②赵秉志．中国刑法案例与学理研究——破坏社会主义经济秩序罪：上［M］．北京：法律出版社，2001：133.

国家武装力量，派军队押送毒品犯罪活动，派部队对犯罪活动进行警戒，即把毒品犯罪活动蒙上军事活动的合法外衣的，就属于动用武装力量进行“武装掩护”。动用武装力量进行毒品犯罪活动的，由于其组织化程度高，一般不宜对使用武器的性质、数量等进行限制。例如，行为人组织较多人，其中不乏退伍军人等使用刀、棍掩护毒品犯罪活动的，由于其组织化程度较高，同样应视为刑法中的“武装”。总之，对于武装力量的认定，应当综合考虑人员数量、武器性质和组织程度等多方面因素来认定。

二、“掩护”行为的司法认定

在传统教科书中关于武装掩护走私的有限界定中，几乎没有任何争议地认为仅携带武器的行为即为武装掩护，无论行为人是否实际使用武器，都不影响武装掩护走私的成立。尽管此种论述只见于走私犯罪的相关著述中，但在毒品犯罪的司法裁判中同样以“理论授权”的方式予以适用。以往司法裁判中甚至在查获毒品犯罪中，对在后备箱中发现枪支等武器时，均认定为武装掩护，并以相关毒品犯罪的加重犯定罪量刑。在解释论上，藏在后备箱中的武器仍属于刑法理论中的“携带武器”，因而将这种情况认定为武装掩护毒品犯罪似乎并不存在什么疑问。但越来越多的司法裁判现在则更倾向于将只有随身携带枪支的行为定性为武装掩护，在后备箱中发现枪支的则以相关毒品犯罪和非法持有枪支罪作并罚处理。这说明，司法裁判者已经意识到以往裁判对刑法正义理念有所违背，开始有意识地在不违反“理论”的前提下，审慎地对武装掩护作出限制解释。

“刑法学是最精确的科学”，这要求在刑法解释论上必须更加精致、缜密和精确，才能满足司法实践的需求。仅仅携带武器的行为究竟能否一概认定为武装掩护，对此，本文持否定态度。武装掩护行为应以使用或者显示为必要，简言之，武装掩护行为必须现实化。

第一，携带武器是实施武装掩护行为的前提，确切地说是为了实施武装掩护行为准备工具、制造条件的行为，而不是武装掩护行为本身。由于刑法规范具有保障一般人的预测可能性的机能，所以，对刑法用语的解释应尽可能采用一般人能够接受的解释结论；换言之，对于刑法用语不能完全脱离其普通含义进行解释，而应尽可能按照其在日常生活中的普通含义进行解释。就如同持枪抢劫中，仅携带枪支而未使用不能被评价为持枪抢劫一样。从法条的协调性出发，在认定武装掩护时，不可能不考虑武装掩护和持枪抢劫等法条之间的协调关系。既然立法机关将武装掩护和持枪抢劫配置了相同或相近的法定刑，那么，必然要求二者在法益的侵害程度上大体具有相当性或相似性。立法机关将武装掩护行为规定为法定刑升格类型，说明立法机关重视的是行为本身的危险性。因此，掩护行为必须是具有一定危险性的行为，并且其危险性必须达到一定程度。将携带武器的行为认定为武装掩护显然与罪刑相适应原则有所违背。

第二，或许有人以《刑法》第二百六十七条第二款规定，携带凶器抢夺的，依照抢劫罪规定定罪处罚，作为依据证明携带武器即为武装掩护行为的合理性，但这种理由难以成立。这是因为《刑法》第二百六十七条第二款之规定属于法律拟制的典型事例。区分注意规定与法律拟制的意义在于，注意规定的内容属“理所当然”，因而可以“推而广之”；而法律拟制的内容并非“理所当然”，只是立法者基于特别理由才将并不符合某种规定的情形（行为）赋予该规定的法律效果，因而对法律拟制的内容不能“推而广之”。[1] 正因为是法律拟制，在司法实践中认定“携带凶器抢夺”才得以按照拟制规定所使用的用语的客观含义进行解释（即不要求使用与显示凶器）。且需要引起注意的是，携带凶器抢夺即便是认定为抢劫罪也仅成立抢劫罪的基本犯，而将携带武器的行为认定为武装掩护行为，并以相关毒品犯罪的从重、加重情节加以处断，在直接关系犯罪人生杀予夺的问题上以“理论拟制”的方式加以授权缺乏法律支撑，亦无

①张明楷．刑法分则的解释原理［M］．北京：中国人民公安大学出版社，2004：258.

法实现刑罚的正当性。

第三，将仅携带武器的行为评价为武装掩护，有固守先前理解之嫌。众所周知，在传统的武侠小说中，经常会出现镖局或军队携刀佩剑押运贵重物品的情况，即便现在，也经常遇到军警全副武装运送物资的场合。将上述携带武器的行为评价为武装掩护似乎是当然的结论。基于同样的道理，在走私、毒品犯罪中携带武器的亦应视为武装掩护。这种思维的致命错误在于，二者黑白分明，性质迥异，前述押运行为是合法行为，押运人通常以显露的方式携带刀剑等武器，这种行为具有以警戒、钳制、压制等手段保障押运行为的性质，当然可以评价为武装掩护行为。而走私、毒品犯罪是具有严重社会危害性的行为，行为人即便是携带武器通常也不会显露，当然谈不上采取警戒、钳制、压制等手段保障走私、毒品犯罪顺利进行，因而无法给予武装掩护的刑法评价。换言之，假如行为人以显露的方式携带武器进行毒品犯罪，即可以认为其采取警戒、钳制、压制等手段保障走私、毒品犯罪顺利进行，进而给予成立武装掩护的刑法评价，但这种情况只是从逻辑上可能，现实中也许根本不会发生这种情况。综上可见，将携带武器即视为武装掩护行为，或许符合一般人的观念，但并不符合客观事实，且违背刑法的基本原理，因而不妥当。

第四，将仅仅携带武器的行为评价为武装掩护会发生与责任主义有所违背的情况。在考察行为是否成立“武装掩护”时，必须以主客观相结合的原则来予以认定。对于司法实践中出现的行为人受雇佣进行毒品犯罪活动，但不知他人委托其携带的物品中藏有枪支；或者行为人虽然随身携带武器装备，但不是为了掩护毒品犯罪，而是要将其走私出境或进行贩卖的，且案发时枪支与子弹处于分离包装状态并尚未使用的。在上述场合如行为人确有证据证明、在逻辑上也可以解释其携带并且尚未使用的武器并不是为毒品犯罪准备的，显然不应当认定为武装掩护。

更重要的原因在于，司法实践表明，行为人实施毒品犯罪时，一般都是确信万无一失才会进行毒品交易，即便携带武器大多也是预防“黑吃黑”的情形出现，犯罪分子在遇到侦查、缉毒检查时，公然持武器进行抵抗的情形比较鲜见，更多的是出于各种功利的考虑选择束手就擒，根本不会想到使用武器进行公然抵抗。对于此种有其举手投降的行为、犯罪人供述等证据证明其携带武器确实不是为抗拒执法活动的情况，如果一概以武装掩护定性，显然是无视行为人主观方面的表现，有司法专断之嫌。

第五，如果一概将仅仅携带武器的行为评价为武装掩护，表面上有利于一般预防，但实际上反而不利于保护执法活动。因为对是否使用武器给予相同的刑法评价，反而存在导致行为人想方设法拼死一搏，造成更为严重法益侵害的危险。与此相联系，如果说武装掩护只是意味着未使用武器甚至携带武器即可，那么，对于在犯罪过程中主动放弃使用武器的也必须适用法定刑升格条件。这既不符合罪刑相适应的原则，也不利于鼓励行为人中止犯罪，因而不利于保护执法人员的执法活动顺利进行。

三、武装掩护的行为对象

武装掩护的行为对象通常是人，在特定情况下也包括物。例如，行为人为求脱身，以使用爆炸物造成财产重大损害的办法掩护毒品犯罪的，就属于这种情况。需要研究的问题是，作为武装掩护的行为对象的人的范围是否应该作限制解释，这里的人是否包括毒品犯罪的同案犯和毒品犯罪中的“黑吃黑”情形。对于这一问题，刑法学界尚无人论及，但司法实践迫使我们对此作出回应。本文认为，武装掩护的行为对象首先是指负责侦查活动的执法人员，同时也包括毒品犯罪分子为了免受逮捕，击中的没有预料到的社会公众，但不包括毒品犯罪的同案犯或者毒品犯罪中犯罪人之间“黑吃黑”等参与火拼的人员。如果是毒品犯罪分子“武装掩护”造成其他参与犯罪人员死伤的，应该根据其主观心理状态的不同，分别定故意杀人罪、故意伤害罪或过失致人死罪等罪，然后与所实施的相关毒品犯罪作并罚处理。

或许有人认为，毒品犯罪分子“武装掩护”造成毒品犯罪的同案犯和毒品犯罪的其他犯罪参与人的生命、健康法益受到侵害的，同样应当以武装掩护定性，但这种理由难以成立。这是因为，刑法的目的是保护法益，分则的具体罪刑规范都是为了保护特定的法益，所以，应当从是否加重、增加法益侵害来限定法定刑升格情节的范围。立法机关将武装掩护行为规定为法定刑升格类型，说明立法机关重视的是武装掩护行为本身给侦查等执法活动造成的危险性。至于武装掩护行为对象是针对执法人员还是社会公众，其实质并无多大的差别，更何况根据我国刑事诉讼法的相关规定，社会公众也具有抓捕、扭送犯罪分子的权利，没有理由区别对待，但这种情况显然与毒品犯罪分子的同案犯和毒品犯罪的其他参与人之间的“火拼”性质迥然有别。换言之，在这种场合，只是在表面上增加了法益侵害，但所增加的法益并不是罪刑规范所阻止的现象，因此不能视为法定刑的升格条件。

此外，从刑法分则条文之间的协调关系出发，也不能认为武装掩护包括上述“黑吃黑”等其他犯罪参与人。在刑法分则所涉及的相当多的具体犯罪中都存在“黑吃黑”的情况，没有理由认为刑事立法只对毒品犯罪中的其他犯罪参与人给予特殊保护。如违背体系解释方法，对该规定进行孤立的解释，必然造成与其他刑法条文之间的不协调乃至相互矛盾，违反罪刑均衡原则，甚至有损刑法的正义性。因此，刑事法官应当发挥必要的能动性，不单纯囿于法条文字含义适用刑法规范，对武装掩护的行为对象作限制解释，并以符合刑法适用的实质合理性标准为依归，对上述“黑吃黑”等情况，根据具体案情，以行为所造成的实害结果与行为人所实施之毒品犯罪作数罪并罚处理。

四、武装掩护未遂的刑事责任

以上对“武装掩护”的认定进行了探讨，一般而言，作为加重处罚事由的“武装掩护”在量刑上不会存在太多疑问。这里需要讨论的是，行为人在实施毒品犯罪中，出于某种原因，已经着手抵抗但未来得及使用武器便被抓获（以下简称“武装掩护未遂”），应当如何处理？或许有人认为，在这种场合应当适用走私、贩卖、运输、制造毒品加重处罚的规定，而不适用刑法关于未遂犯从轻、减轻处罚的规定。持这种主张的人可能认为，在情节加重犯的场合，只要具有加重情节就是犯罪既遂。但这种理由难以成立。这是因为犯罪形态与法定刑升格情节没有直接联系，前者回答的问题是犯罪属于既遂、未遂、中止还是预备，后者回答的问题是犯罪行为是否具备法定刑升格条件。就故意犯罪而言，不管是否具备法定刑升格条件，都存在犯罪形态问题。①

在毒品犯罪这类被保护法益具有重大性的犯罪中，是否成立武装掩护可能关系到对犯罪人的生杀予夺，未遂与既遂的区分对衡量犯罪的违法性与有责性起着非常重要的作用，不区分未遂与既遂会导致罪刑不均衡。因此，对武装掩护未遂的，应当适用加重处罚的规定，同时适用刑法关于未遂犯从轻、减轻处罚的规定。这种方案的优点还在于：①有利于实现罪刑相适应原则。与既遂相比，未遂犯在特定场合并不必然导致刑罚的从轻或减轻，对于应当判处死刑的，依然可能判处死刑；不应当判处死刑的，可以适用对未遂犯减轻处罚的规定，这样既不会导致刑罚过于严厉，有利于减少死刑，也不至于轻纵犯罪。②有利于处理武装掩护中止。与对武装掩护未遂的处理结论相一致，对武装掩护中止的，应当适用加重处罚的相关规定，同时适用刑法中中止犯减免处罚的规定。这样既有利于鼓励行为人主动放弃抵抗，保护执法人员的人身安全，也能做到罪刑相适应。③有利于处理各共犯人的刑事责任。与上一点相联系，一旦实施毒品犯罪，行为人便开始了一段可谓惊心动魄、刻骨铭心的“法律生活”，这迥然有别于法律人从事的神圣但也不乏枯燥的法律

①张明楷. 绑架罪中“杀害被绑架人”研究［J］. 法学评论. 2006（3）.

工作。在遭遇执法活动时，行为人同样会在公然抵抗、逃跑和束手就擒中作出艰难的选择，特别是毒品犯罪通常以共同犯罪的形式出现，对于部分犯罪人主动放弃抵抗的，适用共犯成立的一体性，处罚的个别化的处理原则，无异于通过发挥刑法规范的警示和教育作用，引领犯罪人作出正确的选择，同时也体现了宽严相济的刑事政策。须知刑事政策不仅具有引领刑法立法的功能，还有引领刑法解释的功能，现代刑事政策研究的基本成果，可以被融会贯通到刑法的适用中来。①

（原载《法律适用》2010 年第 6 期）

①黎宏．刑法总论问题思考［M］．北京：中国人民大学出版社，2007：573.

第四编

戒毒康复的实证研究

评我国的戒毒体制

马骊华*

摘　要： 随着我国吸毒人数的逐年增加，吸毒所引发的社会问题越来越突出。为整治吸毒问题，国家投入了大量的人力、物力和财力，立法层次也越来越高。《禁毒法》的实施，重新调整和布局了我国的戒毒体制和模式，而在国务院的戒毒规范尚未出台之前，我们有必要对我国的新旧戒毒体制如何衔接进行探讨，以此指导立法和实践。

关键词： 戒毒　体制　模式　整合

解决毒品问题，其中重要之举，就是遏制毒品消费市场的扩大和蔓延，最终消灭吸毒，掐断毒品的供应链，使毒品失去消费市场，从而最终解决毒品问题。为此，戒毒，成了解决毒品问题的重要环节。2005 年，我国登记在册的吸毒人员为 116 万人，当年，全国强制戒毒 29. 8 万人次，劳教戒毒 7 万人，比 2004 年分别上升了 9. 3% 和 8. 6%。其中，云南省强制戒毒 6. 14 万人次，劳教戒毒 1. 26 万人。① 2007 年，全国强制戒毒 26. 8 万人次，劳教戒毒 6. 9 万人，与

---

*马骊华，云南大学法学院副教授，刑法学专业硕士研究生导师，主要从事刑事法的教学与研究。

①数据来源国家禁毒委 . 2006 中国禁毒报告 [EB/OL]. (2006 - 06 - 23) [2007 - 02 - 03] http: //legal. people. com. cn/GB/42735/4522113. html.

2006年相比，强制戒毒人数有所下降。① 到了2008年12月底，全国吸毒人员为112.67万人，2008年全国共强制戒毒、劳教戒毒、强制隔离戒毒26.4万人，其中103 359人是在6月1日《禁毒法》正式实施以后至年底被依法予以强制隔离戒毒的。就吸食的毒品种类来看，滥用海洛因等阿片类毒品者为90万人，35岁以上吸食海洛因的人员所占比例继续呈现下降趋势，但35岁以下青少年为主体的吸食新型毒品人员的数量和比例却持续增加，由2005年的6.7%上升到2008年底的21.3%，解决新型毒品滥用问题成为我们面临的又一难题。②

从全国的情况看，各地都加大了戒毒的力度，强制戒毒、劳教戒毒、自愿戒毒，各种措施一起上阵，戒毒人数增加不少。但是，我们也应当看到，毒瘾的戒断并非易事。据临床统计，脱瘾后吸毒者的操守率不到10%，这意味着有90%以上的吸毒者会复吸，而云南省的有关调查证实，云南吸毒者的复吸率远远高于一般的临床统计。③ 复吸的原因是多方面的，而心理依赖、容易获得毒品、旧环境的影响、治疗不彻底、错误的认知、缺少社会及家庭支持和后续照管不力等是吸毒者脱瘾后复吸的主要原因。而许多调查者均认为，我国的禁毒戒吸体制过分强调了强制性戒毒的脱瘾治疗，而忽略了脱瘾后进一步的康复治疗和社会、家庭的后续支持，这在边疆贫穷落后地区尤为突出。居高不下的复吸率一再表明，吸毒者脱瘾仅仅是治疗的开始，重要的是长期的康复和后续照管。

值得庆幸的是，社会已经开始关注吸毒者脱瘾后的康复和后续的照管问题。“无毒社区”、评选民间禁毒人士、禁毒青年志愿者活动等等，这些都表明人们开始关注戒毒之后的戒断巩固问题。

---

①数据来源国家禁毒委.2008中国禁毒报告（2008-06-13）[2008-08-20] http://www.mps.gov.cn/n16/n80209/n80481/n804535/1260622.html.

②数据来源国家禁毒办.2009中国禁毒报告[EB/OL].（2009-05-31）[2009-06-30]http://www.sina.com.cn.

③任玉华，李淳娥.云南边境地区280例吸毒者脱瘾后复吸原因分析[J].社区医学杂志，2006（3）.

云南省作为毒品的重灾区，其脱瘾治疗和戒断之后的康复治疗均走在了其他省（区、市）的前面。2005 年，在中央政府及公安部的大力关怀支持下，中央投资 5 585 万元，省里投入 2 470 万元，使云南省 79 个戒毒所的建设与管理、经费与装备、生产项目的开发得到积极发展，截至 2006 年 10 月底，云南全省收戒床位增加至 33 541 张。2001 年至 2005 年，全省共收戒吸毒人员 301 405 人次。另外，云南各级公安机关还转变观念，解放思想，把戒毒人员作为特殊病人医治，实施人性化管理，积极探索各具特色的、帮助戒毒人员解决生存和康复的发展之路。①

云南省昆明市公安局强制戒毒所自成立以来，励精图治，创出了"昆明戒毒模式"品牌，其经验被各地学习借鉴。2007 年 5 月，昆明市强制戒毒所改扩建工程完工，这个可收容 8 000 到 10 000 名吸毒人员的戒毒所，是目前中国规模最大的戒毒所。在扩大规模的同时，昆明市强制戒毒所还准确地把握了戒毒所的性质和今后发展的方向，他们以戒毒为主，生产劳动为辅，最终使戒毒人员康复身体，矫正心灵，摒弃恶习，成为回归社会的健康劳动者。比如，昆明市强制戒毒所积极发挥区位优势，建成了经国家 GMP 认证的制药厂，同时大力发展农业和种植业、养殖业、加工业，形成综合发展格局，2005 年生产总值近 1 000 万元，纯利润达 300 万元；而大理市强制戒毒所则以融资的方式与民营企业合作，引进资金 3 000 余万元，建起现代化的蔬菜种植大棚，建起可饲养 1 000 头猪和 1 000 头奶牛的养殖场，开发园林苗圃生产项目，创造了"戒毒所 + 农场 + 基地"的生产发展模式，成为大理白族自治州高科技农业示范区、国家无公害蔬菜种植试验示范基地。2005 年实现生产总值 329. 7 万元，纯利润 100 万元。开远市强制戒毒所开展了宝石加工、太阳能热水器、鞋帮、套装门加工等 10 个生产项目，842 名戒毒学员有

---

①关于云南省的戒毒情况介绍，参见公安部．云南戒毒新模式：企业 + 工厂 + 戒毒康复社区[EB/OL]．(2006 - 12 - 14)[2007 - 03 - 05] http：//www. mps. gov. cn/cenweb/brjlCenweb/jsp/common/article. jsp？infoid = ABC00000000000036648&category = 700723006.

815个工作岗位，创造了“企业+工厂+戒毒康复社区”的戒毒模式，2005年生产总值达205.08万元，纯利润90万元。普洱市（原思茅市）强制戒毒所与市重生预制板厂合作，接纳戒毒出所的艾滋病人在厂里工作，并将他们纳入最低社会保障的覆盖范围，受到社会各界的好评与支持，厂长李继东被国家禁毒委员会、中共中央宣传部评为全国“十大民间禁毒人士”。而戒毒康复项目的发展，缓解了政府财政上的压力，减轻了吸毒人员家庭的经济负担，弥补了戒毒人员生活费不足，改善了戒毒人员的伙食和健康状况，促进了戒断巩固率的提高，增强了戒毒康复场所的发展后劲。“企业+工厂+戒毒康复社区”的模式，被称为云南戒毒新模式，在全国推广。

除戒毒所转变观念，巩固脱瘾效果外，“无毒社区”活动所倡导的“无吸毒、无贩毒、无种毒、无制毒”也为吸毒者的康复治疗提供了社会大环境。广西将吸毒人数超过500人的县（市、区）列入挂牌整治的“黑名单”，启动党委、政府“一把手工程”，对毒品问题严重的县（市、区）的禁毒工作实行党委、政府一把手负责制。而2004年新年刚过，贵州省政府就与17个吸毒人员超千人的禁毒重点县（市、区），分别签订禁毒目标责任书，各县若不能完成禁毒目标，党政一把手将被追究领导责任：一套禁毒工作的目标责任成为考量贵州部分地方领导人政绩的新指标。① 此外，在2002年6月，由贵州省禁毒办、团省委正式启动的贵州省“禁毒志愿者帮扶吸毒人员”工作，开创了全国先例。青年志愿者在戒毒青少年及家长的配合支持下，开展与脱毒青少年的结对帮扶活动。志愿服务走进禁毒事业，这项开创性的帮扶工作积累了宝贵的经验，现已在全国广泛铺开。②

从上述分析我们可以看出，目前，全国确实已经形成一个禁毒

①参见孙海涛．贵州：禁毒工作考核地方领导政绩［EB/OL］．（2006－04－28）［2007－04－13］http：//www.jcrb.com/zyw/n589/ca369145.htm.

②张泉森．贵州青年志愿者服务禁毒工作一年回顾［EB/OL］．（2003－06－30）［2007－01－02］http：//news.rednet.com.cn/Articles/2003/06/434394.HTM.

的大气候，但是，笔者认为，禁毒毕竟不是一个指日可待的目标，要在全社会消除吸毒这一丑恶社会现象，需要我们长久而有耐心的奋争。“目标责任书”、“青年志愿者”的帮扶活动，这些活动都不能是一时的应景，更不能是一场“禁毒秀”。

在此还要说明的是，从上述分析梳理我们可以看出，我国传统的戒毒模式[①]是依照1990年全国人民代表大会常务委员会《关于禁毒的决定》以及国务院《强制戒毒办法》建立起来的自愿—强制—劳教的三级戒毒模式，而2008年6月1日生效的《禁毒法》所规定的戒毒体制与现行体制存在差异，这就决定了我国传统的戒毒模式需要调整和重新整合。

1990年12月第七届全国人民代表大会常务委员会第十七次会议通过《关于禁毒的决定》，以立法的形式确定了强制戒毒制度。根据《关于禁毒的决定》第八条的规定：“吸食、注射毒品的，由公安机关处十五日以下拘留，可以单处或者并处二千元以下罚款，并没收毒品和吸食、注射器具。吸食、注射毒品成瘾的，除依照前款规定处罚外，予以强制戒除，进行治疗、教育。强制戒除后又吸食、注射毒品的，可以实行劳动教养，并在劳动教养中强制戒除。”由此，我国戒毒措施主要分为在强制戒毒所强制戒毒和在劳动教养中戒毒，以及在经卫生行政部门批准设立的戒毒医疗机构自愿戒毒。此外，我国还根据具体情况实行限期所外戒毒以及在劳改场所强制戒毒。[②]多年来，传统戒毒模式的运行对我国的禁毒工作起到了重要作用。

从传统体制看，强制戒毒在整个戒毒工作中起主导作用。根据国务院《强制戒毒办法》的规定，强制戒毒，是指对吸食、注射毒

①此处的“传统的戒毒模式”特指《禁毒法》生效以前业已形成的戒毒模式（作者注）。

②限期所外戒毒，是指对于患有急性传染病（不含性病）或者其他严重疾病、怀孕或者正在哺乳自己未满一周岁婴儿，或者其他不适宜在强制戒毒所戒毒的吸毒人员，限期在强制戒毒所之外戒除毒瘾。劳改场所强制戒毒，是指在监狱、拘役所执行刑罚过程中强制戒毒。适用的对象是因毒品犯罪或其他犯罪被判处剥夺自由刑和死缓的罪犯中吸食、注射毒品的人员。

品成瘾人员，在一定时期内通过行政措施对其强制进行药物治疗、心理治疗和法制教育、道德教育，使其戒除毒瘾。其目的在于教育和帮助吸食、注射毒品成瘾人员戒毒，保护公民身心健康，维护社会治安秩序。适用的对象是《关于禁毒的决定》第八条第二款规定的吸食、注射毒品成瘾的人员。

根据《强制戒毒办法》的相关规定，强制戒毒工作由公安机关主管。县级以上地方各级人民政府卫生部门、民政部门，配合同级公安机关做好强制戒毒工作。县级人民政府公安机关决定对需要送入强制戒毒所的吸食、注射毒品成瘾人员（以下简称戒毒人员）决定实施强制戒毒后，将《强制戒毒决定书》于戒毒人员入所前交给本人，并在作出决定之日起 3 日内通知戒毒人员的家属、所在单位和户口所在地公安派出所。强制戒毒所凭县级以上人民政府公安机关开具的《强制戒毒决定书》，接收戒毒人员。强制戒毒期限为 3 个月至 6 个月，自入所之日起计算。延长强制戒毒期限的，实际执行的强制戒毒期限连续计算不超过 1 年。根据国务院《强制戒毒办法》第七条的规定，戒毒人员对强制戒毒决定和延长强制戒毒期限不服的，可以依照《行政复议条例》的规定申请复议；对复议决定不服的，可以依照《中华人民共和国行政诉讼法》的规定向人民法院提起诉讼。戒毒人员也可以直接向人民法院提起诉讼。

而在劳动教养中戒毒，是指在司法行政部门所属的戒毒劳动教养管理所、劳动教养管理所戒毒大（中）队，在执行劳动教养过程中强制戒除毒瘾。适用的对象是《关于禁毒的决定》第八条第二款规定的强制戒除后又吸食、注射毒品的人。这些人一般吸毒史长、对毒品依赖较深，有多次戒毒经历，戒断难度较大。

劳动教养戒毒的决定权和决定程序主要适用《劳动教养试行办法》和公安部《关于公安机关办理劳动教养案件规定的通知》。因此，劳动教养的决定权在各省、自治区、直辖市公安厅（局）、新疆生产建设兵团公安局和地、地级市、州、盟公安局（处）设立的劳动教养审批委员会。该委员会作为同级劳动教养管理委员会的审批机构，依照有关法律、行政法规和本规定审批劳动教养案件，并以劳动教养管理委员会的名义作出是否劳动教养的决定。劳动教养审批委员会的日常工作由本级公安机关法制部门承担。根据公安部《关于公安机关办理劳动教养案件规定的通知》第二十五条的规定，与其他某些劳动教养决定程序不同的是，劳动教养强制戒毒的审批程序中，不适用聆讯程序，整个审批过程为公安机关的内部审批。劳动教养强制戒毒的期限，是适用《劳动教养试行办法》规定的劳动教养期限，还是适用《强制戒毒办法》中规定的强制戒毒期限，法律和行政法规没有明确规定。但从实践看，劳动教养强制戒毒的期限适用《劳动教养试行办法》规定的劳动教养期限。前司法部副部长范方平 2002 年 12 月 31 日接受《法制日报》记者采访时，更是把 1 至 3 年的劳动教养戒毒约束期限称作是劳动教养戒毒方式相对于其他戒毒方式的优势之一，因为这个期限能够从容安排各项戒毒业务工作，符合戒毒工作的客观需要。①

自愿戒毒是指吸毒成瘾人员自愿到相关具备戒毒条件和资质的医疗机构进行戒毒治疗。自愿戒毒的机构由卫生部门主管，公安机关监督，对戒毒人员进行 15～20 天的身体脱瘾治疗。目前，一些由民间机构创办的戒毒心理康复村，以及由国内外相关机构合作建立的药物依赖康复中心也正逐步发展起来，如 1998 年 9 月我国第一个治疗社区（therapeutic community，TC，也称集体治疗）——云南戴托普药物依赖治疗康复中心成立，该社区借鉴美国 Daytop Village 的管理模式、治疗思路与治疗工具，并根据我国的国情作了一定的调整，取得了较好的治疗康复效果。

由此可知，根据 2008 年 6 月 1 日以前的禁毒方面的有关法律规定，我国对吸毒成瘾人员一律实行强制戒毒；经强制戒毒后又复吸的，开展劳动教养，在劳动教养中进行戒毒。这种与社会隔离的戒

①王宇．劳教戒毒：努力实现跨越式的发展——访司法部副部长范方平［N］．法制日报，2002－12－31（12）．

毒方法虽然能够在一定期限内有效地阻止吸毒成瘾人员接触毒品，在短期内消除生理依赖，但不利于戒毒人员巩固戒毒效果，顺利回归社会，恢复正常的社会生活。虽然实践中也对这方面进行了一些积极的探索，如前述康复社区的有益实践，但这些探索因为没有相关的法律依据作后盾，因此在操作上也就只能是“摸着石头过河”，边走边看，边实践边总结，最终成效也就可想而知。

为了加强对戒毒人员的管理和帮教，提高戒毒的成效，《禁毒法》针对吸毒成瘾的不同情况，分别规定了自愿戒毒、社区戒毒和强制隔离戒毒，重新构建了戒毒的三级体制及模式。国家鼓励吸毒人员自愿到有戒毒治疗资质的医疗机构接受戒毒治疗；对吸毒成瘾人员，公安机关可以责令其在户籍所在地或者现居住地接受社区戒毒，负责社区戒毒工作的城市街道办事处、乡镇人民政府可以指定有关基层组织与吸毒人员签订社区戒毒协议，落实有针对性的社区戒毒措施；对于拒绝接受社区戒毒，在社区戒毒期间吸食、注射毒品，严重违反社区戒毒协议，经社区戒毒、强制隔离戒毒后再次吸食、注射毒品等情形的吸毒成瘾人员，由公安机关决定予以强制隔离戒毒。同时，《禁毒法》还对吸毒成瘾人员自愿接受强制隔离戒毒、强制隔离戒毒后的社区康复、戒毒康复场所的建设、戒毒药物维持治疗工作等作出了规定。

传统的强制性戒毒措施包括强制戒毒和劳动教养戒毒两种。从实际执行情况看，将完整的戒毒过程分为由公安机关和司法行政部门分别负责实施、管理的两个阶段，不利于戒毒资源的统筹配置和合理使用；三个月至六个月的强制戒毒，基本上达不到戒除毒瘾的效果，对大多数复吸人员，仍要进行三年左右的劳教戒毒。从整合戒毒资源、提高戒毒效果考虑，《禁毒法》将现行的强制戒毒和劳动教养戒毒统一规定为强制隔离戒毒，并对强制隔离戒毒的适用条件、决定程序、期限、场所管理、执业医师配备等重要问题作了规定。同时，考虑到这项改革还需要进一步总结实践经验，确定具体方案，有步骤地推行，《禁毒法》还规定，强制隔离戒毒场所的设置、管理体制和经费保障，由国务院规定。

对比戒毒的新旧体制，笔者认为，《禁毒法》设置的新的戒毒模式更有利于问题的解决，劳动教养戒毒环节的废止，也印证着我国在人权保障方面又迈出了一大步。自愿戒毒、社区戒毒再到强制隔离戒毒，层层推进，既表明了国家治理毒品问题的决心和立场，也表明了法律正在向着人性和谦抑靠拢，而且也与毒品问题需要全社会的综合治理的国家方针相一致。

但是，我们也应当看到，《禁毒法》对新的禁毒体制和模式只作了原则性的规定，如强制隔离戒毒，具体的权责问题《禁毒法》并未作出明确规定。为此，国家禁毒委员会要求各省、自治区和直辖市，在国务院"禁毒条例"出台之前，根据现有戒毒场所的资源情况和戒毒人员分布，按照就近、就便和有利于戒毒治疗、家属探视的原则，充分利用现有的公安强制戒毒所、司法劳教戒毒所资源，合理安排、平稳过渡。此后，各地均根据国家禁毒委员会的要求，结合本地的实际情况对原有机构和资源进行了整合或调整。如云南省昆明市在《禁毒法》生效以后，对原有的强制戒毒所进行硬件调整、更新，在2008年6月9日，将戒毒学员整体搬迁到新区并将新区命名为"昆明市强制隔离戒毒区"。① 而贵州省，则由省司法厅党委召开专题会议，成立了强制隔离戒毒工作领导小组，为全省劳教系统收治强制隔离戒毒人员工作的顺利开展提供了坚强的组织保证。在此之前，贵州省劳教局召开会议，对强制隔离戒毒人员的收治、管理、教育、生活卫生、治疗等工作作了整体部署，要求各单位组织专门力量，调整精干警力，对强制隔离戒毒人员实施管理，确保实现"收得下、管理住、跑不了、治疗好"的目标。省劳教局还下发了《贵州省劳教局强制隔离戒毒人员收容管理规定（试行）》、《强制隔离戒毒教育矫治实施意见》和《强制隔离戒毒人员生活卫

①参见昆明强制戒毒所戒毒新区投入使用硬件设施再上台阶［EB/OL］.（2008－06－26）［2008－11－30］http：//www. ynjd. gov. cn/pubnews/doc/read/qzjdjg/768548863. 236183660/index. asp.

生管理规定》等文件。① 与贵州省的做法类似，江苏省也将整合的重心放在了劳教戒毒方面，劳教系统的干警们认为，江苏省的劳教戒毒长期积累的实践经验和理论成果，对做好强制隔离戒毒具有重要的现实借鉴意义。② 与这些省区的做法相比较，安徽省做得更超然一些，在2008年3月，安徽省委政法委下发文件确认，安徽省公安机关将由其行使的强制戒毒管理职能委托给司法行政机关劳教管理部门代行。据介绍，安徽此举的用意在于进一步整合戒毒场所资源。因为公安机关管理的强制戒毒所大多存在警力不足等问题，强制戒毒效果不乐观，自愿戒毒由于来去自由、费用高，效果也不好，而劳教场所不仅有闲置的场所，还拥有管理教育优势。整合后的新模式可以有效盘活资源和人力优势。③

据笔者了解，全国各地的做法，大致与上述几个地方的做法相似，大都在原有的基础和体制上进行调整，而笔者认为这些调整有些地方与法理相悖，如公安机关对强制隔离戒毒既有决定权又有执行权，而有些地方的做法，如由劳教机构对戒毒者实行强制隔离戒毒，由于《禁毒法》已经取消了劳教戒毒，而在劳教所的大门上又挂上一块“强制隔离戒毒”的牌子，这似乎让人觉得“劳教戒毒仍然存在”。如何整合资源，使新建立起来的禁毒体制既符合现行法律的规定，又具有前瞻性呢？笔者认为，这需要认真领会《禁毒法》的精神，更应当放弃一些权力之争。

从《禁毒法》关于戒毒措施的规定可以看出，公安机关在整个戒毒体制中发挥着重要的作用，公安机关不仅负责对吸毒人员进行

---

①贵州省劳教系统开展强制隔离戒毒工作纪实［EB/OL］.（2008－09－21）［2008－11－27］http：//www.bjjdzx.org/149/2008－09－21/19090.htm.

②王金泉．《禁毒法》实施后如何履行劳教机关戒毒职能［EB/OL］.（2008－11－24）［2008－11－27］http：//www.jhak.com/ReadNews.asp？NewsID＝13709&BigClassName＝戒毒综合&SmallClassName＝强制隔离戒毒、戒毒模式&SpecialID＝0.

③李光明．安徽建立“三位一体”大戒毒格局［N］.法制日报，2008－03－18（5）.

登记，还可以责令吸毒成瘾人员接受社区戒毒，另外，从事戒毒治疗业务的机构，除报所在地卫生行政部门批准外，还须报同级公安机关备案。而依据《禁毒法》第三十八条的规定，对吸毒成瘾人员进行强制隔离戒毒的决定，由县级以上人民政府公安机关作出。社区戒毒也好，自愿戒毒也罢，虽然《禁毒法》没有就其详细事项作出明确规定，但公安机关在其中的职责是清楚、明确的，也就是说公安机关并不具体操作社区戒毒，也不会就自愿戒毒如何运作进行管理。而从《禁毒法》的规定看，公安机关对强制隔离戒毒有决定权，对被决定予以强制隔离戒毒的人员，由作出决定的公安机关送强制隔离戒毒场所执行。而“强制隔离禁毒场所的设置、管理体制和经费保障，由国务院规定”（见《禁毒法》第四十一条）。由此假设，如果将原来的公安机关的强制戒毒所整合为强制隔离戒毒所，仍由公安机关管理，那么就势必会出现一种现象：公安机关自己就某人是否吸毒成瘾进行检测，然后根据自己作出的检测结果再对其作出强制隔离戒毒的决定，根据这一决定，再把该吸毒成瘾之人送到自己管理的强制隔离戒毒场所进行强制隔离戒毒，这“一条龙”的体制倒是衔接“紧密”了，但它违反了现代法治社会的基本要求，公安机关在强制隔离戒毒过程中既当裁判员又充当运动员，整个机制由于缺乏有效的监督定会遭来诟病。

现实中的另一种做法是将强制隔离戒毒的决定权交由公安机关来行使，而将执行权交司法行政机关内设的劳教部门执掌，这样就形成了一种有效的监督和制约，也充分整合和发挥了这些年来劳教机关从事劳教戒毒所积攒起来的资源和经验。但是近年来，劳教本身因其自身的法律依据的缺失正在面临人权方面的问题，我国理论界也正在就劳教制度的“去”或“存”展开广泛讨论。《禁毒法》将传统体制中的强制戒毒和劳教戒毒整合为强制隔离戒毒，这表明立法者已经注意到劳教制度的“尴尬处境”，因此，笔者认为简单地在劳教场所的大门上挂上一块牌或是召开一个会议，宣布将原来由公安机关执掌的强制戒毒职能划归劳教部门或是在劳教所内另外划出一个区域，将其命名为“强制隔离戒毒所”或“强制隔离戒毒区”，这些做法都只能是应急的办法。在将来国务院颁布的“戒毒条例”中，应当将强制隔离戒毒的决定权和执行权分割开来，由公安机关执掌决定权，具体的戒毒执行则由司法行政机构内部设立一个专门的强制隔离戒毒机构来履行，将传统上由公安和劳教分管的强制戒毒的职能整合归专门的强制隔离戒毒机构行使，鉴于劳教机构在劳教戒毒被剥离之后业务萎缩，那么，也可将此类劳教机构整体整合到强制隔离戒毒机构中来，使强制隔离戒毒机构建立伊始就具备较强的硬件和软件。

除强制隔离戒毒外，自愿戒毒和社区戒毒如何操作，《禁毒法》也只有原则规定，至于脱瘾之后的康复治疗，虽然在云南昆明、开远以及海南三亚等地取得了一定的成绩，有了一些经验可资借鉴，但其整个的场所建设，还需相关法律法规作出明确的规定。据笔者了解，在2009年2月19日国家禁毒委员会禁吸戒毒工作小组第一次会议上，已经明确了2009年的工作重点，如“戒毒条例”及其配套的一系列规章制度的制定与出台，各类戒毒场所和社区层面的戒毒康复工作，各项戒毒措施的落实，戒毒康复场所试点项目的建设推进，等等，这些都已经被提上了议事日程。而进一步加强对新型毒品成瘾和戒毒治疗的科研工作，尽快出台治理对策，坚决遏制新型毒品的发展蔓延也成为2009年禁吸戒毒的中心任务。①

当然，新旧体制和模式之间的磨合需要时间，也需要人们转变观念，笔者相信，在理顺体制之后，又有国家解决了戒毒的财政经济难题，在原来打下的坚实的基础上，有你、我这些善良的中国老百姓的同心协力，中国人民一定会战胜毒品这个恶魔。

---

①公安部禁毒局．国家禁毒委员会禁吸戒毒工作小组第一次会议召开［EB/OL］．（2009－03－09）［2009－06－28］http：//www.mps.gov.cn/n16/n80209/n80421/1873265.html.

吸毒人员的需要及矫正

管士寒*

摘　要： 中国是世界上受毒品危害最严重的国家之一，对于毒品违法犯罪，应进行包括严厉打击在内的综合治理，矫正吸毒人员的心理就是一项有效的措施。需要是人的心理结构中的个性倾向性部分，它对激发人的积极性有巨大的动力，因此，根据吸毒人员的需要，矫正其心理和行为是一项重要的矫正方法。

关键词： 吸毒人员　需要　矫正　个性倾向性

我国是世界上受"毒"害最严重的国家之一，对于毒品违法犯罪，应进行包括依法进行严厉打击在内的综合治理，矫正吸毒人员的心理就是其中一项根本措施。

需要是个体和社会生活所必需的客观条件的要求在人脑中的反映。它是激发人的积极性，推动人意志活动的动力。需要作为人的一种个性倾向性，对人的行为作用很大，当需要得到满足时，人就产生愉快的情感和满意的体验；当需要得不到满足时，人就会产生挫折感、压抑感和心理冲突，极可能导致社会危害行为的产生。从心理学的角度讲，对吸毒人员需要的矫正，在其整个心理矫正中，占有重要地位。

*管士寒，云南大学法学院教师。

第一，我们看看吸毒人员的需要结构内容，吸毒人员有戒断毒瘾的需要。吸毒人员在吸毒的过程中，支付的不仅仅是金钱，还有健康甚至生命，吸食毒品对人体的神经系统、内分泌系统和免疫系统有着摧毁性的危害。吸毒往往使吸毒者家破人亡，妻离子散，因此，吸毒者也常常追悔莫及，产生戒除毒瘾的需要。吸毒人员还有继续吸毒的需要，吸食毒品成瘾者有三个特点，即产生生理上的耐受性、心理上的习惯性和身体上的依赖性。从心理上讲，吸毒人员一旦停止吸食毒品就会产生不愉快的体验和不满意的情感，就像形成习惯的小偷，不偷心里就不痛快一样，为了心理上的快乐，吸毒人员需要毒品。从身体上讲，吸毒成瘾会产生“戒断症状”，如焦虑、烦躁、失眠、流眼泪、流鼻涕、全身酸痛，甚至死亡，给吸毒者造成极大的痛苦，而吸毒者清楚地知道只有毒品才能解除他的痛苦，因此，吸毒者继续吸毒的需要很强烈。除以上两点，吸毒人员还有同一般守法公民一样的需要，如吃、喝、呼吸等生理的需要，安全的需要，归属和爱的需要，尊重和自我实现的需要，等等。

第二，要尽量满足吸毒人员正当的、可能实现的、符合法律的良性需要。根据需要理论，人的生理需要是与生俱来的。安全需要、归属需要、爱的需要、尊重的需要等，是人随着社会化过程的进行而发展起来的，这些需要为人生存和发展所必须，如果需要得不到满足，会产生不良情绪，个体甚至会通过不正当途径来满足这些需要。因此，尽量满足吸毒人员正当的、可能实现的、符合法律的需要，能起到很好的矫正效果。吸毒人员多数都非常虚弱，在对他们进行强制戒除毒品的思想教育的同时，还应根据他们每个人的身体健康状况，安排生活、学习和劳动。吸毒人员在脱瘾期间，四肢无力、懒散贪睡、不思饮食，这时，不要安排重体力劳动，军体训练也不一定强求。基本戒断毒瘾后一段时间，食量大增，体重猛长，应想办法改善他们的生活，让他们吃得热、吃得卫生、吃得饱。[①] 目前，国家有困难，矫正机构矫正人员伙食费偏低，可以允许矫正人员家属送一些现金和食品。

第三，隔离治疗吸毒成瘾者在得不到毒品时，会出现“戒断症状”，这会促使他们去寻找毒品。在毒瘾没有发作时和朋友在一起谈到毒品也是相当大的刺激，因此，在吸毒人员矫正期间，要减少诱因刺激，防止因某种诱因刺激造成吸食毒品的强化。如在矫正机构实行封闭式的康复集训，在集训期间暂停接见家属，使吸毒人员能静下心来不受干扰地接受矫正；集训结束后分到大（中）队与其他的被矫正人员混合编队、分开居住、单独管理教育，以防止交叉感染，小组长最好由表现好的被矫正人员担任，尽量不要安排吸毒人员从事零星劳动和外住，家属接见应只限于父母、配偶和子女等。有条件的矫正机构在家属会见吸毒人员时，可设置隔离带，不准相互传递钱物；家属带给吸毒人员的生活用品和现金应交值班干警登记检查，对初入矫正机构的吸毒人员携带的物品要检查，这样就能起到隔离治疗的作用。

第四，在严格而科学文明的管理中，塑造新的需要。通过建立严格而又符合吸毒人员心理转化规律的，包括学习、劳动、生活、卫生、文化娱乐、通信接见和衣食起居在内的各项规章制度，做到学习有要求、劳动有定额、生活有规范、行动有准则，使他们的吸毒需要受到遏止。只有施行科学文明管理，充分发挥矫正工作的监督功能，才能使吸毒人员在有节奏、守纪律、富有一定生活情趣的矫正过程中陶冶身心，改变需要结构。

第五，开展人生观、道德观、法纪观以及政治文化等多种教育，用精神文明的甘露和知识的力量医治吸毒人员心灵的创伤，推动吸毒人员逐步将社会性需要转化为个人需要。道德观和人生观教育，

①《云南劳教工作论文集》1996 年第 1 期及宿树源的论文《吸毒劳教人员的特点及改造对策》一文。

旨在使吸毒人员恢复做人的良知，了解社会道德规范，抵制和克服错误的道德观，遵守做人的起码准则，使他们懂得分清美丑、苦乐、公私、荣辱等观念。进行法纪观教育，可使吸毒人员真正知法、懂法，树立守法意识，将自己的活动严格地控制在法律所规范的范围以内。文化技术教育可以使吸毒人员提高生活情趣、扩大认识范围。大多数吸毒人员的文化知识相对贫乏、认识水平相对低下、精神空虚，因而吸食了毒品。劳动教育可以使吸毒人员用劳动汗水净化灵魂，从空虚的精神生活中解脱出来；还可以通过劳动磨炼毅力，增强抵抗毒品的诱惑力，增强体质；抵抗“戒断综合征”给人体造成的痛苦。

第六，培养正当情趣，开展健康的文体、科技活动，转移优势兴奋中心。矫正机构要善于创设有利于陶冶健康情操的情境，积极开展有利于身心健康的文体活动和各种竞赛活动，根据吸毒人员的不同爱好，组织各种兴趣小组，把吸毒人员的主要精力集中到工作、学习和正当娱乐上去，久而久之，便会产生良好的矫正效果。

吸毒人员需要结构的矫正，将影响和带动吸毒人员的整个心理结构的良性转化，从而达到预防其重新吸毒的目的。

（原载《云南法学》1996年第4期）

社区戒毒（康复）的实证考察

——以云南德宏傣族景颇族自治州为例

董晓松*

摘　要：社区戒毒（康复）作为戒毒制度的创新，它的工作成效将直接影响禁毒工作的长远发展。本文将毒品危害的重灾区、禁毒工作的主战场和前沿阵地的德宏州作为考察对象，从德宏州社区戒毒（康复）的实践出发，总结其成功经验，以期为实现新一轮三年禁毒人民战争各项工作任务奠定坚实基础。

关键词：社区戒毒（康复）　禁毒　德宏州

开展社区戒毒和社区康复试点工作，对于减少毒品需求，减少社会不和谐因素，深化德宏州禁毒工作，进一步推进禁吸戒毒，有效遏制毒品危害将起到积极的重大作用。德宏州是毒品危害的重灾区，也是禁毒工作的主战场、前沿阵地，为做好社区戒毒（康复）的试点工作，德宏州按照国家和云南省禁毒委员会的要求，在全州5个乡镇、14个社区开展试点工作，取得了较好的成绩，积累了一些成功经验，为全面推动德宏州社区戒毒工作起到了引领和示范作用。本文从德宏州的实践出发，对社区戒毒（康复）工作加以考察，以期对全国禁毒工作向纵深方向推进有所裨益。

*董晓松，法学博士，云南大学法学院讲师。

一、社区戒毒（康复）试点工作情况

（一）加强对社区戒毒（康复）工作的组织领导

按照国家和云南省禁毒委员会的要求，为加强对社区戒毒和社区康复试点工作的组织领导，2008 年 11 月底，德宏州人民政府结合本州工作实际，成立了以州人民政府副州长马闻为组长，州委宣传部、州财政局、州民政局、州卫生局、州司法局、州劳动和社会保障局、州公安局、州法制局、州禁毒委员会办公室等部门负责人为成员的“德宏州社区戒毒和社区康复试点工作领导小组”，同时领导小组下设办公室于德宏州禁毒委员会办公室，负责组织、协调、指导全州社区戒毒和社区康复试点工作。各县（市）也成立了相应的领导小组和办公室，督促、指导本县（市）社区戒毒和社区康复试点工作。同时，召开全州社区戒毒（康复）试点工作会议，提出既要全面推进，又要突出重点，既要着力巩固，又要与时俱进，锐意创新，从更高的起点、更高的层次、更高的水平上科学谋划的明确要求。

（二）确定社区戒毒（康复）工作基本原则

根据《德宏州人民政府关于开展社区戒毒（康复）试点工作的意见》，德宏州社区戒毒和社区康复工作确定了五条原则。

一是坚持政府主抓的原则。按照《禁毒法》规定，乡镇人民政府及城市街道办事处负责社区戒毒和社区康复工作，各级政府的主要领导要亲自抓，并在人员、经费上予以投入。

二是坚持禁毒委员会协调的原则。在州政府的领导下，全州各级禁毒委员会肩负着组织、协调、指导社区戒毒和社区康复试点工作。

三是坚持职能部门共同参与、各负其责的原则。州委宣传部、州财政局、州司法局、州卫生局、州法制局、州劳动和社会保障局、州公安局、州禁毒办等部门履行各自的法定职责，配合做好戒毒工作。

四是坚持作为禁毒防艾进村入社工作队主要职责的原则。在新一轮禁毒人民战争中，禁毒防艾进村入社工作队已全部进驻各村社，各乡镇人民政府和街道办事处要充分利用这支队伍，将社区戒毒和社区康复试点作为本辖区禁毒防艾工作的重要内容。

五是坚持发挥基层群防群治组织作用的原则。在开展社区戒毒和社区康复试点工作过程中，要充分吸纳基层群防群治组织的力量，使之成为开展社区戒毒和社区康复试点工作的重要力量。

（三）制定社区戒毒（康复）工作的操作规程

2009年，国家禁毒委员会对成员单位的职责作了调整，德宏州据此也作了相应的调整。各县（市）、街镇也都依据国家和州里的规定，明确相关部门的职责。同时，制定了社区戒毒和社区康复工作规范性意见，明确各成员单位职责分工，理清工作流程，积极探索社区戒毒康复工作的机制和方法。州政府制定下发了《德宏州人民政府关于开展社区戒毒（康复）试点工作的意见》、《德宏州人民政府社区戒毒（康复）试点工作考核办法》，州禁毒委下发了《德宏州社区戒毒（康复）试点工作实施细则》、《德宏州社区戒毒（康复）试点考核办法》、《德宏州社区戒毒（康复）人员“三级”管理办法》等一系列文件，确定了在全州5个乡镇、14个社区开展试点工作，并进一步规范了工作流程。

（四）完善社区戒毒（康复）工作的配套服务

社区戒毒和社区康复工作不是哪一个部门的事情，它需要各个单位的相互配合。德宏州在出台有关措施时，各相关职能部门多次沟通、协商，保证各项规定的协调一致；在实施过程中，各有关单位认真履行职责，在需要同其他部门协调时，也能较好地从大局出发，主动跨前一步，充分体现了责任和配合意识。主要体现在以下几个方面：①司法服务。乡镇政府和街道办事处的司法所在法律层面上给予社区戒毒和社区康复试点工作办公室支持，并协助做好法律知识宣传工作，对接受社区戒毒和社区康复人员给予戒毒知识辅导和法律援助。②卫生服务。定期对接受社区戒毒和社区康复人员进行 HIV 检测，并对 HIV 病人和携带者进行关爱治疗，接受愿意参加美沙酮维持治疗的社区戒毒和社区康复人员，指导接受社区戒毒和社区康复人员服药和监督药品质量安全。③低保服务。对接受社区戒毒和社区康复的生活困难且符合低保条件人员，将其纳入低保。④就业服务。对接受社区戒毒和社区康复人员提供必要的职业培训，对接受社区戒毒和社区康复人员进行就业、就学援助。

（五）落实社区戒毒（康复）工作的经费保障

为落实社区戒毒（康复）工作的经费，云南省政府划拨德宏州 21 万元，州政府下拨 60 万元，县（市）政府对每个试点乡镇、街道办事处划拨不少于 3 万元的社区戒毒和社区康复工作专项经费，乡镇和街道办事处配套社区戒毒和社区康复工作经费不少于 1 万元，基本保证了社区戒毒（康复）试点工作的需要。

（六）督导社区戒毒（康复）工作的进展情况

定期检查，督导推进。为促使社区戒毒和社区康复各项制度的落实，德宏州禁毒办加大了工作检查和督导的力度。在制定 2009 年禁毒工作考核标准时，州禁毒办调整了分值，加大了社区戒毒和社区康复工作考核比重。同时，州禁毒办不定期到县（市）、街道、镇检查、督导，并对工作进展情况进行通报。各县（市）也加大了检查和督导力度。检查和督导工作的跟进，保证了工作责任的落实。

二、社区戒毒（康复）试点工作成效

2009 年全州在册吸毒人员 38 370 人，现有吸毒人员 13 375 人。截至 2009 年 11 月 20 日，德宏州累计签订社区戒毒（康复）协议 3 217 人，男性 3 117 人，女性 100 人。从年龄结构上看，16 至 18 岁 5 名，19 岁至 30 岁 889 名，31 岁至 40 岁 1 194 名，41 岁至 50 岁 748 名，51 岁至 60 岁 281 名，60 岁以上 100 名。从文化程度上看，文盲 908 名，小学初中文化 2 165 名，高中文化 123 名，大专文化以上 21 人。从身份上看，公职人员 2 名，个体工商户 15 名，无业人员 698 名，其他 2 502 名。从违法经历上看，有违法经历的人中，受过刑事处罚的有12名，受过劳动教养的有205名，受过强制隔离戒毒的有1 675名，受过治安处罚的有313名。从吸食毒品上看，吸食海洛因2 998名，吸食鸦片183名，冰毒34名，其他2名。

德宏州社区戒毒（康复）试点工作中，社区戒毒（康复）专干专职的有3人，兼职的有391人，社区戒毒（康复）兼职医生339人。成立监护小组1 898个，开展家庭随访1 456次，社区帮教1 195次，进行社区告诫1 272次，就业援助1次，违反协议变更为强制隔离戒毒29人。责令前后参加美沙酮维持治疗803人。社区戒毒巩固率为99.8%，社区康复巩固率为99.96%。

三、社区戒毒（康复）试点工作经验

（一）领导重视是德宏州社区戒毒（康复）工作得以开展的重要前提

从试点的情况来看，领导重视与否与社区戒毒（康复）综合干预工作能否得以顺利开展关系很大。一个地区的领导越重视，那个地区的社区戒毒（康复）工作就开展得越好。只有领导重视了，社区戒毒（康复）综合干预工作所需要的人力、财力、物力才有可能保障到位。因此，争取各级领导的重视，是禁毒工作部门的重要任务。

（二）政府各部门积极履职是社区戒毒（康复）工作得以深入的关键所在

社区戒毒（康复）工作是个复杂的系统工程，牵涉到许多政府部门，仅靠一两个部门单打独斗是不可能做好这项工作的。它需要相关部门切实把社区戒毒康复工作当成本部门职责的重要组成部分，在各自的职责范围内积极履职，并共同跨前一步，从医学、心理、就业、就学、医保、低保、救助等多个方面加强干预，社区戒毒（康复）工作才能真正取得我们预期的效果，也才能真正得以深入推进。

按照《禁毒法》的相关要求，社区戒毒（康复）的具体工作最终是落在基层社区干部肩上的，社区落实的好坏，直接影响到社区戒毒（康复）的效果。落实得好，吸毒人员就得到有效管控，从而达到社区戒毒的最终目的；反之，只停留在嘴上，控制不住吸毒人员，那么吸毒人员一旦失控，复吸反弹和滋生新吸毒人员就会避免不了。例如，芒市勐焕街道办事处锦华社区由于支书、主任和驻村工作队员工作有热情、有耐心，开展社区戒毒（康复）工作后，走家串户，积极向社区吸毒人员宣传社区戒毒的好处，有时找不到对象，他们不分白天黑夜，多次到吸毒人员家里等候，有的宣传五六次，不厌其烦，最终使 3 名未在册的吸毒人员主动到社区登记，并接受社区戒毒，服从管理；又如三棵树社区的一名吸毒人员，被强制隔离戒毒后，因患有重病无法到戒毒所执行而变更为社区戒毒，社区干部、工作队员耐心、热情，经常上门帮教，同时还帮助解决一些力所能及的困难，为其申请低保，联系打工就业，使其备受感动，每月都在父母的陪同下到社区接受尿检、帮教，汇报戒毒体会，表示决不再沾染毒品，重新做人；再如芒市西南里社区把辖区所有符合条件的吸毒人员排列出来，全部纳入社区戒毒（康复）管理，落实专职人员和专门工作站（办公室），工作有计划，人员有分工，档案规范，辖区面上的 27 名吸毒人员全部与社区签订了社区戒毒（康复）协议，驻村工作队尽心尽责，效果较为明显。此外，在开展社区戒毒（康复）工作中，有 7 个社区为 12 名参加社区戒毒（康复）人员解决了最低生活保障，使他们感受到了政府的关怀和社会的温暖，更加自觉地服从社区戒毒管理。

（三）社会广泛参与是社区戒毒（康复）工作取得成功的根本保证

吸毒人员具有违法者、受害者、病人三重属性，要实现一个吸毒人员真正回归社会，需要社会各方的参与和努力，包括社区戒毒和社区康复理念和方法深入人心，不歧视、不排斥吸毒人员，为戒毒康复人员营造一个和谐、健康的社会环境，社会各界积极参与帮教，各用人单位为戒毒康复人员提供就业岗位，解决对象及其亲属的实际困难，等等。所有这一切，都决定着戒毒康复人员能否真正回归社会。德宏州目前有 4 家企业接收安置吸毒康复人员就业，累计接收安置吸毒康复人员 21 人。因此，能否有效地深入发动社会各界广泛参与和大力支持社区戒毒（康复）工作，决定着这项工作能否最终取得成功。

（四）在“美沙酮门诊”设立工作站是做好社区戒毒（康复）工作的有效途径

开展社区戒毒（康复）工作是一项全新的、复杂的工作，有的吸毒人员尚未完全理解和全部接受社区戒毒（康复）的规定，特别是工作人员进社区、进家庭开展帮教谈话和家访时，有很大一部分人员比较反感，不配合，总认为让邻居看到会很丢脸、伤面子，有的不让工作人员进家门，少数人甚至还会辱骂、威胁工作人员，艾滋病吸毒人员更是肆无忌惮。针对这些情况，芒市社区戒毒（康复）领导小组进行分析、研究、商讨对策，认为芒市有 300 多名吸毒人员每天都会到美沙酮门诊来进行维持治疗，那么在门诊设立社区戒毒（康复）工作站就会为社区管理工作人员提供最好的平台，对他们开展帮教、尿检、谈话也比较集中、准时，如工作人员到门诊来开展帮教工作，就避免了工作人员上门帮教被拒绝的尴尬场面。此项工作付诸实施后，得到大部分吸毒人员的赞同、拥护和参与，由于地点固定，人员集中，对象好找，时间准时，对社区工作人员来说也是很大的方便，更主要的是推进了社区戒毒（康复）管理工作。为了规范、完善这项工作，芒市又把 11 名医生门诊全部编排到 11 个社区，每名医生负责一个社区的戒毒（康复）对象，并为社区戒毒（康复）人员提供必要的医疗指导和心理康复指导，大大提高了社区戒毒（康复）的效果。

四、社区戒毒（康复）试点工作存在的问题

在肯定成绩的同时，也要清醒地认识到工作中存在的问题和不足。特别是对照《禁毒法》的要求，德宏州目前的工作与此要求相

比还存在不小的差距，主要表现在以下五个方面。

（一）工作体系不到位

德宏州现有吸毒人员13 375人，按照社区戒毒（康复）的管理规定，每名吸毒人员必须有一个监护小组进行管控和帮教，而德宏州吸毒人员的基数大、分布广、管控难度大，吸毒人员多，社区管理干部少，工作任务繁重，难以应对庞大的吸毒群体。一些乡镇、街道社区戒毒工作的机构、人员、经费得不到足够保障，各项规章制度有待进一步健全和规范，工作责任有待进一步落实。

（二）思想认识不到位

部分领导还没有深刻领会、准确把握《禁毒法》对社区戒毒（康复）工作的新要求。对于德宏州吸毒人员基数大，经费严重不足，管理人员极为缺乏等客观实际，有的领导和工作人员有畏难情绪，感到“无所适从，无从入手”。部分乡镇领导和社区干部对社区戒毒工作认识不足，缺乏积极性，工作处于应付状态。一些社区、村委会以人员少、工作多为借口，将此项工作交由驻村工作队来做，工作队又交由片区民警来开展，存在相互推诿、扯皮的现象。有关职能部门参与不够，支持不力。基于认识的片面，各职能部门对社区戒毒工作多部门合作、齐抓共管只停留在会议上，未落到实处。未能形成工作合力，影响了社区戒毒效果，社区戒毒工作机制建设需进一步加强。

（三）工作衔接不到位

一是各县（市）都存在强制隔离戒毒所和劳教所的出所人员与辖区派出所的衔接、美沙酮维持治疗与社区戒毒（康复）工作的衔接不到位的现象。二是对在社区戒毒工作小组中设立社区医生的要求不重视（德宏州的社区医生都是兼职），影响了社区戒毒效果。三是戒毒人员被责令社区戒毒后现状信息未及时入库进行维护，造成信息系统内的数据与实际数据有出入。

（四）管控措施不到位

乡镇、街道与公安机关工作协调配合脱节、不同步，对戒毒人员有违反协议的现象未及时向公安机关报告，流散失控的戒毒人员未得到相应的处置，影响执法的严肃性。

（五）工作规范不到位

有的县（市）下达责令社区戒毒通知书却不签订社区戒毒协议书，有的签订了社区戒毒协议书后措施不落实，导致戒毒人员下落不明，而有的又在没有接到公安机关的责令通知书的情况下已经签订了社区戒毒协议书。社区工作人员与吸毒人员签订协议书或上门帮教时，仍然出现吸毒人员拒签、拒访的现象，少数社区的工作难以推进。

五、社区戒毒（康复）工作发展展望

社区戒毒（康复）工作的目标是：禁吸戒毒工作进一步得到巩固，戒断巩固率不断提高，吸毒人员逐年减少，社会面上无失控漏管吸毒人员，戒毒工作体系不断健全完善，为实现新一轮三年禁毒人民战争各项工作任务奠定坚实基础。社区戒毒（康复）作为戒毒制度的创新，它的工作成效将直接影响禁毒工作的长远发展。为此，德宏州各禁毒责任单位要进一步统一思想、提高认识，切实增强做好社区戒毒（康复）工作的责任感和使命感。

（一）更新理念，深化思路

以理念的更新推动思路的创新，把正确的理念贯穿于社区戒毒（康复）各项工作的始终，确保社区戒毒（康复）工作健康、顺利开展。一是以人为本理念。改变一直以来以打击惩罚为主的执法理念和工作模式，充分认识吸毒人员既是违法者，也是受害者。坚持管理与服务相结合，对吸毒人员的违法行为既要严格依法惩处，更要体现对受害者的治疗救助。二是主动防范理念。从造福子孙后代、构建和谐社会的高度重视防范工作，加大社会面的宣传，教育广大民众自觉抵制毒品，珍惜生命，远离毒品，提高广大群众参与禁毒工作的积极性和主动性。三是常抓不懈理念。充分认识毒品问题的长期性、艰巨性和反复性，克服急功近利、短期行为的倾向。在这三个理念的指导下，总体思路是：对毒情较重的重点乡镇要全力遏制，对一般毒情地区要保持“零增长”，对基础比较好的地区要创建“无毒社区”。大家要按照“实”、“新”的要求深化工作思路，“实”就是我们的工作思路要实，“新”就是社区戒毒（康复）工作的开展要紧密结合本地实际，创新思路。

（二）健全机制，落实责任

按照“党政领导、部门联动、发动群众、综合治理”的要求，党委政府和禁毒部门要深入研究当前社区戒毒（康复）工作存在的问题，积极研究对策措施，着力解决体制性和机制性障碍。乡镇、街道要切实担负起社区戒毒工作的主责，卫生部门要抓好社区戒毒医疗机构建设，财政、劳动、民政等责任单位要依法履行社区戒毒相关职责，积极主动地参与戒毒工作。各级公安机关要深入分析社区戒毒（康复）对公安禁毒工作提出的新需求，积极协助乡镇抓好工作。要通过责任落实，相互协作，逐步形成“以社区为基础，家庭为依托，专业组织提供指导和服务，公安、司法、卫生、民政、劳动保障等相关部门齐抓共管，禁防队员、志愿者、工青妇等社会力量参与”的社区戒毒（康复）工作新机制。要保证工作顺畅运行，就要进一步健全完善领导机制、责任机制、工作机制和考核机制，做到乡镇街道主要领导亲自抓、分管领导具体抓、专兼职人员落实抓，充分发挥好党团作用，充分发挥好相关部门的作用。

（三）三色管理，综合治理

社区戒毒（康复）工作要执行三色管理，与社区矫正人员、劳教所外执行人员的监管有机结合，纳入综合治理。推进社区戒毒（康复）工作，要从三个方面下工夫。一是在营造氛围上下工夫。社区戒毒（康复）工作是全新的戒毒措施，要使此项工作得到社会各界的理解和支持，必须采取多种方式、利用各种有效渠道，加大宣传力度。要向戒毒人员宣传，向戒毒人员的亲属和周围人群宣传，向重点人群和场所从业人员宣传，更要向社会各界进行广泛宣传。只有把政策法规宣传到位，才能为禁毒法的顺利实施和社区戒毒

（康复）工作的深入开展营造浓厚氛围。二是在信息化上下工夫。要以情报信息和计算机网络为依托，充分运用信息化手段，加强对吸毒人员的跟踪管理、动态管理，提高社区戒毒（康复）工作的水平。三是在加强管控上下工夫。乡镇街道要切实承担管控职责，履行戒毒协议，严格落实走访、尿检、谈话等帮教措施，坚持定期汇报和请销假制度，实时掌握戒毒人员的思想状况和活动范围。加强与公安机关的协调、沟通，对戒毒人员出现违反戒毒（康复）协议或拒不接受社区戒毒（康复）的情况，及时通报给公安机关，确保戒毒（康复）对象不失控，及时收戒失控的戒毒（康复）对象。

（四）三手并举，全面推进

突出打击、防范与治理三手并举，既要治标，也要治本，做到以防为主，以打促防，以治促防，以防促打，使社区戒毒（康复）工作保持全面协调可持续发展。从德宏州实际来看，要加强对易涉毒场所的整治，文化、工商、公安等主管部门要加强协作配合，依托有关行业组织，将管理触角延伸到宾馆、会所等新出现的易涉毒部位。定期组织从业人员接受禁毒知识培训，及时兑现举报奖励措施，增强从业人员防毒拒毒意识。要加强青少年的防毒教育，依托学校、家庭和社区，在青少年易涉足的游戏房、录像厅、网吧等场所，大力宣传新型毒品的危害，增强青少年识毒、防毒能力，最大限度地减少新吸毒人员的滋生。

（五）破解难题，创新举措

要从两个方面破解难题，加大社区戒毒（康复）工作的力度。一是做好外出吸毒人员的管控。外出吸毒人员的管控是一个很大的难题，要注意研究措施和机制，保持信息畅通，加强对流动吸毒人员的帮教。二是要坚持不懈长期抓。要摒弃“毕其功于一役”的临时任务观念，改变战役式、运动式的禁毒工作模式，坚持以科学发展观为指导，科学谋划禁毒中长期规划，一步一个脚印狠抓各项措施落实，不断积小胜为大胜。

GC/MS 技术在毒品分析中的应用

陈　飞*

摘　要：GC/MS 分析技术以其灵敏度高、可靠性好、分析速度快、不需标样等特点在毒品分析中发挥着极其重要的作用，取得了理想的效果。GC/MS 技术能够鉴别是否为毒品及其种类，为侦查毒品犯罪案件提供线索和证据，为确认是否吸毒和戒毒提供线索以及对制毒原料和易制毒化学试剂进行检验。

关键词：GC/MS　毒品分析　毒品犯罪　吸毒

近年来，世界毒品犯罪形势日趋严峻，它像瘟疫一样在全球蔓延，成为当今世界最严重的社会问题。根据联合国卫生组织和麻醉药品司先后公布的资料表明：毒品犯罪已形成从种植、加工、贩运到消费的“国际化”体系，几乎没有哪一个国家和地区能免遭其害。毒品贸易已遍及世界各地，形成国际化的网络，每年的毒品交易额达8 000 亿~10 000 亿美元，仅次于军火交易，每年有数十万人因吸毒而死亡。由于毒品对人类的危害日益加剧，坚决禁毒已成为国际社会的共识，并开展了日益强大的国际反毒斗争。

数年来的禁毒斗争实践业已表明，毒品分析工作在缉毒、戒毒和惩治毒品犯罪的整个禁毒活动中，已成为不可缺少的组成部分，

---

*陈飞，云南大学法学院讲师。

有着极其重要的地位，发挥着其他工作所不可替代的作用。毒品分析工作不仅仅是为侦查破案提供依据，更重要的是为检察机关起诉犯罪嫌疑人和审判机关的定罪量刑提供科学的证据，而且随着禁毒斗争的深入开展和法律的不断健全和完善，毒品分析在禁毒工作中的地位和作用将进一步得到巩固和发展。

在长期的毒品分析工作实践及联合国麻醉药品司向全世界各国法庭科学实验室推荐的毒品分析方法中，既有简单的化学反应法、TLC 法，也包括 UV、HPLC、GC 等各种现代仪器分析方法，然而这些方法在检测灵敏度、检测效率和对未知物结构分析等方面均不如 GC/MS（气相色谱 - 质谱联用）法。色谱法具有很强的分离能力，但能提供的定性信息却很不充分；质谱法是通过样品离子的质量和强度的测定，对样品进行成分和结构分析，具有很强的结构鉴定能力，但一般需要鉴定对象为纯物质。气相色谱—质谱联用技术同时发挥了色谱分离能力强与质谱鉴定能力强的优势，使分离和鉴定一步完成，大大提高了检测效率。[①] 毒品分析有两大难点：难点之一是把要分析的毒品从生物检材中提取出来，即在检验之前，被分析的生物检材要经过分离、提取和净化；难点之二是部分被分析的毒品含量极微，有的经过体内代谢变成代谢物，母体毒品残留很少。通过气相色谱可以将微量的待测样品分离，进入质谱进行定性与定量检测，因此气相色谱—质谱联用技术可以部分解决这些难点，从而使其成为目前毒品分析中效果最好的方法。本文结合多年的司法实践，简要介绍了 GC/MS 技术在毒品分析中的应用。

一、鉴别是否为毒品及其种类

不同的物质有不同的化学组成、结构、性能，可通过 GC/MS 将其鉴别出来，并根据联合国麻醉药品司的有关规定判明查获的可疑物是否为毒品或含有毒品，并鉴别其种类。如：①鸦片类毒品含吗

①孟品佳．毒品化学［M］．北京：中国人民公安大学出版社，2006.

啡、可待因、蒂巴因、罂粟碱、那可汀等成分；②海洛因类毒品含海洛因、单乙酰吗啡等成分；③大麻类毒品含四氢大麻酚（THC）、大麻酚（CBN）、大麻二酚（CBD）等成分。从而为确定是否贩毒、种植毒品原植物提供线索和证据。

二、为侦查毒品犯罪案件提供线索和证据

毒品犯罪往往是多个个体行为的组合，走私、贩卖、运输、制造毒品的犯罪分子和吸食毒品的人员之间，常常存在着严密的或松散的网络系统。由于毒品的制造地、制造技术、工艺手段和原料成分不尽相同，毒品特别是海洛因，在外形、颜色、含量和中间体等方面存在着一定的差异，这些差异通过 GC/MS 检验鉴定确认后，可以作为侦查中对毒品来源、毒品的制造方法进行研究分析的依据。在毒品走私、贩卖的黑色渠道中，为最大限度地牟取暴利，经生产商、中转商、零售商直到消费者（吸毒者）手中，常常一再地掺假、稀释，在毒品中加入一些兴奋剂、镇静剂、填充剂，常用的有咖啡因、头痛粉、脑复康、去痛片等，通过 GC/MS 对掺假物的检测，可以为侦查贩毒途径提供线索、范围和证据。

三、为确认是否吸毒和戒毒提供线索

我国为了进一步加大对毒品犯罪打击的力度，教育挽救吸毒人员，规定凡是吸毒成瘾的，要进行社区戒毒或强制隔离戒毒，这就需要对涉嫌吸毒人员的吸毒工具、体液或毛发进行毒品检测，确定嫌疑人是否吸毒及所吸食毒品的种类；对于中毒死亡者，则需通过分析检验，确定中毒原因及死亡原因。吗啡不仅是合成海洛因的原料，也是海洛因、可待因的降解代谢物，海洛因因水解产生去酰基化作用，由二乙酰吗啡降解成单乙酰吗啡，再进一步水解，形成吗啡，由尿中排出。因此，通过 GC/MS 检出代谢物吗啡，可作为吸食海洛因的证据。同时，检测吸毒者体液中吗啡的含量，可确定戒毒人员的戒毒成果。对于中毒死亡者，则可以通过死者体液和其他生

物组织中毒品成分的定性、定量分析，确定其是否因毒品致死，因何种毒品中毒死亡等。

四、对制毒原料和易制毒化学试剂的检验

我国刑法明文规定，违反国家规定，非法运输、携带醋酸酐、乙醚、三氯甲烷或其他用于制造毒品的原料或配剂出境或在境内非法买卖，都可定罪量刑。因此，通过 GC/MS 对制毒原料（如麻黄素）和易制毒化学试剂的检验，提供对此类犯罪分子进行定罪量刑的重要证据。另外，通过毒品旋光异构体的检验，可为具有旋光性毒品（如苯丙胺类）生产时所使用的合成原料、路线提供依据。

分析化学仪器已成为与各种犯罪活动作斗争的一种强大武器，GC/MS 分析技术以其灵敏度高、可靠性好、分析速度快、不需标样等特点在毒品分析中发挥着极其重要的作用，取得了理想的效果。

（原载《中国中西南地区色谱学术报告会文集》2002 年版）

论“违法行为矫治法”的正当性基础

高 巍*

摘 要： 违法行为矫治，是一种着眼于特殊预防的强制化措施。矫治措施的正当化基础与刑罚不尽相同。其更重视行为人的危险性，一般不受罪责原则的限制。矫治措施可以使用限制或剥夺自由的方式，对于有危险性的个体人身进行强制，在法治国理念下其正当性根据不无争议。合目的性路径尝试从预防目的的需要来证成矫治措施的正当性，在理论上存在困境。利益权衡路径立足于行为人的危险性，并适用利益权衡和比例原则证成矫治措施的正当性，具有合理性。

关键词： 违法行为矫治　合目的性　利益权衡

违法行为矫治，在德日刑法理论中一般表述为保安处分，违法行为矫治与保安处分二者可能因为语境变化和使用者偏好表现出不同的内涵。但是，二者在与刑罚区分的意义上往往具有同一性。如德国学者冈特·施特拉腾韦特指出：“现行法律规定，处罚犯罪的具体措施不仅包括刑罚，还有明文规定的矫正和保安处分。这个名称即已表明，它与刑罚有着本质的区别，因为它不包含刑罚那样的对罪犯人身的责难，而只遵循特殊预防的目的，对罪犯进行‘矫正’，

---

*高巍，法学博士，云南大学法学院副教授。

保护公众不受罪犯的威胁。”[①] 2005 年，我国首次将“违法行为矫治法”列入立法计划，但当年未能审议通过，中断两年后，“违法行为矫治法”重新被列入 2007 年度立法计划。一般认为，积弊重重的劳动教养制度催生了违法行为矫治法立法的必要性。但是，在理论建构上，违法行为矫治的正当性基础并不够清晰，或者说，出于什么样的目的、对于何种行为给予何种程度的矫正才能说是正当的，还需要进一步的检讨和证成。

一、合目的性路径的困境

从矫治思想的起源来看，对于违法行为进行矫治是出于特殊预防的目的。特别在刑罚手段无法适用或刑罚不足以有效预防犯罪发生的情形下，就特定的违法行为进行矫治或保安处分正是基于特殊预防的需要。据德国学者李斯特考证，在中世纪时期的德国法律文献中就出现了基于特殊预防目的的保安处分思想。如当时的戈斯拉尔法规定，对于丧失理智的犯罪人予以保护性监禁。另外，中世纪德国的南部各州也规定，让精神病人驾驶小船逆流而上，自生自灭。李斯特认为，如果认为这些规定背后有“使之不能犯”的保安思想，则可以认为与现代意义上的矫正性教育处分有着相似之处。另外，针对行为人犯罪危险性制定保安处分的思想最早体现在《查理五世刑事法院条例》第一百七十六条中，该条规定，对于被认为可能实施犯罪行为且以其他措施不足以维持社会安全之人，可对其不定期地实施保安监禁。[②] 因此，一般认为特殊预防目的的存在是矫治或保安处分的正当性基础，这种证成路径可以称之为合目的性路径。

合目的性路径把符合预防目的作为采取矫治手段的正当性依据，并认为只要采取的矫治或保安手段是有利于预防犯罪和消除危险的，

---

①冈特·施特拉腾韦特，洛塔尔·库伦．德国刑法总论 I——犯罪论［M］．北京：法律出版社，2006.

②弗兰茨·冯·李斯特．德国刑法教科书［M］．北京：中国法制出版社，2000.

就具有正当性和合法性，而不考虑矫治手段所指向的对象在罪责角度上是否值得剥夺或限制自由。如古典功利主义者佩利认为：“犯罪必须以某种手段加以防止；那么只要是有助于达到这个目的的手段，不论它是否与犯罪者的罪过相称，都是恰当的，因为这种做法是建立在惟一可以证明惩罚正当性的原则的基础上的……政府正是为了这个目的而建立起来的；这个目的要求政府的行为必须有助于压制犯罪。这个目的在一些充满无限智慧的方案中可能有什么意义，但是在世俗刑法的规定中并不总是与对罪过的恰当惩罚相一致的。”① 其理论架构为，行为人具有某种犯罪的可能性，但在罪责原则的限制下又无法适用刑罚或足以预防犯罪的刑罚，因此具有犯罪的危险，适用矫治手段则能消除这种危险。因此，对具有危险的行为人进行预防性矫治具有正当性。德国1974年《普鲁士共同州法》的基本思想就体现了矫治手段的合目的性正当化模式。该法规定：“盗窃犯和其他罪犯因为具有堕落的倾向，对公众生活构成了威胁……即使在囚犯忍受完刑罚之后，也不能立即释放，而应该继续关押，直到他们能够证明，有能力以诚实的方法养活自己。”② 合目的性理论利用目的来证成手段的正当性，而目的本身却存在一定的抽象性，或者说过于宏大和模糊，不利于人权的保障。

首先，合目的性与正义的要求存在紧张关系，片面地强调合目的性可能会损害法律的正义价值。拉德布鲁赫曾指出：“警察专制国家曾经试图将合目的性原则作为唯一起决定性作用的原则，而且不假思索地将正义和法的安定性排除在内阁司法部门做出的必须绝对服从的命令之外。”③ 纳粹德国时期，合目的性的正当化路径加剧了纳粹政府借助保安处分等矫治措施立法压制人权和正义。特别是

①韦恩·莫里森．法理学——从古希腊到后现代［M］．武汉：武汉大学出版社，2003.

②冈特·施特拉腾韦特，洛塔尔·库伦．德国刑法总论Ⅰ——犯罪论［M］．北京：法律出版社，2006.

③G. 拉德布鲁赫．法哲学［M］．北京：法律出版社，2005.

1933年纳粹德国政府制定的《关于危险的惯犯》、《关于保安矫正处分》、《关于保卫人民的国家》等保安处分条例，无限制地扩大了国家权力对个体人身自由的干预，并以矫正和改造为名进行种族清洗和政治迫害。1933年7月14日颁布的《遗传病预防法》和随后实施的"安乐死"计划就是合目的性模式下的极端表现。① 此外，无论是特殊预防的目的，还是复归社会的目的，都具有一定程度的欺骗性，会损害正义的基础价值。美国学者弗莱切就此指出："复归社会的目的更加具有欺骗性，因为慈善的动机掩盖了国家的强制力；如果嫌疑犯'有病'（sick）并且需要治疗，那么，他是否在一个偶然的情况下'碰巧'犯了罪，似乎完全是没有关系的。"②

其次，合目的性路径存在国家主义倾向，极易导致对个体自由和权利的忽视，与人权保障的现代法治国理念存在矛盾。在某种意义上，违法行为或犯罪行为是行为人主体性的一种自主选择和决定，在一个自由的法治国家里，强制阻止公民个体犯罪并改变其自身状态，很难说符合人权尊重的理念。正如康德指出："法院的惩罚绝对不能仅仅作为促进另一种善的手段，不论是对犯罪者本人或者公民社会都是如此。惩罚在任何情况下，必须只是由于一个人已经犯了

①1933年，纳粹德国制定的《遗传病预防法》以种族主义为内核，在"德意志血统的纯洁性"这一宏大目的的支配下，规定了遗传障碍者应该强制性绝育。其主张者强调："维持德意志人民的健康和种族健康的目的是永远保持有许多高种族价值的孩子的足够数量的遗传健康的家庭。健康种族思想的核心是培育下一代。将来法律的维护者必须明确德意志人民的培育目标。"强制生育就是一种极端的矫治措施，甚至超越了预防犯罪的目标，变成一种纯粹推行极权统治的工具，连目的的正当性也放弃了要求。另外，为了进一步扩张种族主义和专制，纳粹政府还制定了"安乐死"计划，对所谓"不值得存在之生命"进行惩罚和消灭，以求符合种族主义的目标。如纳粹内务部长在1935年公布的刑法官方委员会的一份报告中宣称："对所谓不值得活之生命的消灭是必要的。"1937年，一名法学博士生在其论文中指出："只有属于高级种族者才有权在德国领域内生存，没有用处、甚或是低能对社会有害者应从社会中消失……社会是否愿以杀戮方式消灭低能者有待讨论……但这一重要任务不应受阻碍，对管辖权的争议会销蚀其效力……因为刑法措施与种族健康措施之间的界限在某些情况下可能会变得模糊。"参见英戈·穆勒．恐怖的法官——纳粹时期的司法［M］．王勇，译．北京：法律出版社，2000：111－116.

②乔治·P. 弗莱彻．刑法的基本概念［M］．北京：中国政法大学出版社，2004.

一种罪行才施加于他。因为一个人绝对不应该仅仅被作为一种手段去达到他人的目的……刑法是一种绝对的命令。不能根据法利赛人的格言‘一个人的死总比整个民族被毁灭来得好’，于是要求犯罪者爬过功利主义的曲径去发现有些什么有利于他的事，可以使他免受公正的惩罚，甚至免受应得的处分。如果公正和正义沉沦，那么人类就再也不值得在这个世界上生活了。”① 因此，在自由社会状态下，个体的自由应该受到充分的尊重。因为，国家或法律存在的终极目标只能是为了更好地维护个体的自由决定和发展。舍弃个体自由的独立性，片面追求个体与某种社会目的的一致性，甚至使用限制和剥夺个体自由的方式来达到这种目的，在道德评价的正当性上不无疑问。德国学者耶赛克认为，宪法赋予每个公民的自由，是与“公众相联系的自由”，谁不具有在社会中与他人和睦相处的能力，为了安全利益，其自由必须受到限制。② 这种认识把个体自由理解为隶属或服从于安全的第二位权利，并不妥当。现代社会中，安全只能够理解为自由前提下的安全，不能够强调安全而过度牺牲个体自由，特别是缺乏现实的安全损害行为，多元社会有义务接受和容忍部分安全的威胁，以更充分地维护个体自由的实现。比如，法律倘若规定所有人在夜晚不得走出家门，否则构成犯罪或予以保护性监禁，这样的规范无疑是武断而专横的。这种过度压制个体自由的安全不仅有悖于个体的社会主体性，也有悖于尊重人权的原则。现代社会一般承认，只要行为或行为人不具有伤害性，就不应该限制其自由。

美国学者德沃金也认为，政府必须以尊重和尊严对待其公民，这种尊重与尊严也是社会成员之间相互的要求。尽管在追求预防犯罪的目的支配下，只要有可能减少未来的犯罪，就对人们进行监禁或矫治的模式虽然更具有预防犯罪的效果，但是，这样做会混淆一

①韦恩·莫里森．法理学——从古希腊到后现代［M］．武汉：武汉大学出版社，2003.

②汉斯·海因里希·耶赛克．德国刑法教科书［M］．北京：中国法制出版社，2001.

种界限，即把其他人看做与自己同样的人，以区别于仅把他人视作保障自己利益的一种手段。接着，德沃金不无忧虑地指出："根据我们社会的传统和实践，再没有比这更为严重的侮辱了。不管把这种程序称为惩罚还是称为治疗，这种对人的侮辱都同样严重。"[①] 因此，纯粹具有预防目的的需要，尚无法证成违法行为矫治的正当性。

二、利益权衡路径的证成

正是基于合目的性路径的困境，一些学者尝试从利益权衡的角度探讨违法行为矫治或保安处分的正当性根据，如德国学者罗克辛指出，国家规定保安处分权力的正当化根据只能从利益权衡中得出。具体而言，如果一种自由的使用极其可能导致损害他人的严重后果，那么，就可以剥夺这种自由。因为，这种损害的发生比对自由的限制更为严重，而且危险的原因必须通过保安处分才能得到控制。在这里，利益权衡是必要的，换言之，需要权衡人的价值和尊严等所具有的全部意义，当它被法律秩序估计得越重要，危险的范围与所考虑的预防性措施相比，就要被限制得越窄。[②] 概而言之，被矫治人对于法益所造成威胁的严重程度必须在利益衡量上大于剥夺或限制其自由等矫治手段所导致的损害。或者说，采用矫治措施所取得的利益必须大于被矫治人被剥夺或限制的利益。

不难看出，利益权衡与功利主义有着内在的关联性。美国著名的大法官霍姆斯曾经指出，个别正义必须让步于社会功利，也就是说，"公共政策为了公共利益而牺牲个人"是恰当的。[③] 德国学者冈特·施特拉腾韦特具体分析了矫治措施发动的利益衡量原则，他认为，只有当需要保护重大的公共利益时，判处比与罪责相符的自由

①罗纳德·德沃金．认真对待权利［M］．北京：中国大百科全书出版社，1998.

②克劳斯·罗克辛．德国刑法学总论［M］．北京：法律出版社，2005.

③道格拉斯·N. 胡萨克．刑法哲学［M］．北京：中国人民公安大学出版社，2004.

刑更长的、剥夺自由的保安处分才是合法的。因此，最重要的一点是，行为人对于法益所造成的威胁已非常严重，以至于有必要通过侵犯其自由权来消除这种危险。公共利益对于预防行为人继续犯罪的需要，取决于犯罪的严重程度以及再犯可能性的大小。倘若行为人可能犯罪，那么保安处分对于其自由权的侵犯程度，不仅取决于保安处分措施期限的长度，也取决于矫治措施的性质。[①]

利益权衡路径的基础在于预设了这样一个前提，即被矫治人的危险性是存在的，而且危险性有大小之分。正是因为行为人具有犯罪的可能性，如果这种可能性比较大，或者可能导致很严重的实际损害，则催生了矫治的必要性。矫治措施的发动一方面建立在危险性的基础之上，另一方面也与危险和矫治的衡量有关。日本学者大谷实指出："保安处分的基础是行为人具有将来犯罪的可能性，即对象者具有反复犯罪的危险性。这样，即使被处分的是精神病人，有治疗的必要。但只要行为人没有反复犯罪的危险性，也不得对其实施保安处分。因为，保安处分是以行为人的反复犯罪的危险性为要件的。在其危险性消失时，就必须终止保安处分。"[②] 因此，利益衡量路径作为矫治措施正当基础就推导出两个条件：危险性的存在和矫治利益大于被剥夺或限制的自由。但是，在如何理解这两个条件上却存在一些争议，有必要进一步阐析。

（一）行为人具有危险性

作为矫治措施前提的危险性一般是指人身危险性，即指基于被处分人一定的人身状态而于将来再次实施犯罪的可能性、盖然性或倾向性，但在个别情况下，也包括基于被处分人一定的人身状态而于将来初次实施犯罪的可能性、盖然性或倾向性。[③] 但是，人身危险性是对于未来的一种预测，其判断方式能否说具有科学性呢？如有

---

①冈特·施特拉腾韦特，洛塔尔·库伦．德国刑法总论Ⅰ——犯罪论［M］．北京：法律出版社，2006.

②大谷实．刑事政策学［M］．北京：法律出版社，2000.

③赵秉志．刑罚总论问题探索［M］．北京：法律出版社，2003.

美国学者不无怀疑地指出："依据目前的所有可以获得的数据，科学家很难预测未来的犯罪；仅仅以先前的犯罪记录作为根据，就更难做出准确的预测了。'一个曾经犯过罪的人会再次犯罪'的判断常常是正确的，但也可能是错误的——很多犯罪人都不会再次犯罪了。"①或者说，能否对危险性进行判断呢？倘若危险性本身就是一个伪命题的话，对于违法行为的矫治手段则失去了正当性基础。日本学者大谷实认为，一些明显具有犯罪可能而被精神病院收容的人是存在的，这就表明危险性的判断是可能的。② 这代表了一种从存在推导规范的方法。危险性的具体判断必须以现实的事实特征为基础，依据法定的程序进行规范的认定。可以说，危险性的判定既非一个事实的描述和归纳，也非一个纯粹的臆测过程，而是事实基础之上的规范评价。因此，否定危险性可以判断的观点是有失偏颇的。

具体而言，危险性的判断有赖于行为人所表征出来的事实。一般认为，危险性可区分为再犯的危险性与初犯的危险性。前者与犯罪人的个人状况、犯罪的主客观情况、犯罪前后的行为表现和情绪反应相关；后者则与行为人的身心特征和行为的累发性以及不良嗜好等有着内在的联系。我国有学者认为，从实然的角度来看，任何试图寻找或制造一个用来界定人身危险性的万能公式的努力都注定徒劳无功。因为，作为有生命的具体的社会个体，其性格特征千差万别，行为习惯五花八门，除此之外还有年龄、性别、职业、婚姻、家庭、文化程度、生活经历、政治觉悟、道德修养、业务水平等诸多方面的差异，而且这一切每时每刻都处于发展变化之中，造成了判断和界定人身危险性的难度。但同时人身危险性却又是可知的，又是可以加以类化、细化和量化的。特别是随着人类科学技术水平的迅猛发展和快速提高，对被处分人的人身危险性的认定会更加科

---

①保罗·H. 罗宾逊. 对危险性的惩罚：刑事司法掩盖下的预防性羁押［J］//哈佛法律评论——刑法学精粹. 北京：法律出版社，2005.

②大谷实. 刑事政策学［M］. 北京：法律出版社，2000.

学、规范、公正、高效。这也是保安处分更加合理化的技术保障之一。[①] 从国外的立法例来看，意大利《刑法典》列明了社会危险性的认定标准和参考事实。该法第一百三十三条、第二百零二条、第二百零三条等规定确立了法官推断危险性有无及大小时应当考虑的情节：犯罪的原因和犯罪人的性格；刑事裁判上的前科以及行为人犯罪前的品行和生活状况；行为人犯罪时或犯罪后的品行；行为人所处的个人、家庭和社会生活环境；等等。当然，必须承认危险性的判断并没有一个唯一正确或真理性的标准，因为对于未来的预测很难说具有科学性。但是，以经验事实为支撑的认定和判断模式在很大程度上具有合理性，因为人类行为与过去经历、性格、社会环境等因素总是存在内在的关系。

（二）矫治的收益必须大于被矫治人的损害

矫治的目的是通过牺牲个体的较小的自由或权利，以换取社会的不特定多数人的更大利益。这种利益的权衡必须是具有效益的，否则就成为无效的矫治或浪费的矫治，从而无法获取矫治手段使用的正当性。因为，矫治的采用往往缺乏内在的道德支撑，必须是具有效益的，才可以说具有合理性。从这个角度来看，“矫治的收益必须大于被矫治人的损害”这个条件不仅是效益原则的体现，也是比例原则对于矫治手段的限制。

英国学者边沁认为，法律的根本价值在于促进和增长社会幸福的总和。因此，没有效益的社会控制或惩罚都是不应该存在的。具体而言，惩罚无效益是指“依通常状况，在罪过的性质与惩罚的性质两相比较时，后者造成的苦痛证明大于前者造成的苦痛”[②]。具体到矫治措施的发动而言，矫治措施的效益就是要求获得超过成本投入和被矫治方损失的更大收益。但是，效益原则还必须受到比例原则的限制。因为，比例原则源于法治国理念，是一种具有普适性的

①罗殿宏．保安处分与中国当代刑法革新问题研究［D］．上海：华东政法学院，2004.

②边沁．道德与立法原理导论［M］．北京：商务印书馆，2000.

宪法原则。因此，与法治国的理想模式相对应的是，尊重个人的尊严居于突出的地位。正是基于尊重人权的考虑，比例原则也可被表述为禁止超过必要限度原则。

比例原则对违法行为的矫治具有指导作用，或者说，采取矫治措施必须受到比例原则的拘束。我国台湾学者林钰雄指出："比例原则乃保安处分界限。"① 因此，一个矫治措施，尽管其不需要有现实的损害，只是针对行为人现在具有的危险性，但是，该矫治措施倘若超出了行为人所实施的行为的意义，以及与可期待的行为和与由其造成的危险等级不相称的时候，也不允许加以规定。这个比例的宪法要求使利益权衡原则在禁止超过必要限度的意义上得以具体化。简言之，尽管某一行为人可能造成某种损失或具有某种危险，也存在着遏制和防止这种危险变成现实的预防性利益，但是在矫治措施的严重程度小于对有关人员适用矫治所产生的自由损失时，国家就不应该采用矫治措施，而应当容忍这种危险的存在。②

从某种意义上讲，比例原则就是要给个体自由和国家强制性的矫治措施划定一个大致的正当性界限。个体自由与矫治措施之间存在一种紧张关系，个体的自由所产生的危险并不是都应该预防或防止的，否则就会导致警察国家的出现，不利于贯彻法治国理念下的人权尊重原则。德国《刑法典》就贯彻了这种理念，该法第六十二条规定："保安处分应和刑罚一样，按均衡原则规定期限。"那么，为了保障人权，保安处分必须由法院宣判，而对于延续的必要性，必须进行司法审查。

三、结　语

现代社会以风险和价值多元为主要特征，通过违法行为矫治的立法和实践把风险控制在社会可以接受和容忍的范围内，是一种符合利

①林钰雄．刑事诉讼法［M］．北京：中国人民大学出版社，2005.

②克劳斯·罗克辛．德国刑法学总论［M］．北京：法律出版社，2005.

益权衡的路径，也是最大限度上保障公民安全和发展的必然选择。我国当前正处于经济、社会转轨时期，政府的职能由高度管制向服务社会转变，在尊重和扩大公民自主和自由的法治理念下，一方面需要坚持罪刑法定和罪责原则，严格限制国家运用刑罚手段干涉个体自由的权力，以保障国民的可预期性和自由发展；另一方面，对于公共安全具有高度危险性的行为人纯粹依据刑罚的手段则很难有效遏制，因为罪责原则要求刑罚权的发动必须具有道德上的支撑，也就是说，行为人只应该对其有责状态下所导致的法益损害承担刑事责任。因此，我国现阶段对于一些高度危险的行为人无法定罪量刑，如吸毒者、卖淫人员等。现行的行政手段因为缺乏法律的体系支撑和科学的制定程序，兼之实施过程中存在着流于形式的缺陷，暴露出我国犯罪预防环节的立法缺位，并由此导致了犯罪态势长期处于非常严峻的形势。因此，进行“违法行为矫治法”的立法不仅具有必要性，也具有迫切性。通过违法行为矫治立法，可以使我国既有的一些犯罪预防性手段具有法律正当性，并通过严格的程序设置、监督体系，切实保障其危险遏制、犯罪预防的效果，如劳动教养、强制戒毒、收容教养等。当然，“违法行为矫治法”的立法也不能是过于扩张的，应该具有一定的限度和范围。或者说，违法行为矫治手段的采用，尽管针对的是现在或未来的危险，也必须在危险和矫治手段的强度和方式之间保持一定的比例或协调，以维护个人的自由不受过度和任意的干涉。

（原载《内蒙古社会科学》（汉文版）2007 年第 5 期）

民间法：一种少数民族地区犯罪控制的乡土力量

——以云南宁蒗跑马坪乡彝族社区民间禁毒个案为样本

刘　希*

摘　要：在传统理论中，犯罪控制是典型的民间正式力量主导的社会机制，但是这种理论构建下的犯罪控制设置并不一定能够发挥最大的效果，尤其是在少数民族聚居的乡土社区中。云南宁蒗跑马坪乡彝族社区民间禁毒个案的法律人类学解读说明，国家法外的民间法资源能够并且应当成为少数民族地区犯罪控制的重要力量。

关键词：民间法　少数民族地区　犯罪控制　法律人类学

> 社会秩序一旦遭到破坏，就会再次得到重建，而且许多情况表明这种事情现在正在发生……从本性上说，人是社会的产物。人的大部分基本驱力和本能导致他们创立出道德法则，而这些道德法则又使得他们结为团体。从本性上讲，人也是有理性的。
>
> ——弗朗西斯·福山①

法律对于人类学的新兴致，在日益丧失行为导向变得

---

*刘希，云南大学法学院博士研究生。本文系云南省教育厅基金项目“少数民族地区犯罪的控制和矫正——法律人类学的比较研究”（编号：07J50957）阶段性成果。

①费朗西斯·福山．大分裂［M］．北京：中国社会科学出版社，2002：5.

陈腐的对世界的哲学解释中，在日益意识到人的生活受到生态和心理的威胁中，显出活力。

——阿图尔·考夫曼、温弗里德·哈斯默尔①

社会秩序是每一个或大或小的社区维持正常运转的基本条件之一，当该社会群体的成员行为、思想或感受违反特定准则或价值观念时，社会的秩序便会遭到程度不一的破坏，我们通常将其称为越轨行为。② 当越轨行为超过国家法律（尤其是刑事制定法）可容忍的最低限度时，最严重的越轨行为——犯罪——便发生了。③ 我国是一个统一的多民族国家，少数民族在社会生活中有着重要的地位。在我国的少数民族地区，犯罪呈现出了显著的有别于汉族社区的特色，同时对少数民族地区社会秩序的破坏程度也是巨大的，因此对于少数民族地区犯罪的社会控制的特殊性探讨便是必要的。

在我国少数民族地区，除了国家正式法律制度之外，还存在着一套被吉尔兹称为"地方性知识"④ 的社会规范对犯罪现象作出基本的调控，这其中包括了少数民族习惯法、宗教等一系列社会控制方式，⑤ 有的学者也将其统称做"民间法"。⑥ 而在少数民族地区，毒品问题和贩毒犯罪问题比较突出，全国的吸毒人口中少数民族占了很大的比例，⑦ 可以说对少数民族地区毒品犯罪的控制具有标志性的意义。本文将以云南宁蒗跑马坪乡彝族社区民间禁毒的个案为样本，分析民间法在少数民族地区犯罪控制中的运行方式及重要作用。

---

①阿图尔·考夫曼，温弗里德·哈斯默尔．当代法哲学和法律理论导论［M］．北京：法律出版社，2002：489.

②杰克·D. 道格拉斯，弗兰西斯·C. 瓦克斯勒．越轨社会学概念［M］．张宁，朱欣民，译．石家庄：河北人民出版社，1987：11－12.

③皮艺军．越轨社会学概论［M］．北京：中国政法大学出版社，2004：320.

④克利福德·吉尔兹．地方性知识：事实与法律的比较透视［M］//梁治平．法律的文化解释［M］．邓正来，译．北京：三联书店，1994：130.

⑤刘希．论我国少数民族地区犯罪的社会控制［J］．犯罪研究，2006（3）.

⑥苏力．法治及其本土资源［M］．北京：中国政法大学出版社，1996：61.

⑦郑杭生．民族社会学概论［M］．北京：中国人民大学出版社，2005：378.

一、案例简述[1]

云南省宁蒗县，1980年以来，为了保护生态，当地政府严禁山民砍伐森林，又关闭了一个造纸厂，失业者于是出现。20世纪90年代初海洛因流入，一些人开始贩毒，也有以贩养吸的。至1999年初，跑马坪乡共有吸毒人员86人，其中，沙力坪村金谷忍所家族的嘉日家支（彝族）占22人。

2002年，庄孔韶教授和他的学生们到该地进行田野调查并拍摄了一部名为《虎日》的影视人类学纪录片。[2] 该片记录了金谷忍所家族利用彝族传统民族文化中“虎日”的力量和彝族社区独特的社会结构、民族习惯法等因素禁毒的整个过程。

（一）1999年“德古”[3] 禁毒

1999年1月某日，嘉日家族举行了由20多个“德古”参加的禁毒筹备会。该会议完成了以下几个议程：①对该家族吸食毒品人员进行调查；②对该地区贩毒人员进行调查举证；③宣布某日举行嘉日家族禁毒盟誓动员会议。

1999年11月30日，云南大学人类学专业教师嘉日姆几号召嘉日家支二十几个“德古”，第一次以家族名义向毒品宣战。嘉日阿伙（老乡长的儿子）记得：“德古们对我说，我是个金谷家的男人，全家族的人都在看着我，如果我不戒毒，我的父亲将没有脸面活下去。”

1999年11月30日举行嘉日家族禁毒盟誓仪式：①由“德古”嘉日万格宣布向毒品宣战；②由嘉日姆几向族人讲解毒品的危害性；

---

①案例来源于李宗陶．“虎日”戒毒［J］．人口传媒，2006（1－8）；葛维英．家族禁毒的乡土环境［J］．三联生活周刊，409.

②该纪录片由中国人民大学出版社2001年出版。

③彝谚有“汉区长官为大，彝区德古为大”。一般地说“德古”指口才好、善于演说、知识丰富、智力过人、懂彝族的习惯法、按习惯法及其案例处理问题、办事公道、能为家支（或地区）解决问题、维护家支的利益而且作风民主的头面人物。

③由“毕摩”[①] 念经以求先祖的保佑；④戒毒人员轮喝“决心酒”并对祖先发誓；⑤由戒毒人员杀牛祭祖并负责烹煮（仪式的当天有邻近的五个村落的村民闻讯前来参加，并携带烟酒以示祝贺）；⑥戒毒人员安置在家族安排的集体戒毒地点。

这一次戒毒的20个人，有10人复吸，10人戒断。嘉日阿伙复吸了。

（二）2002年“虎日”禁毒

2002年5月22日是彝族的“虎日”，传统上指发动战争的日子。金谷忍所家族全部成员来到集会的山洼里，举行规模更大的戒毒仪式。

杀牛是彝族家族最郑重的仪式。“打仗之前，我们杀牛，吃牛肉，喝血酒，从牛皮下钻过去，就定下了打仗的一切细节。对于我们，这个仪式和宪法一样不可违反。上一次动用这个仪式，还是在小凉山解放前、共产党人来和彝族头人们议事结盟的时候。”金谷五斤决定支持嘉日家支的提议，用最传统的家族宗法，来挽救家族里32个吸毒人员，净化跑马坪的社会环境。“那天一大早，金谷家的500户族人陆续站满了山坡地四面。牛、猪、鸡被我们杀掉，取出胆和血，做成血酒给族人喝。请‘毕摩’念咒，刻在神山的大石头上。咒语意思就是，吸毒的人，家族不再把他当人看待，他的命不再重要，除非他重新寻回做金谷家人的尊严。”嘉日阿伙的父亲、哥哥和堂弟被指定监督他的行为，如果嘉日阿伙吸毒，他的至亲会用最严厉的手段对待他，和嘉日万格用枪对准儿子一样，“他们会看着我像一只狗那样死掉”。同样，戒毒的责任也被全族的人共同承担，“只要我愿意戒毒，会有十几个人拉着手站在我身旁，给我鼓励。”

---

①“毕摩”是彝语音译，“毕”为“念经”之意，“摩”为“有知识的长者”，是一种专门替人礼赞、祈祷、祭祀的祭司。毕摩神通广大，学识渊博，主要职能有作毕、司祭、行医、占卜等活动；其文化职能是整理、规范、传授彝族文字，撰写和传抄包括宗教、哲学、伦理、历史、天文、医药、农药、工艺、礼俗、文字等典籍。毕摩在彝族人的生育、婚丧、疾病、节日、出猎、播种等生活中起主要作用，毕摩既掌管神权，又把握文化，既司通神鬼，又指导着人事。在彝族人民的心目中，毕摩是整个彝族社会中的知识分子，是彝族文化的维护者和传播者。

吸毒者的待遇是被关进条件恶劣的小黑屋，有人干脆用木条给封锁起来，每天有人送饭。为了保证宗族法度的权威，吸毒人员本人和家属签下了担保书：“安排三个以上人监管；一年内不得出远门；任何人有权随时和他思想交流；如果不改，送公安机关，家族可以按照家规对其采取强制措施，不履行承诺者一切后果自己承担。”戒毒期间有两人毒瘾发作，自己在屋内上吊而亡。嘉日姆几和吉伙体子组织了9个族人的“民间禁毒协会”。吉伙体子拿出类似公安联防自制的袖标，充满了自豪感。他说：“有一个吸毒者逃跑，我们在县城里的大街上找了4天4夜。卖毒品给金谷家的人，金谷家将对他采取措施。原来我们是要抄他的家，烧他的房子。后来有个贩毒的人，我们一车50多人到他家一看穷得可怜，也就没有抄，只把他送去派出所了。今年年底他就劳教期满了。”

发现有人在跑马坪卖毒品给金谷家，报案者奖励500元。而吉伙体子自己一年的收入只有1 000元左右。宁蒗全县年收入1 000万元左右，支出2.5亿元，是国家级贫困县，没有余力用于民间戒毒。吉伙体子的力量来自大家族的支持，“一开始每家2元钱，凑了1 000多元给我们做经费”。“民间禁毒协会”的人有权力追踪每一个吸毒者，在200多平方公里的山区内，他们步行去每家走访和进行帮助，“大多数吸毒者在辈分上是我的叔叔或者爷爷，但是他们都很尊敬我。在他们戒毒期间，他们的小家庭完全靠金谷族人凑钱来供养。”结果，嘉日阿伙遵守诺言，戒断了毒瘾，4年里只去过县城2次，“金谷族人是真心为我好，戒毒的前两年，只有他们来我才有肉吃。”戒掉毒瘾的嘉日阿伙加入了“民间禁毒协会”。跑马坪乡2006年被评为“无毒社区”，共有一个男性祖先“金谷”的家族里，2002年戒毒的32个人，有27个人至今没有复吸，另外几人则脱离了金谷家族，远走他乡。

（三）“虎日”模式的应用性转换

这一应用性的人类学实践和政府缉毒的目标是一致的，得到宁蒗县各族人民的支持，也推动了地方政府以实际行动支持彝族人的禁毒活动，鼓励和支持在彝族聚居村落推广“虎日”禁毒模式。2003年5月召开的县人大、政协会议有议案要求通过“宁蒗民间禁毒基金”的成立，现在这一体现“虎日”文化动力促进族群内外关系沟通的成果已经实现，政府走向前台具体支持禁毒行动将使更多的地方民众受益。[①]

二、民间法在少数民族犯罪控制中的作用

以“德古”和家支为主要内容的宗族法是彝族习惯法的典型代表[②]，家族制度对于彝族社区的重要性不仅仅体现为生育功能，更表现在“事业组织”[③] 的功能上。换句话说，宗族法这种民间法形式控制着彝族社区所有成员的“居处法则”[④]，作为这一社区的成员，人们首要的应当遵守的社会规则便是宗族法。作为一种民间习惯法资源，其“根植的乡土性”、“内容的生活性”、“运作的内控性” 和“保持的恒定性”[⑤] 决定了在类似跑马坪乡这样的彝族社区中，宗族法往往会比国家制定法起到更直接、更好的社会效果。有学者认为“习惯法是法律唯一的渊源”[⑥]，虽然，民间习惯法既有对国家制定法相互补充的方面，亦有相互冲突的方面，但是发挥民族习惯法与国家的刑事制定法间的积极互动模型，在少数民族地区的犯罪控制上仍然有着不可替代的巨大作用。

（一）宗族法的犯罪控制作用：法律意识的形成

法律意识指人们关于法律现象的观点、思想、心理和知识的总称[⑦]，在具体的乡土社区中它是对特定行为作出社会判断的基础。具

---

①庄孔韶．“虎日”的人类学发现与实践［J］．广西民族研究，2005（2）．

②张晓辉，方慧．彝族法律文化研究［M］．北京：民族出版社，2005：304－325．

③费孝通．乡土中国生育制度［M］．北京：北京大学出版社，1998：40．

④基辛．文化人类学［M］．张恭启，于嘉云，译．台北：巨流图书公司，1993：261．

⑤田成有．对接：国家制定法与民族习惯法的二元论［J］//徐中起，张锡盛，张晓辉．少数民族习惯法研究．昆明：云南大学出版社，1998：54－55．

⑥亨利·布律尔．法律社会学［M］．许钧，译．上海：上海人民出版社，1987：39．

⑦刘金国，舒国滢．法理学教科书［M］．北京：中国政法大学出版社，1999：468．

体而言，法律意识指导着社区中每一个个体认知什么样的行为是社区文化提倡的、什么样的行为是社区文化反对或禁止的、什么样的行为处于价值判断的中间状态——既不提倡也不禁止。在少数民族社区，现代法律意识的形成和传统法律意识之间会因社会文化的异质性而发生具体观念层面的冲突。实质上，这种冲突是国家法律这种“精英文化”和民族民间“小传统文化”的碰撞结果，文化性质的一致和文化具体层面的相异使得二者之间确有消弭冲突的进路及可能性①，少数民族地区的某些传统习俗，自古以来就是少数民族群众管理社会、调整人与人之间各种关系的无形的行为准则，少数民族公民会选择更为服膺习俗的统治②，利用作为民间法资源的少数民族习惯法和国家法律制度积极互动的具体内容，便可使身处独特民族文化区域的少数民族同胞尽可能多地形成现代法律意识，从而在思维源头上遏制犯罪行为在这一区域的频繁发生。

历史上，彝族人对毒品并不陌生。1956 年前的鸦片曾经是这一地区彝人的主要经济来源和传统药品，他们种植罂粟制成鸦片运到内地，换回粮食、布匹和盐，其中最重要的是枪支，最好的价格是 5 斤鸦片换一支美国造的大花牌步枪，值大约 300 两银子。这一时期，种植罂粟和制造鸦片为宗族法默许；彝族群众并不因它们的独特物理属性（成瘾性）而感到上述行为是对社会秩序的破坏。换句话说，种植罂粟和制造鸦片在当时的彝族社区中并无不妥，人们理所当然地认为这是一种合法行为。到了 1956 年宁蒗解放，此地建立了彝族自治县，在中央的号召下这里的彝族高层渐渐接受了禁止吸食鸦片的观念，但宁蒗地区的彝族群众基本不识汉文，他们不可能直接接受来自中央的鸦片禁令。实践证明，此时的宁蒗彝族已经普遍地认识到吸食或贩卖鸦片违法，鸦片从原来的经济支柱产业转化为社区惩戒的极端手段，如

①刘希．法律：一种保护民族民间文化的文化［J］//中国挪威合作项目研究成果．民族民间文化保护论文集．

②吴大华．中国少数民族犯罪社会控制的实践与反思［J］//湖北民族学院学报（哲学社会科学版），2005（1）．

"偷窃自己的族人要判处死刑，可以自缢，不自缢的则让他吞吃鸦片"，从此宁蒗彝族同胞便将罂粟和鸦片排除出日常生活，在这一过程中，宗族法的限制和制裁是中央政策得以迅速在此推行以及被彝族群众普遍接纳的最重要的因素。20世纪90年代海洛因流入宁蒗，给当地的彝族社区带来了巨大的灾难，时至今日，彝族宗族法中越来越多的内容涉及对海洛因、鸦片等毒品的吸食和贩卖禁止，虽然实际层面上仍有这一区域的彝族人违反习惯法禁令，但绝大多数的宁蒗彝族人形成了"贩毒违法、吸毒有害"的现代法律意识，在宁蒗闭塞的交通和对汉文化仍旧较为陌生的状态下，几经变迁的宗族法又一次成为当地法律意识形成和变迁的最主要动力。

从社会心理学的视角看，法律意识的形成和培养要采用"多种多样有区别的手段"，因为每一个群体的社会心理都是不尽相同的。[①] 可以看出，在少数民族地区，法律意识（尤其是涉及犯罪和刑罚的刑事法律意识）一般不直接来源于国家制定法或汉族文化的带动，相反，每一次集体法律意识或大或小的变化主要依靠当地民族民间习惯法接纳并转化至个体，民间法在国家法和少数民族同胞间搭建了现代法律意识的中介，对于生活在少数民族地区的个体而言，直接影响他们的是本民族、本地区的民间法资源。法律意识毕竟是一种文化，在少数民族和汉族文化固有差异存在的情况下，国家法"精英"文化属性通过民间法"地方性小传统化"的转换方可发挥作用，因此若是在国家法—民间法—少数民族社区—少数民族个人这一链条中缺失了民间法一环，国家法律将无法有效地影响并调控少数民族地区的群众，刑事制定法和民间秩序将被分割成两个较难沟通的区域。

（二）宗族法的犯罪控制作用：预防犯罪

在宁蒗彝族社区中，宗族法往往规定了当地彝族群众在生活中各种行为的许可或禁止，这其中的禁止性规定为家族性谱系强制力

---

①戴健林．法律社会心理学［M］．广州：广东高等教育出版社，2002：256－266.

量所保障，成为最重要的一种行为规则，例如1956年前这里的彝族宗法制中不同等级间不容许通婚，这样的规定，使得某些行为成为社区和民族文化中反对或禁止的内容。随着国家法对少数民族地区的渗透，现代法律意识也渐渐进入宁蒗地区彝族的民间宗族法中，民间法中关于行为禁止的规定在具体内容的层面也发生了或多或少的变化，例如许多原始的血亲复仇现今便成为宗族法禁止的内容，而同样的行为在1956年前是得到认可的，互相掠夺妻子和奴隶并因此同态复仇曾经是宁蒗彝族一种正常的社会状态。

对于本文作为样本分析的毒品，过去也是宁蒗彝族人生活中司空见惯的一般商品，它曾经被作为经济来源和医药广泛使用，由于黑彝、白彝社会地位不平等，因此这一时期对于与外界交换鸦片所得收入的税收权和吸食毒品的权利仅仅局限在黑彝群体；对于白彝而言实施上述行为就是违反了宗族法的规定，在当时可以称其为“犯罪”而遭到社区的严重惩罚，正因为类似宗族法的存在，白彝人很少违反上述规定，“犯罪”的行为较少出现。

1956年以后，国家禁止种植罂粟，鸦片和后来的海洛因等毒品成为政府严厉打击的对象，于是宁蒗彝族社区的宗族法内容也相应发生了变化，罂粟或鸦片在社会中的经济职能逐渐淡化直至消失，民间利用鸦片作为医药的现象也逐渐得到遏制，毒品从原来的合法地位演变成如今宁蒗彝族地区的非法物品。贩卖或者吸食毒品的彝族人会遭到家族的排斥，最终认为他们不是“族人”，当失去了家族这一彝族社会最重要的资源支撑后，贩毒、吸毒的彝族人便无法在这一社区继续生活下去，正是因为这一民间法机制，对于大部分彝族人口而言（尤其是原来可以吸食鸦片的黑彝后代），贩卖或吸食毒品便成为一种需要远离的生活形态，预防犯罪的目的由此达成。

需要指出的是，由于犯罪预防是一种事前机制，因此其和法律意识的形成有着密切的联系和互动。一方面，民间法作为一种地方性知识，具备在少数民族区域形成现代法律意识的过渡功能，所以通过民间法而产生的法律意识便会内化为社区社会心理，进而转化为这一社区中每一个成员的个性心理内涵，事前的犯罪预防由此产生；另一方面，大多数人遵守这一民间法规范或少数人违反规范遭到惩罚是民间法犯罪预防的两种结果，这两种状态的共时性存在使得所有同一民间法域的个体加固或变更其固有法律意识，个人心理向集体法律意识的转化在民间法犯罪预防的过程中得以展开。

（三）宗族法的犯罪控制作用：犯罪社区矫正

在犯罪学中，矫正通常划分为国家正式制度的矫正和社区矫正两大类，前者一般指监狱、劳动改造等形式，后者通常采用一种不使罪犯与社会隔离并利用社区资源改造罪犯的方法，是所有在社区环境中管理教育罪犯方式的总称，其前身在国外最初叫做社区治疗。[①] 有学者认为我们应将社区矫正尽快融入社区文化，在理想的社区文化中顺利实现矫正目标[②]，因此在社区矫正中，上述“社区资源”在少数民族地区最重要的形式即为带有浓厚当地社区文化成分的民间法。

在矫正史上，民间性的矫正方式与国家正规法律矫正相比更多地运用于实际生活，最早的矫正体现在部落法规的血亲复仇和赔命价规定中，对于同一个行为，普通人的矫正方式为命价，贵族为流血冲突；与此同时，宗教法律也是矫正的主要手段，例如《旧约》中血亲复仇的规定和摩西法律中关于神授职责的仇杀性规定；正式矫正制出现的时间较晚，直到16世纪才第一次长期使用监禁的正式矫正手段。[③]

在犯罪社区矫正的体系中，社区性——即民间资源的运用——是最为显著的特征，在城市中一般体现为社区（街道）矫正委员会，这类机构一般和监狱、劳改机构等国家正式矫正有所对接，现实中有许多经过社区矫正合格后由国家有权机构予以减刑的案例，[④] 因此

①朱晓萍．社区矫正初探［J］．台声，2006（1）．

②丁钢．社区文化：社区矫正的门槛与酵母［J］．江苏大学学报（社会科学版），2006（2）．

③克莱门斯·巴特斯勒．犯罪矫正概述［M］．北京：群众出版社，1987：4、5、8．

④王俊．广州1 500名罪犯明年回家服刑［N］．广州日报，2004－11－26（3）．

这类社区矫正带有半官方性。与之相对的，少数民族地区大多分布在边远山区，城市中的这套带有半官方属性的社区矫正模式由于城乡差距、文化差异等诸多原因在少数民族社区无法有效实施，因此少数民族文化本身提供的内生性民间法矫正方式可能是少数民族地区最具成效的社区矫正可选择性资源。

和犯罪预防的事前性相比，矫正属于事后环节，这种事后性特征最直观的体现为使犯罪分子认识罪责、行为控制、治疗以及矫正完毕后回归社会。

1. 宗族法的矫正作用——认识罪责

这项功能的实现和上述法律意识的形成其实是逻辑上的包含与被包含关系，当法律意识在矫正的过程中形成后，接受矫正的罪犯自然就会意识到行为的过错性以及应当承担的法律责任形式和程度。对于宗族法在宁蒗地区彝族社区中起到的形成现代法律意识的功能，上文已经详细分析过，此处不再赘述。

2. 宗族法的矫正作用——行为控制及治疗

在宁蒗彝族社区，封闭是宗族制度戒毒最强有力的措施。第一，在田野调查材料中我们发现，宗族法利用其民间权威和谱系等社会力量强制金谷家族内的吸毒者封闭戒毒，同时宗族法也详细规定了封闭期间的生活保障、亲属探视以及出逃处理措施等一系列的细节性规则，使得对吸毒者的宗族矫正成为一套严谨的逻辑体系可供操作；第二，该彝族社区的宗族法还明确了将毒品贩卖给金谷家族成员这一行为的处置办法，其中还适时地借用了“公安”等这一类国家资源以起到更强的威慑目的，不论是“抄家”、“烧了他的房子”或是“送派出所”，明确的惩戒措施使得生活在当地的其他群众对将毒品贩卖给金谷家族的行为至少产生了心理顾忌，实施这一行为的结果很有可能就是报复性、否定性的惩罚后果，贩毒这一犯罪行为的社区矫正在宁蒗地区的彝族村寨中便依凭上述模式得以运行了；第三，对于举报贩毒行为且属实者，金谷家族给予举报者500元的经济奖励。这一措施使得社会其他力量得以凝聚，共同参与对贩毒这一行为的监督、控制以及治疗，少数民族地区里这种奖惩并用的矫正效果并不逊色于城市中的社区矫正。

3. 宗族法的矫正作用——回归社会

矫正的意义在于回归，成功的社区矫正有利于避免监狱化人格的形成，即社会化缺陷。[①] 社区矫正并不仅仅只是一种规则的运行，而应当放到对一种文化结构的构建角度，[②] 其中最重要的方面应当是被矫正者完成矫正后的回归社会（或称为二次社会化）的文化环境。对于吸毒者而言，一般社区将这样的个体视为不正常的人或越轨者，文化界定经历了一个吸毒者—越轨者—社区人的过程，然而在宁蒗彝族社区，宗族法构建了有别于上述思维模式的另一套文化界定话语环境：人—族人—吸毒者。[③] 从这样的认知模式中我们看出，在其他社区一旦吸毒，社区成员的身份便会逐渐远离，相反在宁蒗彝族社区，尽管有的成员染上毒瘾，但其社区成员（族人）的身份并没有被改变，只有在无法戒除时才不被视为家族成员。对于彝族人而言，家族成员身份是最重要的社会标志，其一般社区身份的保有为即将到来的矫正提供了社会认同的保障，同时也为拒绝矫正的个体成员提出了一种类似于釜底抽薪式的惩戒可能。在认知习惯上将吸毒者以特殊的状态仍旧放在族人后，宁蒗地区和其他社区相比便减少了一次社会身份变化的跳跃，进入矫正状态的被矫正者，并未因矫正过程脱离整个社区的文化环境，相反还在矫正中强化了自己的家族成员身份的认识，这样的文化习惯至少带来两个好处：第一，从矫正效果看，排除了由于旧的正常身份被剥夺，新的越轨身份的建立带来的被矫正者与矫正机构（包括矫正机构内的工作人员）的二元身份对立，被矫正者自身仍然处在一般意义上的社区成员的身

①常伟谊．分析社区矫正的社会价值［J］．湖南税务高等专科学校学报，2006（4）．

②孙平．社区矫正的法律人类学比较［J］．比较法研究，2006（1）．

③庄孔韶，杨洪林，富晓星．小凉山彝族“虎日”民间戒毒行动和人类学的应用实践［J］．广西民族学院学报（哲学社会科学版），2005（2）．

份状态，有利于矫正过程的顺利进行及矫正效果的提高；第二，被矫正者一般社区身份的保留，在其他社区成员中仍是事实状态得以存在，当矫正完成后，被矫正者回归社区不需要经历二次身份转变。

在本文分析的案例中，1999 年嘉日阿伙回忆："德古们对我说，我是个金谷家的男人，全家族的人都在看着我，如果我不戒毒，我的父亲将没有脸面活下去。"可见，对于宁蒗彝族社区来说，吸毒并不当然造成否定家支关系的结果，相反吸毒者与其家庭成员乃至整个社区的固有联系变得更加紧密，原有社会身份的强化使得矫正有了坚实的基础。虽然 1999 年这次戒毒对于嘉日阿伙而言并不成功，但 2002 年，嘉日阿伙仍然以一般家族成员的身份进入新一轮的矫正，"只要我愿意戒毒，会有十几个人拉着手站在我身旁，给我鼓励。"结果，嘉日阿伙遵守诺言戒断了毒瘾，"金谷族人是真心为我好，戒毒的前两年，只有他们来我才有肉吃。"从他的叙述中我们看到，嘉日阿伙在两次矫正中，都保有着金谷家族成员的身份，并且这一身份纽带成为矫正的手段和依靠力量，和城市中普通群众对戒毒所唯恐"避"之不及的状态相比，戒断毒瘾的嘉日阿伙是幸运的，因为在彝族的宗族法文化中，吸毒与戒毒都只是家族成员的一种个体特征，当具体的特征形态发生改变后，其基本的社会身份几乎没有受到影响，矫正后回归社区成为一个自发且简易的过程。

当我们面对城镇中吸毒人员戒后的"高复吸率"时，或许可以借鉴宁蒗地区彝族民间法文化的实践经验，为犯罪矫正提供另一种合理可行的解释范式。

4. 矫正的后勤——宗族法的社会保障职能

彝族宗族法在宁蒗地区的实践中，还起到了一定的社会保障功能，"在他们戒毒期间，他们的小家庭完全靠金谷族人凑钱来供养"。宗族关系的亲密性使得其他的社会成员自然而然担负起被矫正者家属的基本生活保障供给，这为矫正工作的顺利进行提供了后勤支持，也体现了整个宗族对被矫正者及家人一视同仁的社区态度。

三、民间法在少数民族社区犯罪控制中的优势：社会凝合

通过上述分析我们看到，对于犯罪行为的控制目的并不是一个孤立的机制所能达到的，不论大到整个国家还是小到一个社区。在这一系列的环节中，正式制度与非正式制度的结合、主导力量与大众力量的叠加成为犯罪控制效率高低的关键。一般情况下，打击犯罪行为的具体步骤从侦查开始到审判结束都是国家公安、司法机关的事情，正式的犯罪矫正更是监狱等部门专管的领地，即使是社区矫正方式也大多只有个别的部门负责（例如城市的街道办事处），大众很少参与。这种犯罪控制的运作模式从社会学的角度来说是不经济和不高效的，控制犯罪的目的是为了达成社会整体秩序的和谐，而在这一过程中只有极少数的社会因子在发挥作用，不得不说是一种遗憾。

分析本文案例我们看到，宁蒗彝族社区对涉及毒品的犯罪控制过程从一开始就动用了全部的社区资源，“虎日”仪式的举行，德古、毕摩等参与矫正的集体监督等，都使得越轨者在这一社区中接受了全方位的控制制约。事实证明，若想摆脱控制只有离开这一社区，民间法的最大优点就在于其内生性和民间性，这两大特性决定了在区域犯罪控制的过程中，它能在最大限度上凝合社会资源，达成社会效果。

从理论上说，民间法这一运动模式在目前的少数民族社区中是理想的犯罪控制运行态势，合理利用这一乡土力量资源将会有助于我国和谐社会在少数民族地区的切实构建。

（原载《西南边疆民族研究》第6辑）

第五编

艾滋病人的权益保护

论毒品与艾滋病

管士寒*

摘　要： 近些年，国人常提到“禁毒与防艾”，将毒品和艾滋病这两个似乎毫无关系的东西联系在一起。毒品和艾滋病都是对人类造成威胁和危害的事物，“毒”要禁，“艾”要防，别认为它们没有关系，至少它们有共性，这两个“邪恶之徒”组成了“同盟军”向人类发起了旷日持久的战争。面对人类共同的敌人，世界各国协同一致地采取了禁种、禁贩和禁吸的禁毒方略和预防艾滋病传染的战略。但同时要思考的是人类自身的行为，本文思考毒品和艾滋病，更是思考人类本身。

关键词： 毒品　艾滋病　禁毒　防艾

毒品和艾滋病可称是当今世界的两大公害，已经成为国际社会共同面临的威胁，它们在全球肆虐蔓延，没有哪一个国家能躲过它们带来的浩劫，毒品泛滥和艾滋病的流行，对全人类的生存提出了重大的挑战。毒品，因其具有的特性，使吸毒者如醉如痴；因其利润的巨大使贩毒分子“临危不惧”；因生活的贫困使毒品种植者难以舍弃。于是，毒品泛滥成灾，所造成的局面是毒品摧毁着人类创造的灿烂文明；给世界各国带来了巨大的经济损失；摧残着人类的健

---

*管士寒，云南大学法学院教师。

康、生命；危害着社会的治安。毒品的滥用，使另一个狰狞的怪兽——艾滋病——找到了一条侵袭人类健康和生命的捷径。滥用毒品者毒瘾发作时，迫不及待地需要毒品，以满足身心的需求，而用口吸的方式无法达到这一目的，绝大多数吸毒人员就采用静脉注射的方式吸食毒品，并共用针头和针管，这成为艾滋病传播的一大途径。艾滋病是通过人的体液进行传播的，所以，性交活动也是传播艾滋病的途径之一，就世界范围看，也是主要的艾滋病传播途径。吸毒人员由于毒品的作用，会导致性交活动的混乱及吸毒者为了筹集毒资而从事卖淫活动，都使毒品和艾滋病密切地联系在一起。艾滋病的医学全名叫“获得性免疫缺陷综合征”，其英文全称的缩写为AIDS，是由于感染艾滋病病毒而引起的人类免疫缺陷综合征，是一种严重的传染性疾病，死亡率极高，迄今为止还没有预防疫苗，也没有有效的治愈办法，只是可以预防，因此，它也严重地威胁着人类的健康和生命。

一、毒品的概念和特征

（一）毒品的概念

毒品是指鸦片、海洛因、吗啡、大麻、可卡因以及国家规定管制的其他能够使人形成瘾癖的麻醉药品和精神药品。

“毒品”一词，最早出现在欧洲，是人们在认识到鸦片等麻醉药物的危害之后才开始使用的。在欧洲，最初的“毒品”指用来注射的麻醉药剂，英语中的drugs原本并无“毒物”的含义，也不能用来吸食。后来，由于这类药剂可使人产生药物依赖而大量滥用，进而危害人体并引发犯罪，才使欧洲一些国家把这种“吸食麻醉品”的行为视为吸毒，从而使毒品具有现代的含义。历史上的中国没有“毒品”一词，大约是20世纪20年代开始使用“毒品”一词，鸦片战争以来，称鸦片为“烟”，禁鸦片也称“禁烟”；20世纪20年代称“烟毒”；直到1949年以后，“毒品”一词才在社会上广为使用，因此，现代汉语中的“毒品”一词是舶来品。

至于什么是毒品，从不同的角度有不同的解释：化学家认为“毒品”是一种“由其化学特性改变现存生物体结构或功能的物质”①。医学家认为“毒品”只不过是可使使用者产生依赖的麻醉药品和精神药品，吸毒只不过是一种“药物滥用”行为。法学家认为“毒品”的实质不在于“药品”，而在于非法使用，是一种违禁品。

（二）毒品的特征

从毒品的定义可以概括出毒品具有药理性和法律性，它有三个主要特征。

1. 毒品的依赖性（成瘾性）

毒品是毒物之“毒”和药品之“品”的结合。毒品是有毒害性的一类物质，它和普通的毒物，如砒霜、氰化钾、农药一样，可以引起人、畜的急、慢性中毒，严重时可以直接导致死亡。毒品是药品的一类，毒品以外的药品如果被超过剂量地使用或误用，也会给人体造成损害。但是，普通毒物和普通药品没有依赖性，因而不会形成药物滥用。药物依赖性是毒品的特性，人一旦吸毒成瘾，就很难戒除，这就是导致毒品滥用的主要原因。

药物依赖性是指由于重复使用某种药物而产生的心理依赖或生理依赖，或二者兼而有之的状态。心理依赖性是指毒品进入身体后作用于大脑的精神系统（奖赏系统），使人产生一种特殊的精神效应，并使使用者出现渴求用药的强烈欲望，驱使其不顾一切地寻求和使用该药物（医学上称“寻觅和摄药行为”），心理依赖非常强烈和持久，很难彻底戒断，而且使吸毒者难以控制，将寻觅和吸食毒品作为人生的唯一目标，以致丧失人格，从事各种违法犯罪活动。生理依赖性是指毒品作用于身体，使身体产生了适应性改变，即在该药物作用下的新的平衡状态。当成瘾药被停用后，使用者就会发生戒断症状：轻者头昏头痛、烦躁不安、恶心呕吐、全身不适和神经功能障碍；重者可引起意识障碍、谵妄、昏迷、肢体抽搐，甚至

①张文峰．当代世界的毒品大战［M］．北京：当代世界出版社，1995：1.

循环虚脱而致死。使用者为了避免戒断症状，需要继续定时用药，并不断地加大剂量才能达到原来的同等效果，因此使吸毒者终日离不开毒品。

2. 毒品的毒害性

毒品的毒害性与成瘾性相联系，成瘾性导致毒品滥用者长期吸毒，造成身体的中毒状态。产生各种不适症，体力衰弱、智力减退，甚至精神错乱、中毒死亡。毒品除对使用者个人的身体造成损害外，还降低了使用者的工作能力和在社会生活中的角色功能，成为社会、国家的一大损失。还有，使用者在毒品的影响下，会丧失正常的理智和思维功能，导致各种异常行为的发生，而与违法犯罪联系在一起。

3. 毒品的非法性

非法性是毒品的法律属性。毒品是受国家管制的特殊药品。毒品本是一类药品，使用得当，可以缓解病痛、治疗疾病，但由于这类药品的特性，容易使人形成瘾癖，为了防止滥用这些药物，国家通过颁布法律、法规对这类药品的种植、制造、储存、运输、销售、使用都作了严格的规定，凡违反法律、法规规定种植、制造、储存、运输、销售、使用这类药物的，这些药物就是毒品，反之，则作为药品。例如，医生根据病情为病人提供吗啡，这种情况下的吗啡就是药品。

国家制定的法律、法规明确规定了毒品的范围、种类。卫生部1996年1月26日发布的中国列入麻醉药品、精神药品品种目录，列出了麻醉药品118种，精神药品119种。超出法律、法规规定的范围的物品，即使有成瘾性和毒害性，也不是毒品，如香烟、酒类、挥发性的有机溶剂都具有成瘾性，由于它们不在国家对毒品的管制范围内，就不是毒品。由于各国的法律传统和法律制度不同，同一种麻醉药品在这个国家被看做是毒品，在另一个国家却是合法药品。如种植大麻，至今在美国的10个州仍然是合法的。

中国对毒品的管理有两类法律规定：第一类是国内现行的管理

法规，如《药品管理法》、《麻醉药品管理办法》、《精神药品管理办法》；第二类是中国加入的有关国际公约，主要是联合国 1972 年修正的《1961 年麻醉品单一公约》、《1971 年精神药物公约》以及中国参加并签订的国际禁毒会议的决议等。

毒品的上述三个特征相互联系，成瘾性是毒品的本质特征，毒害性是毒品的后果特征，违法性是毒品的法律特征。①

二、艾滋病病毒与艾滋病

（一）艾滋病病毒

艾滋病病毒医学名称为“人类免疫缺陷病毒”（Human Immunodeficiency Virus，简称 HIV），是造成艾滋病的病原体。

HIV 属于逆转录病毒科慢病毒属中的人类慢病毒组，为直径 100～120 纳米的球形颗粒，由核心和包膜两部分组成。核心包括两条单股 RNA 链、核心结构蛋白和病毒复制所必需的酶类，含有逆转录酶（RT）、整合酶（INT）和蛋白酶（PI）。核心外面为病毒衣壳蛋白。病毒最外层为包膜，其中嵌有 gp120（外膜糖蛋白）和 gp41（跨膜糖蛋白）两种糖蛋白。②

艾滋病病毒有三个生物学特性：一是潜在性，病毒和免疫细胞核中的基因整合，成为染色体的一部分，即一旦一个人感染了艾滋病病毒，他就终生感染并且终生具有传染性。病毒还具有多变性，使特异性、效价高的疫苗研发变得困难。二是繁殖性，艾滋病病毒在感染宿主体内不断复制自己，免疫细胞繁殖复制过程中就包含艾滋病病毒的复制，这种整合使免疫识别很难进行。三是攻击性，专门攻击人体免疫系统至关重要的 T4 细胞和其他细胞，它的靶细胞是 T4 或 T 辅助细胞，能协调和指挥其他免疫细胞，如 T8 细胞、B 细

---

①赵秉志，于志刚．毒品犯罪——新刑法典分则实用丛书［M］．北京：中国人民公安大学出版社，1998：3－5.

②王延光．艾滋病预防政策与伦理［M］．北京：社会科学文献出版社，2006：13.

胞、巨噬细胞和单核细胞等，在免疫系统中起中心作用。①

根据艾滋病病毒的基因差异，它分为 HIV－1 型和 HIV－2 型，两型间氨基酸序列的同源性为 40%～60%。目前全球流行的主要是 HIV－1 型，HIV－2 型的生物学特性与 HIV－1 型相似，但其传染性较低，引起的艾滋病临床进展较慢，症状较轻。

（二）艾滋病

艾滋病，医学全名叫“获得性免疫缺陷综合征”（Acquired Immunodeficiency Syndrome，简写 AIDS）。1986 年世界卫生组织（WHO）为艾滋病下的定义为：由逆转录酶病毒感染所引起的机体免疫功能缺陷，特别是细胞免疫功能缺陷，T4 淋巴细胞减少为特征的继发感染，即以原虫、霉菌、病毒、细菌等的机会感染和卡波济氏肉瘤并发症为特点的一种新型感染症。艾滋病是由于艾滋病病毒引起的人类免疫缺陷综合征，它有两个基本点：病因是艾滋病病毒；疾病主要表现是免疫缺陷，免疫缺陷表现为机会性感染和肿瘤。

从初感染 HIV 到终末期是一个较漫长和复杂的过程，在这一过程的不同阶段，与 HIV 相关的临床表现也是多种多样的。参照 2001 年《HIV/AIDS 诊断标准及处理原则》中华人民共和国国家标准（试行），可将艾滋病的全过程分为急性期、无症状期和艾滋病期。

（1）急性期。急性期通常发生在初次感染 HIV 后2～6 周。艾滋病的“窗口期”也在这个时间。所谓的“窗口期”即感染艾滋病病毒到体内抗体形成所需要的时间，即当艾滋病病毒进入人体后，须等待其血液内艾滋病病毒的抗体形成后，才能从感染者血清中检出艾滋病病毒抗体，确认这人已受到感染，而这段时间是既查不出艾滋病病毒抗原又查不出艾滋病病毒抗体的空白阶段。这期间艾滋病病毒感染者会出现类似感冒的症状，如发热、咽喉痛、乏力、腹泻、腹痛、皮疹、全身肌肉关节痛、淋巴结肿大等。此期间在血液中可

①邱仁宗．艾滋病、性和伦理学［M］．北京：首都师范大学出版社，1999：15.

检出 HIV－RNA 和 P24 抗原，而 HIV 抗体则在感染后数周才出现。CD4＋T 淋巴细胞计数一过性减少，同时 CD4/CD8 比率也可倒置，部分病人可有轻度白细胞和血小板减少或功能异常等症状。

（2）无症状感染期。无症状感染期是指艾滋病病毒感染者没有症状的时期，约占从感染到死亡整个过程的 80% 的时间，其时间长短因感染艾滋病病毒的数量、类型、感染的途径、患者的身体素质的不同而不同，短的约半年，长的可以潜伏 15 年。期间患者一般均无症状，外表、体力及各方面均和正常人一样。少数人有持续性全身淋巴结肿大，但不痛也无压痛。诊断仅根据血清检测抗体阳性，但 T4 细胞数正常。

（3）艾滋病发病期。当人体免疫功能被破坏到一定程度时，就发展到了艾滋病的最后阶段——艾滋病期。这一时期病人的 CD4＋T 淋巴细胞计数明显下降，多为小于 200/立方毫米，HIV 血浆病毒载量明显升高。可发生各种机会性感染、肿瘤和与 HIV 相关的症状。①各种感染包括细菌学感染，如结核杆菌或鸟型分支杆菌感染。病毒感染，如乙型或丙型肝炎病毒；疱疹病毒、巨噬细胞病毒感染等。真菌性感染，如白色念珠菌、隐球菌等。原虫感染，如卡氏肺囊虫、弓形体、隐孢子虫等。还有梅毒、淋病和衣原体等性传播疾病。②恶性肿瘤，如卡波济肉瘤、淋巴瘤等。③痴呆和恶液质。除此之外还有以下症状：持续一个月以上的发热、盗汗、腹泻、体重减轻 10% 以上；部分病人表现为神经精神症状，如记忆力下降、精神淡漠、性格改变、头痛等。艾滋病的临床表现是呈多样化的，并发症也不尽相同，所发疾病与当地流行现患率密切相关。到艾滋病晚期，艾滋病患者的免疫功能完全丧失，机会性感染使艾滋病患者的身体各部位都受到病菌的侵害，体力严重消耗，病毒感染、各类肿瘤合并中枢神经损伤，最终病情恶化死亡。这一阶段时间相对较短，50% 的病人能生存 1 年半，80% 在 3 年内死亡。

三、毒品与艾滋病

2002 年，联合国“世界禁毒日”的主题为“毒品与艾滋病”。

毒品是国家规定管制的能使人形成瘾癖的麻醉药品和精神药品。艾滋病是因感染了艾滋病病毒而引起的人类免疫缺陷综合征。如果说二者有联系的话，是它们和医学有关，毒品是医学中的一类药品，当然也是法律中的违禁物品；艾滋病则是医学领域的一种病症。但从纯物质之间来看是风马牛不相及的，但在现实生活中，它们却通过吸毒人员，准确地说是毒品的静脉注射者紧密地联系在一起。这也许是哲学上讲的“世界是普遍联系的”的一种具体表现。1981 年“在美国纽约发现几例卡氏肺囊虫肺炎病人，男女都有，他们是静脉注射毒品者，均有共用针头史”①。1989 年 10 月在云南省瑞丽县（现已改“瑞丽市”）对 1 800 名吸毒人群进行血清学监测，发现 146 例艾滋病病毒感染者，他们都有静脉吸毒和共用针具的历史。6 年后，中国检出艾滋病病毒感染者已有 1 550 人，其中 79% 是在云南发现的，几乎全部为吸毒者。毒品与艾滋病的关系实质上是吸毒者共用针具注射毒品的行为，使艾滋病通过血液传播给他人。②

（一）艾滋病的传播途径

艾滋病是一种致命性传染病，但是艾滋病病毒没有自主性，不会主动攻击人类，必须经过一定的传染途径、病毒附着在一定的媒介上才能传播和蔓延。大量研究结果证明，艾滋病病毒只能在人的体液中存活，主要存在于艾滋病病毒感染者的血液、淋巴液、精液和阴道分泌物中，当发生体液交换或接触时，病毒感染者体内的艾滋病病毒就会通过破损的皮肤或黏膜进入健康人体内。艾滋病病毒的物理性质决定了它的传播特点，它只会在非常密切和直接的人类接触的环境中传播。它的基本传播方式为：

1. 性传播

性传播是艾滋病病毒最常见的传播途径，世界卫生组织估计

---

①邱仁宗．艾滋病、性和伦理学［M］．北京：首都师范大学出版社，1999：10.

②张绍民，石俊淏，张翔鹰．禁毒大视角——毒品的种类和危害［M］．北京：中国人民公安大学出版社，2004：108.

“75%的艾滋病病毒感染是通过性传播，其中80%通过异性性行为传播，20%通过同性性行为传播”①。性传播一般是通过插入性性交，包括阴道、肛门和口腔的插入性性交。艾滋病病毒主要存在于艾滋病病毒感染者的血液、精液和阴道分泌物中，性交时的摩擦很容易使生殖器黏膜破损，在性交中又必然会产生体液交换，这就可能使艾滋病病毒通过破损的黏膜感染健康人。异性间经阴茎、阴道性交是最普遍的性交传播艾滋病病毒的方式，其传播概率为0.1%～1%，女性较男性更容易通过性交途径感染艾滋病病毒，男性传给女性的概率是女性传给男性的4倍。② 其中已感染了其他性病的人更容易受到感染，因为性病造成的生殖器溃疡等更有利于艾滋病病毒的入侵。

肛门性交传播艾滋病病毒的危险性最大，肛交容易造成直肠黏膜的破损，直肠黏膜比较脆弱，血管也较丰富，使艾滋病病毒更易进入人体。相比较而言，非正常性行为更容易感染艾滋病病毒。非正常性行为主要是指嫖娼、卖淫、同性恋、多个性伴或与艾滋病人性交等，在这些性行为中性伴侣之间的了解甚少，而且艾滋病病毒感染者从外表无法识别，这个人群的多性伴特性增加了感染的机会。性传播的机会除与非正常性行为有关外，还与性交的方式、频率，有无性交的保护措施以及是否有性病和其他情况（如吸毒）等相关。

2. 血液传播

艾滋病病毒主要存在于人体血液的特点使血液接触成为艾滋病病毒的另一个重要传播途径，仅次于性传播。在中国，血液传播是艾滋病病毒传播的主要途径。据统计，共用注射器进行静脉注射及通过采供血途径造成艾滋病病毒感染占全部感染病例的70%以上，其中有63.7%是经静脉注射感染，9.3%经采供血途径被感染。③

---

①邱仁宗．艾滋病、性和伦理学［M］．北京：首都师范大学出版社，1999：16.

②罗秉森，王萍．公安民警预防艾滋病教育概论［M］．昆明：云南大学出版社，2005：8.

③罗秉森，王萍．公安民警预防艾滋病教育概论［M］．昆明：云南大学出版社，2005：9.

艾滋病血液传播有以下几种方式：

（1）吸毒人员共用注射器静脉注射毒品。静脉吸毒者在毒品注射时常常共用一个针具注射，而血液中的艾滋病病毒在温室条件下可存活 15 天，如果群体中有一人是携带艾滋病病毒的人，则这支注射器就被此人的血液所污染，由一人传给多人，而注射者又是相对不固定的，艾滋病病毒就可能再由这个群体传染到其他群体，由此在吸毒者中传播开来。在云南省，吸毒人员共用注射器静脉吸毒为艾滋病感染的主要途径，如云南省瑞丽市，某年份静脉吸毒 HIV 感染者占 HIV 感染者总数的 81.8%。[①]

（2）输入被艾滋病病毒感染的血或血液制品。在输血传播艾滋病的过程中，一旦输入的血液或血浆已被艾滋病病毒污染，那么受血者将成为艾滋病病毒感染的无辜受害者。1982 年在美国的迈阿密发现 3 位血友病病人患卡氏肺囊虫肺炎，他们均使用过第Ⅷ因子血液制品。[②] 1985 年中国浙江省也发生了 4 名血友病病人因输入进口的血液制品第Ⅷ因子而感染上艾滋病的事例。用做血友病治疗的第Ⅷ因子，因为制作过程中由千份甚至万份血液混合提取，一旦有一份 HIV 感染的血液混入，就可使这一批血制品具有传染性。此外非法采供血（单采血浆）的活动已成为中国中原地区艾滋病流行的主要原因，如河南省上蔡文楼村 43% 的村民因卖血而感染艾滋病病毒。[③]

（3）使用未经消毒或消毒不严的、被艾滋病病毒污染的器械进行各种可能损伤皮肤、黏膜、组织、器官，或可能引起出血的检查、治疗以及美容均有感染艾滋病病毒的可能。移植被艾滋病病毒感染者的组织器官被感染艾滋病的病例也有报告。

---

①王延光．艾滋病预防政策与伦理［M］．北京：社会科学文献出版社，2006：50.

②邱仁宗．艾滋病、性和伦理学［M］．北京：首都师范大学出版社，1999：10.

③罗秉森，王萍．公安民警预防艾滋病教育概论［M］．昆明：云南大学出版社，2005：9.

3. 垂直传播

垂直传播是指由已感染艾滋病病毒的母亲在怀孕、生产、哺育的过程中将 HIV 传给婴幼儿的传播方式。研究表明感染了艾滋病病毒的母亲并非百分之百的会将病毒传给婴幼儿，母婴传播的发生率约为 15% ~45%，其主要传播方式为在怀孕中母亲通过胎盘将艾滋病病毒传给胎儿，在分娩过程中，胎儿在通过母亲产道时接触母亲感染了艾滋病病毒的血液时感染；或者通过母亲哺乳而感染。这种传播方式的病例在世界范围内占艾滋病病毒感染总数的 5%。①

（二）吸毒者与艾滋病

毒品与艾滋病的联系是因为吸毒者在吸毒时共用针具，被艾滋病病毒污染的注射器就可能引起吸毒者的感染，这是艾滋病传播的一条主要途径。在云南省通过这一途径感染艾滋病的比例很高，在有的地方曾经达到占 HIV 感染者总数的 80% 以上。HIV 之所以在全球蔓延，与药物滥用的愈演愈烈不无关系。对欧美和亚洲的 12 个城市的静脉吸毒者的调查发现，HIV 的感染率各有不同，大部分城市的静脉吸毒者 HIV 的感染率为 10% ~59% 不等。专家预测，21 世纪艾滋病可能在亚洲特别是在中国流行，主要判断依据就是海洛因在中国的流行。

艾滋病哨点监测的行为资料表明，53. 3% 的吸毒者采用注射毒品的方式吸毒，而其中 37% 的注射者共用注射器。在吸毒者中采用注射方式吸毒是因为毒品的依赖特性所致。静脉注射海洛因的吸毒者中，艾滋病的感染率高达 50%，也就是两个静脉注射海洛因的吸毒者中就有一个已经感染上了艾滋病。②

国内外流行病学调查结果显示，海洛因滥用人群在性观念、性认识、性行为和性体验等方面远远有悖于正常人群。该人群滥用毒

①张绍民，石俊淏，张翔鹰．禁毒大视角——毒品的种类和危害［M］．北京：中国人民公安大学出版社，2004：108.

②张绍民，石俊淏，张翔鹰．禁毒大视角——毒品的种类和危害［M］．北京：中国人民公安大学出版社，2004：105－108.

品前期，性经历年龄偏低，拥有的性伴侣明显多于正常人群，吸毒者中有性乱行为的为非吸毒者的4.7倍，而且多是非婚性关系，吸毒者的性伙伴比非吸毒者的性伙伴要多1倍。性行为的频率和对性感受的追求也远远高于同龄普通人群。吸毒之初，由于海洛因对中枢神经系统的毒性刺激作用，海洛因滥用者往往表现为性欲时限性亢进，性功能病态性增强，性活动频繁甚至性行为偏执等。卫生部对某戒毒所70多例女性海洛因依赖者进行调查，其中没有一个是处女，而已婚者不足20%。[①] 吸毒者成瘾思邪，性乱是“瘾君子”们的共同特点，他们中十有八九有性病。静脉注射和性乱这两种传播艾滋病的主要途径，吸毒者都参与其中。

近年来，中国经性接触感染艾滋病的人数也在不断上升。许多感染艾滋病病毒的暗娼同时又是吸毒者，这使艾滋病传播和感染的原因和途径更加复杂。性病是艾滋病传播的温床，据哨点监测结果分析，性病大面积流行可能导致艾滋病的大面积流行。

女性吸毒者一旦滥用成瘾，为谋求毒资卖淫为娼，滥交成性，成为HIV感染的主要受害者和高危传染源。某戒毒所收治的210名吸毒者中，99%曾有卖淫或嫖娼活动，其中50%以上患有性病。吸毒人群性滥交及卖淫，使梅毒、淋病、软下疳、性病性念珠菌病等传播性病的发病率明显高于正常人群。国内有一项针对142例海洛因成瘾性传播疾病的调查结果显示，男性海洛因成瘾者中传播性疾病的总感染率为62.5%，其中淋球菌感染44.9%、真菌感染21.3%、葡萄球菌感染19.3%、加特纳菌感染8.9%、链球菌感染5.6%。[②]

毒品滥用人群具有HIV高感染率的多元因素和重要的发病学基础。特别是毒品的滥用对人体免疫功能的损害，为HIV侵入提供了

---

①张绍民，石俊淏，张翔鹰．禁毒大视角——毒品的种类和危害［M］．北京：中国人民公安大学出版社，2004：114.

②张绍民，石俊淏，张翔鹰．禁毒大视角——毒品的种类和危害［M］．北京：中国人民公安大学出版社，2004：114.

机会和条件。近年的研究发现，海洛因依赖者细胞免疫病理学损害特征与 HIV 造成的细胞免疫缺陷特征异曲同工，表现为 T4 淋巴细胞明显减少、CD4/T8 比值降低，当然这是否为海洛因依赖人群成为 HIV 高危群体的另一个重要的免疫病理学机制，尚待进一步探讨。

当今世界毒品泛滥成灾，祸害着人类的一切文明，而毒品和艾滋病“携手并进”，使人类面临的问题更加严峻，面对共同的敌人，世界各国的禁毒和防艾势在必行。禁止种植毒品、禁止贩卖毒品、禁止吸食毒品几乎是世界的共识。如果说毒品是一种祸福相依的物质，那么艾滋病绝对是危害人类的头号杀手，当今人们虽然还没有预防艾滋病的疫苗，也没有有效的治愈办法，但是可以通过切断传播艾滋病的途径来进行预防。

在禁毒、防艾的同时，人类应当思考的是：是不是人类自己的行为使毒品作为毒物，使全球千千万万的人受到危害？毒品是一种物质，它本身不会主动“毒害”人类。“金三角”是目前世界上最大的罂粟种植地之一。这里的罂粟本不是当地的原生产品，19 世纪初，英国殖民者将罂粟种子运进缅甸的掸邦。几十年后，在 1886 年时，这里已是罂粟遍地开花，鸦片产量十分可观，大多被英国人运往中国牟取暴利。后来，统治印度支那的法国殖民者也派出专家到老挝、越南传授技术。从全球毒品消费市场的区域看，目前毒品市场还是集中在西方发达国家。昔日，英国、美国、法国等殖民主义国家及其毒品贩子为了私利把毒品引入亚洲许多国家，并传授罂粟种植技术、强制生产毒品，今天他们的子孙后代也成为其中的受害者。在当今中国，多数的毒品违法犯罪者都是贫苦的民众，他们为了生存不惜以身试法。如果说“艾滋病病毒造成了人的机体的免疫缺陷，那么，艾滋病病毒的传播就是利用了社会的免疫缺陷”①。艾滋病的血液传播使得中国中原的十几个省的许多农民因为卖血感染

①夏国美．中国艾滋病的社会免疫缺陷［J］//艾滋病的“社会免疫”．上海：复旦大学出版社，2005：67.

艾滋病而家破人亡；通过性传播途径感染艾滋病的也多是为避免过衣不蔽体、食不果腹的生活，需要赡养老人、供养弟妹的贫困女性。所以禁止毒品、防治艾滋病，不仅要从生物、医学的角度考虑问题，从法律的立场打击违法犯罪，还应当从社会学的角度检讨人类自身设置的藩篱是不是出现漏洞，让狗钻了进来？

云南禁毒与防治艾滋病教育研究

杨 朝*

摘 要：云南与盛产罂粟类毒品的缅甸和老挝接壤，自20世纪80年代以来，产自"金三角"地区的罂粟类毒品源源不断地通过云南进入我国境内，云南成为中国禁毒的前沿。毒品滥用与艾滋病传播的内在联系，使云南的禁毒与防治艾滋病紧密联系起来，为了做好禁毒与防治艾滋病工作，云南采取了诸多的禁毒与防治艾滋病措施，其中，全面开展禁毒与防治艾滋病教育是重要举措之一。

关键词：云南 禁毒 艾滋病 教育

云南地处中国的西南边陲，与缅甸、老挝和越南三国接壤，边境线长达4 000余公里。由于与云南接壤的缅甸和老挝境内盛产罂粟类毒品，自20世纪80年代以来，产自"金三角"地区①的罂粟类毒品源源不断地通过云南进入我国境内，云南成为中国禁毒的前沿。2003年，为了全面推进云南的禁毒工作，云南省委、省人民政府提

---

*杨朝，云南大学法学院教师。

①"金三角"地区是指缅甸掸邦的南部、泰国北部以及老挝的北部等盛产罂粟类毒品的地区，由于以上地区的分布状况正好呈三角形，缅甸、泰国以及老挝三国均信奉佛教，金色的佛像在某种程度上代表了以上三国的传统，所以，自20世纪60年代开始，国际社会用"金三角"这一名称来概括缅甸掸邦的南部、泰国北部以及老挝的北部等盛产罂粟类毒品的地区，"金三角"从此成为东南亚地区毒品主产地的别称。

出了“打一场禁毒与防治艾滋病人民战争”的新战略，动员云南各族人民广泛参与到人民禁毒战争中去。2004 年 5 月，国家禁毒委员会制定了《国家禁毒委 2004—2008 禁毒工作规划》，2004 年 12 月，中央人民政府为支持云南省的禁毒与防治艾滋病工作，制定了《关于进一步支持云南省加强禁毒和防治艾滋病的工作方案》，为积极贯彻中央人民政府制定的“禁毒人民战争”的禁毒新战略，云南省制定了《云南省禁毒人民战争实施方案（2005—2007）》，提出了力争用 3 年时间有效遏制毒品和艾滋病在云南蔓延的近期工作目标。“禁毒人民战争”新战略的提出为云南未来的禁毒工作指明了方向，禁毒人民战争实施方案的出台则为云南省的禁毒工作提出了具体的工作目标与任务，使云南省的禁毒工作有章可循，为打赢禁毒人民战争奠定了坚实的基础。随着“禁毒人民战争”战略和诸多禁毒措施的陆续实施，经过多方努力，云南省的禁毒工作取得了丰硕的战果。以 2005 年为例，云南省共查破毒品违法犯罪案件 22 946 起，抓获毒品违法犯罪人员 25 728 人，缴获毒品 10. 75 吨，全省新建戒毒所 13 个，新增 1. 43 万人的收戒容量，收戒吸毒人员 81 598 人次，突破了年初确定收戒 53 000 人次的目标。① 与此同时，2005 年，全国共破获毒品犯罪案件 4. 5 万起，抓获毒品犯罪嫌疑人 5. 8 万名，据了解，2005 年共缴获海洛因 6. 9 吨、冰毒 5. 5 吨、鸦片 2. 3 吨、摇头丸 234 万粒、氯胺酮 2. 6 吨。② 与全国同期的数据相比，云南省无论在破案数、抓获毒品违法犯罪人数和缴获毒品数等重要禁毒指标方面都占据较大比重，这表明云南省的禁毒人民战争在全国禁毒人民战争体系中处于核心地位，云南省禁毒的成果如何对全国禁毒人民战争最

①谢炜．我省去年缴获毒品 10.75 吨、今年将收戒 4 万吸毒者［EB/OL］．(2006 – 02 – 23) ［2006 – 05 – 12］ http：//search. yndaily. com/cgi – bin/detail. exe? 972371 + yndaily/news_ 88 + 416712 + news_ 88 + @ NEWSITEM + nobody + 0 + mark + 禁毒．

②陈菲，李鹏．2005 年全国共破获毒品犯罪案件 4. 5 万起［EB/OL］．(2006 – 06 – 23)［2006 – 06 – 26］http：//search. yndaily. com/cgi – bin/detail. exe? 287061 + yndaily/news_ 89 + 124222 + news_ 89 + @ NEWSITEM + nobody + 0 + mark + 禁毒．

终能够取得的实际战果具有决定性的影响。20 世纪 80 年代至 90 年代初，“金三角”地区一直将云南作为罂粟类毒品进入中国的跳板与大通道加以利用，随着毒品的经常性渗入，20 世纪 90 年代以后，云南除继续扮演境外毒品进入中国的大通道的角色外，还逐步成为缅甸罂粟类毒品的主要消费市场之一。1981 年，云南发现第一例罂粟类毒品（海洛因）的吸食者，从此吸毒逐渐成为云南的重要社会问题之一；1990 年，云南省有吸毒人员 5. 7 万人，占全省总人口的万分之十五点六；2004 年底，云南省有吸毒人员 6. 8 万人，占全省总人口的万分之十五点八，如此庞大的消费市场，给禁毒斗争带来极大压力。[①] 随着毒品的滥用，云南已成为全国艾滋病重灾区。在诸多的吸毒方法中，静脉注射毒品是云南吸毒者的首选，静脉注射毒品也成为云南艾滋病传播的主要途径。自 1989 年首次发现艾滋病感染者以来，到 2003 年 9 月底，全省 16 个州市的 121 个县（市）区报告有艾滋病感染者，全省累计报告艾滋病感染人数、发病人数、死亡人数分别为 17 390 例、1 118 例、665 例；[②] 2004 年底，全省累计报告艾滋病感染者达 28 391 人（专家估计，实际感染者总数超过 8 万人），病人 1 223 人，死亡 744 例，感染人数、病人数及死亡人数均居全国前列，而且感染者中八成以上是 20 至 40 岁的青壮年，[③] 感染途径仍以静脉吸毒为主，占 51. 4%，性传播途径感染率明显上升，

①徐晓梅，李辉．铲除罪恶的根源——禁毒防艾系列报道之思辨篇［EB/OL］．(2005 - 07 - 20)［2006 - 03 - 26］http：//search. yndaily. com/cgi - bin/detail. exe? 270219 + yndaily/news_ 86 + 119963 + news_ 86 + @ NEWSITEM + nobody + 0 + mark + 禁毒．

②王长山，伍皓．云南力争用 5 至 10 年有效遏制艾滋病蔓延［EB/OL］．(2004 - 12 - 02)［2006 - 01 - 26］http：//search. yndaily. com/cgi - bin/detail. exe? 95990 + yndaily/news_ 83 + 43771 + news_ 83 + @ NEWSITEM + nobody + 0 + mark + 禁毒．

③朱毅，汪丽军．云南抗击艾滋实录［EB/OL］．(2006 - 01 - 19)［2006 - 02 - 26］http：//search. yndaily. com/cgi - bin/detail. exe? 872235 + yndaily/news_ 88 + 377080 + news_ 88 + @ NEWSITEM + nobody + 0 + mark + 禁毒．

已占 20.8%，母婴传播途径感染占 0.4%，传播途径不明者占 27.1%。[①] 毒品滥用与艾滋病传播的这种内在联系，使云南的禁毒与防治艾滋病紧密联系起来。为了做好禁毒与防治艾滋病工作，云南采取了诸多禁毒与防治艾滋病的措施，其中，全面开展禁毒与防治艾滋病教育是重要举措之一。本文通过考察云南禁毒与防治艾滋病教育的发展历程，集中探讨云南禁毒与防治艾滋病教育的实施问题。

一、云南禁毒与防治艾滋病教育回顾

云南的禁毒与防治艾滋病教育并不是同步出现在世人面前的，云南的禁毒与防治艾滋病教育始于严禁毒品的宣传教育。自“金三角”地区的毒品进入云南后，云南各级人民政府尤其是宣传部门便着手进行严禁毒品的宣传教育，但由于当时经济社会发展水平以及通信技术的限制，严禁毒品的宣传教育只能在部分地区顺利展开，宣传教育的效果不是很理想。云南严禁毒品的宣传教育伴随着云南第一部禁毒地方性法规《云南省严禁毒品的行政处罚条例》[②] 的诞生而得以全面铺开，根据这一法规的规定，严禁毒品的宣传教育是云南省境内各机关、团体、企事业单位和农村、城镇基层组织应尽的法律义务，实施教育的目的在于协助公安机关和其他有关执法机关及时查处云南省境内的毒品违法犯罪行为。一年以后，随着《云南省禁毒条例》[③] 的实施，严禁毒品的宣传教育升级为禁毒教育，教

①杨凡．专家估计全省已超过 8 万感染者［EB/OL］．（2005－09－26）［2006－03－24］ http：//search. yndaily. com/cgi－bin/detail. exe？ 517500 + yndaily/news_ 87 + 225546 + news_ 87 + @ NEWSITEM + nobody + 0 + mark + 禁毒．

②1990 年 1 月 1 日起施行的《云南省严禁毒品的行政处罚条例》第十八条规定：机关、团体、企事业单位和农村、城镇基层组织应当切实做好严禁毒品的宣传教育工作，协助公安机关和其他有关执法机关及时查处违反本条例的行为。

③1991 年 5 月 27 日施行的《云南省禁毒条例》第十五条规定：一切国家机关、社会团体、企业事业单位可以依法制定禁毒方面的规章、制度，对本系统、本单位的工作人员进行禁毒教育，防止发生毒品违法犯罪。对放弃管理责任，造成严重后果的，不得评为文明单位，并追究单位负责人的行政责任。第十六条规定：农村和城镇的村公所、办事处，村民委员会、居民委员会应当向群众进行禁毒宣传教育，并可以结合当地实际依法制定禁毒方面的村规民约或者居民公约。

育的目的是防止发生毒品违法犯罪。为确保这一教育目标的顺利实现，《云南省禁毒条例》还准许教育主体根据本单位的实际情况制定禁毒方面的规章、制度，对本单位的工作人员以及群众进行有针对性的禁毒教育活动。此外，随着《云南省禁毒条例》的实施，云南省的禁毒教育主体不断地扩大，农村和城镇的村公所、办事处、村民委员会、居民委员会也被列入禁毒教育主体之列。依法承担禁毒宣传教育的法律义务，另外，禁毒教育对象也得以明晰化，除国家机关、社会团体、企业事业单位的工作人员外，其他群众被明确规定为禁毒教育的对象。在少数民族地区，随着一些地方制定的本民族地区的禁毒条例①的相继实施，学校以及学生被纳入禁毒教育的主体与对象之列，针对吸食、注射毒品的学生，除强调监督吸毒的学生戒断毒瘾是学校的法律义务外，还要求学校领导和教师对吸毒学生加强监督和进行防止复吸的教育，以防止其再吸食、注射毒品。1992 年 7 月 17 日，国家禁毒委员会、国家教育委员会关于将《禁毒教育读本》列为中学生课外读物的通知正式下发，通知要求各地对中学生进行禁毒教育，以达到对青少年进行毒品危害的预防性教育的目标。云南省作为禁毒重点地区，理应按照国家禁毒委员会、国家教育委员会的要求对青少年进行毒品危害的预防性教育，不过，由于受当时的经济社会发展水平的制约，这一惠及云南千万青少年的教育政策并没有得到有效的执行，对云南青少年进行毒品危害的预防性教育大多停留在字面意义上。20 世纪 90 年代，云南省的禁毒教育主要集中在对学生开展毒品预防教育和由政府宣传部门对普通民众开展识毒和拒毒教育两大方面，这一时期的教育主体以及教育

①1990 年 10 月 1 日起施行的《云南省德宏傣族景颇族自治州禁毒条例》第二十九条规定：学校应当对学生进行禁毒教育，发现学生吸食毒品，应当及时配合家长进行教育，限期戒除毒瘾；学生戒除毒瘾返校后，学校领导和教师应当负责对其教育监督，防止复吸。1991 年 5 月 27 日起施行的《云南省西双版纳傣族自治州禁毒条例》第二十条规定：学校应当对学生进行禁毒教育，发现学生吸食、注射毒品的，应当及时进行教育，并监督其限期戒除毒瘾；戒除毒瘾后返校的学生，学校领导和教师应当负责对其加强监督教育，防止其再吸食、注射毒品。

对象都是有限的，教育效果主要体现为毒品基本知识的普及。

进入21世纪以来，为推进云南省的禁毒教育工作，云南省在积极贯彻执行中央制定的一系列禁毒教育方针、政策以及采取相应的教育措施的同时，还针对本省的实际情况制定并实施了与禁毒教育有关的方针、法规与行动方案。2003年，为了全面推进云南的禁毒工作，云南省委、省人民政府提出了“打一场禁毒与防治艾滋病人民战争”的新战略，动员云南各族人民广泛参与到人民禁毒战争中去，云南正式掀起全民禁毒教育的热潮。2004年12月，中央人民政府为支持云南省的禁毒与防治艾滋病工作，制定了《关于进一步支持云南省加强禁毒和防治艾滋病的工作方案》，从基础设施建设、工作经费、队伍建设、政策扶持等各个方面给予云南省大力支持，对云南省开展包括禁毒教育在内的各项禁毒工作提供了资金、政策等方面的支持。为深入开展禁毒人民战争，中央于2005年1月制定了《全民禁毒教育实施意见》，为积极贯彻中央人民政府制定的“禁毒人民战争”的禁毒新战略和全民禁毒教育的新方针，云南省人民政府于2005年2月制定了《云南省禁毒人民战争实施方案（2005—2007)》，明确了禁毒人民战争的指导思想、工作目标、方法步骤和工作措施。其中，禁毒教育被列为禁毒工作目标之首，禁毒教育措施是禁毒人民战争工作措施中的优先措施。2005年5月，云南省制定了新的《云南省禁毒条例》，随后又制定了《云南省禁毒宣传教育工作实施方案（2005—2007年)》，随着以上法规以及实施意见、方案的全面实施，云南的禁毒教育迈入了一个全新的历史时期，禁毒教育开始向全方位、多层次以及立体化的方向发展，禁毒教育开始向禁毒的全民预防教育与参与教育的更高层面发展，禁毒教育已经成为云南省禁毒人民战争中不可或缺的重要组成部分。

与禁毒教育起步较早相比，云南的防治艾滋病教育是伴随着吸毒引起的艾滋病在云南吸毒比较严重的地区（如德宏州）开始流行才逐步兴起的。“1989年，德宏傣族景颇族自治州首次发现艾滋病病毒感染者共146例。艾滋病疫情一直持续上升，成为受毒品和艾滋病危害最严重的地区之一。”① 这146例艾滋病病毒感染者都是从注射吸毒的人群中检测出来的，此后，随着吸毒人员的不断增加，从吸毒人员中检测出艾滋病病毒感染者的人数也不断地增加。1990年云南省人民政府建立艾滋病防治领导小组，统一领导全省的艾滋病防治工作。1995年11月，卫生部疾病控制司制定下发了《预防艾滋病性病宣传教育提纲（试行)》，为全国各地、各部门开展艾滋病防治知识的宣传教育工作提供了技术指导。1997年，云南省艾滋病防治领导小组《关于下发〈云南省有关部、委、办、厅、局（团体）预防与控制艾滋病工作职责〉的通知》下发执行，通知要求各部门相互合作、认真履行各自防治艾滋病的宣传教育职责，同年，《云南省人民政府关于切实加强艾滋病预防控制工作的通知》下发执行，动员全社会参与艾滋病的防治工作，进一步实施以宣传教育、行为干预、法制管理、监督监测及医疗服务为主的综合性防治措施。1998年1月8日，卫生部等9部委发布了《预防艾滋病性病宣传教育原则》，由于缺乏预防艾滋病性病的知识是造成艾滋病传播的主要原因，因此，该原则提出了通过宣传教育把有关预防知识教给群众，提高他们的自我防护能力是目前预防和控制艾滋病最有效的方法之一。1998年11月12日，《中国预防与控制艾滋病中长期规划（1998—2010年)》下发执行，针对当时的公众普遍缺乏预防艾滋病的知识的现状，要求加强宣传教育并制定了“在控制上以预防为主，在预防上以宣传教育为主”的指导原则，确立了全民普及艾滋病、性病防治知识，减少重点人群（吸毒者、卖淫嫖娼者等）中的相关危险行为的教育目标。回顾20世纪90年代的云南禁毒与防治艾滋病教育，由于通过静脉注射毒品是云南省境内艾滋病传播的主要途径，所以，云南省的防治艾滋病教育一开始是以禁毒教育的“副产品”的面目出现于世人面前的，由于过多地宣传吸毒会传播艾滋病，

①李辉．德宏代表团　为了永葆美丽［EB/OL］．（2005－01－23）http：//search. yndaily. com/cgi－bin/detail. exe? 279792＋yndaily/news_ 83＋125390＋news_ 83＋@ NEWSITEM＋nobody＋0＋mark＋艾滋病．

当时的人们普遍将吸毒与艾滋病等同起来。随着时间的推移，防治艾滋病教育开始注重艾滋病知识的普及教育，1996 年以后，由于血液传播、性接触传播和母婴传播是艾滋病传播的三大途径的艾滋病知识逐渐被人们熟知，防治艾滋病教育开始注重自身的独立性。在整个 20 世纪 90 年代，云南省的禁毒与防治艾滋病教育主要围绕贯彻执行国家制定的一系列禁毒与防治艾滋病教育方针、政策、规划以及实施指导意见展开，在结合本省的禁毒与防治艾滋病教育的实际需求制定符合教育规律的教育方案方面依然还是一片空白。

进入 21 世纪以来，云南省的防治艾滋病教育在积极贯彻执行中央确定的艾滋病防治教育方针、政策的同时，还针对本省的实际情况制定切实有效的教育规划、地方性规章和实施方案，为云南省的防治艾滋病教育明确了教育目标、工作任务以及工作措施，使云南省的防治艾滋病教育逐步走向全民预防教育，防治艾滋病教育开始成为云南省法制教育的重要组成部分。2002 年 3 月 27 日，云南省人民政府下发《云南省预防与控制艾滋病中长期规划（2002—2010 年)》，针对预防艾滋病、性病知识的宣传教育力度不够，覆盖面不广，广大群众自我防护意识不强的教育窘境，提出了“加强宣传教育……营造有利于艾滋病防治的社会环境，减少艾滋病对个人、家庭及社会的影响和危害”和“在控制上以预防为主，在预防上以宣传教育为主”的指导原则，“在全社会普及艾滋病、性病防治知识，控制艾滋病的流行与传播”的总目标，“全民普及艾滋病、性病防治知识，重点控制经静脉吸毒和性途径传播艾滋病”的具体教育目标，① 规定了“加强宣传教育，提高人群防病意识”的具体教育工

①2002 年 3 月 27 日实施的《云南省预防与控制艾滋病中长期规划（2002—2010 年)》在工作目标部分明确了我省防治艾滋病教育的具体工作目标。“四、工作目标……（二）全民普及艾滋病、性病防治知识，重点控制经静脉吸毒和性途径传播艾滋病。1. 到 2003 年，全民预防艾滋病、性病和无偿献血知识知晓率在城市达 70% 以上，在农村达 40% 以上，在高危人群中达到 80% 以上。2. 到 2003 年，普通高等学校和中等职业学校新生入学时预防艾滋病、性病健康教育材料发放率达 100%；普通中学要将艾滋病、性病预防知识纳入健康教育和素质教育课程，省会城市学校开课率达 100%，县及县以上学校开课率达 85% 以上，乡（镇）及乡以下学校开课率达 70% 以上……”

作措施。《云南省预防与控制艾滋病中长期规划（2002—2010 年）》的实施为云南省防治艾滋病教育的顺利开展指明了方向，明确了工作目标和任务，并为防治艾滋病教育提供了具体的教育措施。2003 年，云南省提出了在全省境内打一场“禁毒和防治艾滋病的人民战争”新战略，强调在禁毒和防治艾滋病的人民战争中充分发挥宣传教育的作用，发动全省各族人民广泛参与到禁毒与防治艾滋病的人民战争中去，为实现云南省的禁毒与防治艾滋病的总体目标创造良好的舆论环境，为禁毒和防治艾滋病人民战争提供足够的精神动力。

2004 年 1 月 22 日，云南省第一个防治艾滋病的地方性规章《云南省艾滋病防治办法》发布，2004 年 2 月 23 日，云南省人民政府办公厅下发了《关于实施艾滋病防治六项工程的通知》，3 月 1 日，随着《云南省艾滋病防治办法》的施行和艾滋病防治六项工程①的全面启动，云南省的防治艾滋病教育被正式纳入法制化的轨道进行管理，防治艾滋病教育成为各级人民政府、新闻媒体和普通高等学校等应尽的法律义务，全民艾滋病防治知识宣传教育工程则成为艾滋病防治六项工程的重要组成部分。随着广泛深入开展了艾滋病防治和禁毒宣传教育活动，云南省的防治艾滋病教育工作取得了不俗的战果，“全省县以上电视台、电台在黄金时段开设了艾滋病防治知识节目……全省各级各类学校坚持每半月开展 1 ~ 2 次艾滋病知识专题教育。国家统一下发的艾滋病防治招贴画已遍及全省城镇社区和农村村社。到 6 月底，全省公安禁毒部门干警接受艾滋病防治相关知识与政策培训达2 338人次，培训在所吸毒者 4 485 人次，同伴教育

①六项工程的具体内容是：一、净化社会环境防治艾滋病工程。二、全民艾滋病防治知识宣传教育工程。由省委宣传部牵头，开展大众媒体与社会宣传，全面普及艾滋病防治知识宣传教育，增强人民群众防治艾滋病的意识和能力，创造良好的社会环境和舆论氛围，遏制艾滋病在我省的传播和蔓延。三、推广使用安全套防治艾滋病工程。四、清洁针具交换和美沙酮替代治疗降低毒品危害工程。五、艾滋病关爱中心建设工程。六、艾滋病预防监测和科技攻关工程。

7 677 人次”。① 2004 年 12 月 27 日，为进一步加强禁毒和防治艾滋病工作的领导与协调，云南省成立了由省委、省政府领导和省发改委、公安厅、财政厅、卫生厅主要领导组成的云南省禁毒和防治艾滋病工作领导小组，由省长徐荣凯任组长，为充实、加强全省防治艾滋病的工作机构，设立了省防治艾滋病局，具体负责防治艾滋病的管理。随着云南省禁毒局（1998 年成立）和防治艾滋病局的先后成立，云南省的禁毒与防治艾滋病受到了前所未有的重视，这将有利于云南省的禁毒与防治艾滋病人民战争的全面实施，为完成 3 年内遏制住毒品与艾滋病在云南省境内蔓延的禁毒与防治艾滋病人民战争的总体目标奠定坚实的组织与领导基础。

2005 年是云南省禁毒人民战争正式打响的第一年。为全面配合禁毒人民战争的顺利实施，年初，省有关部门制定并下发了《云南省防治艾滋病工作实施方案（2005—2007 年）》，该方案将“群众自我防护意识明显增强”列为 2005 年到 2007 年全省三年艾滋病防治工作的十大总体目标任务之一，并提出了“城镇居民、农村居民、学生、羁押场所人员艾滋病防治和无偿献血知识知晓率分别达 80%、60%、95%、90% 以上”的具体指标。为加强对禁毒和防治艾滋病的宣传教育，随后，省有关部门制定下发了《云南省禁毒和防治艾滋病宣传教育工作实施方案》，2005 年 3 月 10 日，“云南省艾滋病宣传教育工作动员会”在昆明召开，会上明确提出了云南省防治艾滋病宣传教育工作的具体目标：“到 2005 年底，全民艾滋病防治知晓率，在城市要达到 80%，农村要达到 60%；到明年底，在城市达到 85%，农村达到 65%；到 2007 年底，在城市达到 90%，农村达到 80% 以上。”② 2005 年防治艾滋病宣传教育工作的具体目标确立后，

①陈菲，李鹏．2005 年全国共破获毒品犯罪案件 4.5 万起［EB/OL］．（2006－06－23）［2006－06－26］http：//search. yndaily. com/cgi－bin/detail. exe？287061＋yndaily/news_ 89＋124222＋news_ 89＋@NEWSITEM＋nobody＋0＋mark＋禁毒．

②春城晚报．全省防艾宣传今起再掀高潮［N/OL］．（2005－03－11）［2006－01－28］http：//search. yndaily. com/cgi－bin/detail. exe？52907＋yndaily/news_ 84＋20298＋news_ 84＋@NEWSITEM＋nobody＋0＋mark＋禁毒．

各级各部门、社会各界开展了多种形式的宣传教育活动，如各级工会、共青团、妇联开展了“职工红丝带健康行动”、“青春红丝带”、“不让艾滋病进我家”等大型系列活动，经过各级人民政府以及社会各界的努力，2005年云南省防治艾滋病教育工作取得了不错的成绩，“据抽样调查，农村和城市居民防艾知识知晓率分别为63%、84%”①，此外，“教育部门设立了3个培训、示范教育基地和170所示范学校，大多数学校开设了防治艾滋病课程并纳入考试内容，有针对性地开展了禁毒和防治艾滋病的知识教育；监狱管理部门对全省350个羁押场所的5万名在押在教人员进行了防治知识深度教育；宣传部门和新闻媒体通过制作专题小册子和专题节目、开设宣传专栏、播出公益广告、发送手机短信等方式，进一步扩大防治知识宣传教育的规模和声势。目前，全省已形成了各级党委政府组织动员、部门狠抓落实、社会各界积极行动、人民群众广泛参与的禁毒和防治艾滋病工作局面”。② 以上数据表明云南省已经圆满地完成了年初制定的教育目标。除在防治艾滋病教育方面取得不错的成绩外，云南省还在防治艾滋病的立法方面取得了长足的进展。2005年9月9日，云南省人民政府法制办公室公布了云南省第一部防治艾滋病的《云南省艾滋病防治条例（征求意见稿）》，向社会各界公开征询修改意见，在该草案的第二章“预防与控制”中对防治艾滋病的教育问题作出了明确的规定，使防治艾滋病的教育有可能成为云南省法制教育的重要组成部分。云南省在防治艾滋病方面所做的工作不仅直接推动了云南省防治艾滋病教育工作的快速发展而且还得到了国际社会的承认，2005年6月8日，联合国艾滋病规划署执行主任彼

①刘熙．秦光荣看望艾滋病病人　慰问医务人员［EB/OL］．（2005－12－02）［2006－01－28］http：//search. yndaily. com/cgi－bin/detail. exe？717396＋yndaily/news_ 88＋312209＋news_ 88＋@ NEWSITEM＋nobody＋0＋mark＋禁毒．

②徐荣凯．预防为主　防治结合　综合治理　坚决打赢全省防治艾滋病的人民战争［R/OL］．（2005－12－01）［2006－01－29］http：//search. yndaily. com/cgi－bin/detail. exe？714364＋yndaily/news_ 88＋310889＋news_ 88＋@ NEWSITEM＋nobody＋0＋mark＋禁毒．

德·皮奥特在昆明向时任云南省省长徐荣凯、省卫生厅厅长陈觉民、志愿者尹聪，以及云南省红十字会颁发了防治艾滋病贡献奖，[①] 以表彰云南省在过去16年里为防治艾滋病所做的努力以及所取得的杰出成就。

2006年2月27日，《中国遏制与防治艾滋病行动计划（2006—2010年）》开始实施，对防治艾滋病教育的目标、任务和教育措施予以明确的规定。2006年3月1日起施行的《艾滋病防治条例》在第二章“宣传教育”部分对防治艾滋病教育的教育主体、对象、内容、方式和教育措施等内容予以详细的规定，为我国的防治艾滋病教育提供了法律保障，使中国的防治艾滋病教育完全步入法制化的轨道，加速了我国防治艾滋病教育的发展步伐。进入2006年以来，云南省遵照《中国遏制与防治艾滋病行动计划（2006—2010年）》确定的防治艾滋病教育的工作目标并结合云南省既定的防治艾滋病教育工作的具体目标有条不紊地开展各项防治艾滋病教育的工作，在禁毒人民战争的实施过程中，根据云南省的禁毒与防治艾滋病相互交织、密不可分的客观情况以及禁毒与防治艾滋病教育的实际需求，将禁毒教育与防治艾滋病教育工作紧密结合起来，高度重视禁毒教育与防治艾滋病教育措施的落实，使云南省的禁毒与防治艾滋病教育按照既定路线顺利推进。

二、云南禁毒与防治艾滋病教育存在的问题

虽然云南的禁毒与防治艾滋病教育走过了辉煌的过去、取得了令世人瞩目的成就，但是，应当看到，与禁毒与防治艾滋病面临的严峻形势相比，云南省的禁毒与防治艾滋病教育依然存在一些问题，这些问题主要集中体现在以下几个方面。

---

①王顺祥．联合国艾滋病规划署在昆颁发防艾贡献奖［EB/OL］．（2005－06－09）［2005－09－28］http：//search. yndaily. com/cgi－bin/detail. exe？123250＋yndaily/news_ 85＋55569＋news_ 85＋@NEWSITEM＋nobody＋0＋mark＋禁毒．

（一）教育体系不健全

自云南省的禁毒人民战争正式打响以来，禁毒与防治艾滋病教育史无前例地占据了云南禁毒与防治艾滋病工作的前沿阵地，禁毒与防治艾滋病教育成为各级人民政府诸多工作部门的工作职责之一，实施禁毒与防治艾滋病教育是各大众传播媒体、工会、各种学校、社区和企业事业单位等社会组织应尽的法律义务，禁毒与防治艾滋病教育在禁毒与防治艾滋病工作中的地位得以迅速提升，广泛深入地开展禁毒与防治艾滋病教育，提高全民的禁毒与防治艾滋病意识和抵制毒品能力及预防艾滋病的自我保护意识和能力，是禁毒与防治艾滋病工作的治本之策。禁毒与防治艾滋病教育是一项目标众多、任务艰巨、参与机构广泛和措施多样的系统工程，因此，构建结构合理、分工负责、相互配合的禁毒与防治艾滋病教育体系是禁毒与防治艾滋病教育在禁毒与防治艾滋病人民战争中充分发挥作用的关键。一般而言，参照我国和云南省的禁毒与防治艾滋病工作体系，云南省的禁毒与防治艾滋病教育体系由领导管理体制、教育工作体制、专家咨询机构、教育工作队伍建设、教育经费的保障体制、教材和宣传材料的建设、教育基地建设、教育工作人员的培训体制、监督考核体制、国际交流与合作体制、评估体系及禁毒教育体系和防治艾滋病教育体系两个独立的子系统构成。目前，与云南省已经构建起组织严密、结构合理的禁毒与防治艾滋病工作体系相比，云南省的禁毒与防治艾滋病教育体系的建设刚刚起步。截至 2005 年底，云南省禁毒与防治艾滋病教育的领导管理体制、教育工作体制、专家咨询机构、教育工作队伍建设、教育经费的保障体制、教材和宣传材料的建设、教育基地建设、教育工作人员的培训体制、监督考核体制、国际交流与合作体制以及禁毒教育体系和防治艾滋病教育体系已经初步建立起来，但禁毒与防治艾滋病教育的专家咨询机构和评估体系依然是一片空白。在云南省的禁毒与防治艾滋病教育体系建设中，禁毒与防治艾滋病教育工作队伍的培养、教材的编写、在禁毒教育体系和防治艾滋病教育体系之间建立有效的交流合作机制，必须尽快完成，否则，禁毒与防治艾滋病教育在云南省的禁毒与防治艾滋病人民战争中发挥主导与推动作用的效果就无从谈起。

（二）教育缺乏广度、深度和针对性

进入2005年，云南省的禁毒和防治艾滋病人民战争全面展开，随着先后制定的《云南省预防与控制艾滋病中长期规划（2002—2010年）》、《云南省禁毒人民战争实施方案（2005—2007）》、《云南省防治艾滋病工作实施方案（2005—2007年）》、《云南省禁毒宣传教育工作实施方案（2005—2007年）》和《云南省禁毒和防治艾滋病宣传教育工作实施方案》正式实施，一场前所未有的全民禁毒与防治艾滋病宣传教育运动在云南大地热火朝天地展开。全民参与、全民教育和全面教育是这场全民禁毒与防治艾滋病宣传教育运动的显著特征。回顾云南省禁毒与防治艾滋病教育的历程，由于受到禁毒与防治艾滋病教育体系不健全的影响，禁毒与防治艾滋病的宣传教育一定程度上都存在着教育缺乏广度、深度和针对性的问题。从教育的广度上看，2005年以前，禁毒与防治艾滋病教育主要由党委宣传部门组织大众传媒、禁毒部门、卫生部门和教育部门实施，教育对象主要集中在大中城市和学校，但对农村和偏远地区以及特殊人群性工作者的教育比较缺乏。当然，进入2005年以来，随着《云南省禁毒宣传教育工作实施方案（2005—2007年）》和《云南省禁毒和防治艾滋病宣传教育工作实施方案》的实施，"为广泛深入地发动群众参与禁毒斗争，全省各地、各部门把禁毒宣传教育作为一项治本之策，抓住青少年、无业人员、娱乐场所从业人员等高危人群，以报刊、广播、电视等为载体，广泛宣传党和政府禁毒的立场、主张和法律法规以及毒品的危害，组织开展了'社区青少年远离毒品'、'不让毒品进我家'、'不让毒品进校园'和'进农村、进社区、进单位、进学校、进家庭'等活动"①。云南省的禁毒与防治艾

①龚安．我省缉毒工作23年风雨征程回放［EB/OL］．（2005－07－13）［2006－02－20］http：//search. yndaily. com/cgi－bin/detail. exe？246029＋yndaily/news_86＋109272＋news_ 86＋@NEWSITEM＋nobody＋0＋mark＋禁毒．

滋病教育正在逐步走向全民教育。

从教育的深度上看，2005 年以前，云南省的禁毒与防治艾滋病教育一直停留在毒品与艾滋病知识的介绍上，每年逢“6·26”国际禁毒日、“12·1”国际艾滋病日，关于毒品与艾滋病的知识铺天盖地出现在电视荧屏、报纸杂志、广播节目等媒介上，标语口号、宣传栏、宣传材料随处可见。“2003 年 6 月 26 日，昆明市大街上挂起了‘珍爱生命，远离毒品’的标语，各街道办事处、社区居委会工作人员纷纷走上街头，向过往行人宣传毒品的危害。在翠湖边，五华区北门办事处的禁毒宣传栏吸引了大批的游人，人们在了解毒品的危害的同时，对图片上吸毒者的丑态表现出深深的厌恶。在昆明火车站前，一台由昆明铁路公安局警营文化小分队民警演出的禁毒文艺节目正在上演，民警们用歌舞快板、相声、小品等形式，向来往的旅客宣传毒品的危害，歌颂健康生活的美好。据了解，当日昆明市区范围内共散发了 20 多万份《禁毒周刊》，加上分发到地州的 20 多万份，全省共发放了 50 万份该周刊。记者在街头看到，不少街道办事处和社区工作人员也摆起小桌子，开展了规模不等的宣传活动。”① 但是，有关禁毒与防治艾滋病的深层次内容，如禁毒法律法规、识别毒品的技巧与防毒、拒毒的技巧，艾滋病的防治方法与技巧和救助机构与救助方法等能够提高大众禁毒与防治艾滋病的意识与能力的内容，大众只能通过自行搜索才能获得相关知识。

从教育的针对性上看，2005 年以前，由于云南省缺乏禁毒与防治艾滋病教育的规划，教育主要由省委宣传部门组织宣传机构实施，各有关机构在自己的职责范围内开展禁毒与防治艾滋病教育工作，因此，禁毒与防治艾滋病教育缺乏统筹安排，教育内容千篇一律，教育缺乏针对性。早在 1998 年，我国发布的《预防艾滋病性病宣传

①胡建芳，许亮，施国伟，陈云燕，丁强，梅开志．昆明昨掀禁毒宣传高潮［EB/OL］．(2003 - 06 - 27)［2005 - 09 - 14］http：//search. yndaily. com/cgi - bin/detail. exe? 3689 + yndaily/news_ 72 + 1321 + news_ 72 + @ NEWSITEM + nobody + 0 + mark + 禁毒．

教育原则》便将预防艾滋病、性病的宣传教育列为大众媒介、宣传教育部门和全社会的共同任务，针对广大群众的宣传，要以大众传媒为主，开展有计划、经常性的预防知识宣传教育；针对重点人群（如吸毒人员、卖淫人员）的宣传要在卫生、宣传和有关部门的统一协调安排下开展活动。要采取一些更有针对性的宣传方式，如热线电话、医生咨询或通过制定乡规民约的家庭、社区教育，以及由非政府和社区组织开展心理咨询、同伴教育等进行宣传。但是，直到2005年，随着《全国艾滋病防治宣传教育工作指导方案（2004—2008年）》、《云南省防治艾滋病工作实施方案（2005—2007年）》和《云南省禁毒和防治艾滋病宣传教育工作实施方案》的先后实施，云南省的禁毒与防治艾滋病教育的针对性问题才开始受到全面重视并采取了相应的措施。

（三）教育措施不到位

禁毒与防治艾滋病教育的效果不仅取决于教育体系的完善、教育内容的合理，关键还在于教育措施的落实。2003年，云南省提出了“打一场禁毒与防治艾滋病人民战争”的战略，强调开展禁毒与防治艾滋病的全民教育的重要性，但是，直到2004年，禁毒与防治艾滋病教育对于负有禁毒与防治艾滋病教育职责的一些单位而言依然还停留在字面意义上，禁毒与防治艾滋病教育的口号意义大于实际措施与具体行动。以中小学的禁毒与防治艾滋病教育为例，2003年2月20日，教育部发布《中小学生预防艾滋病专题教育大纲》和《中小学生毒品预防专题教育大纲》，对中小学生的禁毒与防治艾滋病教育规定了具体的目标、任务以及教育措施，从2003年春季开学起开始实施，但是，直到2005年，《云南省禁毒宣传教育工作实施方案（2005—2007年）》才强制性地将毒品预防教育纳入各类大、中学校的教学计划。中学开设毒品预防教育课程，初中每学年6学时，高中每学年4学时，小学高年级段在教育课程中加入毒品预防教育基本知识内容。全省50%各级各类小学、初中、大中专院校将毒品预防知识和禁毒重点法律、法规纳入考试内容。此外，针对高危人群的禁毒教育，同样也缺乏针对性，正如云南警官学院禁毒系主任张义荣所言：“禁毒重在预防，而我们的禁毒预防宣传，更多地注重于标语、口号。最易染上毒品和艾滋病的高危人群，其预防教育很关键，应该受到社会更多的关注，但针对这个群体的禁毒预防工作，恰恰缺少得力措施。”① 教育措施不到位必然会影响到教育的效果，为此，从2005年起，云南省已经开始采取行之有效的方法确保各项教育措施得到落实。

（四）教育理论研究滞后

虽然云南的禁毒教育、防治艾滋病教育已经走过10余年的历程，但是，由于过去的教育更多侧重于禁毒与防治艾滋病知识的普及，各种禁毒、防治艾滋病教育的师资培训都是围绕教育的重要性、禁毒和防治艾滋病形势、教育经验讲述与实地参观禁毒和防治艾滋病一线单位展开，关于禁毒与防治艾滋病的教育理论的座谈会、研讨会甚至没有召开过一次，禁毒与防治艾滋病教育的理论研究跟不上禁毒与防治艾滋病教育的发展形势，教育理论研究的滞后已经严重阻碍了云南省禁毒与防治艾滋病教育的前进步伐。以禁毒教育为例，早在2001年，国家禁毒委员会就提出了禁毒教育的“五个一工程”，其中，“各地都要组织一批禁毒宣传理论研究成果”是禁毒教育工程之一。但是，截至2005年，云南省禁毒与防治艾滋病教育的理论研究尤其是教学理论基本上是一片空白。此外，理论研究的滞后还可以从云南省各高校的禁毒与防治艾滋病课程的教材建设上体现出来，到目前为止，云南省各高校的禁毒与防治艾滋病课程都是各自为政，靠自己的力量对大学生进行禁毒与防治艾滋病教育，禁毒与防治艾滋病教材的缺乏，不利于在大学生中顺利实施禁毒与防治艾滋病教育，难以保证禁毒与防治艾滋病教育的效果。因此，加快云南省不同种类的禁毒与防治艾滋病教育的理论研究，不仅可以

①施晓焰，杨树华，马丽娜．云南全力阻击新型毒品［EB/OL］．（2006－06－26）［2006－07－03］http：//search.yndaily.com/cgi－bin/detail.exe？301380＋yndaily/news_ 89＋129315＋news_ 89＋@NEWSITEM＋nobody＋0＋mark＋禁毒．

直接推动禁毒与防治艾滋病教育的前进步伐，而且还可以为禁毒与防治艾滋病人民战争提供理论支持与精神动力。

三、云南禁毒与防治艾滋病教育的实施问题的探讨

目前，由于云南省的禁毒与防治艾滋病教育还存在着一些问题，这些问题在一定程度上阻碍了禁毒与防治艾滋病教育的发展。这些问题如果得不到有效的解决，那么，通过广泛发动，全民动员，充分、深入地发动人民群众参与到禁毒与防治艾滋病的人民战争中，实现从根本上遏制住毒品违法犯罪继续发展蔓延的严重态势，实现遏制毒品来源、遏制毒品危害、遏制新吸毒人员滋生的禁毒总体目标，绝不让毒品问题发展成为影响经济发展、社会和谐、人民群众安居乐业的重大社会问题的社会政治目标，以及抓好禁毒预防教育，增强人民群众识毒、防毒、拒毒意识，提高人民群众自觉抵御毒品的能力的禁毒教育目标，以及防止艾滋病从特殊人群向普通人群传播的艾滋病防治目标，将会成为一句空话。有鉴于此，本文将结合存在问题较多的全民教育以及高校教育集中探讨云南省的禁毒与防治艾滋病教育的实施问题。

（一）禁毒与防治艾滋病教育的形式

自云南禁毒人民战争全面开展以来，禁毒与防治艾滋病教育已经成为这场战争的重要组成部分，要完成这样一场禁毒与防治艾滋病的全民教育活动，除加强组织领导外，根据云南省禁毒与防治艾滋病的发展形势，立足禁毒与防治艾滋病教育的发展状况，选择适合本省禁毒与防治艾滋病教育的形式，是完成我省禁毒与防治艾滋病的全民教育目标的基本措施。

关于禁毒与防治艾滋病教育的形式问题，《全民禁毒教育实施意见》和《全国艾滋病防治宣传教育工作指导方案（2004—2008年）》、《云南省禁毒宣传教育工作实施方案（2005—2007年）》、《云南省预防与控制艾滋病中长期规划（2002—2010年）》、《云南省防治艾滋病工作实施方案（2005—2007年）》和《云南省禁毒和防

治艾滋病宣传教育工作实施方案》都已经确立了基本的教育形式。按照教育主体与对象的不同，主要包括大众传媒教育、学校教育、重点教育、高危职业教育、社区教育、农村教育和民间教育，大众传媒教育针对广大人民群众进行宣传教育，以大众传媒为主，采取群众喜闻乐见、易于接受的宣传方式，如公益性广告、健康与生活话题、电视专题片、晚会和报纸专栏等，开展有计划、经常性的预防知识宣传教育。学校教育则是针对各类学校的在校大、中、小学生开展禁毒与防治艾滋病知识的教育，教育以课堂教学为主，结合实地参观、模拟等方式开展。重点教育则是针对高危人群开展有针对性的禁毒与防治艾滋病教育活动，高危人群的范围非常广泛，包括吸毒人员、性工作者、营业性娱乐场所的从业人员、流动人口、出国人员等。目前，针对这些高危人群的教育方式比较多，常见的有发放宣传资料、同伴教育、热线电话咨询、医生咨询、心理咨询和提供禁毒与防治艾滋病的技术服务等，教育内容一般都比较有针对性。高危职业教育主要针对长期从事禁毒与防治艾滋病工作的禁毒民警和医生等容易遭受毒品与艾滋病侵害的危险的高危职业人员实施，教育方式以专门培训为主，教育内容以提高从业人员的防护技巧为中心。社区教育、农村教育和民间教育也是全民禁毒与防治艾滋病教育的重要组成部分，与比较成熟的大众传媒教育和学校教育相比，农村教育和民间教育在教育形式上需要进一步加强与完善。

回顾云南省诸多教育形式的实施状况，我们可以看到，除大众传媒教育和中小学教育外，其他的教育形式都在一定程度上存在着或多或少的问题，限于篇幅，本文以全民教育和大学教育的教育形式为中心，简单探讨云南省禁毒与防治艾滋病的教育形式问题。云南省禁毒与防治艾滋病的全民教育始于2003年，2005年是全民教育全面铺开的第一年，经过一年的实践，全民教育的形式已经基本成型，但是要完成确定的全民教育目标，现有的全民教育形式还是无法保证这一目标的顺利实现。因为，全民教育的受众是广大的人民群众，参与教育的主体涵盖了社会的许多部门与单位，教育内容涉及禁毒与防治艾滋病的许多方面，所以，在教育形式的选择上，既要考虑教育的普及性还要兼顾教育的针对性问题。大众传媒教育可以承担普及禁毒与防治艾滋病知识的重担，但是这种教育形式的效果无法得到正确评估，而其他教育主体如禁毒与防治艾滋病教育的志愿者队伍、民间教育机构和民间教育人士等实施的全民教育，受其自身固有的局限性的限制，这一教育形式的教育效果更无法得到保障，教育的影响面更小。因此，云南省在开展禁毒与防治艾滋病的全民教育时，在充分发挥大众传媒教育的教育职能的基础上，应当遵循“面向全民、突出重点、常抓不懈、注重实效”的教育方针，坚持禁毒与防治艾滋病教育工作与毒品、艾滋病形势的发展变化相适应，坚持普及教育与重点教育相结合，坚持禁毒与防治艾滋病教育与国民素质教育相互融合、相互促进的教育基本原则，合理规划实施禁毒与防治艾滋病教育的形式，从以往的教育实践与本省的教育能力上看，禁毒与防治艾滋病的全民教育形式，以大众传媒教育为主，加强学校教育，逐步开展重点教育、高危职业教育，普及社区教育和农村教育，鼓励、提倡民间教育，是云南省实现禁毒与防治艾滋病的全民教育应当采取的基本形式。

在诸多的教育形式中，学校教育是针对性较强的一种，由于措施得当，中小学的禁毒与防治艾滋病教育体系已经基本成型，但大学生的禁毒与防治艾滋病教育却还处于各自为政的原始状态。2005年以来，随着我省禁毒与防治艾滋病的全民教育活动轰轰烈烈地展开，云南各高校也开始行动起来，结合本校的实际情况对大学生进行禁毒与防治艾滋病教育。不过，令人遗憾的是，由于缺乏领导与有效的组织管理，尽管各高校的教育形式多种多样，但这些教育形式并没有真正地与高校自身的教学活动有机地结合起来，使教育的效果无法体现高校教育体系的优势。因此，尽快确立高校禁毒与防治艾滋病的教育形式，不仅是高校积极贯彻执行《云南省禁毒和防治艾滋病宣传教育工作实施方案》的具体表现，更为重要的是，它可以确保教育的实际效果，为云南省确立的禁毒与防治艾滋病教育的具体指标的顺利达成贡献自己的力量。在高校实施禁毒与防治艾滋病教育的活动中，课堂教学是禁毒与防治艾滋病教育的基本形式，不过，即使课堂教学是各高校最擅长的教育形式，到目前为止，云南省还没有一所高校开设禁毒与防治艾滋病教育的专门课程，教育形式的主体反而是各学生社团或者大学生志愿者开展的禁毒与防治艾滋病的主题教育。面对这样的窘境，需要省教育厅迅速制定云南各高校实施禁毒与防治艾滋病教育的计划与要求，通过行政命令的方式督促各大高校尽快落实禁毒与防治艾滋病教育的各项措施，否则，无论是《全民禁毒教育实施意见》要求“各级各类学校要根据学生的不同特点分阶段开设禁毒课程，切实做到计划、教学材料、课时、师资‘四到位’”，“要在思想政治、生理卫生、生物、历史等相关课程进行禁毒渗透教育，开展丰富多彩的禁毒宣传教育和社会实践活动，使广大在校学生从小树立‘珍爱生命，拒绝毒品’意识，努力实现‘学生不吸毒，校园无毒品’的目标”，还是《全国艾滋病防治宣传教育工作指导方案（2004—2008 年）》要求的“将预防艾滋病及其相关知识纳入各类大、中学校教学计划，保证初中 6 课时，高中 4 课时；大学开设专题讲座或将其内容纳入健康教育等有关课程，专题讲座或教学课时平均每学年 1 课时以上。到 2005 年，各类大、中学校完全开课率达到 100%”，都只能永远停留在字面意义上。除落实课堂教学这一基本教育形式外，高校还应当加强对禁毒与防治艾滋病教育的大学生志愿者队伍的培训工作，众所周知，课堂教学的局限性表现在受众有限、效果短暂，因此，要巩固高校禁毒与防治艾滋病教育的效果，最有效的途径之一就是通过培训大学生中的志愿者，使其有效地掌握开展禁毒与防治艾滋病教育的方法和技巧，通过大学生志愿者在大学生中进行同伴教育以巩固高校的禁毒与防治艾滋病教育的实际效果，以增强大学生群体的禁毒、防治艾滋病意识，提高其对毒品、艾滋病及其危害的认知能力和抵御能力。此外，培训禁毒与防治艾滋病教育的大学生志愿者还可以为全民禁毒与防治艾滋病教育的青年志愿者队伍提供高素质的人员。除采取课堂教学、培训大学生志愿者外，各大高校已经开展的校园宣传栏、发放宣传材料、专题讲座和座谈会等教育形式仍然在高校的禁毒与防治艾滋病教育活动中继续扮演着重要角色并发挥应有的作用。

（二）禁毒和防治艾滋病教育的内容

禁毒和防治艾滋病教育的内容实际上是由禁毒知识和防治艾滋病知识两大部分构成，《全民禁毒教育实施意见》将禁毒教育的内容划分为毒品形势、禁毒知识、禁毒观念、禁毒法规和禁毒动员；2004 年 11 月 26 日卫生部发布的《预防控制艾滋病宣传教育知识要点》则集中、系统地介绍了防治艾滋病教育的基本内容，具体包括艾滋病的基本知识，艾滋病的形势，艾滋病的防治策略、方法与措施，对待艾滋病的态度和关爱教育等内容；2005 年实施的《云南省禁毒和防治艾滋病宣传教育工作实施方案》对禁毒与防治艾滋病教育的工作目标、任务、措施均有明确的规定，但对于禁毒与防治艾滋病教育的内容并无特殊或者新颖的规定，因此，在云南省境内实施禁毒与防治艾滋病教育应当以国家确立的禁毒与防治艾滋病教育的基本内容为准，结合云南省禁毒与防治艾滋病教育的实际需求，合理地确定禁毒与防治艾滋病教育的内容。

经过十余年的禁毒与防治艾滋病教育，云南省在普及毒品知识和艾滋病基本知识方面已经取得了不错的成绩，但是在禁毒观念、禁毒法制和禁毒动员的教育方面则略显不足，在艾滋病的防治策略、方法与措施、对待艾滋病的态度、关爱、反歧视和防治艾滋病的法制教育方面仍然存在不少问题。2005 年以来，随着云南省禁毒与防治艾滋病人民战争的全面展开，以往注重毒品知识和艾滋病基本知识的纯知识性的教育内容，已经无法完成云南省既定的禁毒与防治艾滋病教育的工作目标，因此，如何在现有条件下完成国家确定的禁毒与防治艾滋病教育的基本内容，也就成为禁毒与防治艾滋病教育的领导者和实施者必须认真考虑的问题。从以往的教育内容看，云南省的禁毒与防治艾滋病教育应当加强禁毒与防治艾滋病的法制教育和反歧视教育。2005 年以前，禁毒与防治艾滋病教育侧重于禁毒与防治艾滋病知识的普及，毫无疑问，这是任何教育活动的起步，它为后续教育奠定了坚实的基础，但是，仅仅告诉人们毒品、艾滋病是什么，毒品、艾滋病的危害，贩运毒品会遭到什么惩罚，艾滋病的传播途径是什么等内容，是无法动员广大人民群众自觉参与到禁毒与防治艾滋病的人民战争中来，为云南省的禁毒与防治艾滋病工作贡献人民群众的力量也就只能说说而已。充分调动广大人民群众参与禁毒与防治艾滋病的热情与积极性，让广大人民群众意识到禁毒与防治艾滋病是每个公民应尽的法律义务，是尽快提高其禁毒与防治艾滋病意识的有效途径。因此，在当前形势下，全面开展禁毒与防治艾滋病的法制教育有助于推进云南省的禁毒与防治艾滋病教育的发展历程。

禁毒与防治艾滋病的法制教育应当围绕《中华人民共和国刑法》、《云南省禁毒条例》、《云南省艾滋病防治办法》和《艾滋病防治条例》等法律法规进行，通过介绍毒品违法犯罪的种类和处罚，艾滋病违法犯罪的种类与处罚，禁毒与防治艾滋病的机构及其职责，举报毒品、艾滋病违法犯罪的途径与方法等内容，使广大人民群众意识到毒品、艾滋病违法犯罪对个人、家庭和国家的危害，激发起其主动、自觉地与毒品、艾滋病违法犯罪作斗争的积极性，让禁毒与防治艾滋病的人民战争因人民的参与而取得更加丰硕的战果。在多年的禁毒与防治艾滋病工作中，各级人民政府以及相关职能部门已经意识到歧视是阻碍禁毒与防治艾滋病工作顺利开展的重要原因，因此，2005 年颁布实施的《云南省禁毒条例》第二十三条明文规定：吸毒人员由戒毒机构依法收戒，吸毒人员家属和有关人员应当予以支持配合。单位、家庭和社会应当对吸毒人员给予关爱，不得歧视。而早在 1998 年，《预防艾滋病性病宣传教育原则》针对社会大众对艾滋病病毒感染者和艾滋病病人普遍存在歧视的问题，提出了反歧视的宣传要点：“（1）歧视不利于预防和控制艾滋病的传播，反而极易成为引起社会不安定的因素；（2）每个人都必须懂得预防知识和措施，否则都有感染艾滋病的可能；（3）感染者是无知和疾病的受害者，与其他病人一样需要人们和社会给予人道主义的关心和帮助，即使是由于有过某种过失行为而感染艾滋病病毒也是受害者。要适当报道关怀帮助感染者和病人的典型事例。”《预防艾滋病性病宣传教育原则》还提出了具体的反歧视教育的措施，如：“在艾滋病疫情报道中，凡涉及感染者、病人的个人情况，未经本人同意，任何单位或个人均不得公开泄露，电视影像的遮挡必须可靠”。2004年颁布实施的《预防控制艾滋病宣传教育知识要点》则指出：“关心、帮助、不歧视艾滋病病毒感染者和病人，鼓励他们参与艾滋病防治工作，是控制艾滋病传播的重要措施”。2004 年颁布实施的《云南省艾滋病防治办法》第十四条则规定：艾滋病病毒感染者和艾滋病病人及其亲属的合法权益受法律保护。任何单位和个人不得歧视艾滋病病毒感染者和艾滋病病人及其亲属，不得剥夺其工作、学习和生活的权利。2006 年颁布实施的《艾滋病防治条例》第三条明文规定：任何单位和个人不得歧视艾滋病病毒感染者、艾滋病病人及其家属。艾滋病病毒感染者、艾滋病病人及其家属享有的婚姻、就业、就医、入学等合法权益受法律保护。第十条则规定：地方各级人民政府和政府有关部门应当组织开展艾滋病防治以及关怀和不歧视艾滋病病毒感染者、艾滋病病人及其家属的宣传教育，提倡健康文明的生活方式，营造良好的艾滋病防治的社会环境。由此可见，反歧视教育应当作为云南省禁毒与防治艾滋病教育的基本内容，对广大人民群众进行广泛的持久的反对歧视吸毒人员、艾滋病病毒感染者、艾滋病病人及其家属的宣传教育活动。反歧视教育应当围绕歧视的违法性、危害以及反歧视的必要性和防止歧视的行为准则以及基本方法等内容展开。强调开展禁毒与防治艾滋病的法制教育和反歧视教育并不排斥在禁毒与防治艾滋病教育活动中开展包括毒品与防治艾滋病知识的普及教育、政策教育和道德教育等内容，相反，禁毒与防治艾滋病教育是一项完全包含以上内容的全面教育。

（三）禁毒教育和防治艾滋病教育的关系

从全国范围看，禁毒教育和防治艾滋病教育在许多省份是分别进行、彼此配合，但是，云南省委、省政府针对云南省的禁毒与防治艾滋病的严峻形势，考虑到毒品与艾滋病问题相互交织、彼此影响的现状，确立了禁毒教育和防治艾滋病教育同时实施、合并教育的指导方针，要求从2005年起在全省范围内开展禁毒与防治艾滋病的全民教育。因此，在实施云南省的禁毒与防治艾滋病教育时，应当严格执行禁毒教育和防治艾滋病教育同时实施、合并教育的教育方针，不过，考虑到禁毒教育和防治艾滋病教育有着各自的规律性以及特殊性，在实施禁毒与防治艾滋病教育时应当妥善处理好禁毒教育和防治艾滋病教育的关系。禁毒教育是云南省三年禁毒人民战争的首要举措，因此，近期的禁毒教育应当侧重于禁毒政策、法律和禁毒措施的介绍与普及，对毒品与艾滋病的关系，则应当侧重介绍共用注射器进行静脉注射毒品是感染艾滋病的一种危险方式，在禁毒教育中涉及防治艾滋病教育的内容，应当力求做到主次分明，禁毒教育为主，防治艾滋病教育为辅。同样，在进行防治艾滋病教育时，对涉及禁毒教育的内容也应当区分主次。总之，在处理云南省的禁毒教育和防治艾滋病教育的关系时，应当遵循同时教育、分开教育、相互配合的原则，推进禁毒与防治艾滋病教育走向真正的全民教育。

综上所述，云南省的禁毒与防治艾滋病教育已经按照既定的教育目标、工作方案和工作措施展开，尽管目前的禁毒与防治艾滋病教育依然存在不少问题，但是，随着诸多教育措施的相继落实，云南省的禁毒与防治艾滋病教育一定会在禁毒与防治艾滋病的人民战争中发挥舆论支持、全民动员和提高全民的禁毒与防治艾滋病意识的积极作用，为云南省禁毒与防治艾滋病的人民战争取得最终的胜利提供持续的强有力的精神动力。

（原载《云南大学学报》（法学版）2010年第3期）

健康人权视角下的艾滋病防治立法

张剑源*

摘　要：健康权作为一项基本人权，近年来引起了人们越来越多的关注。在艾滋病防治过程中，必须充分重视健康权的问题。与此同时，我们在公共政策拟定和立法变革过程中要充分考虑各种因素的具体影响，并对艾滋病防治领域的几个与人权有关的核心问题作具体的考量，使相关立法能够符合人权发展的需求，给予每一个人以最大限度的支持和保护。

关键词：人权　健康权　歧视　公共政策　检测　隐私　药物获得

进入新世纪，艾滋病防治工作引起了人们越来越多的关注。在这样一个过程中，人们对艾滋病关注的焦点已经不仅仅集中在一种对人类疾病和肉体痛苦的关注上，在一定程度上已经成为一个人们所共同关注的严重的社会公共问题。为此，国际社会和各个国家都采取了各种各样的措施（包括艾滋病防治立法），从全方位的视角来考察艾滋病防治过程中可能会遇到的问题。总的来看，从人权的视角，特别是健康权的视角来研究和处理艾滋病及相关问题，已经成

*张剑源，云南大学法学院法学硕士，现为清华大学法学院博士研究生。本文写作得到了北京爱知行研究所的项目资助，特此致谢。同时感谢云南大学法学院王启梁副教授在论文写作过程中给予的指导和帮助。

为一种国际社会普遍认同的方法。而在我国，此种方法尚未引起人们过多的关注，不管是在理论上还是在决策机构的具体操作过程中其都是一个较为薄弱的环节。因此，有必要对人权、健康权的问题和相关理论在立法过程中的具体指导作用作一个有效的梳理。

一、人权新发展与健康权问题的提出

（一）人权新发展

《世界人权宣言》第二条指出："人人有资格享受本宣言所载的一切权利和自由，不分种族、肤色、性别、语言、宗教、政治或其他见解、国籍或社会出身、财产、出身或其他身份等人和区别。"以此为基础，人权的界定或理念所昭示的是这样一些要件：关注人类尊严、保护个人和团体、不可放弃和剥夺、普遍的、受到法律保护的。但《世界人权宣言》和其他相关的国际性和区域性的文件中关于人权的界定一直是比较笼统的，它在很多情况下几乎只是一种"口号"的表达，或者是一种单纯的列举。此种趋势源于人们传统上对人权的"自然法权"理解。马里旦（Jacques Maritain）指出，人权若非根植于自然法，就不可能长久存在。自然法既规定了人类最基本的义务，又指出了基本权利。[①] 这样一种"自然法权"在当代受到了很大的挑战。米尔恩（A. J. M. Milne）指出："这一概念忽视了个人作为人类一员的社会基础……现实的人不可能是社会和文化的中立者。他总是某种社会和文化环境的产物。"[②] 他强调，不同文化背景下的人们对于"自然法人权"及《世界人权宣言》所指出的人权概念不可能是完全一致地受用的。因为，由其所确立的"理想标准是由体现自由主义民主工业社会的价值和制度的权利构成的，

①张文显．二十世纪西方法哲学思潮研究［M］．北京：法律出版社，2006：48.

②A. J. M. 米尔恩．人的权利和人的多样性［M］．夏勇，张志铭，译．北京：中国大百科全书出版社，1995：3.

所以，它暗含着这些价值和制度”①。

米尔恩试图通过自己的重构，向人们展示一种基于实践层面和经得起考验的人权概念。他指出：“如果把所有人都是人类同胞这一原则融入共同道德，那么共同道德就会成为一种可以适用于一切人类关系的标准。它的那些要素因而不仅能适用于每种社会生活方式的内部，而且也能适用于它们之间。共同体道德一旦加上这种‘人性’原则，就成了人权的渊源。”“一种作为低限标准的人权观念，是能够与不容忽视的人的多样性相协调的。”

那么，我们可以从米尔恩的观点中得到什么启示呢？首先，作为最低限度普遍道德权利的人权是建立在人们共同利益基础上的，社会责任要求每一个共同体成员在维持和促进共同利益的过程中发挥作用；其次，在文化多元的背景下，要求人们在制定政策保障人权的时候必须审时度势地分析现有情况；再次，人权是可以被认知和不断发展的，这要求人们从人之本性出发，不忽视每一个需要关怀的人。

（二）健康权问题的提出

第一次出现健康权提法的是1946年《世界卫生组织宪章》。在此宪章中，健康权被定义为：享有可能达到的最高健康水平的权利。《世界人权宣言》第二十五条第一款规定：“人人有权享受为维持他本人和家属的健康和福利所需的生活水准，包括食物、衣着、住房、医疗和必要的社会服务。”《经济、社会、文化权利国际公约》在健康权上规定了国际人权法最全面的条款。根据该公约第十二条第一款，缔约国承认“人人有权享有能达到的最高的体质和心理健康的标准”，第十二条第二款又进一步列举了若干缔约国为实现这项权利应采取的步骤。

①A. J. M. 米尔恩. 人的权利和人的多样性［M］. 夏勇，张志铭，译. 北京：中国大百科全书出版社，1995：3.

1. 健康权的标准

联合国经济、社会和文化权利委员会2000年通过的第14号一般性评论《享有能达到的最高健康标准的权利》第十二条提出了评估健康权的四条标准：

(1) 便利。缔约国境内必须有足够数量的、行之有效的公共卫生、卫生保健设施、商品和服务以及卫生计划。这些设施、商品和服务的具体性质，会因各种因素而有所不同，包括缔约国的发展水平。

(2) 易得性。缔约国管辖范围内的卫生设施、商品和服务，必须面向所有人，不得歧视。获得条件有四个彼此之间相互重叠的方面：非歧视、物质易得性、经济易得性（可购性）、信息易得性。

(3) 满意性。所有卫生设施、商品和服务，必须遵守医务职业道德，在文化上是适当的，即尊重个人、少数群体、人民和社区的文化，对性别和生活周期的需要敏感，遵守保密的规定，改善有关个人和群体的健康状况。

(4) 质量。卫生设施、商品和服务不仅应在文化上是可以接受的，而且必须在科学和医学上是适当和高质量的。

因此，健康权并非是要求政府或相关职能部门为所有人提供昂贵的医疗条件和所有的药物。它实质上是要求给予需要获得健康的每一个人以综合的、全面的和充满关怀的保障。使每一个人在需要的时候能够及时获得所需条件。

2. 健康权作为基本人权

(1) 健康权与其他人权密切相关，又相互依赖。良好和有效的健康权的实现，可以很好地促进人们生产生活的开展，并积极地促进人民生活的改善。而如果忽视了健康问题和人们健康权的实现，将会使其他应享权利得不到保障。同样地，其他人权的存在也在一定程度上促进了健康权的实现。如果侵犯了人权或不关注人权将会导致严重的健康后果。①

（2）健康权是一项综合性的权利，不仅包括及时和适当的卫生保健，而且包括决定健康的基本因素，如使用安全和洁净的饮水、享有适当的卫生条件、充足的安全食物、营养和住房供应、符合卫生的职业和环境条件，获得卫生方面的教育和信息，包括性和生育卫生的教育和信息。另一个重要方面是人民能够在社区、国家和国际上参与所有卫生方面的决策。②

（3）享有健康权，不应单纯地理解为身体健康的权利。健康权既包括自由也包括权利。自由包括掌握自己健康和身体的权利，包括性和生育上的自由，以及不受干扰的权利，如不受酷刑、未经同意不得强行治疗和试验的权利。另一方面，应该享有的权利包括参加卫生保护制度的权利，该套制度能够为人民提供平等的机会，享有可达到的最高水平的健康。③

二、国外公共卫生立法和反歧视立法对艾滋病问题的回应及启示

（一）国外公共卫生立法模式简述

公共卫生法强调法律对公共健康的关注和保障，因此在很大程度上会涉及私人领域与公共领域的冲突。但这种冲突绝非是不可调和的，它需要不同的利益团体能够在对话和合作的基础上充分协调。国家或地区的立法机关则以此为基础来具体考量各种因素，并制定最大限度地符合各种利益需求的公共卫生法。

①Mann J，Gostin L，Gruskin S，Brennan T，Lazzarini Z，Fineberg HV. Health and Human Rights［J］. Health and Human Rights：An International Journal，1994.

②经济、社会和文化权利委员会第二十二届会议（2000 年）第 14 号一般性评论：享有能达到的最高健康标准的权利。载于 E/C. 12/2000/4 号文件。汇编于联合国文献 HRI \ GEN \ 1 \ Rev. 7（2004）第十一条。

③经济、社会和文化权利委员会第二十二届会议（2000 年）第 14 号一般性评论：享有能达到的最高健康标准的权利。载于 E/C. 12/2000/4 号文件。汇编于联合国文献 HRI \ GEN \ 1 \ Rev. 7（2004）第八条。

对于艾滋病在全球的迅速蔓延，各个国家在各自的公共卫生法中都对其给予高度重视，如尼加拉瓜、墨西哥、菲律宾、加拿大、澳大利亚等国都有自己的艾滋病防治立法和法律操作模式。① 从各个国家的具体经验来看：首先，各个国家的公共卫生法改革在应对艾滋病问题的时候，都并非完全采取“应急”式的立法模式，大多情况下都是先通过广泛的讨论、研究和试验性项目的开展而推进的。其次，法律改革的推进并非只是议会和政府的职责，我们发现，在以上的绝大多数国家中，非政府组织的工作和努力对法律改革的展开发挥了极其重要的作用。再次，在政府和议会主导型的国家中，各部门均采取了互相联动和合作的策略，这在很大程度上促进了立法和改革的效率。

（二）反歧视立法改革和相关运动

由于传统认识的偏差和人们对艾滋病病理认识的缺乏，致使艾滋病人在很多情况下受到许多不应有的歧视。正基于此，许多国家通过立法改革和相关政策的制定开始了对歧视现象的规制。②

在阿根廷，1992 年内务部人权秘书处创建了不歧视艾滋病病毒感染者委员会。这是与非政府组织磋商的结果，同时也参考了法院判决的几个就业法歧视案的案例。香港艾滋病基金与其他艾滋病组织合作，组成了反歧视艾滋病组织联盟，联盟通过与议员的个人接触和公众听证会进行游说，并开展社区运动。美国在相关法案中（如 1990 年美国残疾人法案）作出了维持一个分两步的过程，而不是禁止艾滋病病毒检测。通过此举促进该领域民权运动的开展。

我们发现，以上各个国家的经验都证明了这样一个过程并非是在很短的时间内就能取得良好的效果的。它既需要社会各界的广泛参与，同时在必要的时候还需要作出让步和妥协。只有这样，才能

---

①联合国艾滋病规划署．各国议会联盟编．艾滋病、法律和人权立法者手册[S]，1999.

②联合国艾滋病规划署，各国议会联盟编．艾滋病、法律和人权立法者手册[S]，1999.

在更为广泛的范围内引起更多人的关注和在意识上的改变。

三、艾滋病防治立法中的几个核心问题

（一）药物获得

根据“无国界医生”[①]“病者有其药”项目2006年7月调查结果表明：在对23个国家中接受抗病毒治疗的57 147位成年患者（当中59.7%为女性）进行分析显示，大多数患者都是在艾滋病晚期才开始治疗，其中84%的患者有症状（相当于世界卫生组织分类第三期和第四期）。在开始治疗之前，绝大多数患者从未接受过抗逆转录病毒治疗。[②]同时，由于有些患者因为各种原因不能按时服药，或者由于厂家更换频繁，致使药剂经常改变，导致患者药物依从性不断下降。[③]因此，药物获得的问题成为艾滋病防治过程中一个十分严峻的问题。

根据TRIPS协议，专利持有人，包括持有药品和药品生产方法专利的人，有权禁止他人未经其许可而进行制造、使用、许诺销售、销售，或者为上述目的而进口该药品；或者有权制止他人未经其同意使用该方法，并禁止制造、使用、许诺销售、销售，或者为上述目的而进口至少是由该方法获得的药品。[④]专利保护在一定程度上鼓励了药物的研发和促进了厂家的获利程度。但对于艾滋病这样一种弱势群体易得的病来说，这种在专利保护上的鼓励效果就显得很微弱，因为大多数厂家会觉得研发的投入将会与获利不成正比。因此，知识产权对药品专利的保护势必会和公众获得必要药物的问题产生

①“无国界医生”是1971年成立于巴黎的一个非政府组织（NGO）组织。主要针对战争和内乱地区的民众进行紧急医疗帮助，针对难民和流亡的群众进行医疗安置和协助，天然或人为灾难的紧急医疗支持，长期对偏远地区做医疗协助。曾于1999年获得诺贝尔和平奖。

②无国界医生组织．任重道远——在提供廉价有效抗病毒治疗时面临的挑战[EB/OL]．www.msf.org.cn.

③张可．农村、农民、艾滋病——2004—2006河南、安徽农村艾滋病调查[R]//北京爱知行研究所．2006年艾滋病法律人权报告，2006.

④TRIPS协议第二十八条。

一定的利益差异。虽然TRIPS协议中也规定了一定的特殊情形（第三十三条），即在国家发生突发事件、其他极其紧急情况、反竞争行为和“非商业公共使用”时，TRIPS协议允许授予许可，而无须与专利持有人进行事先谈判（一般情况下要求事先谈判）。但生产能力不足的国家在根据TRIPS协议有效使用强制许可时可能会遇到困难，困难的发生有各种原因，但特别的障碍是第三十一（f）条将许可的使用范围主要限制在国内市场。因此，需要根据强制许可进口药品的国家可能很难找到供应商，因为生产国会面临出口限制。[①]

面对诸多的问题，国际社会均作出了积极的回应。2001年11月14日，在卡塔尔首都多哈召开的WTO第四届部长级会议通过了《关于TRIPS协定与公众健康问题的宣言》（简称“多哈宣言”），并在“多哈宣言”中容许最不发达国家在2016年之前不对药品提供专利保护。2003年8月30日，世贸组织提出了各国动用强制许可的机制，尔后于2005年12月一致同意将此决定转为TRIPS协议的永久性修正。根据该协议规定，WTO的发展中成员和最不发达成员因艾滋病、疟疾、肺结核及其他流行疾病而发生公共健康危机时，可在未经专利权人许可的情况下，在其内部通过实施专利强制许可制度，生产、使用和销售有关治疗导致公共健康危机的专利药品。印度、巴西及其他有制药能力的国家将首次被允许生产来自美国和其他制药公司的专利药品，条件是只能将药品出口到急需此类药品的发展中国家。[②] 此领域另一个重要的进步是2002年9月由英国知识产权委员会作出的《知识产权与发展政策之整合》的报告。[③] 此报告对发展中国家知识产权与发展的问题给予极高的关注度，给发展中国

①世界卫生组织知识产权、创新和公共卫生委员会报告．公共卫生、创新和知识产权［R/OL］．http：//www. chinacdc. net. cn/n272442/n272530/n272742/appendix/CIPIHtranslationchin［1］．pdf.

②田玲．《与贸易有关知识产权协定》与公共健康发展［J/OL］．http：//www. library. imicams. ac. cn/webpages/policy/files/yxkjfz_ 5. pdf.

③英国知识产权委员会．知识产权与发展政策之整合［EB/OL］．http：//www. iprcommission. org.

家在此问题上提出了许多宝贵的意见和建议。

（二）检　测

关于艾滋病的检测，一般包括自愿检测、常规检测和强制检测。联合国艾滋病规划署和各国议会联盟1999年发布的《艾滋病、法律和人权立法者手册》指出，自愿检测和知情同意是艾滋病检测过程中的一项基本原则，即检测应该征得对象的同意并保证其知情权和隐私权的实现。

2007年5月30日，世界卫生组织和艾滋病规划署在伦敦发布了关于世界各地卫生设施中知情、自愿的艾滋病病毒检测和咨询的新准则。① 此新准则既强调应该在根本上扩大自愿检测的范围力度，同时也承认资源和其他制约因素可能会妨碍准则得以立即实施。因此，提出在不同类型的卫生设施中实施准则确定优先次序的建议：第一是注重原有的知情同意、保密、咨询等原则；第二是确定优先次序。

可以说，新准则的确定为各国在此领域的法律和政策制定提供了更好的参考。特别是对于我们国家来说，更是具有十分重要的借鉴意义。我们业已发现，我们国家在检测问题上的许多立法和政策都是与国际准则不相符合的，而其本身也面临着很多的问题，因此加快改革的步伐是势在必行的。

根据联合国相关文件指引，在一般情况下，强制检测只能是在捐献血液和人体组织器官的情况下进行，因为这明显属于公共卫生的职责，也是关心受捐赠人的一种法律责任。② 而我们国家立法确立的强制检测范围则更为广泛，包括被监管人员、应征入伍人员、公共场所服务人员及部分行业从业人员、公务员考生、部分高考考生、

---

①世界卫生组织．世卫组织和艾滋病规划署发布关于卫生设施中艾滋病毒检测和咨询的新准则［S/OL］．http：//www.who.int/mediacentre/news/releases/2007/pr24/zh/index.html.

②联合国艾滋病规划署，各国议会联盟编．艾滋病、法律和人权立法者手册［S］，1999.

出入境人员、吸毒者、性工作者、嫖娼人员、献血员及医学供体等。① 这些规定在一定程度上引起了相关人员在就业等领域的歧视，同时会在很大程度上侵犯相关人员的隐私。

（三）知情同意和隐私

根据《联合国艾滋病规划署/世界卫生组织关于艾滋病检测的政策声明》及相关文件指引：国际社会在艾滋病检测问题上一直倡导"3C"原则，即保密（confidential）、咨询（counselling）和知情同意（informed consent）。

2006 年在瑞士日内瓦发布的《保护艾滋病信息保密性和安全性的指南》和 2007 年的《过渡时期指南》指出，对于保护数据，制定和实施保护敏感数据的措施受到隐私、保密性和安全性三个相互关联的概念的影响。隐私既是一个法律的概念，也是一个伦理的概念。法律的概念指的是对一个人获得和使用个人信息的权利的法律保护，以便给保密性和安全性的实施提供总体框架。保密性指的是个人在存储、传输和使用时保护他们的数据的权利，以便防止在未授权的情况下信息被泄露给第三方。安全性指通过一系列的技术手段解决物理的、电子的及程序的方面的问题来保护不断扩大的艾滋病服务中收集的各种信息。② 此指南的积极意义在于提供了操作层面上的隐私保护原则，它不仅仅指出了保护隐私和加强保密的重要性，更指出了应该在保护资料的安全性上进行更多的工作，以使隐私保护能

①可见《中国遏制与防治艾滋病行动计划（2006—2010 年）》、《劳动教养戒毒工作规定》（司法部 2003 年 6 月颁布）第六条、《应征公民体格检查标准（军队）》第十二条、《公共场所卫生管理条例（草案）》、《北京市药品从业人员体检标准》、《公务员录用体检通用标准（试行）》第十八条、《提前录取专业招生办法（高考）》第六条、《出入境人员卫生检疫查验操作规程》（国质检卫〔2002〕153 号）、《卫生检疫总所关于对华侨、港、澳、台同胞入出境提交健康证明有关事宜的通知》、《黑龙江省艾滋病性病预防控制办法》（2001 年 7 月 1 日）、《四川省预防控制性病艾滋病条例》（2001 年 3 月 30 日修订）第九条、《云南省艾滋病防治条例》（2006 年 11 月 30 日）第十六条、第三十条等。北京爱知行研究所．2006 年艾滋病法律人权报告［R/OL］．www. aizhi. net.

②保护艾滋病信息保密性和安全性的指南——一次研讨会的进展(2006)，过渡时期指南(2007)［S/OL］．http：//www. aizhi. net/UploadSoft/2007725103025564. pdf.

够真正地落实。

而在隐私的保护问题上，特殊情况又是必须引起我们高度重视的。根据相关文件指引，在艾滋病患者的隐私保护问题上只有两种例外情况：一是特殊的法律要求或者法院裁决；二是性伴通知。

对于涉及司法领域的例外情况，必须是在法律的允许范围内进行，而且审判必须是不公开的，并且法官和相关专业人员必须切实采取各种措施来保障隐私不被外漏。可以采取的措施包括目的性使用、紧迫性使用、确保安全性、程序保障和危险评估等。①

对于“性伴通知”的例外情况一直是一个比较有争议的问题。一方面，保障患者的隐私权在检测甚至更广泛的范围内是一项基本的原则。它可以使患者免受歧视或其他不公正待遇，也可以促进更多的怀疑者自愿来进行检测，提高预防和治疗的效率、降低成本。另一方面，我们又不能完全忽视其他人的利益。特别是对于艾滋病患者的性伴侣来说，他（她）在此时面临的风险要大于任何时候，而如果实行完全的隐私保密政策对于他（她）来说可能就会在完全不知情的情况下被传染上艾滋病。

有些人提出应该对艾滋病患者和与其接触者实行全程的跟踪，以避免此类事件的发生。但如果没有全面的监视技术和支付高昂费用的资金是缺乏可行性的，它也会对公民权造成限制，让人不能接受。② 特别是对于一些经济落后的国家和地区来说，此类政策的推行绝对是难度巨大的。因此，艾滋病和人权国际准则建议：公共卫生法应该（但不是必须）授权卫生保健专业人员在谨慎限定的情况下把病人的艾滋病病毒状态通知其性伙伴。③ 同时，在立法中作出规定哪些情况下专业人员应该及时通知，哪些情况下不应该通知；通知

①保护艾滋病信息保密性和安全性的指南——一次研讨会的进展(2006)，过渡时期指南(2007)[S/OL]. http://www.aizhi.net/UploadSoft/2007725103025564.pdf.

②联合国艾滋病规划署，各国议会联盟编．艾滋病、法律和人权立法者手册[S]，1999.

③联合国艾滋病规划署，各国议会联盟编．艾滋病、法律和人权立法者手册[S]，1999.

了以后如何保障专业人员免受患者提起的泄密诉讼；等等。

艾滋病问题已经成为一个严重的社会问题。对于法律自身来说，面对突然出现的社会问题，理所应当作出积极的回应。国务院在2006年正式颁布了《艾滋病防治条例》，可以说，这对于我国的艾滋病防治工作的开展，对于维护病人权益是极为重要的。但我们发现，要使每一个人的健康权得到最大限度的保障，我们要走的路还很长。在借鉴国外经验的基础上再回到我们的具体国情上边，或许这样能使我们得到更多的启示。

（原载《人权》2008年第6期）

作为基本人权的健康权及其相关问题

张剑源*

摘　要： 健康权作为国际人权法所强调的一项新的基本人权，在社会生活以及法律、政策领域往往被人们所忽视。要保障每一个人实现其所应具有的健康权利，必须从社会生活本身入手，从阶层、性别以及政策等领域来发现问题所在，并找出解决问题的途径。

关键词： 人权　健康权　社会学　公共政策　歧视

人权理论在社会生活变迁和特定情况下必然会出现新的发展。而健康权作为一项与每一个人息息相关的权利，近年来在国际人权法领域得到了极大的发展。我们发现，作为一项权利的健康问题，必然会和社会生活的各个领域发生各种各样的关系，而如何消除歧视又是其中首要的问题。

一、人权的新发展与健康权作为基本人权

《世界人权宣言》第二条指出："人人有资格享受本宣言所载的一切权利和自由，不分种族、肤色、性别、语言、宗教、政治或其他见解、国籍或社会出身、财产、出身或其他身份等人和区别。"以此为基础，人权的界定或理念所昭示的是这样一些要件：关注人类尊严、

*张剑源，云南大学法学院法学硕士，现为清华大学法学院博士研究生。

保护个人和团体、不可放弃和剥夺、普遍的、受到法律保护的。但《世界人权宣言》和其他相关的国际性和区域性的文件中关于人权的界定一直是比较笼统的，它在很多情况下几乎只是一种“口号”的表达，或者是一种单纯的列举。对人权的如此界定，在当代至少在两个层面上得到了很大的修正：首先，在理论上对单纯自然法权的修正；其次，社会、经济权利的兴起和对单纯公民权、政治权的补充。

对于前一个问题，我们可以从马里旦（Jacques Maritain）开始。他指出，人权若非根植于自然法，就不可能长久存在。自然法既规定了人类最基本的义务，又指出了基本权利。[①] 这样一种“自然法权”在当代受到了很大的挑战。米尔恩（A. J. M. Milne）指出：“这一概念忽视了个人作为人类一员的社会基础……现实的人不可能是社会和文化的中立者。他总是某种社会和文化环境的产物。”[②] 他强调，不同文化背景下的人们对于“自然法人权”及《世界人权宣言》所指出的人权概念不可能是完全一致地受用的。因为，由其所确立的“理想标准是由体现自由主义民主工业社会的价值和制度的权利构成的，所以，它暗含着这些价值和制度”[③]。

米尔恩试图通过自己的重构，向人们展示一种基于实践层面和经得起考验的人权概念。他指出：“如果把所有人都是人类同胞这一原则融入共同道德，那么共同道德就会成为一种可以适用于一切人类关系的标准。它的那些要素因而不仅能适用于每种社会生活方式的内部，而且也能适用于它们之间。共同体道德一旦加上这种‘人性’原则，就成了人权的渊源。”“一种作为低限标准的人权观念，是能够与不容忽视的人的多样性相协调的。”米尔恩实际上在告诉我们：首先，作为最低限度普遍道德权利的人权是建立在人们共同利

①张文显．二十世纪西方法哲学思潮研究［M］．北京：法律出版社，2006：48.

②A. J. M. 米尔恩．人的权利和人的多样性［M］．夏勇，张志铭，译．北京：中国大百科全书出版社，1995：3.

③A. J. M. 米尔恩．人的权利和人的多样性［M］．夏勇，张志铭，译．北京：中国大百科全书出版社，1995：3.

益基础上的，社会责任要求每一个共同体成员在维持和促进共同利益的过程中发挥作用；其次，在文化多元的背景下，要求人们在制定政策保障人权的时候必须审时度势地分析现有情况；再次，人权是可以被认知和不断发展的，这要求人们从人之本性出发，不忽视每一个需要关怀的人。而健康权的产生其实也就是对此种理论变化的一种极为有益的尝试。它在本质上即是一种从社会整体利益出发的权利，而且没有如自然法权那样高度抽象，极好地体现了最低限度的人权观与人们的共同道德要求。

对于后一个问题，在观察当代人权运动的发展态势时，我们会发现除了理论的变化外，人权实践也在悄悄地发生着变化。剑桥大学经济学家、诺贝尔奖得主阿马蒂亚·森曾说过：在世界可怕的饥荒历史中，没有一次实质性的饥荒发生在言论相对自由的独立的民主国家中。[①] 他的这一提法实质上是在经济和人们健康问题上，更多地强调人们的公民权利和政治权利的作用。但随后，在各种问题不断凸现以后（如艾滋病的流行趋势日益严峻），人们开始意识到仅有公民权利和政治权利的保障是远远不够的，而对经济和社会权利的关注在此时也得到极大的发展。哈佛大学肯尼迪政治学院卡尔人权政策中心主任米歇尔·伊格纳蒂夫（Michael Ignatieff）坚持认为，人权组织的工作范围必须扩展，“请看看博茨瓦纳吧。”他说：“在那里辛辛苦苦获得的公民权和政治权成果将要被经济权和社会权的灾难性损失扫荡得干干净净。以艾滋病现在的影响程度而言，这种病毒会破坏社会的基本结构，会破坏公民权和政治权赖以存在的防护机制。”[②] 在这里，包括健康权在内的经济和社会权利向人权斗士们提出了新的课题。而实质上，健康权在应对人类发展的重要问题时，已经不像以前一样被附属在政治权、公民权之后，其已经成为一项必要的基本人权。

①张关林，译．人权运动新态势［J］．国外社会科学文摘，2001（11）．
②张关林，译．人权运动新态势［J］．国外社会科学文摘，2001（11）．

二、健康权作为基本人权的定义和标准

（一）关于健康权的国际性和区域性规定①

第一次出现健康权提法的是1946年《世界卫生组织宪章》。在此宪章中，健康权被定义为：享有可能达到的最高健康水平的权利。1978年的《阿拉木图宣言》、1998年世界卫生大会通过的《人类健康宣言》都重申了这一权利。此外，承认健康权的还有1956年的《消除一切形式种族歧视国际公约》第五条（e）（4），1979年的《消除对妇女一切形式歧视公约》的第十一条第一款（f）和第十二条，和1989年的《儿童权利公约》第二十四条。一些区域性人权文书也承认健康权，如修订的1961年《欧洲社会宪章》第十一条、1981年的《非洲人权和人民权利宪章》第十六条和1988年的《美洲人权公约关于经济、社会和文化权利领域的附加议定书》第十条。同样，人权委员会1993年的《维也纳宣言和行动纲领》和其他国际文书，也都提出过健康权。

《世界人权宣言》第二十五条第一款规定："人人有权享受为维持他本人和家属的健康和福利所需的生活水准，包括食物、衣着、住房、医疗和必要的社会服务。"《经济、社会、文化权利国际公约》在健康权上规定了国际人权法最全面的条款。根据该公约第十二条第一款，缔约国承认"人人有权享有能达到的最高的体质和心理健康的标准"，第十二条第二款又进一步列举了若干缔约国为实现这项权利应采取的步骤。

（二）健康权的标准

联合国经济、社会和文化权利委员会2000年通过的第14号一般性评论《享有能达到的最高健康标准的权利》（第十二条）提出了评估健康权的四条标准：

①可参见经济、社会和文化权利委员会第二十二届会议（2000年）第14号一般性评论：享有能达到的最高健康标准的权利（第十二条），载于E/C.12/2000/4号文件，汇编于联合国文献HRI\GEN\1\Rev.7（2004）。

（1）便利。缔约国境内必须有足够数量的、行之有效的公共卫生、卫生保健设施、商品和服务以及卫生计划。这些设施、商品和服务的具体性质，会因各种因素而有所不同，包括缔约国的发展水平。

（2）易得性。缔约国管辖范围内的卫生设施、商品和服务，必须面向所有人，不得歧视。获得条件有四个彼此之间相互重叠的方面：非歧视、物质易得性、经济易得性（可购性）、信息易得性。

（3）满意性。所有卫生设施、商品和服务，必须遵守医务职业道德，在文化上是适当的，即尊重个人、少数群体、人民和社区的文化，对性别和生活周期的需要敏感，遵守保密的规定，改善有关个人和群体的健康状况。

（4）质量。卫生设施、商品和服务不仅应在文化上是可以接受的，而且必须在科学和医学上是适当和高质量的。

因此，健康权并非是要求政府或相关职能部门为所有人提供昂贵的医疗条件和所有的药物。它实质上是要求给予需要获得健康的每一个人以综合的、全面的和充满关怀的保障，使每一个人在需要的时候能够及时地获得所需条件。

（三）健康权作为基本人权的实质问题

（1）健康权与其他人权密切相关，又相互依赖。良好和有效的健康权的实现，可以很好地促进人们生产生活的开展，并积极地促进人民生活的改善。而如果忽视了健康问题和人们健康权的实现，将会使其他应享权利得不到保障。同样的，其他人权的存在也在一定程度上促进了健康权的实现。如果侵犯了人权或不关注人权将会导致严重的健康后果。①

（2）健康权是一项综合性的权利，不仅包括及时和适当的卫生保健，而且包括决定健康的基本因素，如使用安全和洁净的饮水、

①Mann J，Gostin L，Gruskin S，Brennan T，Lazzarini Z，Fineberg HV. Health and Human Rights［J］. Health and Human Rights：An International Journal，1994，1.

享有适当的卫生条件、充足的安全食物、营养和住房供应、符合卫生的职业和环境条件，获得卫生方面的教育和信息，包括性和生育卫生的教育和信息。另一个重要方面是人民能够在社区、国家和国际上参与所有卫生方面的决策。①

（3）享有健康权，不应单纯地理解为身体健康的权利。健康权既包括自由也包括权利。自由包括掌握自己健康和身体的权利，包括性和生育上的自由，以及不受干扰的权利，如不受酷刑、未经同意不得强行治疗和试验的权利。另一方面，应该享有的权利包括参加卫生保护制度的权利，该套制度能够为人民提供平等的机会，享有可达到的最高水平的健康。②

三、社会学视角下的歧视与健康的问题

以往，人们对健康的关注往往集中在人自身的身体上。大多从生物学的视角来研究人的健康、疾病、死亡等问题。到 20 世纪中后期，社会学家在研究过程中开辟了一块新的领地——身体社会学。这一视角将对健康和疾病的关注转向了一种社会整体的视角，试图通过对社会因素的具体分析来发现阶层、性别、种族等是如何影响人们健康的。

英国著名的社会学家吉登斯（Anthony Giddens）在其《社会学》中向我们较为全面地展示了社会问题与健康的关系。③ 而从其他学者的研究成果和吉登斯的介绍中我们可以清晰地发现社会生活中的歧视问题对健康的诸种影响。

（一）阶层与健康

有学者研究指出，在工业社会中，处在职业等级最底层的非熟练体力劳动者和半熟练体力劳动者在存活年限上大大低于处于职业

①第 14 号一般性评论第十一条。

②第 14 号一般性评论第八条。

③安东尼·吉登斯. 社会学：第四版［M］. 赵旭东，译. 北京：北京大学出版社，2003：178－214.

等级高层的专业人员和管理人员；而前者在家庭出生婴儿的死亡率、生病的频率和范围上则往往高于后者。[①] 从我们国家艾滋病感染者的情况来看，以云南和四川两省为例，云南省1998—2000年连续三年的HIV感染者职业构成统计数据表明，感染者中农民和无业人员共占全部感染者的比例数均在72%以上；而四川省1987—2000年底期间HIV阳性者的职业构成比表明，农民占HIV感染者总数的76%以上。[②]

这些研究结论和数据都表明，处于弱势地位的人群往往因为在健康问题上得不到很好的保障而使其生活的各个方面处于一个十分被动的局面。而对于HIV感染者来说，艾滋病已经不仅仅是一种疾病，其更是成为一种“‘获得性收入缺乏综合征’，一种由于贫困、失业以及穷人通常采用的生存策略带来的疾病”[③]。

（二）性别与健康

从遗传学和生理的角度来看，女性在获得健康和抵御疾病的能力方面很多时候都要劣于男性（比如对心脏疾病的抵抗力和对艾滋病病毒的抵抗力）。但这只是一方面，在这里，我们更关注那些在社会生活领域对不同性别健康造成影响的复杂因素。

莱斯利·多雅尔（Lesley Doyal）曾经提出妇女的健康和疾病模式可以由构成妇女生活的主要活动领域得到最好的解释。“这些不同劳动的累积性效果是妇女健康状况的主要决定因素。”[④] 在这里，

---

①Browne, Ken and Ian Bottrill. Our unequal, unhealthy nation [J]. Sociology Review, 1999: 9. 可参见安东尼·吉登斯. 社会学：第四版 [M]. 赵旭东. 译，北京：北京大学出版社，2003：183-184.

②中国疾病预防控制中心. 社会发展与艾滋病防治读本 [M]. 北京：人民卫生出版社，2006：13.

③在法语里，艾滋病的缩语是SIDA。在讲法语的一些非洲国家里，SIDA被妇女借喻为“年薪不足”或“获得性个人薪水拮据”（Salaire Individuel Difficilement Acquis）的缩语。可参见中国疾病预防控制中心. 社会发展与艾滋病防治读本 [M]. 北京：人民卫生出版社，2006：13.

④Doyal, Lesley. What Makes Women Sick: Gender and the Political Economy of Health [M]. London: Macmillao, 1995. 可参见安东尼·吉登斯. 社会学：第四版 [M]. 赵旭东，译. 北京：北京大学出版社，2003：190-191.

“不同劳动的累积性效果”应该包括家务劳动、生育、孩子养育和照顾、就业、受教育、获得社会保障等因素。而从社会实际来看，妇女在很多方面都是处于一个弱势的地位。以艾滋病为例，传统伦理道德的影响、缺少教育机会、缺少生存和发展的资源、针对女性的性暴力频发、女性感染者的生活负担等因素都是女性易感艾滋病和得不到有效救助的重要原因。

综上所述，为了保障全体人民享有广泛而积极的健康权利，必须消除一切形式的歧视。对处于弱势地位的人群给予高度的重视和特殊的待遇。这既符合人权发展的需要，也是对社会和谐的保证。

四、公共政策领域的健康问题和健康权的实现

健康不仅仅是一个单纯的医学问题。在很多情况下，人们的健康关乎整个社会的发展。而在这个时候，政府整个社会政策的制定会在一定程度上对健康问题起到主导性的作用。但我们同时也发现，不同的政策会产生不同的结果，有些政策甚至会对人民健康权利的实现产生消极的后果。因此必须重视社会政策的制定，使其在良好、有序的状态下运行。

在公共健康政策制定过程中就存在着大量的“无意歧视现象”。乔纳森·曼（Jonathan Mann）指出：“无意歧视的问题给公共健康实践赋予了很重的责任。例如，推广活动可能会‘假定’，电视上只用一种优势语言发布的信息能够平等地传达到所有人……或者一个问题‘忽视’了不同人群组在应对能力上的现实差异……事实上，无意的歧视十分普遍，以至于所有的公共健康政策和项目都应该被认为存在歧视的问题，直到另有证据证明不存在歧视，这加重了公共卫生事业在证实和确保尊重人权上的责任。”① 在这里，“无意”是

①The Hastings Center Report［R］，1997，27（3）：9. 可参见世界卫生组织编，北京爱知行研究所翻译的《健康与人权出版物系列》第一部《关于健康与人权的25个问答》，载中山大学性别教育论坛 http：//genders. zsu. edu. cn/ReadNews. asp?NewsID＝2381.

一个十分重要的问题，它表明这种歧视现象的产生绝非是决策者在故意的心理状态下作出的。那么这种“无意”的状态又是由什么因素造成的？对这个问题的剖析将会使我们更为深刻地理解此类歧视产生的原因和其所能造成的影响。

有学者从整个社会结构的研究出发，将这种现象称为“结构性歧视”，并指出：“歧视可能不仅仅是个人的态度或行为直接指向他人的结果，而且还是根植于社会结构中的社会现象。……结构性歧视的特征在于加害人可能缺乏任何歧视的动机，但结果却已构成对社会中某一部分人群的歧视。”① 从这样的理论出发，我们发现在健康问题上，很多决策在制定过程中往往将全体人民整体化，进而采取了一致的政策。这个过程看似合理和合法。但其可能忽视了少数人在“此项政策”上的适应性和受益性，于是使少数人得不到应有的保护和照顾。

以艾滋病为例，正是出于对社会政策的关注，各世界性组织都出台了相应的指引性文件。世界银行《正视艾滋病》报告指出：②

首先，HIV/AIDS 对于期望寿命和健康产生巨大影响，而且有可能加剧贫困和不平等现象；因此，政府和决策者理所当然必须重视艾滋病。

其次，尽早行动。政府如能在艾滋病病毒感染者不多、艾滋病尚未形成严重问题时采取预防措施，便能以较低的代价遏制这种病的流行。

再次，政府有义务采取支持和帮助减少感染风险的预防干预措施，尤其是在那些最有可能感染并传播 HIV 病毒的人们中间推行这些措施，同时保护他们不受歧视。

国际性组织的指引文件对具体国家的政策产生起到了十分积极的作用。每一个国家在制定政策的过程中都势必会从本国的实际情

①周勇．少数人权利的法理［M］．北京：社会科学文献出版社，2002：24.

②中国疾病预防控制中心．社会发展与艾滋病防治读本［M］．北京：人民卫生出版社，2006：64.

况出发，充分考虑本国的经济、社会、历史、文化等因素。但避免结构性歧视的产生，给予弱势群体以充分的关注都应该成为每一个国家政策制定过程中的首要关注点。

（原载《东陆学林》，云南大学出版社2008年版）

关于艾滋孤儿社会权利的基本问题探讨

仇永胜　顾莎莎*

摘　要： 当艾滋病人的合法权益保护引起国际社会广泛关注之时，一个受艾滋病严重影响的特殊群体正逐渐凸显，这个群体就是艾滋孤儿。当前形势下，对艾滋孤儿的关怀为我国乃至世界不可回避的话题。本文将就这个群体所涉及的有关社会权利进行讨论，进而探寻艾滋孤儿的权利保障路径。

关键词： 艾滋孤儿　社会权利　保障

一、艾滋孤儿的群体特征及弱势性分析

据联合国艾滋病规划署（UNAIDS）估计，截至2005年底，全世界有1 500万名艾滋孤儿。预计到2010年，全球艾滋孤儿数量将达2 500万。① 据推测，在艾滋病高流行的情况下，到2010年的时候，我国艾滋孤儿将增长到26万名左右。② 由以上数据可知，人数逐年激增的艾滋孤儿已经成为一个不容忽视的群体，其产生于受艾滋病直接影响的艾滋病人群。关于艾滋孤儿的定义，学术界尚无统

*仇永胜，云南大学法学院副教授，主要研究方向为宪法与行政法；顾莎莎，云南大学法学院2008级宪法学与行政法学硕士研究生。

①UNICEF. 2005年世界儿童状况［R］. UNICEF，2005.

②孟金梅. 艾滋病与法律［M］. 北京：中国政法大学出版社，2005：224.

一说法。本文所指的艾滋孤儿为父母一方或者双方死于艾滋病，包括感染艾滋病及自身健康，未满 18 岁的儿童。艾滋孤儿不同于一般孤儿，其基本特点可以这样把握。

首先，他们都是未成年人，生理发育不成熟、心理承受能力差，欠缺一定的生存能力和对事物的认知力。其次，由于父母双方或者一方患艾滋病死亡导致家庭破裂，艾滋孤儿从小缺乏家庭温暖和他人的关爱，自我封闭现象严重，容易受到社会潜在的歧视和偏见。社会普遍认知倾向于将艾滋孤儿与艾滋病、艾滋病患者之间画上等号，谈"艾"色变的习惯性反应令人对其避而远之。艾滋孤儿几近被置于社会普通群体之外，边缘化现象越来越严重。再次，家中经济来源的阻断使他们大多失去了吃饱穿暖、接受教育的机会。

社会弱势群体分为生理性弱势和社会性弱势，[①] 艾滋孤儿群体兼具两者的特征，一方面，部分艾滋孤儿由于母婴传播或其他途径从家庭成员身上感染疾病，沦为艾滋病人群中的一员；另一方面，社会对艾滋病患者较低的道德评价及对艾滋病的恐惧，导致社会对弱势群体的漠视与歧视在艾滋病人群身上更为明显。此外，农村已成为大量艾滋病人群覆盖地区，由于我国城乡二元化结构存在的客观局限性，农村生活水平普遍较低、各种社会资源分享不均，艾滋病受影响人群与农民身份的交织使艾滋孤儿的社会性弱势愈加严重。因此，艾滋孤儿可以说是集年幼、心理障碍、贫困和疾病影响于一身的最弱势群体。

《中国儿童发展纲要（2001 — 2010 年）》的目标旨在保障儿童的生存、发展和参与的权利，特别强调对孤残儿童给予关怀，保护弱势的儿童权利。根据《中国儿童发展纲要（2001—2010 年）》的精神，我们应对新出现的艾滋孤儿群体予以高度重视。

二、艾滋孤儿社会权利的基本问题

社会权利，属于世界人权体系中的第二代人权，其性质为一种

---

①秦前红．新宪法学［M］．武汉：武汉大学出版社，2009：294.

受益权。与自由权不同，社会权强调国家积极干预，侧重弱势者的权益保障，包括经济、社会及文化方面的权利，这类权利将国家定位于积极实现公民权利的义务主体角色。面对作为弱势群体的艾滋孤儿，国家不得不以积极的姿态出现，满足艾滋孤儿的物质请求并为他们提供一个平等享受社会资源并充分发展自我的环境。

（一）生存权

艾滋孤儿尚未成年，难以自食其力，在失去家中经济支柱的情况下，他们的生活状况明显达不到普通家庭同龄儿童的一般水平。其生活来源主要依靠国家不定期的经费投入、当地政府的救助金及社会的零散资助，具有不固定性、临时性的特点。全国各地对艾滋孤儿的补助标准高低不一，生存条件的改善程度各有不同。可以这样说，艾滋孤儿随时都处于一种缺乏物质保障和安全感的社会环境中，基本生活需求难以得到全部满足。以人权的视角来看，这涉及艾滋孤儿的生存权。

生存权是一切人权的核心和基础，生存权没有保障就难以言及其他。此意义的生存权是一种狭义的生存权。“狭义的生存权，系指社会弱者的请求权，即那些不能通过自己的劳动获得稳定生活来源而向政府提出物质请求，政府有义务来满足其请求从而保障其生存尊严的权利。”① 对于生活状况达不到一国最低水准，缺乏物质保障的公民，国家有义务保障其获得维持基本生活必需的资源，实现人的尊严。对此，国际公约有着相应规定。《世界人权宣言》第二十五条规定：“人人有权享受为维持他本人和家属的健康和福利所需的生活水准，包括食物、衣着、住房、医疗和必要的社会服务；在遭到失业、疾病、残废、守寡、衰老或其他不能控制的情况下丧失谋生能力时，有权享受保障。”《经济、社会及文化权利国际公约》第十一条所规定的“获得相当生活水准权”则是对生存权的重申。此外，《儿童权利公约》针对儿童作出专门规定，即“确认世界各国都有

①徐显明．人权研究［M］．济南：山东人民出版社，2002：4.

生活在极端困难情况下的儿童，对这些儿童需要给予特殊的照顾”，“缔约国按照本国条件并在其能力范围内，应采取适当措施帮助父母或其他负责照顾儿童的人实现此项权利，并在需要时提供物质援助和支助方案，特别是在营养、衣着和住房方面”。

国际公约的生存权、获得相当生活水准权与我国《宪法》赋予的物质帮助权相对应。我国《宪法》第四十五条规定：“中华人民共和国公民在年老、疾病或者丧失劳动能力的情况下，有从国家和社会获得物质帮助的权利。”我国《宪法》条文虽限定了获得物质帮助的三种情形，然而遵循法律条文的旨意，可以通过宪法解释将获得物质帮助的对象扩大到无法通过自身能力维持基本生活的公民。年幼的艾滋孤儿尚不完全具备自谋生路的生存能力，其群体特征符合物质帮助权的内在要求，因而艾滋孤儿享有从国家和社会获得物质帮助的权利。

（二）受教育权

尽管我国2003年出台了“四免一关怀”政策，就艾滋孤儿的教育问题作出“免费就学”的相关规定，但由于家庭经济压力大、让孩子接受教育的意识淡薄及潜在的学校歧视等原因，艾滋孤儿辍学的现象仍客观存在。退一步讲，艾滋孤儿即使能完成免费的初等教育，能够继续接受高等教育的可能性却很小。高等教育阶段不属于国家义务教育范围，接下来的求学路因经济原因将变得举步维艰。

艾滋孤儿身处一个艾滋病肆虐、相对贫困落后的复杂环境中。如果因为缺乏教育，导致愚昧无知，很容易在恶劣的环境中受到不良影响，问题将得不到根本解决。“对诸如老弱病残等弱者给予物质帮助固然重要，但提高其改善自己生活环境和条件的能力却显得更加重要和有效。而提高其能力的有效措施是让其接受最基本的教育和智力训练。”① 受教育权对于艾滋孤儿至关重要，原因在于及时接

①肖泽晟．宪法学——关于人权保障与权力控制的学说［M］．北京：科学出版社，2004：274－275.

受良好的教育是提升他们认知力和判断力的重要途径，其价值在于通过接受教育而获取一技之长能够增强这些艾滋孤儿自身的生存能力。

要求平等对待公民的受教育权利的精神在国际公约中有所体现。其中，《世界人权宣言》第二十六条规定，“人人都有受教育的权利”。《经济、社会及文化权利国际公约》第十三条规定：“受教育权对于所有公民来说应当是平等的，不得对任何公民实行歧视，尤其是高等教育应根据成绩，以一切适当方法，对一切人平等开放。”《儿童权利公约》特别指出：“缔约国确认儿童有受教育的权利，为在机会均等的基础上逐步实现此项权利。”“缔约国一致认为教育儿童的目的应是：最充分地发展儿童的个性、才智和身心能力。”我国教育法对此也明确了公民不分民族、种族、性别、职业、财产状况、宗教信仰等，依法享有平等的受教育机会的规定。

要淡化艾滋孤儿较于普通儿童的弱势性，注重发展艾滋孤儿的教育为长久之计。受教育权作为社会权利的一项子权利，决定了国家需从教育经费投入、制度设计及政策供给方面加大力度，为艾滋孤儿提供平等的教育机会，尤其在艾滋孤儿接受非义务教育方面应给予更多考虑。

（三）健康权

艾滋病给艾滋孤儿带来的伤害并非仅是身体上的痛苦，其对精神造成的负面影响往往更为致命。他们承受着来自社会歧视的巨大压力，包括周围同学及其父母的疏远，甚至是个别老师、亲戚不平等的待遇。他们从小缺乏精神和情感上的沟通，加之成长过程中他人的排斥，容易强化他们与别人交往中的回避心理及对社会的仇视心理。外界的歧视、偏见和艾滋孤儿内心的创伤，严重影响到他们正常的生活学习，甚至是将来的发展，弱化其适应社会的能力。

健康权作为一项基本人权已被列入国际公约。如《经济、社会及文化权利国际公约》第十二条第一款指出：“本公约缔约各国承认人人有权享有能达到的最高的体质和心理健康的标准。”又如《儿童权利公约》第二十三条“缔约国确认身心有残疾的儿童应能在确保其尊严、促进其自立、有利于其积极参与社会生活的条件下享有充实而适当的生活”。根据公约的精神，健康权同时涵盖生理健康与心理健康两层含义。健康权虽然并未正式出现于我国宪法条文之中，但我国于2009年4月13日发布的《国家人权行动计划（2009—2010年）》明确将健康权纳入社会权利范畴之内，表明我国对保护公民健康权的态度与公约的内在精神是一致的。内心的封闭成为艾滋孤儿社会化与人格发展过程中的心理障碍，培养健康的心智是塑造艾滋孤儿独立人格、增强生存能力的必需。保障艾滋孤儿的健康权，仅针对感染儿童提供医疗保健服务显然是不够的，通过康复机构的心理咨询、治疗对所有艾滋孤儿进行心理疏导，才能真正实现儿童的健康权，符合《儿童权利宣言》对发展儿童心理健康的要求。

（四）发展权

随着国家的发展与社会的进步，发展权随之提出，意指作为国家成员的公民享有从中分享社会、经济、文化发展成果的权利，以此实现个体与国家发展的同步。发展权的思想首先在1986年12月4日联合国大会第41/128号决议通过的《发展权利宣言》中得到体现，《发展权利宣言》第一条第一款规定：“发展权是一项不可剥夺的人权，由于这种权利，每个人和所有各国人民均有权参与、促进并享受经济、社会、文化和政治发展，在这种发展中，所有人权和基本自由都能够获得充分实现。”此外，《世界人权宣言》第二十二条指出：“每个人作为社会的一员有权享受社会保障，并有权享受他的个人尊严和人格的自由发展所必须的经济、社会和文化方面的各种权利的实现”。

可见，发展权的权利主体具体到每一个人，个体人权的充分享有离不开社会大环境的支持，然而并非个体必然直接受益于外界发展带来的利益，艾滋孤儿正是这样一个群体。儿童的发展对于未来社会进步的重要性不言而喻，尤其是艾滋孤儿这样一个被边缘化的儿童群体，其人格发展与能力培养具有特殊的社会意义，弱势群体的生存发展状况与社会的公平与正义相联系，只有在社会公平得到维护的基础上，社会才能向着良性的方向发展。正如《儿童权利公约》要求“缔约国应最大限度地确保儿童的存活与发展”，关注并促进艾滋孤儿未来的发展是国家积极履行义务的必然趋势。

三、艾滋孤儿社会权利的保障路径

就目前来看，中央对防艾工作及艾滋病派生问题是非常重视的。在法规政策方面，2003 年中央提出的“四免一关怀”、2004 年民政部下发的《关于加强对生活困难的艾滋病患者，患者家属和患者遗孤救助工作的通知》以及 2006 年国务院新出台的《艾滋病防治条例》等规定都是国家为改善艾滋孤儿现状及保障其受教育权作出的重大举措，是国家履行责任的积极体现。在财政方面，国家不定期投入各种救助经费，如 2004 年民政部下拨云南省 26 万元，用于艾滋孤儿生活救助；2005 年，财政部和卫生部安排云南省关怀救助经费 80 万元，民政部下拨云南省艾滋孤儿救助专项经费 501 万元，用于建立艾滋孤儿救助安置指导中心及生活补助。与此同时，地方政府针对艾滋孤儿也采取了相应的保护措施，如 2004 年，德宏傣族景颇族自治州、县级财政共投入 54 万元用于艾滋孤儿生活救助；2006 年 9 月，云南省民政厅、教育厅、财政厅和卫生厅就联合制定并下发了《云南省艾滋病患者遗孤、困难家庭生活教育救助办法》，为全省实施救助安置工作提供了政策保障。上到中央，下至地方都致力于解决艾滋孤儿的难题，对承担起化解社会矛盾的责任作出了积极回应。许多政策确实取得了初步成效，各种经费投入也在很大程度上缓解了一些经济困难。然而在现实操作中，这些规定及措施虽涉及救助工作的硬件、软件方面，但面大量广、头绪多，很难保证每一个艾滋孤儿都能直接从中受益。

寻求艾滋孤儿社会权利的国家保障路径刻不容缓，解决好艾滋孤儿的问题，唯有国家为他们的生存发展创造有利条件，从源头上予以经济支持及制度保障才是根本。笔者认为关键在于国家积极立法、采取行之有效的行政物质帮助措施以及各种鼓励支持社会力量参与的措施。据此，笔者提出以下几点看法和建议。

（一）反艾滋歧视的国家立法责任先行

目前，消除社会对艾滋病人及其家属的歧视主要通过宣传或“倡导性”规范的约束，事实上所收到的效果不尽如人意。之所以这样说是因为现有相关法律法规对“禁止歧视艾滋病患者及其家属”的要求缺乏相应的法律责任设置。尽管国务院新出台的《艾滋病防治条例》中规定了“任何单位和个人不得歧视艾滋病病毒感染者、艾滋病病人及其家属。艾滋病病毒感染者、艾滋病病人及其家属享有的婚姻、就业、就医、入学等合法权益受法律保护”的条款，却未配套规定行为的法律后果，禁止歧视艾滋病患者及其家属的非硬性规定最多是从道德层面上对他人的一种要求，现实中的歧视现象仍屡见不鲜。如果从法律层面着手，专门就反艾滋歧视进行立法并明确规定歧视的法律责任，包括刑事、民事以及行政责任，消除艾滋歧视才会因刚性的法律效力而具可行性。对于艾滋病人及其家属而言，享有社会公正待遇是法律专门赋予的权利，当这种权利受到侵犯之时，他们能够诉诸法律寻求救济途径；对于社会而言，“禁止歧视艾滋病患者及其家属”作为一项法律义务，每个公民都应履行。唯有如此，消除对艾滋病患者及其家属的歧视才不会沦为一句口号。艾滋歧视广泛存在于社会多领域，因而国家立法应要求社会形成以教育、人力资源与社会保障、发展与改革委员会等部门以及用工单位为主的反歧视主体，从法律的角度为艾滋孤儿创造包容的社会环境，这将对艾滋孤儿的成长产生积极作用，为其求学、就业和发展提供“保护伞”。反艾滋歧视立法是国家应尽之责，国家有责任为艾滋孤儿提供法律资源，给予公权力保护。这样，反艾滋歧视才能真正落到实处，全国各地的艾滋孤儿也才能从中受益。

（二）政府为社会救助提供信息渠道

社会救助面狭窄是筹措救助资源的一个不利因素。近几年来，社会知晓艾滋孤儿、获取艾滋孤儿的相关信息多通过媒体报道。由于越来越多的媒体开始关注和宣传艾滋孤儿，才有不断的社会合作项目及各种捐资捐物。因此艾滋孤儿救助信息的畅通成为关键。不能否认，艾滋孤儿群体的生存发展离不开社会的关爱与支持，而信息公开的政府职责决定了政府应作为社会与艾滋孤儿之间的枢纽，在符合法定条件的情况下向社会提供艾滋孤儿的信息，为社会出力帮助艾滋孤儿创造便利条件，以此扩大救助面。笔者认为，政府部门可以将每一个艾滋孤儿的信息进行统一收集、整理并进行登记，将其逐级纳入政府及相关部门依法申请公开的信息条目中，其意义在于社会能够通过一个官方渠道，获取艾滋孤儿的确切情况，包括他们的家庭结构、经济来源、生活支出等可以反映艾滋孤儿生活现状的信息。但需特别注意的是，政府在公开信息的时候应注意保护好艾滋孤儿的隐私，使用化名或者登记的代号并谨慎处理易于泄露身份的细节信息。

（三）建立纵向多层财政划拨和横向救助资源筹集机制

救助经费保障机制的建立是救助工作的重中之重，目前中央及地方政府的经费投入都是阶段性的，且补助标准偏低，难以满足这些孤儿的基本开销。事实上，目前所缺乏的是长期、固定的救助经费保障，因而国家应考虑建立起一种定期定量“专款专用”的经费下拨机制。笔者认为可致力于从财政划拨方面需求问题的突破，将艾滋孤儿的专项救助金单独列入各级政府的财政预算中，明晰政府之间的责任分配，从而强化政府的责任意识。其中，中央与省级政府承担主要的财政责任，加大转移支付力度。此外，笔者认为可以实行艾滋孤儿救助的地区间帮扶，即在省级政府的统筹安排下，由省内经济发展较快地区给予人、财、物方面的支持。由于资源调动覆盖地域范围小，信息传递迅速，救助资源能够及时到位。

（四）中央和地方各级政府之间应形成全方位的责任体系

艾滋孤儿问题侧面反映出我国和谐社会建设过程中存在的社会矛盾及我国对弱势群体社会权利的保障程度。而政府无论是在和谐社会的构建中还是从宪政意义的人权保障角度出发都扮演着极为重要的角色，这就决定了从中央到地方的各级政府都是处理好艾滋孤儿派生问题的主导力量。艾滋孤儿权益的保护不是某一级政府或是某个部门的事，各级政府及其部门都应义不容辞地担负起相应责任。所谓全方位的政府责任体系，即指上级政府对下级政府的具体救助工作进行指导、为其调配社会资源并监督其“责任到位”，下级政府则应向上级政府如实汇报实施情况及存在困难，各部门须在民政部门的牵头下通力合作。关于各级政府之间的具体责任分配，笔者一直认为，可由中央根据各地政府的财政实力的强弱、可提供资源多寡的实际情况，建立统筹安排和再分配的机制。总的来说，中央财政及时、充分、高效的投入是救助工作的根本，各级地方政府的人力、物力支持是减轻基层政府负担的有效途径。只有这样，才能形成一个高效的救助网络。

（五）国家将所收缴毒资按比例划为救助艾滋孤儿的专项资金

艾滋孤儿生存发展面临的最大瓶颈即是经费缺口，如何保证固定、充足的经济来源是一个棘手问题。基于艾滋病感染途径的多样化，我国各地区情况各异。与河南省、湖北省的采供血感染途径不同的是，四川、云南等西南一带的艾滋病主要产生于吸毒导致的交叉感染。鉴于这些地区毒品犯罪猖獗的特殊情况，国家可以将所收缴的毒品犯罪非法所得及非法所得的收益按比例划出一部分专门用做艾滋孤儿的救济费。国家收缴的毒品违法犯罪非法所得以及相关财物变卖所得的款项是个巨大的数额，如果能够根据情况进行调整，按比例划出部分作为专款供艾滋孤儿长期使用，则是对毒品违法犯罪不良社会影响的有效补救。

（六）政府采取艾滋孤儿的支教措施

为保证艾滋孤儿在各阶段及时接受教育，政府不妨制定相关措施，吸引接受过一定教育的学生作为志愿者，包括从中专到本科受过不同层次教育的学生，如中专生可以到小学当辅导员，协助教学，大专生或者本科生则可以到层次较高的中学、职高及高中支教。对于这部分志愿者，国家应发给相应的补贴作为奖励或就他们以后的就业实行优惠政策。流动的学生志愿者群体不易对艾滋孤儿形成偏见和歧视，而往往充满了热情去传授知识，与孩子们沟通，把基础教学知识和拓展性知识灌输给孩子，丰富他们的生活。更有价值的是，在这个过程中，学生志愿者群体能起到疏导艾滋孤儿心理阴影的作用。当然，相关部门须落实对这些志愿者的优惠政策及其他奖励措施。

受艾滋病影响的儿童受教育权状况调查研究

——对受艾滋病影响儿童受教育权的社会控制与反歧视对策分析

刘玉强　窦云云*

摘　要：本文从受艾滋病影响的儿童的界定出发，分析了受艾滋病影响的儿童的受教育权获得保障的国际法与我国法律法规政策理论依据，通过研究受艾滋病影响的儿童的受教育权受到歧视的社会现实和原因，试图从社会控制的角度分析对受艾滋病影响的儿童的受教育权反歧视对策。

关键词：艾滋病　教育权　社会控制　反歧视

一、研究对象

联合国儿童基金会将父母中至少有一人死于艾滋病的不满18岁者定义为“艾滋病孤儿”，而双亲中至少有一人感染HIV或生活在照料艾滋病孤儿家庭中的孩子，被认为是“易受伤害儿童”。通过定义可以看出受艾滋病影响的儿童范围包括：感染了艾滋病的儿童；因艾滋病致孤的儿童（指父母一方或双方死于艾滋病的18岁以下的儿童）；因艾滋病脆弱儿童（父母一方或双方感染了艾滋病，与家中长期患病

*刘玉强，云南大学法学院2007级法学理论专业硕士研究生；窦云云，云南大学国际关系研究院2007级国际关系专业硕士研究生。

的成人共同生活的儿童）等。本文将上述三种儿童作为研究对象。

二、受艾滋病影响的儿童的受教育权获得保障的理论依据

（一）受艾滋病影响的儿童的受教育权获得保障的国际条约依据

2001年，联合国艾滋病特别大会发布了《关于艾滋病毒/艾滋病的承诺宣言》，在第六十五、六十六、六十七条中对艾滋病孤儿和易受伤害儿童的保护作出了专门规定："到2003年制定并至迟在2005年执行下列国家政策和战略：建立和加强政府、家庭和社区的能力，以便为受艾滋病毒/艾滋病感染和影响的孤儿、男孩和女孩提供支持性环境，包括提供适当的咨询和心理社会支助；确保他们与其他儿童一样能在平等的基础上入学，获得住房，得到良好的营养、保健和社会服务；保护孤儿和易受感染的儿童，使其不遭受任何形式的虐待、暴力、剥削、歧视、贩卖和丧失继承权。""大张旗鼓地积极推行一项政策，消除艾滋病毒/艾滋病造成的孤儿和易染上艾滋病毒/艾滋病的儿童的屈辱烙印，从而确保不歧视，确保充分和平等地享受一切人权。"

中国签署了《关于艾滋病毒/艾滋病的承诺宣言》，因此该宣言也成为我国在受艾滋病影响的儿童的受教育权方面对国际社会作出的国家承诺。

（二）受艾滋病影响的儿童的受教育权获得保障的国内法依据

1982年《中华人民共和国宪法》第四十六条规定："中华人民共和国公民有受教育的权利和义务。"这是我国公民获得受教育权的宪法依据。

1987年12月，经国务院批准，卫生部等7部委联合发布了《艾滋病监测管理的若干规定》，第二十一条作出了不得歧视艾滋病人、艾滋病毒感染者及其家属及为其保密的规定。

2004年5月，卫生部发布了《艾滋病综合防治示范区工作指导方案》，将"采取收养、寄养等多种方式，使100%艾滋病孤儿得到

生活救助和免费完成义务教育”作为其具体目标之一。

以上是国际公约与国内法保障受艾滋病影响的儿童的受教育权的主要法律依据，但在实际工作中，对受艾滋病影响的儿童的受教育权的具体保护措施还是非常缺乏，对他们的歧视、隔离现象没有得到很好的制止，对他们的救助和纳入社会保障工作还未全面开展。

三、受艾滋病影响的儿童的受教育权受到歧视的社会现实与原因分析

（一）对艾滋病的恐惧是社会上一部分人排斥受艾滋病影响儿童受教育权的重要原因

对受艾滋病影响的儿童受教育权的歧视是人们对艾滋病病毒感染者歧视的延伸，要保护这部分儿童的受教育权，在校学生、家长以及教师的态度很重要。调查显示，53%的学生愿意与受艾滋病影响儿童同班学习，有12%的学生会要求这些儿童转学或转班。虽然80%以上的学生认可这些儿童有受教育权，但是还存在不同层次的歧视、排斥和躲避现象，这与国内以往的研究结果类似。

通过对高中生、中专生、大专生、本科生、研究生各随机选取了100人进行问卷调查，结果显示，在认为“受艾滋病影响儿童是否应该正常接受教育”这一问题上，高中生19.7%，中专生28%，大专生40%，本科生57%，研究生86%认为受艾滋病影响儿童应该接受正常的学校教育，其结果在一定程度上也反映了一部分社会现实，就是受教育的程度与对受艾滋病影响儿童的受教育权的认同态度存在相关性，即学历层次越高对艾滋病的知晓率越高而歧视艾滋病人及其家属的比率越低，学历层次越低对艾滋病的知晓率越低而歧视艾滋病人及其家属的比率越高。

（二）社会对受艾滋病影响的儿童受教育权的歧视有层次区别

相应知识的缺乏是人们对受艾滋病影响的儿童的受教育权产生

不同歧视的原因之一，这也产生了社会心理歧视与社会行为歧视的区别。调查结果显示，人们对“艾滋病不会传播的途径”和“预防艾滋病传播的知识”的掌握不容乐观。65%的接受调查者认为“不应该允许携带艾滋病病毒以及受到艾滋病病毒感染的儿童上学”的理由，大多数人是担心自己被传染，这说明人们对艾滋病知识的掌握还不足以让他们有信心能阻断艾滋病的传播，艾滋病的预防与传播途径宣传的公众知晓率还不高，对相关知识的缺少就产生了对艾滋病的恐惧，而正确识别艾滋病的传播途径并辨别真伪是非常重要的。比如认为艾滋病可以通过共餐传播会强化人们对艾滋病病人的歧视，对艾滋病预防知识的正确认知，可以减轻人们对艾滋病的恐惧感。这部分人在社会行为上表现为对受艾滋病影响的儿童受教育权的歧视，比如“拒绝与受艾滋病影响的儿童一同就餐”、“对受艾滋病影响的儿童使用侮辱性语言和行为”、“不与受艾滋病影响的儿童握手”、“拒绝受艾滋病影响的儿童入托或上学”等。90%的接受调查的人获取艾滋病预防知识的渠道是书刊、报纸、网站、电视等，这些大众传媒在普及艾滋病知识方面确实起了很大的作用，然而从这些途径获取的知识往往比较零散，也缺乏针对性。接受过艾滋病知识教育的人与未接受过的人相比，在认同受艾滋病影响的儿童的受教育权程度上有所区别。因此艾滋病教育虽然不能在短期内转变人们对感染者本身的看法，但是能让他们更理性地尊重受艾滋病影响的儿童的受教育权。

（三）社会对受艾滋病影响的儿童的受教育权的歧视含有道德因素、带有道德情感

通过调查，人们对因艾滋病致孤的儿童、因艾滋病脆弱儿童受教育权的歧视比对感染了艾滋病的儿童受教育权的歧视程度要低，前者占到受调查者的45.8%，而后者则占到72.6%。这种现象很明显说明人们恐惧的是艾滋病，而对生活在艾滋病患者及艾滋病毒携带者家庭里的成员的恐惧要低得多。人们对艾滋病人的歧视其实是对艾滋病的感染途径的歧视，一部分人认为艾滋病感染者及艾滋病

毒携带者的道德行为不良。半数以上人把艾滋病与不道德行为相联系。82%的受调查者认为通过输血和母婴传播的感染儿童值得同情，而吸毒的感染儿童不值得同情。人们对受艾滋病影响的儿童本身是有同情心的，而歧视可能针对的是他们父母一方或双方的不良行为。

四、保障受艾滋病影响的儿童的受教育权的策略和方法分析

（一）保障受艾滋病影响的儿童的受教育权需要国际社会的支持

国际社会认同的对艾滋病感染者人权的保护，将是构成遏制艾滋病蔓延、防治艾滋病工作的不可或缺的一部分。受艾滋病影响的儿童在世界上拥有不可否认的生存和发展的公民权利，也是世界人权工作的重要组成部分。

1989年11月20日联合国大会通过联合国《儿童权益公约》，除美国和索马里外，全世界所有国家均为该公约成员。公约中指出："每个儿童无论贫富，都应受到各国政府的特殊关照。"第六条规定："缔约国确认儿童有权享有可达到的最高标准的健康，并享有医疗和康复设施。缔约国应努力确保没有任何儿童被剥夺获得这种保健服务的权利。"《儿童权利公约》是有史以来最为广泛认可的国际公约。《儿童权利公约》阐述了应赋予所有儿童的基本人权："生存的权利、充分发展其全部体能和智能的权利、保护他们不受危害自身发展影响的权利以及参与家庭、文化和社会生活的权利。"《儿童权利公约》通过确立各国政府在为本国儿童提供卫生保健、教育、法律和社会服务方面所必须达到的最低标准，从而保护这些权利。我国政府签署了联合国《儿童权利公约》，作为一种政府承诺，缔约国政府及公民将不遗余力地在本国实现公约的内容。我国作为《儿童权利公约》的缔约国，有义务保障中国受艾滋病影响的儿童拥有生存和发展的权利，这是中国的国家责任，也是中国尊重人权的重要标准之一。

（二）制定有效可行的法律法规以及政策，将受艾滋病影响的儿童的受教育权的保障落到实处

在现实中的歧视与法律对歧视行为的界定存在分歧。歧视指的是任何形式的区别对待，排斥或限制某人。但不是所有的区别对待都是歧视：基于合理和客观标准的区别对待是容许的。这种划分仅对社会行为歧视有效，对于社会心理歧视则无能为力，社会心理的歧视要通过艾滋病知识教育的普及和社会认知能力的提高来逐步解决。判断一个社会行为是否带有歧视性，需要一个标准。调查研究中，人们认为"不与受艾滋病影响的儿童握手"、"拒绝受艾滋病影响的儿童入托或上学"等行为是不合理的，即歧视行为，但是法律并没有规定避开、躲避等行为是对受艾滋病影响的儿童受教育权的歧视，因此规定对此专门立法更有助于保护受艾滋病影响的儿童的受教育权。

国家在政策层面上要宣传到位，要将国家的法律法规和政策落到实处，不能仅停留在文件规定上。我国对受艾滋病影响的儿童的受教育权的保护不是无法可依而是不能将法律与政策规定细化实施。扩大宣传力度，提高社会对艾滋病相关法律政策的认知，在一定程度上也会增强反歧视的力度。我国针对艾滋病出台了一系列政策，如"四免一关怀"政策等，在保障受艾滋病影响儿童上学的权利上发挥了一定的作用。但是调查研究发现人们对该政策的知晓率很低，因此要把重点放在法律与政策的宣传和落实上。调查结果中，允许受艾滋病影响的儿童上学的理由中以认为"人人都有受教育的权利"为最多，可见对法律的认识有助于减少对艾滋病病毒感染者的歧视。

（三）在社会普及艾滋病知识教育，提高艾滋病知识的知晓率有助于消除恐惧心理，减少对受艾滋病影响的儿童的受教育权的歧视行为

在社会普及艾滋病知识教育，需要学校、家长的支持和配合，以及同学间的互相帮助。虽然90%以上的家长赞同受艾滋病影响儿童有受教育的权利，但只有不到30%的家长愿意自己的孩子与他们同班学习。35.7%的家长听说过《儿童权利公约》，也知道法律有受

教育权的规定，20.4%的家长仅听说过《儿童权利公约》，25.3%的家长听说过法律有受教育权的规定，18.6%的家长未听说过《儿童权利公约》和法律对受教育权的规定。由于学生家长的艾滋病知识掌握不全面，政策的知晓率低，对受艾滋病影响儿童还存在一定程度的排斥和歧视。

（原载《法制与社会》2009年11月（上））

论民族地区吸毒与艾滋病预防现状研究之必要性

骆寒青　邬　江*

摘　要：我国政府一直十分重视开展吸毒与艾滋病预防工作，拨专款并设立专门机构对全国受毒品和艾滋病危害较重的地区特别是民族地区进行监测和治理。但是鉴于目前所使用的减低危害的有效措施在民族地区实施有诸多困难，并且这些有效措施与我国现行的法律和政策有抵触的地方。因此，对民族地区进行吸毒与艾滋病预防现状研究，应立足于我国民族地区禁毒斗争实际，借鉴其他国家的成功经验，创建中国特色的减低注射吸毒和艾滋病危害有效的措施体系。

关键词：民族地区　吸毒　艾滋病　预防　价值

中国艾滋病联合评估防治报告公布中国艾滋病疫情：全国31个省（自治区、直辖市）全部发现艾滋病病毒感染者，截至2004年底累计报告艾滋病感染者106 990例，新感染病毒人数总计54 255例，新增艾滋病病人18 380例，累计艾滋病病毒感染者估计人数约102万人（85万～120万），现存活的艾滋病病毒感染者约84万人（65万～102万）。

据世界卫生组织预测，我国已进入艾滋病病毒感染高发期，如

*骆寒青，云南警官学院副教授；邬江，云南大学法学院副教授。

果不能采取很好的控制措施，到2010年将有1 000万~5 000万人感染艾滋病病毒。

一、云南民族地区吸毒与艾滋病感染现状

截至2004年12月底，我国累计报告HIV感染者最多的省份为云南省，共用针具静脉吸毒是云南省艾滋病传播的主要途径。专家估计，目前云南省艾滋病感染人数已经超过8万人，121个县（市、区）均发现了感染者，流行范围为全省94%的县（市、区）。感染者的民族种类增多，1989年云南省艾滋病感染者主要以云南西部德宏的傣族、景颇族为主；1993年累计报告感染者中汉族占18.6%，傣族占55.6%，景颇族占26.4%。2004年底，已波及云南省19个民族，从边疆向内地传播。

二、吸毒与艾滋病给民族地区造成的危害

（1）个别少数民族人口出现负增长，艾滋病直接威胁到一个民族的存亡。景颇族、傣族、阿昌族、德昂族等少数民族吸毒人口和艾滋病感染者人数急剧上升，非正常死亡人数越来越多。陇川县畹岗景颇三队，20世纪80年代有25户人家，现有22户；赛号乡朋生一社1996年有294人，现有250人，男女分别减少31人和13人。

（2）因毒品和艾滋病，危害基层组织政权。赛号乡广宋村芒洪景颇族社58户241人中，现有51人吸毒，占该社人口的21.1%，前两届村民小组长均吸毒，吕梁村、滚赛村甚至几次选不出村民小组长。吸毒人员想办法让村委会成员染上毒瘾，进而操纵和把持村“两委”，在本地形成恶势力，危害乡邻。

（3）影响边疆稳定、民族团结。吸毒和艾滋病严重地区，由于害怕孩子吸毒和感染艾滋病，许多干部职工要求调离，干部队伍人心不稳。吸毒成瘾的干部为数不少，严重影响了民族地区干部的形象和威信，仅陇川县因吸毒被开除、辞退的干部职工就多达76人。

（4）造成巨大的经济损失，严重制约经济发展。吸毒耗资巨大，

加之对艾滋病感染者的治疗和艾滋病遗孤的救济、安抚，经济落后、财政困难的边疆民族地区不堪重负。由于目前研制出来的几种药，只能治疗与艾滋病有关的感染，不能治愈艾滋病。加之上述几个危害的原因，治逆转、救济费用的增加，造成边疆民族地区严重的经济损失，阻碍社会的发展。云南省委书记白恩培在《德宏保山禁毒和艾滋病防治调查》一文中写道："艾滋病治疗费用昂贵，现在采用的鸡尾酒疗法治疗，每人每年要5万元，德宏、保山2万名艾滋病患者一年就要花10亿元。艾滋病感染者绝大多数没有经济能力，如果对艾滋病感染者实施关爱救治，将吸毒者全员收戒，就需要政府投入大量资金。对于经济落后、财政困难的边疆民族地区，如此重负无法承受。"

（5）吸毒导致艾滋病快速扩散。在云南，艾滋病感染除个别地区外，其他地区均已进入中发期或高发期。感染者已陆续进入发病、死亡阶段，云南省委书记白恩培在呈给胡锦涛、温家宝、周永康、陈至立等国家领导人的调查报告中显示，德宏傣族景颇族自治州全州有吸毒人员1.4万人，仅陇川县就有5 571人，占全县总人口的3.3%，全县645个村寨中涉毒村达542个，自然村吸毒覆盖率高达84%。其中少数民族吸毒者居多，占全县吸毒人数的74.8%，景颇族吸毒人数最多，有2 586人，占本民族44 739人的5.78%，占全县吸毒人数的46.4%。有的孩子10岁就开始吸毒，有的中小学教师也吸毒。由于毒品快速泛滥，导致艾滋病疫情流行。

（6）因毒品和艾滋病不断蔓延，导致劳动力散失、农田荒芜、妇女外嫁，艾滋病孤儿无力安葬死者。由于目前艾滋病治疗的药物均不具有长期疗效，更不能治愈，加之艾滋病病毒潜伏期长并且无明显症状，一旦发病实际上已经到了晚期，死亡率极高。据有关部门统计，大多数艾滋病病毒携带者或者艾滋病患者年龄在15～24岁之间，导致青壮年人死亡率大幅度增高，青壮年是生产劳动的主力军，青壮年死亡直接导致劳动人口减少，劳动质量降低。由于吸毒，德宏有近万名青壮年完全丧失或基本丧失劳动力。例如，王子树乡岗巴尖坡上、下社，部分群众家中无劳力耕种，田园荒芜，妇女纷纷外嫁。郭某是陇川县赛号乡景颇族村寨朋生一社的村民，他的5个儿子均死于吸毒引起的艾滋病，家里只剩下老两口带着儿媳妇和一个小孙子艰难度日。赛号乡朋生一社全村61户250人中，累计报告艾滋病感染者37例，死亡24例，留下遗孤11人。陇把镇吕梁村吕陇寨唐某5个儿子4个因吸毒死亡，唐某也被活活气死，剩下13岁的小儿子无力安葬父亲。

三、民族地区吸毒与艾滋病预防现状研究之必要性

我国政府一直十分重视开展吸毒与艾滋病预防工作，拨专款并设立专门机构对全国受毒品和艾滋病危害较重的地区特别是民族地区进行监测和治理。世界许多国家和组织也十分关注中国的艾滋病病毒感染和所造成的危害，并积极帮助我国实施减低吸毒和艾滋病病毒造成的危害，但是鉴于目前所使用的减低危害的有效措施在民族地区实施有诸多困难，并且这些有效措施与我国现行的法律和政策有抵触的地方（例如有效措施中的安全套的发放、清洁针具的交换和替代治疗等）。因此，对民族地区进行吸毒与艾滋病预防现状研究，应立足于我国民族地区禁毒斗争实际，借鉴其他国家的成功经验，创建中国特色的减低注射吸毒和艾滋病危害有效措施体系，实现有效治理我国民族地区吸毒和艾滋病感染问题。

美国、英国、俄罗斯、乌克兰、荷兰、澳大利亚、中国香港等国家和地区已开展了有效的项目来预防和应对注射吸毒者中日益增长的艾滋病病毒感染问题，逆转了以前存在于注射吸毒人群中的艾滋病病毒流行。但是，由于民族习俗、经济发展、社会阶层、认识水平、环境以及法律政策等因素的影响，类似项目在民族地区开展存在很大的困难和争议。如何协调国家政策、法律以及民族习俗与减低危害措施的实施，是一个亟待解决的课题。我国对该课题的研究尚处于起步阶段，特别是对民族地区的研究仍属于空白，急需进行深入、广泛和系统的研究，以适应我国民族地区减低注射吸毒与

艾滋病危害的工作要求。

四、民族地区吸毒与艾滋病预防现状研究的价值

（1）为决策机关和有关部门对我国减低和预防注射吸毒与艾滋病危害有效措施在民族地区的使用提供一个清晰的认识和评价，所提出的若干对策和建议，对下一步我国禁毒法律政策的制定将起到较好的决策参考作用。

（2）我国面临的吸毒蔓延及艾滋病传播的形势十分严峻，而减低和预防注射吸毒与减低艾滋病危害有效措施不够深入、实效性欠佳，减低和预防注射吸毒与艾滋病危害有效措施与国家政策、部门法律、民族习俗的冲突等问题已经制约了我国治理毒品问题的效果。对我国减低和预防注射吸毒与减低艾滋病危害有效措施的基础理论、内容体系、所使用的方法和手段以及评估机制等进行研究，对预防吸毒与艾滋病能起到有的放矢的作用。

（原载《云南警官学院学报》2006 年第 1 期）

减低艾滋病危害措施与中国禁毒法律冲突问题初探

骆寒青　邬　江*

摘　要：艾滋病严重威胁着人类的生存与健康，为了有效控制艾滋病的蔓延，“减少伤害”的策略应运而生：外展活动、同伴教育、药物替代治疗、针具项目、提供安全套。但是，目前世界上通常所使用的减低艾滋病危害的有效措施与我国现行的法律和政策有诸多抵触的地方，如何协调国家政策、法律与减低危害措施的实施是一个亟待解决的课题。

关键词：艾滋病　减低　措施　法律　冲突

一、艾滋病病毒的感染及其危害

艾滋病（AIDS，全称为“后天性免疫缺乏症候群”或“获得性免疫缺陷综合征”）是由艾滋病病毒（HIV，又称为“人类免疫缺乏病毒”）所引起的。当人的免疫系统被艾滋病病毒破坏后，人体由于失去抵抗能力而感染其他的疾病导致死亡。迄今为止，人类还没有找到能够治愈艾滋病的有效途径。

（一）世界艾滋病感染现状

根据世界卫生组织和联合国禁毒署提供的数据，从 20 世纪 80

*骆寒青，云南警官学院副教授；邬江，云南大学法学院副教授。

年代初发现艾滋病患者以来，以每天 16 000 个新感染者的速度递增。1992 年，80 个国家报告有注射吸毒情况，其中有 52 个国家报告发现与注射吸毒有关的艾滋病病毒感染。到 1999 年，有此类报告的国家和地区已增至 134 个，其中 114 个国家确认在注射吸毒者中有艾滋病病毒感染。据估计，因注射吸毒而感染艾滋病的人数占艾滋病患者总人数的 5% ~10%。2000 年注射吸毒者感染艾滋病病毒的累计数估计达 330 万；2001 年新近感染艾滋病病毒的人数达 500 万，死亡人数为 300 万，到该年末，全球估计有 4 000 万艾滋病病毒携带者。自艾滋病被发现以来，已有超过 6 000 万人感染艾滋病病毒。到 2000 年底，中国累计报告艾滋病病毒感染者 22 000 例，全国 31 个省（区、市）均已检出有艾滋病病毒感染者，估计全国有 60 万感染者。新华社北京 2003 年 3 月 4 日电，截至 2002 年年底全国登记在册吸毒人员已达 100 万，比 2001 年上升 11%，涉毒地区遍布全国 2 148 个县（市、区）。同年，全国共报告艾滋病病毒新感染者 9 824 例，比上一年度上升了 19.5%，截至 2002 年底，全国累计报告艾滋病病毒感染者 40 560 例，比上一年度累计增加 32%。据中华人民共和国卫生部公布的 2002 年中国艾滋病疫情报告，估计我国 2002 年艾滋病感染者已达 100 余万。据中国卫生部公布的 2003 年中国艾滋病疫情报告，截至 2003 年 12 月底全国 31 个省（区、市）累计报告 HIV 感染者 62 195 例，其中艾滋病病例 8 742 例，死亡病例 2 359 例；累计 HIV 感染者估计人数约 102 万人（85 万 ~120 万）；现存活的 HIV 感染者约 84 万人（65 万 ~102 万），其中现有病人估计数约 8 万。31 个省（区、市）已发现的 HIV 感染者中 70% 因静脉吸毒感染。

截至 2003 年 12 月底，累计报告 HIV 感染者最多的省份为云南省，共用针具静脉吸毒是云南省艾滋病传播的主要途径。专家估计，目前云南省艾滋病感染人数已经超过 8 万人。至 2003 年底，全省累计报告的艾滋病病毒感染者已达 14 905 例，病人 907 例，死亡 558 例，分别位居全国同类项的第一、第三和第二位。121 个县（市、区）均发现了感染者，流行范围为全省 94% 的县（市、区）。感染人群中民族种类增多。1989 年，云南省艾滋病感染者主要以云南西部德宏的傣族、景颇族为主。1993 年累计报告感染者中汉族占 18.6%，傣族占 55.6%，景颇族占 26.4%。2003 年底，已波及云南省 19 个民族，从边疆向内地传播。并且，感染者已陆续进入发病、死亡阶段。

（二）艾滋病的危害

据世界卫生组织报告，预测我国已进入艾滋病病毒感染高发期，如果不能采取很好的控制措施，到 2010 年将有 1 000 万人感染艾滋病病毒。艾滋病已成为全球的第四大“夺命杀手”。大多数艾滋病病毒携带者和艾滋病患者年龄都在 15～24 岁之间，但是他们中有人并不知道自己携带有这种病毒。艾滋病病毒流行将造成极大的社会危害。

（1）艾滋病导致青壮年死亡率大幅度增高。由于目前艾滋病治疗的药物均不具有长期疗效，不能治愈。加之艾滋病病毒潜伏期长并且无明显症状，一旦发病实际上已经到了晚期，死亡率极高。并且大多数艾滋病病毒携带者或者艾滋病患者年龄都在 15～24 岁之间，导致青壮年死亡率大幅度增高。

（2）平均期望寿命缩短。由于艾滋病感染死亡的人群基本集中在青壮年群体，使人类的平均寿命期望值下降，人类的平均寿命缩短。

（3）大量艾滋病孤儿出现。大量青壮年的死亡，导致大量艾滋病孤儿出现，这个现象原来发生在泰国的北部地区，现在云南省德宏州的陇川、盈江已出现这样的现象。

（4）劳动人口减少。青壮年是生产劳动的主力军，青壮年死亡导致劳动人口减少，劳动质量降低。

（5）巨大的经济损失。由于目前所研制出来的几种药物只能治疗与艾滋病有关的感染，不能治愈艾滋病。加之上述几个危害的原因，治疗、救济费用的增大，将造成严重的经济损失，阻碍社会发展。

二、减低艾滋病危害的有效措施

艾滋病严重威胁着人类生存与健康，为了有效控制艾滋病的蔓延，世界上许多国家都在寻找减低艾滋病危害的有效措施。

（一）艾滋病的传播途径

艾滋病主要通过性、血液和母婴三种途径传播。由于 HIV 主要存在于人的血液、体液（精液、阴道分泌物）和乳汁中，故任何这些体液进入其他人身体里的行为，都有可能导致 HIV 感染。在我国，被污染的血液传播，是主要的传播途径，它主要通过以下方式传播、感染：静脉注射毒品的人共用未经消毒的注射器；输入含有艾滋病病毒的血液制品，或器官移植；注射剂和针头消毒不彻底或不消毒；可刺破皮肤的医疗器械；其他可能引起血液传播的途径（如理发、美容、文身、扎耳、有外伤的皮肤与感染者血液接触、共用剃须刀、共用牙刷等），其中静脉注射毒品感染艾滋病，是主要的传播途径。

（二）减低艾滋病危害的有效措施

由于艾滋病病毒感染与药物滥用（吸毒）紧密地纠缠在一起，对艾滋病的预防和药物滥用的预防就紧密地结合在一起。加之艾滋病的威胁太大，减低伤害（harm reduction strategy，harm minimization，riskreduction）的策略也就应运而生。目前许多国家在注射吸毒人群中使用的预防艾滋病的干预措施，主要有以下方面：

（1）外展活动（Outreach）。其社会工作者、项目人员或职员到社区中直接接触目标人群，并提供信息、资料及其他形式的服务，并对注射吸毒者的需求进行调查。是鉴于多数吸毒者信任正规的戒毒治疗项目或还不愿意得到这样的服务，外展活动试图接触并与治疗项目未覆盖的吸毒者保持联系，并在非正式场所为他们提供信息及减低危险的资料。这种活动方式是接触注射吸毒者的良好途径，注射吸毒者参与活动，了解有关艾滋病危害和传播的信息，能够减低艾滋病的危害，减少艾滋病的传播。

（2）同伴教育（Peer education）。这种方式常常被称为“接触、教导、漂白模式”，教育者是目前正在吸毒或者以前曾经吸毒的人员，由于他们有个人经历方面的优势，在开展活动时更为吸毒者所信任。利用同伴的力量和目标人群文化影响并维持吸毒人群行为上的改变，是一种有效的方法，使吸毒者觉得可信并且有效，具有感化的作用。

（3）药物替代治疗（Drugs substimtion treatment）。在社会许可的条件下提供一种合法的毒品来维持一个吸毒者的毒瘾。对于那些慢性复吸并多次进出戒毒场所的吸毒者，较为适用。使用某些药物如丁丙诺啡和美沙酮等来替代海洛因，美沙酮进入体内可产生阿片类阻断现象，降低吸毒者对海洛因等需要注射使用毒品的需要，并且可以给吸毒者带来许多益处：降低艾滋病感染率和犯罪率，改善他们的社会职能，从而使吸毒者的生活方式趋于正常，改善就业能力，减少社会犯罪，也减少吸毒者非法使用毒品、停止注射以达到减少艾滋病感染、传播，使其能够重返社会，以达到减轻社会负担的目的。

（4）针具项目（NSP：Needleand Syringe Programs）。为注射吸毒者提供消毒的注射用具及其他减少危险的材料，确保每一次注射都是洁净的，以阻止被污染的注射用具被重复使用，以此消除有意或碰巧使用被污染用具的可能性，确保尽可能多的注射是使用消毒的用具进行，从而切断艾滋病病毒和其他血源性病毒在注射吸毒人群中的传播。主要的方法是分发和处置注射用具，最常见的模式是交换，即用使用过的器具来换取消过毒的器具。据在世界不同地区所进行的针具项目有效性评估，针具项目是迄今为止预防艾滋病最为有效的方法之一。

（5）提供安全套（condoms supply）。安全套可提供一种物理屏障，避免直接接触性伴侣的体液或血液，因此可以大大降低 HIV 传播的危险性。主要的方法是由工作者向 HIV 感染者宣传安全套的预防作用，正确讲解使用方法和注意事项，并免费或低价提供安全套，鼓励患者使用。

三、减低艾滋病危害措施与法律冲突问题

我国政府一直十分重视并积极开展预防和减低注射吸毒艾滋病的教育工作，世界许多国家和组织也十分关注中国的艾滋病病毒感染及其造成的危害，并帮助我国实施减低注射吸毒和艾滋病病毒造成的危害。但是，目前世界上通常所使用的减低危害的有效措施与我国现行的法律和政策有诸多抵触的地方。特别是与《中华人民共和国刑法》（全国人大常委会 1997 年 3 月 14 日通过）第七节第三百四十七条、三百五十七条，对毒品犯罪的处罚中的第三百五十四条、三百五十五条的规定（对与吸毒行为有关的犯罪行为的处罚）相抵触。美沙酮是鸦片类毒品，属于国际管制的麻醉药品，也是国际奥委会规定的禁用物质，中国国家体育总局公布的《2004 年兴奋剂目录》中它同样属于兴奋剂品种。

《中华人民共和国刑法》第三百五十五条规定：依法从事生产、运输、管理、使用国家管制的麻醉药品、精神药品的人员违反国家规定，向吸食、注射毒品的人提供国家管制的麻醉药品、精神药品的行为构成非法提供麻醉药品、精神药品罪。将国家管制的麻醉药品、精神药品提供给吸食、注射毒品的人，这种行为，就其本质而言，是一种帮助他人消费毒品的行为。为注射吸毒者提供消毒的注射用具，同样也是一种帮助他人消费毒品的行为。如何协调国家政策、法律与减低危害措施的实施，是一个亟待解决的课题。

（原载《云南警官学院学报》2004 年第 4 期）